# 市场营销理论与实践教程

SHICHANG YINGXIAO
LILUN YU SHIJIAN JIAOCHENG

于燕 卢颖 佟晓虹 ◎ 主编

首都经济贸易大学出版社
Capital University of Economics and Business Press

·北京·

图书在版编目(CIP)数据

市场营销理论与实践教程／于燕，卢颖，佟晓虹主编. -- 北京：首都经济贸易大学出版社，2024.6

ISBN 978-7-5638-3673-4

Ⅰ．①市⋯ Ⅱ．①于⋯ ②卢⋯ ③佟⋯ Ⅲ．①市场营销学—高等学校—教材 Ⅳ．①F713.50

中国国家版本馆 CIP 数据核字（2024）第 064425 号

市场营销理论与实践教程
于燕　卢颖　佟晓虹　主编

| | |
|---|---|
| 责任编辑 | 杨丹璇 |
| 封面设计 | 砚祥志远·激光照排　TEL：010-65976003 |
| 出版发行 | 首都经济贸易大学出版社 |
| 地　　址 | 北京市朝阳区红庙（邮编 100026） |
| 电　　话 | （010）65976483　65065761　65071505（传真） |
| 网　　址 | http://www.sjmcb.com |
| E-mail | publish@cueb.edu.cn |
| 经　　销 | 全国新华书店 |
| 照　　排 | 北京砚祥志远激光照排技术有限公司 |
| 印　　刷 | 唐山玺诚印务有限公司 |
| 成品尺寸 | 170 毫米×240 毫米　1/16 |
| 字　　数 | 457 千字 |
| 印　　张 | 24.75 |
| 版　　次 | 2024 年 6 月第 1 版　2024 年 6 月第 1 次印刷 |
| 书　　号 | ISBN 978-7-5638-3673-4 |
| 定　　价 | 52.00 元 |

图书印装若有质量问题，本社负责调换

版权所有　侵权必究

# 内容简介

本书根据高等教育专业培养目标的要求编写,强调以能力培养为主线,突出技能训练。本书包括以下五个模块。

①营销理念模块。主要内容包括市场营销的基本概念、市场营销观念及其历史演变、市场营销管理等。

②市场探测模块。主要内容包括市场营销环境分析、消费者购买行为分析、市场竞争战略。

③营销战略模块。主要内容包括市场细分、目标市场选择、市场定位。

④营销策略模块。主要内容包括产品策略、定价策略、渠道策略、促销策略。

⑤营销活动管理模块。主要内容包括营销活动的计划、组织、评价和控制。

每章设有学习目标(知识目标、能力目标)、先导案例、主体内容(穿插小资料、相关链接)、要点索引、知识巩固、能力培养(思维训练、实战演练、案例分析)等几个部分,为教师授课及学生学习提供最大便利。

全书构思新颖,内容简练,案例翔实,有很强的实用性,可作为高等院校财经类和管理类的专业教材,也可作为市场营销从业人员的参考书和工商企业培训辅导书。

# 前言

党的二十大报告指出,"坚持以人民为中心发展教育,加快建设高质量教育体系,发展素质教育,促进教育公平","加强基础学科、新兴学科、交叉学科建设,加快建设中国特色、世界一流的大学和优势学科……深化教育领域综合改革,加强教材建设和管理"。用党的二十大精神武装头脑,从理论和实践层面准确理解和把握党的二十大报告中所蕴含的深刻内涵,学思践悟,知行合一,是我们教育工作者的一项重要任务。

根据高等教育人才培养目标要求,结合企业市场营销活动及教学实践,本教材从理论层面介绍市场营销的核心概念、市场营销观念、市场营销环境分析、消费者行为分析、行业和竞争者分析、市场细分、选择目标市场、市场定位等内容,从操作层面讲述产品策略、定价策略、渠道策略、促销策略等内容。本教材对理论问题以简练、通俗的语言阐述,使操作性的方法和技巧具体、实用。本教材融知识性与实用性为一体,旨在建立一套完整的"懂营销、树观念、重技能、善策划"的知识体系。

具体来说,本教材有以下特点。

**1. 内容编排有特色**

根据学科特点和人才培养模式的要求,强调理论的应用性和人才培养的实战性。在教材的编写过程中,我们在突出市场营销基本原理的基础上,更强调理论知识的应用方法,强化模块教学,知识与能力相对应。全书将技能的学习、训练与应用贯穿始终,突出教材的实用性和操作性,提高学生综合素质,为学生走向社会奠定良好的基础。

**2. 实训项目有特色**

结合国家职业技能考核,提高教学实效性。每章设有知识与能力目标、典型案例及新颖实用的小资料、相关链接、知识巩固、思维训练、实战演练、案例分析等,培

养学习者动手、动脑的能力,提高学习者的综合素质和实践能力。

**3. 注重案例资料的前沿性**

突出案例引导、实训教学的特点,采用大量新颖的案例,分析解决当前社会经济条件下出现的市场营销新问题。

本书由辽宁科技大学于燕、卢颖、佟晓虹主编。全书共十章。本书参考、引用了许多专家、学者的著作以及企业案例,在此一并表示衷心的感谢。感谢首都经济贸易大学出版社在本书编写过程中给予的大力帮助和指导。

由于编者水平有限,书中难免有不足之处,恳请专家、同行和读者批评指正。

编者

2023 年 12 月

# 目 录

## 第一章　市场营销概述 ............................................. 1
　　学习目标 ....................................................... 1
　　先导案例 ....................................................... 1
　　第一节　市场营销的基本概念 ..................................... 2
　　第二节　市场营销观念的演变 .................................... 13
　　第三节　市场营销管理 .......................................... 21
　　第四节　市场营销学研究的基本内容 .............................. 25
　　要点索引 ...................................................... 29
　　知识巩固 ...................................................... 29
　　能力培养 ...................................................... 32

## 第二章　市场营销环境分析 ........................................ 37
　　学习目标 ...................................................... 37
　　先导案例 ...................................................... 37
　　第一节　市场营销环境简述 ...................................... 39
　　第二节　市场营销微观环境 ...................................... 43
　　第三节　市场营销宏观环境 ...................................... 47
　　第四节　市场营销环境分析方法 .................................. 55
　　要点索引 ...................................................... 64
　　知识巩固 ...................................................... 64
　　能力培养 ...................................................... 66

## 第三章　消费者购买行为分析 ...................................... 71
　　学习目标 ...................................................... 71

先导案例 ·················································································· 71
　　第一节　消费者市场 ···································································· 72
　　第二节　消费者购买行为过程 ······················································ 76
　　第三节　影响消费者购买行为的因素 ············································ 83
　　第四节　消费者购买决策的过程和内容 ········································· 95
　　要点索引 ·················································································· 100
　　知识巩固 ·················································································· 100
　　能力培养 ·················································································· 102

第四章　市场竞争战略 ······································································ 106
　　学习目标 ·················································································· 106
　　先导案例 ·················································································· 106
　　第一节　竞争者分析 ···································································· 106
　　第二节　竞争战略的一般形式 ······················································ 113
　　第三节　处于不同竞争地位的企业的营销策略 ······························· 122
　　要点索引 ·················································································· 129
　　知识巩固 ·················································································· 130
　　能力培养 ·················································································· 131

第五章　目标市场营销战略 ································································ 135
　　学习目标 ·················································································· 135
　　先导案例 ·················································································· 135
　　第一节　市场细分 ······································································· 137
　　第二节　目标市场选择 ································································ 152
　　第三节　市场定位 ······································································· 158
　　要点索引 ·················································································· 168
　　知识巩固 ·················································································· 168
　　能力培养 ·················································································· 171

第六章　产品策略 ············································································· 174
　　学习目标 ·················································································· 174
　　先导案例 ·················································································· 174

第一节　产品整体概念 … 175
   第二节　产品组合 … 178
   第三节　产品生命周期理论 … 185
   第四节　新产品开发 … 194
   第五节　品牌和包装 … 203
   要点索引 … 215
   知识巩固 … 216
   能力培养 … 218

## 第七章　价格策略 … 224
   学习目标 … 224
   先导案例 … 224
   第一节　影响定价的因素 … 225
   第二节　定价方法 … 233
   第三节　定价策略 … 240
   第四节　企业应对价格变动的策略 … 251
   要点索引 … 256
   知识巩固 … 256
   能力培养 … 259

## 第八章　渠道策略 … 262
   学习目标 … 262
   先导案例 … 262
   第一节　分销渠道概述 … 263
   第二节　分销渠道设计 … 269
   第三节　分销渠道管理 … 284
   要点索引 … 293
   知识巩固 … 293
   能力培养 … 296

## 第九章　促销策略 … 299
   学习目标 … 299

先导案例 ································································· 299
第一节　促销与促销组合策略 ············································ 300
第二节　广告与人员推销 ·················································· 307
第三节　销售促进与公共关系 ············································ 322
第四节　直复营销和互联网营销 ········································· 330
第五节　整合营销传播 ····················································· 337
要点索引 ······································································· 345
知识巩固 ······································································· 345
能力培养 ······································································· 348

# 第十章　市场营销计划、组织和控制 ································· 352

学习目标 ······································································· 352
先导案例 ······································································· 352
第一节　市场营销计划的制订 ············································ 353
第二节　市场营销组织设计 ··············································· 359
第三节　市场营销控制 ····················································· 371
要点索引 ······································································· 377
知识巩固 ······································································· 377
能力培养 ······································································· 378

**参考文献** ······································································· 382

# 第一章　市场营销概述

## 学习目标

> **知识目标：**（1）掌握市场营销及其核心概念。
> （2）掌握市场营销观念的演变过程。
> （3）明确市场营销管理的实质。
> （4）了解市场营销研究的主要内容。
> **能力目标：**（1）认识市场营销活动涉及的知识内容。
> （2）运用市场营销观念分析企业营销工作。

## 先导案例

### 市场营销创造需求

一家制鞋公司要寻找国外市场，便派了一个业务员去非洲一个岛国，考察该公司鞋产品在该岛国销售的可行性。这个业务员到非洲后，待了一天发回信息说："这里的人不穿鞋，没有市场，我即刻返回。"公司又派出了一名业务员，这个人在非洲待了一个星期，发回信息说："这里的人不穿鞋，鞋的市场很大，我们公司生产的鞋可以卖给他们。"公司又派去了第三个人，该人到非洲后，待了三个星期，发回信息说："这里的人不穿鞋，因此他们的脚上有许多伤病；他们的脚普遍较宽，公司需要重新设计鞋子；要告诉他们穿鞋的好处并教给他们穿鞋的办法；这里的居民没有多少钱，但这里盛产鲜美的菠萝，我们可以进行物物交换，再把菠萝推销给国内超市；我们打开这个市场需要投入大约1.5万美元。这样我们每年能卖大约2万双鞋，在这里卖鞋可以赚钱，投资收益率约为15%。"

从该案例可以看出，该制鞋公司已基本完成了生产前活动，进行了市场调

查、预测，确定进行新产品开发。接下来应该进入生产活动（设计、采购、加工、制造）、销售活动（确定商标和品牌、定价、分销等）、售后活动（售后服务）等环节，最终实现企业目标。我们可以根据该案例得出结论，市场营销人员必须挖掘顾客潜在需求，进行市场分析，懂得产品、价格、渠道、促销等营销内容，并综合运用市场营销的基本理论知识，这样才能取得营销成功。

## 第一节　市场营销的基本概念

市场营销活动存在于我们日常生活的方方面面。市场营销在一般意义上可理解为与市场有关的人类活动。因此，我们首先要了解市场及其相关知识。

### 一、市场的含义

市场作为一个概念由来已久，从一般意义上讲，就是指商品交换的场所及商品交易关系的总和。商品交易关系主要包括买方和卖方之间的关系，同时也包括由买卖关系引发出来的卖方与卖方之间的关系以及买方与买方之间的关系。

市场是买方和卖方，即供求双方力量相互作用的总和。这一点从我们经常听说的"买方市场""卖方市场"等名词上得以印证。

卖方市场就是价格及其他交易条件主要决定于卖方的市场。由于商品在市场供不应求，买方之间展开竞争，卖方处于有利的市场地位，即使抬高价格，也能把商品卖出去，从而出现某种商品的市场价格由卖方主导的现象。

买方市场就是价格及其他交易条件主要决定于买方的市场。由于商品在市场供过于求，卖方之间展开竞争，为了减少自己的过剩存货，卖方不得不接受较低的价格。这样就出现了某种商品的市场价格由买方主导的现象。

从市场营销的角度来看，市场是指某种商品的现实购买者和潜在购买者需求的总和。由此可知市场包括三个要素：①有某种需要的人；②满足某种需要的购买能力；③购买欲望。

用公式表示就是：市场＝人口＋购买力＋购买欲望。

首先，市场要有具有某种需要的人，人是形成市场的基本前提。在其他条件不变时，只要有了人，就一定有市场。人口规模越大，市场越大。其次，市场要有满足某种需要的购买力，购买力是形成市场的必要条件。最后，市场要求人们必须对某种商品具有购买欲望。

市场的这三个要素是相互制约、缺一不可的，只有三者结合起来才能构成现实的市场，才能决定市场的规模和容量。一个国家或地区，人口众多但收入很低，人均购买力有限，则不能构成容量很大的市场；人均购买力虽然很大但人口很少，也不能成为很大的市场；只有人口众多，人均购买力又强，才可能成为一个有潜力的大市场。即便如此，如果商品不满足需要，不能引起人们的购买欲望，对销售者来说，仍然不能成为现实的市场。所以，市场是上述三个要素的统一。

站在经营者角度，人们常常把卖方称为行业，而将买方称为市场。它们之间的关系如图1-1所示。

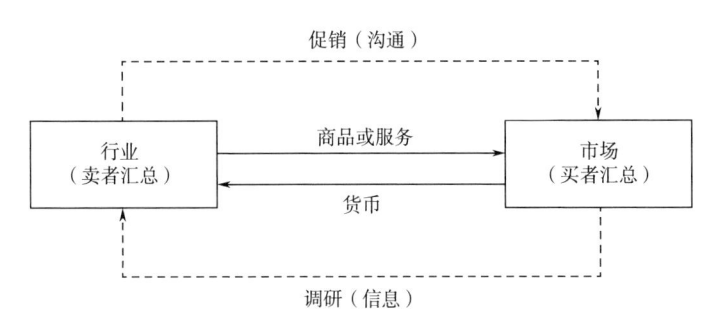

**图1-1 行业和市场的关系**

在此关系图中，行业和市场通过四种流程相连：行业将商品或服务送达市场，并与市场沟通；市场把金钱和信息送到行业。图中，内环表示钱物交换，外环表示信息交换。

## 二、市场营销的含义

"市场营销"是从英文marketing一词翻译过来的。marketing一词有两种词性：一种是动词，指企业的具体活动或行为，这时称之为"市场营销"或"市场经营"；另一种是名词，指研究企业的市场营销活动或行为的学科，称之为"市场营销学"、"营销学"或"市场学"等。

国外的市场营销协会及专家学者对市场营销做过不同的解释和表述。

美国市场营销协会（AMA）1960年给市场营销下的定义为："市场营销是指引导产品和劳务从生产者达到消费者或用户所进行的商务活动。这一定义把市场营销看作沟通生产环节与消费环节的商业活动过程。"美国市场营销协会于1985年对市场营销下了更完整和全面的定义："市场营销是对思想、产品及劳务进行设计、定价、促销及分销的计划和实施的过程，从而产生满足个人和组织目

标的交换。"

英国市场营销协会认为，一个企业要生存、发展和获利，就必须有意识地根据用户和消费者的需要来安排生产。这一论述把市场营销与生产经营决策联系起来。

日本营销学者给市场营销下的定义："市场营销是在满足消费者利益的基础上，适应市场的需要而提供商品和服务的整个企业活动。"这一论述把市场营销的外延扩大了。

美国西北大学教授菲利普·科特勒（Philip Kotler）下的定义为："市场营销是个人和集体通过创造并同他人交换产品和价值以满足需求和欲望的一种社会和管理过程"。这一论述强调了营销的价值导向。

这些论述反映了不同时期、不同地域的人们对市场营销的认识。由此可看出：市场营销的内容在不断地丰富充实，外延在不断地扩大。根据现代市场营销的发展，我们给出以下定义：市场营销是企业在变化的市场环境中，为满足消费者需要和实现企业目标，综合运用各种营销手段，把商品和服务整体地销售给消费者的一系列市场经营活动。

我们还可以这样理解：

（1）市场营销是一种企业活动，是企业有目的、有意识的行为。

（2）满足和引导消费者的需求是市场营销活动的出发点和核心。企业必须以消费者为中心，面对不断变化的环境，作出正确的反应，以适应消费者不断变化的需求。

（3）分析市场环境，选择目标市场，确定和开发产品，定价、分销、促销产品和提供服务及其相互间的协调配合，是市场营销活动的主要内容。

（4）交换是市场营销的核心，交换过程是一个主动、积极寻找机会，满足双方需求和欲望的社会过程和管理过程。通过有效的市场营销活动完成交换，与顾客达成交易方能实现企业目标。

### 三、市场营销的核心概念

市场营销的核心概念如图1-2所示。

#### （一）需要、欲望和需求

人类的需要和欲望是市场营销理念的出发点，而需求则是市场营销活动的起点和落脚点。

需要是指人类与生俱来的基本要求，是没有得到某些基本满足的感受状态。

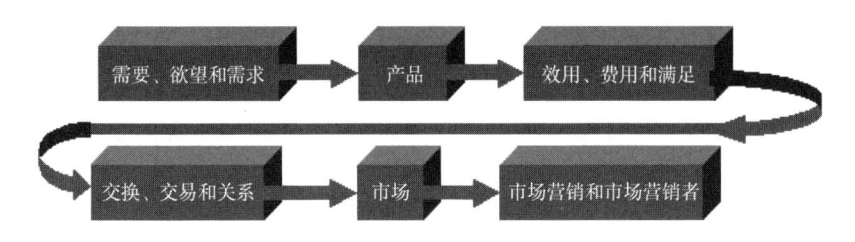

图 1-2 市场营销的核心概念

例如，人类为了生存必然有对衣食住行、尊重、自我价值实现的需要，这些需要存在于人类自身生理和社会之中，市场营销者可用不同方式去满足它，但不能凭空创造。

欲望是指想得到上述需要的具体满足品的愿望，是个人被社会所影响的需要。市场营销者无法创造需要，但可以影响欲望。

需求是指人们有能力购买并愿意购买某个具体产品的欲望。市场营销者可以通过各种营销手段来影响需求。

通俗地说，感到自己缺乏某些东西，就叫作需要，就如饥饿了想寻找"食物"，但并未指向"面包"还是"米饭"；而这一指向一旦得到明确，例如中国人喜欢吃米饭，欧美人喜欢吃面包，"需要"就变成了"欲望"；当我们有能力为我们的欲望买单时，这种欲望就转变成了"需求"。

（二）产品

产品（products）是任何能用以满足人类某种需要和欲望的东西，包括有形产品和无形产品。产品的价值不在于拥有它，而在于它给我们带来的对欲望的满足。人们购买轿车不是为了观赏，而是为了得到它所提供的交通服务。当我们心情烦闷时，为满足轻松解脱的需要，可以去参加音乐会，听歌手演唱（人员）；可以到风景区旅游（地点）；可以参加希望工程百万爱心行动（活动）；可以参加消费者假日俱乐部（组织）；可以参加研讨会，接受一种不同的价值观（观念）。人们在选择购买产品的同时，实际上也在满足着某种愿望并获取利益。营销者如果只研究和介绍产品本身，忽视对消费者利益的服务，就会犯"市场营销近视症"而失去市场。

（三）效用、费用和满足

效用（utility）是消费者对产品满足其需要的整体能力的评价。这种整体能力既包括满足消费者对所购产品属性的需要，还包括让消费者获得心理层次上的

满足感，也就是满足消费者某种心理的能力。例如，消费者购买奔驰和夏利，其效用就有很大的区别。

费用（cost）是消费者取得产品或满足需求而付出的代价。

满足（satisfy）即感到已经足够了，是消费者对产品满足其需要的满意程度。例如，人们为了解决每天上班的交通问题，会对能够满足他们需要的产品组合（自行车、摩托车、公交车、出租车等）和需要组合（速度、安全性、方便、节约、舒适等）进行评价，最终选择一个效用最大而费用最小的方案，以达到最大的总满足。

### （四）交换、交易和关系

交换是指从他人处取得所需之物，而且以某种东西作为回报的行为。交换强调回报行为。交换能否真正产生，取决于交换双方能否找到交换条件。

交换发生要具备下述五个条件。

（1）至少有交换的双方。

（2）每一方都有对方需要的有价值的东西。

（3）每一方都有沟通和运送货品的能力。

（4）每一方都可以自由地接受或拒绝。

（5）每一方都认为与对方交易是合适或称心的。

交易是指交换双方价值的交换。交易强调价值转移。

交换与交易的关系：交换是一个过程而不是一个事件，如果交换双方正在进行谈判并趋于达成协议，就意味着其正在交换，一旦达成协议，则发生了交易。

关系是指营销者与顾客、分销商、经销商、供应商建立、保持并加强合作关系，通过互利交换，使各方实现各自的目的营销方式。

### （五）市场营销者

在交换双方中，如果一方比另一方更主动、更积极地寻求交换，我们就将前者称为市场营销者。相对不积极者则为潜在顾客，而双方均积极，则都为市场营销者。

人们由于有各种生理、安全、社交、尊重、自我价值实现等需要，再结合社会经济文化、个体特征和自身的购买能力，就会产生欲望和需求，产品的出现正是为了满足人们的某种需求，如果某个产品对于某个消费者来说效用最大而费用最小，那么，消费者的总满足最大，通过市场就出现了交易和关系。消费者得到满足后，又会出现新的需要，这样的过程是不断循环的。控制这个循环过程的就是市场营销管理。

### 四、市场营销组合

在市场营销管理过程中，企业必须寻找合适的市场营销组合，有效管理它的目标市场及其需求。所谓市场营销组合（marketing mix），是企业为进占目标市场、满足顾客，加以整合、协调使用的市场营销手段，是现代营销学理论中的一个重要概念。1950年左右，美国哈佛大学教授尼尔·鲍敦提出了"市场营销组合"的概念。1960年，杰罗姆·麦卡锡将其表述为产品（product）、价格（price）、渠道（place）和促销（promotion），即著名的"4P"。其后，学术界相继提出了其他的一些"P"。目前广为流传的仍然是四大类型的分法。

#### （一）产品的组合

产品的组合主要包括产品的实体、服务、品牌、包装。它是指企业提供给目标市场的货物、服务的集合，包括产品的效用、质量、外观、式样、品牌、包装和规格，还包括服务和保证等因素。其核心问题是如何满足目标顾客的需要。应站在顾客的立场上，了解在顾客的心目中本企业的产品是什么，这包括产品的整体概念、品牌、包装等问题。产品是营销组合的第一站，如果没有产品，就无法完成其后的3P。

#### （二）价格的组合

价格是指出售产品所追求的经济回报，内容有价目表价格（list price）、折扣（discount）、折让（allowance）、支付方式、支付期限和信用条件等，所以又称为"定价"（pricing）。价格主要包括基本价格、折扣价格、付款时间、借贷条件等。价格是消费者对市场营销组合感到满意时愿意支付的货款，是消费者关于产品质量与品牌定位的重要信息，价格如果得不到消费者的认可，营销组合的其他努力就会失效。

#### （三）渠道的组合

渠道的组合通常称为"分销的组合"。它主要包括分销渠道、储存设施、运输设施、存货控制。它代表企业为使其产品进入和达到目标市场所组织、实施的各种活动，包括途径、环节、场所、仓储和运输等。如何合理选择营销渠道和组织商品实体流通来实现其营销目标日益受到企业的普遍重视，因为大量的市场营销职能是在营销渠道中完成的。甚至在某些情况下，营销渠道成为除了产品本身之外企业品牌能否成功的决定性因素。

#### （四）促销的组合

促销的组合是指企业利用各种信息载体与目标市场进行沟通的传播活动，包

括广告、人员推销、营业推广与公共关系等。它是传递企业何时何地以何种方式、何种价格销售何种商品的信息，引起消费者注意、激发消费者购买兴趣、提高企业知名度和美誉度，进而树立企业品牌的重要手段。因此，它包含企业与市场沟通的所有方法。

4P（产品、价格、渠道、促销）是市场营销过程中可以控制的因素，也是企业进行市场营销活动的主要手段，对它们的具体运用形成了市场营销的战略、战术和方法。这些手段或因素不是彼此分离的，而是相互依存、相互影响和相互制约的。在市场营销管理过程中，企业要满足顾客、实现经营目标，不能孤立地只考虑某一因素或手段，必须从目标市场的需求和市场营销环境的特点出发，根据企业的资源和优势，整合运用各种市场营销手段，形成统一的、配套的市场营销组合，争取整体效应。

**五、4P 理论的补充——4C 理论**

随着经济的发展，市场营销环境发生了很大变化，消费个性化、人文化、多样化特征日益突出。为此，美国市场营销专家劳特鹏曾于 20 世纪 90 年代提出了以人为本的 4C 理论。作为对 4P 理论的补充，在这里对 4C 理论作简单介绍。

（一）消费者（customer）

4C 理论认为，消费者是企业一切经营活动的核心，企业重视顾客要超过重视产品，因此提出：第一，创造顾客比开发产品更重要；第二，消费者需求和欲望的满足比产品功能更重要。

（二）成本（cost）

4C 理论认为，价格是企业营销中值得重视的，但价格归根结底是由生产和销售成本决定的，再低的价格也不可能低于成本。价格的制定要考虑消费者购物成本。消费者购物成本不单是指购物的货币支出，还包括购物的时间、体力和精力耗费，以及风险承担（指消费者可能承担的购买到质价不符或假冒伪劣产品而带来的损失）。

（三）便利（convenience）

4C 理论强调企业提供给消费者的便利比营销渠道更重要。便利，就是方便顾客，维护顾客利益，为顾客提供全方位的服务并贯穿于营销的全过程。它包括产品销售前的关于产品性能、质量、使用方法等的介绍，销售过程中的自由挑选、方便停车、免费送货，以及产品售后的信息反馈、维修、保修等。

### (四)沟通(communication)

4C理论用沟通取代促销,强调企业应重视与顾客的双向沟通,以积极的方式适应顾客的情感,建立基于共同利益之上的新型的企业与顾客的关系。企业追求与顾客的共同利益。强调双向沟通,有利于协调矛盾,融合感情,培养忠诚顾客。

4C理论强调企业首先应该把追求顾客满意放在第一位,其次要努力降低顾客的购买成本,然后要充分注意到顾客购买过程中的便利性,最后还应以消费者为中心实施有效的营销沟通。与产品导向的4P理论相比,4C理论有了很大的进步和发展,它重视顾客导向,以追求顾客满意为目标,这实际上是当今消费者在营销中越来越居于主动地位的市场对企业的必然要求。

## 六、顾客让渡价值与顾客满意

顾客让渡价值理论是1996年美国著名的市场营销专家菲利浦·科特勒首次提出的。而顾客满意营销战略是20世纪90年代初在国外一些先进的企业开展的以消费者为中心、围绕顾客而进行的崭新的营销战略。

### (一)顾客让渡价值的基本内容

顾客让渡价值是指顾客总价值与顾客总成本之间的差额。顾客总价值是指顾客购买某一产品或服务所期望获得的一组利益,包括产品价值、服务价值、人员价值和形象价值等。顾客总成本是指顾客购买某一产品所耗费的时间、精神、体力以及所支付的货币资金等,因此顾客总成本包括货币成本、时间成本、精神成本以及体力成本等。

顾客在购买产品时,总是希望把有关成本降到最低,而同时又希望从中获得更多的实际利益,以使自己的需要得到最大限度的满足。因此,企业要提高顾客让渡价值,可从两个方面努力:一是增加顾客购买的总价值;二是降低顾客购买的总成本。

1. 增加顾客总价值

使顾客获得更大顾客让渡价值的途径之一就是增加顾客总价值。顾客总价值由产品价值、服务价值、人员价值和形象价值构成,其中每一项价值因素的变化均对总价值产生影响。

产品价值由产品的功能、特性、品质、品种等所产生的价值构成。它是顾客选购产品的首要因素。企业要注重产品创新,提高产品功能,引导消费者购买。

服务价值是指伴随产品的出售,企业向顾客提供的各种附加服务。它包括产

品介绍、产品保证等所产生的价值。企业应通过增加服务项目，提高产品的服务价值，吸引顾客。

人员价值是指企业员工的经营思想、知识水平、业务能力、工作效率与质量、经营作风及应变能力等产生的价值。企业员工的素质直接决定着企业为顾客提供的产品与服务的质量，决定着顾客总价值的大小。企业应提高员工的综合素质，培养员工的工作能力，通过提高人员的价值增加顾客总价值。

形象价值是指企业及其产品在社会大众中形成的总体形象所产生的价值。它包括产品、商标、工作场所等所构成的有形形象所产生的价值，企业员工的职业道德行为、经营行为、服务态度、工作作风等行为形象所产生的价值，以及企业的价值观念、管理哲学等理论形象所产生的价值。形象价值与产品价值、服务价值、人员价值密切相关，在很大程度上是上述三方面价值综合作用的反映和结果。

2. 降低顾客总成本

使顾客获得更大顾客让渡价值的途径之二就是降低顾客总成本。顾客总成本不仅包括货币成本，还包括时间成本、精神成本、体力成本等非货币成本。一般情况下，顾客购买产品时首先要考虑货币成本的大小。因此，货币成本是构成顾客总成本大小的主要和基本因素。在货币成本相同的情况下，顾客在购买时还要考虑所花费的时间、精神、体力等，因此，这些支出也是构成顾客总成本的重要因素。

（1）时间成本。在顾客总价值与其他成本一定的情况下，时间成本越低，顾客总成本就越小，从而顾客让渡价值越大。比较明显的例子是，顾客到餐厅就餐，常常需要等待一段时间才能进入正式服务或消费阶段，在营业高峰时期更是如此。在服务质量相同的情况下，顾客等候的时间越长，所花费的成本就越高，顾客总成本就会越大。同时，等候时间过长，还会引起顾客对企业的不满，从而放弃消费的念头。因此，在保证产品和服务质量的前提下，尽可能减少顾客的时间支出，如无法降低时间成本，可巧妙地模糊顾客对消费过程中的时间观念，如在顾客等待时播放电视节目和音乐或提供杂志等，变相降低顾客的时间成本。

（2）精力成本。精力成本亦即精神与体力成本，是指顾客购买产品时在精神、体力方面的耗费与支出。在顾客总价值与其他成本一定的情况下，精神与体力成本越小，顾客为购买产品所支出的总成本就越低，从而顾客让渡价值越大。顾客购买产品的过程是一个从产生需求、寻找信息、判断选择、决定购买到实施购买以及产生购买后感受的全过程，在购买过程的各个阶段均需付出一定的精神与体力。如果企业能够通过多种渠道向潜在顾客提供全面详尽的信息，比如送货上门、在网络上开设虚拟店铺、一站式购物等，就可以减少顾客为获得产品信息而花费的精神与体力，从而降低顾客总成本。

企业应综合考虑构成顾客总价值与顾客总成本的各项因素之间的这种相互关系，突出重点，优化营销资源配置，尽可能用较低的成本为顾客提供具有更多的顾客让渡价值的产品。

## 小资料

### 东方饭店的客户服务

虽然泰国的经济在亚洲算不上最发达，但泰国的东方饭店的确堪称亚洲饭店之最，几乎天天客满，入住绝对需要提前预订。是什么令东方饭店如此充满魅力？仅仅因为泰国的旅游风情吗？抑或其独到的人妖表演？都不是，其征服人心靠的是几近完美的客户服务，靠的是一套完善的客户管理体系。

企业家余先生到泰国出差，下榻于东方饭店，这是他第二次入住该饭店。

次日早上，余先生走出房门准备去餐厅，楼层服务生恭敬地问道："余先生，您要用早餐吗？"余先生很奇怪，反问道："你怎么知道我姓余？"服务生回答："我们饭店规定，晚上要背熟所有客人的姓名。"这令余先生大吃一惊，尽管他频繁往返于世界各地，也入住过无数高级酒店，但这种情况还是第一次碰到。

余先生愉快地乘电梯下至餐厅所在楼层，刚出电梯，餐厅服务生忙迎上前说道："余先生，里面请。"余先生十分疑惑，又问道："你怎知道我姓余？"服务生微笑答道："我刚接到楼层服务电话，说您已经下楼了。"

余先生走进餐厅，服务小姐殷勤地问："余先生还要老位子吗？"余先生的惊诧再度升级，他心中暗忖：上一次在这里吃饭已经是一年前的事了，难道这里的服务小姐依然记得？服务小姐主动解释："我刚刚查过记录，您去年6月9日在靠近第二个窗口的位子上用过早餐。"余先生听后有些激动了，忙说："老位子！对，老位子！"于是服务小姐接着问："老菜单？一个三明治，一杯咖啡，一个鸡蛋？"此时，余先生已经极为感动了："老菜单，就要老菜单！"给余先生上菜时，服务生每次回话都退后两步，以免自己说话时唾沫不小心飞溅到客人的食物上，这在美国最好的饭店里余先生都没有见过。一顿早餐就这样给余先生留下了终生难忘的印象。

此后三年多，余先生因业务调整没再去泰国，可是在他生日的时候突然收到了一封东方饭店发来的生日贺卡：亲爱的余先生，您已经三年没有来过我们这里

了，我们全体人员都非常想念您，希望能再次见到您。今天是您的生日，祝您生日愉快。余先生当时热泪盈眶，激动难抑……

西方营销专家的研究和企业的经验表明，争取一个新顾客的成本是留住一个老顾客的 5 倍，一个老顾客贡献的利润是新顾客的 16 倍。这就是现在经常提及的客户关系管理的实质。

（资料来源：http://ccgzcc.bokee.com/viewdiary.13026957.html）

### （二）顾客满意（CS）的基本内容

CS 是英文 customer satisfaction（即顾客满意）的首字母缩写。其含义是指顾客在购买商品或享受服务时所感受到并且发自内心的愉悦和满足感。顾客满意度即指这种愉悦和满足的程度。它来源于对一件产品所设想的绩效或产出与人们的期望所进行的比较。因此，满意水平是预期绩效与期望差异的函数。一个顾客将会经历三种主要的满意水平状态中的一种。如果绩效不及期望，顾客会不满意；如果绩效与期望水平相称，顾客会满意；如果绩效超过了期望，顾客会十分满意、高兴或喜悦。

但是，顾客是如何形成期望的呢？期望的形成基于买方以往的购买经验、朋友和同事的影响，以及营销者和竞争者的信息与承诺。如果一个营销者使顾客的期望过高，假如公司失言，就极易使顾客失望。但是，如果公司把期望定得过低，虽然它能使顾客感到满意，却难以吸引大量的顾客。如今一些企业把期望的提高与绩效的实施相结合，目标是整体顾客满意。例如，印度尼西亚的桑巴蒂（Sempati）航空公司保证，他们的飞机每延误一分钟，将向顾客返还 1 000 印尼盾的现金；新加坡奥迪公司（Audi）承诺如果顾客购买汽车一年后不满意可以按原价退款等。

顾客满意的基本指导思想是：企业的整个经营活动要以顾客满意度为指针，要从顾客的角度、用顾客的观点而不是企业自身的利益和观点来分析考虑顾客的需求，尽可能全面尊重和维护顾客的利益。这里的"顾客"是一个相对广义的概念，它不仅指企业产品销售和服务的对象，而且指企业整个经营活动中不可缺少的合作伙伴。

顾客满意要求包括企业在内的组织把关注的焦点集中于顾客满意的主要因素、顾客不满意的主要方面和切实可行的预防措施上，从而提高组织的顾客满意度和顾客忠诚度，扩大市场份额；减少组织的人力、物力和财力支出，提高经济效益。

## 第二节　市场营销观念的演变

企业的市场营销观念也就是企业的市场营销指导思想，又称为市场营销哲学或市场营销理念。它是企业市场营销的思维方式和行为准则的高度概括，是指企业在市场营销活动中，在处理企业、顾客和社会三者利益关系时所持的态度、思想和观念。市场营销观念的演变大致划分为生产观念、产品观念、推销观念、市场营销观念和社会营销观念五个阶段。前三个阶段的观念一般称为传统营销观，是以企业为中心的观念；后两个阶段的观念称为现代营销观，属于以消费者和社会长远利益为中心的观念，如图 1-3 所示。

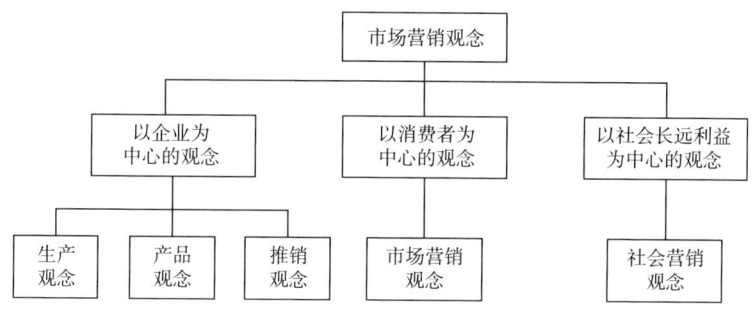

图 1-3　市场营销观念分类

### 一、以企业为中心的营销观念

以企业为中心的市场营销观念，就是以企业利益为根本取向和最高目标来处理营销问题的观念。它包括生产观念、产品观念和推销观念。

（一）生产观念（producting concept）

生产观念在西方盛行于 19 世纪末至 20 世纪初，是最古老的营销管理观念。当时整个社会市场需求旺盛，产品供应能力相对不足。企业只要提高产量、降低成本，便可获得丰厚利润。因此，企业的中心问题是扩大生产物美价廉的产品，而不必过多关注市场需求差异。其典型口号是"我们生产什么，就卖什么"。在此经营哲学指导下，企业应该立足于提高劳动生产率，提高产量，降低成本，广泛分销。

最为典型、最为人们所认可的例子是美国福特汽车公司。20 世纪初，美国福特汽车公司制造的汽车供不应求，该公司的创立者亨利·福特曾傲慢地宣称：

"不管顾客需要什么颜色的汽车,我只有一种黑色的。"福特公司1914年开始生产的T型车就是在"生产导向"经营哲学的指导下创造出奇迹的。到1921年,福特T型车在美国汽车市场上的占有率达到56%。在那个时代,福特汽车公司通过采用大量流水生产组织形式,大大提高了福特汽车的生产效率,大大降低了汽车的生产成本,从而大大降低了福特汽车的售价,使福特汽车供不应求,清一色的黑色汽车畅销无阻,不必讲究市场需求特点和推销方法。显然,整个市场的需求基本上是被动的,消费者没有多大选择余地。

生产观念是一种重生产、轻市场的观念,在物资紧缺的年代也许能"创造辉煌",但随着生产的发展、供求关系的变化,这种观念必然使企业陷入困境。如福特汽车公司在其T型车长足发展,并宣称"不管顾客需要什么颜色的汽车,我只有一种黑色的"之后不久,便陷入困境,几乎破产。

生产观念的适用条件是:①市场处于卖方市场条件下,产品供不应求,消费者没有选择余地;②产品成本高,必须通过扩大市场、提高产量才能降低成本。

**(二)产品观念(product concept)**

产品观念是一种较早的企业经营观念,产生于市场产品供不应求的"卖方市场"形势下。产品观念认为,消费者最喜欢高质量、多功能和具有某种特色的产品,因而企业应该集中精力生产品质优良、功能多样、特色鲜明的产品,在生产工艺方面做到尽善尽美、精益求精。因此,企业经营管理工作的核心是在提高产品质量的前提下大力提高生产率。只要企业的产品物美价廉,消费者必然会主动找上门来选购,无须大量开展推销工作。比较起来,这种观念相对于生产观念是一个很大的进步,因为它毕竟考虑到消费者对产品质量、性能、价格等方面的需求和愿望。但消费者的需求和利益是多方面的,在市场需求变化加快的新形势下,企业只注意产品质量本身而不研究市场需求变化的特征,就很难适应市场形势,从而将被市场淘汰。此时,企业最容易出现"营销近视症",即在市场营销管理中缺乏远见,只看见自己的产品质量好,看不见市场需要在变化,最终使企业经营陷入困境。例如,美国铁路运输业便把自己仅仅看成经营铁路运输的,没有看到用户需要的是交通服务而不是火车本身,于是忽略了空运、公共汽车、卡车和汽车所带来的挑战。中国上海某老牌子的钟表公司自创立以来,一直被公认为中国优秀的钟表制造商之一。该公司在市场营销管理中强调生产优质产品,并通过由著名大百货公司等构成的市场营销网络分销产品。20世纪90年代市场开放之前,公司销售额始终呈上升趋势。但90年代后其销售额和市场占有率开始下降。造成这种状况的主要原因是市场形势发生了变化:这一时期的许多消费者对名贵手表已经不感兴趣，而趋于购买那些经济、方便、新颖的手表；而且，许多制造商迎合消费者需要，已经开始生产低档的电子表产品，并通过廉价商店、超市等大众分销渠道积极推销，从而夺得了该钟表公司的大部分市场份额。特别是以日本卡西欧为代表的电子钟表企业，生产的电子表非常适合消费者对外观款式的要求。而该上海钟表公司竟没有注意到市场形势的变化，依然迷恋于生产精美的传统样式的机械手表，仍旧借助传统渠道销售，认为自己的产品质量好，顾客必然会找上门，致使企业经营遭受重大挫折。

中国本土很多老字号的企业，像自行车、缝纫机、剪刀等一批中华知名老字号的企业，产品质量一直很优秀，但没有考虑消费者的需要，特别是新一代消费者对产品的外观和款式新颖独特的要求。而这些企业的产品样式几十年如一日，导致了市场销量的下滑和企业的亏损。

## 小资料

### 王麻子剪刀厂老字号申请破产的原因

在得知王麻子剪刀厂向法院提出破产申请时，人民日报的记者在报道中写道：迄今已有352年历史的著名老字号王麻子剪刀厂，难道会就此终结？在中国刀剪行业中，王麻子剪刀厂（以下简称"王麻子"）声名远播。"北有王麻子，南有张小泉。"王麻子早在（清）顺治八年（1651年）就在京城菜市口成立，是著名的中华老字号。数百年来，王麻子刀剪产品以刃口锋利、经久耐用而享誉民间。新中国成立后，王麻子刀剪产品仍很"火"，在生意最好的20世纪80年代末，王麻子一个月曾创造过卖7万把菜刀、40万把剪子的最高纪录。但从1995年开始，王麻子的好日子一去不返，陷入连年亏损的地步，甚至落魄到借钱发工资的境地。审计资料显示，截至2002年5月31日，北京王麻子的资产总额为1 283万元，负债总额为2 779万元，资产负债率高达216.6%。积重难返的王麻子，只有向法院申请破产。曾经是领导品牌的王麻子为什么会走到破产的境地呢？作为国有企业，王麻子沿袭计划经济体制下的管理模式，缺乏市场竞争思想和创新意识，是其破产的根本原因。长期以来，王麻子的主要产品一直延续使用传统的铁夹钢工艺，尽管它比不锈钢刀要耐磨好用，但因为工艺复杂，容易生锈，外观档次低，产品渐渐失去了竞争优势。而王麻子却没能采取应对措施，及时引进新设备、新工艺；数十年来，王麻子剪刀的外形设计也没有任何变化。故步自封、安于现状，王麻子最终被消费者抛弃。

（资料来源：https://www.wenmi.com/article/ps5dap008dbq.html，内容有增减）

(三) 推销观念 (selling concept)

推销观念盛行于 20 世纪三四十年代。这一时期，市场形势逐步发生了变化，由于生产力不断提高，社会产品数量迅速增加，花色品种增多，市场上许多商品开始供过于求，因此企业之间的竞争开始加剧。特别是 1929 年到 1933 年发生了震撼世界的经济危机，企业愈加意识到竞争的威胁，为了求得生存，在开辟和运用销售渠道方面做了许多工作。不少企业在实践中逐步认识到人们的需求需要引导和培养，于是开始着手研究各式各样的推销方法和广告技巧。在推销观念指导下，企业相信产品是"卖出去的"，而不是"被买去的"。其口号是"我们卖什么，就让人们买什么"。尽管这时候的市场基本上还是卖方市场，但有的企业为了招徕顾客，开始重视运用积极的推销方法，大肆兜售其产品，以求在其同业竞争中获取优势。

推销观念的形成和适用的条件有两个：①企业的生产能力过大、批发商和零售商的商品库存过多时，往往奉行推销观念。②企业在消费者对产品缺乏认识而不主动购买时，也采用推销观念。但是，它只能获得短期减少积压或滞销所带来的部分利益，不利于长期的战略开发，并且在推销活动中存在着许多推销人员不是根据顾客需要提供相应的产品，而是极力推销自己的产品，片面地夸耀自己产品的好处，着重表现自己的推销技能等问题。

**二、以消费者为中心的营销观念**

以消费者为中心的观念又称市场营销观念 (marketing concept)。

市场营销观念形成于 20 世纪 50 年代，是作为对传统观念的挑战而出现的一种新型的企业经营哲学。这种观念是以满足顾客需求为出发点的，即"顾客需要什么，我们就生产供应什么"。市场营销观念改变了旧观念（生产观念、产品观念和推销观念）的逻辑。它要求企业营销管理贯彻"顾客至上"的原则，将管理重心放在善于发现和了解目标顾客的需要上，并千方百计去满足它，使顾客满意，从而实现企业目标。因此，企业在决定其生产、经营时，必须进行市场调研，根据市场需求及企业本身的条件选择目标市场，组织生产经营。其产品设计、生产、定价、分销和促销活动，都要以消费者需求为出发点。产品销售出去之后，还要了解消费者的意见，据以改进自己的营销工作，最大限度地提高顾客满意程度。

市场营销观念的出现使企业经营观念发生了根本性变化，是市场营销学的一次革命。它是企业经营中心的改变——从以生产为中心改变为以市场为中心，是企业生产运营流程的改变——从以产定销改变为以销定产。许多优秀的企业都是奉行市场营销观念的。如诺基亚董事长兼首席执行官（CEO）约玛·奥利拉说："要保持企业的不断创新，有两件事非常重要。第一件事是你必须得有一种敏感，知道市场上正发生什么样的事，知道市场上的变动和趋势，这样才知道你的用户需要什么然后满足他们。第二件事是你怎么管理人员和组织工作。只有组织才能激发人们做一些与众不同的事，使得你的目标不仅能够达到，而且能激动人心。"在美国的迪斯尼乐园，欢乐如同空气一般无所不在。它使得每一位来自世界各地的儿童美梦得以实现，使各种肤色的成年人产生忘年之爱。因为迪斯尼乐园成立之时便明确了它的目标：它的产品不是米老鼠、唐老鸭，而是快乐。人们来到这里是享受欢乐的。公园提供的全是欢乐。公司的每一个人都要成为欢乐的灵魂。游人无论向谁提出问题，谁都必须用"迪斯尼礼节"回答，绝不能说"不知道"。因此游人们一次又一次地重返这里，享受欢乐，并愿付出代价。反观我国的一些娱乐城、民俗村、世界风光城等，那单调的节目、毫无表情的解说、爱理不理的面孔，使人只感到寒意，哪有欢乐可言？由此可见我国企业树立市场营销观念之迫切性。

### 三、以社会长远利益为中心的营销观念

以社会长远利益为中心的观念又称社会市场营销观念（societal marketing concept）。它产生于 20 世纪 70 年代，当时一些企业单纯地强调满足市场需求，缺乏对于自身条件和市场环境的认真分析，不能科学地配置生产资源，生产可持续能力不断减弱。虽然市场营销观念也强调消费者的利益，不过它认为谋求消费者的利益必须符合企业的利润目标，当二者发生冲突时，保障企业的利润要放在第一位。也有一些企业在追求自身利益最大化的过程中，将废水、废气、废渣、噪声、辐射以及其他问题抛向了自然和社会，对于人类自身和其他物种的延续造成了严重威胁。因此，当西方国家普遍面临能源短缺、通货膨胀、资源浪费、环境污染，甚至消费者的健康和长远利益受到损害时，市场营销观念受到了挑战，"社会市场营销观念"逐步形成。这种观念认为，企业为顾客提供产品和服务，不仅要以顾客为中心，以满足顾客的需求和欲望为出发点，而且要兼顾顾客、社会和企业自身三方面利益，在满足顾客需求、增加社会福利中获利。这就要求企业承担社会责任，协调企业与社会的关系，求得企业的健康发展。社会市场营销观念是对市场营销观念的修改和补充。

上述企业经营观，其产生和存在都有其历史背景和必然性，都是与一定的条

件相联系、相适应的。当前，许多企业为了求得生存和发展，必须树立具有现代意识的市场营销观念、社会市场营销观念。但是，必须指出的是，由于诸多因素的制约，还有许多企业仍然处于以产品观念及推销观念为主导、多种观念并存的阶段。企业到底应该采取何种营销观念，应根据企业经营的实际情况，有针对性地具体问题具体分析。

### 小资料

**"本田妙案"**

日本横滨本田汽车公司汽车大王青木勤社长，策划出"我为你植树"的营销策略——"本田妙案"。此方案一经推出，即收到意想不到的效果。

"本田妙案"是怎样产生的呢？青木勤社长在每天上下班的途中发现，汽车在行驶过程中排出大量废气，直接污染了城市的环境，不但乌烟瘴气，而且还造成街道旁绿树的枯萎。青木勤社长看到自己的产品给环境带来的不利影响，心情非常沉重。他决定解决这个问题，恢复大自然的本来面目。于是，青木勤社长亲自制定了"今后每卖一辆车，就要在街道两侧种一棵纪念树"的经营方针；随后本田公司又将卖车所得利润的一部分转为植树的费用，以减轻越来越多的汽车排气对城市环境的污染。"本田妙案"实施后，汽车一辆辆地开出厂门，街上的树木也一棵棵栽上，绿化地带也一块块铺开。消费者心中自然产生了一种强烈的需求愿望：同样是买汽车，为什么不买绿化街道的本田汽车呢？既可买到需要的产品，还可以美化生活环境，这可真是"有心栽花花不开，无心插柳柳成荫"。

这种别出心裁的营销策略使得本田汽车的销售量猛增，并且一路领先。企业做强做大了，就要承担更多的社会责任，为社会、环境和谐付出应有的努力。

（资料来源：网络资料分析整理）

#### 四、营销观念的演变过程

企业营销观念在一定的历史条件下产生，随着营销环境的变化而变化。其演变过程如下。

（一）生产观念

时间：20世纪20年代。

观点：企业致力于提高生产效率和分销效率，通过扩大生产规模、降低成本扩展市场。

特征：卖方市场，以企业为中心，以产定销。

## （二）产品观念

时间：20 世纪 30 年代。

观点：企业致力于生产高质量产品，并不断加以改进，做到物美价廉。

特征：卖方市场，以产品为中心，以产定销。

## （三）推销观念

时间：20 世纪 40 年代至 50 年代。

观点：企业必须开展积极推销和大力度促销活动，以刺激消费者大量购买本企业产品。

特征：卖方市场，以产定销，以企业为中心，企业生产什么就推销什么。

## （四）市场营销观念

时间：20 世纪 50 年代至 60 年代。

观点：企业必须根据消费者需求开发产品，组织产品生产，开展整体营销活动，把能够满足消费者需求的产品送到消费者手中，实现企业的经营目标。

特征：买方市场，以需定产，以消费者为中心。

## （五）社会营销观念

时间：20 世纪 70 年代。

观点：企业营销不仅要追求企业的经济效益和发展，满足消费者近期的需要，而且还应照顾到社会、消费者整体的和长远的利益。

特征：保护社会环境，以消费者整体的和长远的利益为中心。

五种营销观念的异同如表 1-1 所示。

表 1-1　五种营销观念的异同

| | 营销观念 | 重点 | 方法 | 目标 |
|---|---|---|---|---|
| 旧观念 | 生产观念 | 产品 | 提高生产效率 | 通过扩大销售量，增加利润 |
| | 产品观念 | 产品 | 提高产品质量 | |
| | 推销观念 | 产品 | 加强推销 | |
| 新观念 | 市场营销观念 | 市场需求 | 整体营销 | 通过满足消费者需要而获利 |
| | | 企业利益 | | |
| | 社会营销观念 | 市场需求 | 整体营销 | 通过满足消费者需要、增进社会福利而获利 |
| | | 企业利益 | | |
| | | 社会利益 | | |

**五、营销观念的新发展**

**(一)大市场营销观念**

大市场营销观念是美国著名营销学家菲利普·科特勒在 20 世纪 80 年代提出的。

所谓大市场营销,是指企业为了成功地进入特定市场并从事业务经营,在策略上协调地使用经济、心理、政治和公共关系等手段,以博得各有关方面的支持与合作的活动过程。

大市场营销观念认为,由于贸易保护主义回潮、政府干预加强,企业在市场营销中所面临的问题已不仅仅是如何满足现有目标市场的需求。企业在市场营销中,首先须运用政治权力和公共关系,设法取得具有影响力的政府官员、立法部门、企业高层决策者等方面的合作与支持;启发和引导特定市场的需求,在该市场的消费者中树立良好的企业信誉和产品形象,以打开市场、进入市场。然后,运用传统的 4P(产品、价格、渠道、促销)组合去满足该市场的需求,进一步巩固市场地位。

**(二)关系营销观念**

关系营销是 20 世纪 80 年代末在西方企业界兴起的,核心思想是建立发展良好的关系,使顾客保持忠诚。关系营销观念认为,建立有利的商业关系需要企业与顾客及其他利益相关人(包括供应商、分销商及其他合作者)建立相互信任的关系,强调不仅要争取顾客和创造市场,更重要的是维护和巩固已有的关系。关系营销观念与传统营销观念相比,最根本的区别在于:传统营销观念的核心是商品交换,这是一种短期行为;而关系营销观念因其核心是关系,指在双方之间建立一种联系,则是一个长期的概念。关系包含的意义远远超过交换,因为如果在两个或多个商业合作伙伴间存在相互信任的关系,交换肯定会经常发生。从本质上讲,关系营销不过是对人类商业与贸易活动本源关系的回归,同时顺应了新时期商业和营销环境的挑战。因此,争取稳定的顾客群、建立良好的顾客关系显得尤为重要。

**(三)绿色营销观念**

所谓绿色营销,指的是企业以生态环境保护观念为营销的哲学思想,以绿色文化为价值观念,以消费者的绿色消费为中心和出发点,力求满足消费者的绿色需求。企业在对产品开发、生产、定价、分销进行策划和实施的整个过程中,在满足顾客需求和维护生态环境的前提下取得利润，实现经济与社会的可持续发展。绿色营销的中心思想是实现企业利益、消费者利益、社会效益、生态环境效益的统一与协调发展。

随着绿色经济、绿色消费的兴起，企业将面临日益复杂严峻的国内与国际环境，只有顺应这一潮流，树立绿色营销观念，实施绿色营销，不断增强营销的绿色内涵，才能提高应变力与竞争力，才能生存和发展。从我国国内市场看，绿色消费逐渐深入人心。中国社会调查事务所对北京、上海、天津、广州、武汉、南京、重庆、青岛、长沙、南宁等城市的消费者观念及消费行为进行了专题调查，其结果显示，有53.8%的消费者愿意购买绿色产品，有37.9%的消费者已经购买过绿色商品。随着宣传力度的加大以及人们逐步看到绿色消费的好处，绿色消费将是大势所趋。从国外市场看，有76%的荷兰人和82%的德国人在购买物品时首选绿色产品；在日本与中国市场，尽管绿色产品的售价比同类产品高出5%～10%，但并不妨碍消费者的购买热情。这些无不表明绿色消费正逐步深入人心，绿色产品市场前景看好。

## 第三节　市场营销管理

市场营销管理的主要任务是刺激消费者对产品的需求，但不能局限于此。它还帮助公司在实现其营销目标的过程中影响需求水平、需求时间和需求构成。因此，市场营销管理的任务是刺激、创造、适应及影响消费者的需求。从此意义上说，市场营销管理的本质是需求管理。

### 相关链接

#### 透过表象分析消费者的真实需求

某日一个顾客到广州宜家买电脑桌，看来看去没有合适的，不是桌子太小，就是设计不符合需要。顾客想要那种在桌子侧面有一个抽屉的，这样可以把一些小东西放里面，用时方便，最后勉强看到一个大小合适的电脑桌。顾客向销售人员询问是否可以在桌子下侧面增加个抽屉，并且愿意为此加钱。宜家的销售员仔细听了顾客的要求后，回答大体如下：宜家的家具是可以根据顾客的要求进行改变的，但改变的前提是要保证不影响产品的性能与使用，而按照这个要求增加侧面的抽屉，会影响电脑桌整体的稳定性，希望顾客多考虑一下这方面的原因。同时他建议，宜家有独立的抽屉可以与电脑桌放在一起，这样就可以满足他把使用

电脑的小工具放在里面的需求，同时可以帮他搭配颜色一样的抽屉，这样整体上看是一体的，即使将来想分开也十分方便，而且这样比修改电脑桌还要便宜。不等销售员介绍完，这个顾客就爽快地答应了。

**温馨提示**：从上面的例子可以看出，消费者的需求表象看是想直接在电脑桌上加一个抽屉，然而真实的需求实际上是在使用电脑的时候可以很方便地找到需要的小工具，而且最好就在电脑桌旁边。消费者个性化需求的最佳方案不是完全按照客户的意思。如果消费者的想法不是完美和合理的，你不能简单地说"NO"。你需要告诉消费者这样做有什么不好，比如本案例中顾客希望在电脑桌侧面增加抽屉的时候没有想到整张桌子的稳定性，当然你的解释要有理有据，关键要让顾客感觉你站在他的角度考虑问题，而且你的确应该站在他的角度考虑才能分析得更准确。

给出你的解决方案。消费者的要求不是最佳方案，那么拿出你的解决方案吧。消费者一定不会比你更了解你们有哪些产品或服务。把他没有看到的组合抽屉提供给他，既没有增加自己的二次开发工作量，又多卖了产品，消费者少花钱还比较满意，这是双赢的。

真正的营销观念是紧紧围绕消费者的需求展开的。

任何市场均可能存在不同的需求状况，市场营销管理的任务是通过不同的市场营销策略来解决不同的需求状况。下面是八种典型的不同需求状况及其相应的营销管理任务。

## 一、负需求（negative demand）

负需求是指市场上众多顾客不喜欢某种产品或服务，如近年来许多老年人为预防各种老年疾病不敢吃甜点心和肥肉，又如有些顾客害怕冒险而不敢乘飞机，或害怕化纤纺织品有毒物质损害身体而不敢购买化纤服装。市场营销管理的任务是分析人们为什么不喜欢这些产品，并针对目标顾客的需求重新设计产品、定价，作更积极的促销，或改变顾客对某些产品或服务的信念，诸如宣传老年人适当吃甜食可促进脑血液循环、乘坐飞机出事的概率比较小等。把负需求变为正需求，称为扭转性营销。

## 二、无需求（no demand）

无需求是指目标市场顾客对某种产品从来不感兴趣或漠不关心，如许多非洲国家居民从不穿鞋子，对鞋子无需求。市场营销管理的任务是以刺激性营销创造需求，通过有效的促销手段，把产品利益同人们的自然需求及兴趣结合起来。

### 三、潜在需求（latent demand）

潜在需求是指现有的产品或服务不能满足许多消费者的强烈需求。例如，老年人需要高植物蛋白、低胆固醇的保健食品，美观大方的服饰，安全、舒适、服务周到的交通工具等，但许多企业尚未重视老年市场的需求。市场营销管理的任务是准确地衡量潜在市场需求，开发有效的产品和服务，即开发性营销。

### 四、下降需求（falling demand）

下降需求是指目标市场顾客对某些产品或服务的需求出现了下降趋势，如近年来城市居民对电风扇的需求相对减少。市场营销管理要了解顾客需求下降的原因，或改变产品的特色，采用更有效的沟通方法再刺激需求，即创造性地再营销，或寻求新的目标市场，以扭转需求下降的格局。

### 五、不规则需求（irregular demand）

许多企业常面临不同季节、月份、周、日、时产品或服务需求的变化，出现生产能力和商品的闲置或过度使用。如在公用交通工具方面，在运输高峰时不够用，在非高峰时则闲置不用。又如旅馆的床位在旅游旺季时紧张和短缺，在旅游淡季时却空闲。再如节假日或周末时商店拥挤，在平时商店顾客稀少。市场营销管理的任务是通过灵活的定价、促销及其他激励因素来改变需求时间模式，这称为同步营销。

### 六、充分需求（full demand）

充分需求是指某种产品或服务目前的需求水平和时间等于期望的需求水平和时间的一种需求状况。这是企业面对的最理想的一种需求状况。但消费者需求会不断变化，竞争日益加剧。因此，市场营销管理的任务是改进产品质量及不断估计消费者的满足程度，维持现时需求，这称为维持性营销。

### 七、过度需求（verfull demand）

过度需求是指市场上顾客对某些产品的需求超过了企业供应能力，产品供不应求。比如，由于人口过多或物资短缺，交通、能源及住房等产品供不应求。市场营销管理的任务是减缓营销，可以通过提高价格、减少促销和服务等方式使需

求减少。企业最好选择那些带来利润较少、要求提供服务不多的目标顾客作为减缓营销的对象。减缓营销的目的不是破坏需求，而只是暂缓需求。

### 八、有害需求（unwholesome demand）

有害需求是指对消费者身心健康有害的产品或服务，诸如烟、酒、毒品、黄色书刊等。市场营销管理的任务是通过提价、声明危害性及减少可购买的机会来减少销售，我们称之为反营销。反营销的目的是采取相应措施来消灭某些有害的需求。

上述八种不同需求及其相应的营销管理任务如表1-2所示。

表1-2　营销管理的八大任务

| 需求状况 | 需求特征 | 营销管理任务 |
| --- | --- | --- |
| 负需求 | 绝大多数人不喜欢，甚至花费一定代价也要回避某种产品 | 扭转性营销：试图使原来不喜欢某些事物的人变得喜欢。人们态度的改变取决于这种营销所申明的好处是否为他们所接受 |
| 无需求 | 目标消费者对于某些产品或服务不感兴趣或漠不关心的一种状态 | 刺激性营销：刺激人们对不了解的或无形产品的需求 |
| 潜在需求 | 当许多消费者对不存在于实际的某些东西有强烈的需求时，就形成了潜在需求的状况 | 开发性营销：衡量潜在市场的范围，试图发展某种新产品或新的服务 |
| 下降需求 | 市场对一个或几个产品的需求呈下降趋势的情况 | 再营销：企业通过各种方式企图重新建立人们对产品或服务的兴趣 |
| 不规则需求 | 在某些时候，需求低于供给能力，而在某些时候，供给低于需求能力 | 同步营销：设法使产品的需求配合供给 |
| 充分需求 | 营销者对其营业额感到满意的状况 | 维持性营销：面对消费者偏好变动，竞争加剧的情况维持现有的需求水平。营销者必须维持或提升其产品的质量，不断地评估消费者的满足程度 |
| 过度需求 | 某产品或服务的市场需求超过企业所能供给或愿意供给的水平 | 减缓营销：暂时地或长期地减少市场对产品的需求 |
| 有害需求 | 市场对某些有害物品或服务的需求 | 反营销：试图移植市场对某种产品或服务的需求 |

## 第四节　市场营销学研究的基本内容

### 一、市场营销学的研究对象

市场营销学的研究对象是市场营销活动及其规律，即研究企业如何识别、分析评价、选择和利用市场机会，从满足目标市场顾客需求出发，有计划地组织企业的整体活动，通过交换，将产品从生产者手中转向消费者手中，以实现企业营销目标。

### 二、市场营销学的基本内容

市场营销就是将市场需要变成满足这种需要的产品或服务，并把其推向市场进行流通，从而实现企业经营目标的整体活动过程。企业的营销活动要从消费者的需要出发，因此企业首先要有正确的营销理念，其次要研究消费者的需要及其购买行为。而消费者的购买行为受各种环境因素、自身特征因素和竞争对手因素的影响，企业还要分析环境因素及竞争对手情况，以确定企业的营销机会与威胁、优势与劣势，从而制定企业的营销目标。为了实现这一目标，需要有效的营销战略作指导，把营销战略细化为营销策略，这个过程就叫作制定营销策略。企业制定并实施营销策略后，能不能达到预期的目标还取决于是否对营销活动进行了有效的管理，这种管理包括营销活动的计划、组织、评价和控制等。

因此，本书作为市场营销学的教材，设置的基本内容包括以下五个模块：

①营销理念模块，主要内容包括市场营销的主要概念、市场营销观念及其历史演进。

②市场探测模块，主要内容包括营销环境分析、消费者行为分析、行业和竞争者分析。

③营销战略模块，主要内容包括市场细分、选择目标市场、市场定位。

④营销策略模块，主要内容包括产品策略、定价策略、渠道策略、促销策略。

⑤营销活动管理模块，主要内容包括营销活动的计划、组织、评价和控制。

### 三、学习和研究市场营销学的意义

#### （一）市场营销学在各国的应用

20世纪初，市场营销学首创于美国，随后广泛应用于各个领域。20世

纪50年代市场营销学开始传播到其他西方国家。日本于20世纪50年代初开始引进市场营销学，1953年日本东芝电气公司总经理石坂泰三赴美参观访问，回到日本说的第一句话是"我们要全面学习市场营销学"。1957年日本营销协会成立。20世纪60年代，日本经济进入快速发展时期，市场营销原理和方法广泛应用于家用电器工业，市场营销观念被广泛接受。20世纪60年代后，市场营销学被引入苏联及东欧国家。

20世纪三四十年代，市场营销学在中国曾有一轮传播。当时一些大学的商学院开设了市场学课程，后来中断。1978年到1985年是市场营销学再次引进中国并初步传播的时期。到了1988年，国内各大学已普遍开设了市场营销课程，专业教师超过4 000人。不少学校增设了市场营销专业。1991年3月，中国市场学会在北京成立。该学会成员包括高等院校、科研机构的学者，国家经济管理部门官员和企业经理人员。此后，中国高等院校市场学研究会、中国市场学会作为中国营销的主要学术团体，在促进学术界和企业界、理论与实践的结合，为企业提供营销管理咨询服务和培训服务，建立对外交流渠道等方面，做了大量卓有成效的工作。如今，市场营销学已成为众多高校的必修课，市场营销学原理与方法也已广泛地应用于各类企业。由于各地区、各部门之间生产力发展不平衡，产品市场趋势有别，加之各部门经济体制改革进度不一、各企业经营机制改革深度不同等，市场营销学在各地区、各部门、各类企业的应用程度不尽相同。

（二）学习市场营销学的方法

1. 把握理论框架，抓住核心原理

市场营销学主要包括三大核心原理：市场分析原理、目标市场原理、营销组合原理。

市场分析原理包括市场环境分析、消费者购买行为分析等内容（见教材的第二至四章），这一原理应用于市场营销活动的初始阶段，也是市场营销的前提和基础。

目标市场原理（含市场细分原理）是市场营销学的核心原理之一（见教材的第五章）。虽然章节不多，但其地位非常重要，应用于市场营销的关键阶段。

营销组合原理包括产品、价格、渠道、促销等方面内容，也是营销学的核心原理之一（见教材的第六至九章）。这一原理主要讲营销策略问题，应用于市场营销的后续阶段。以上三大原理依次推进，相互联系，缺一不可，构成了市场营销活动的闭循环系统。

2. 从实践中领悟理论，把握精髓

市场营销学是应用性很强的学科，各行各业都离不开营销原理的指导。可采取现场观摩、实地考察的方法。如逛商场时，可留心厂家、商家的各种营销活动，观察主办者的操作过程，从中吸取有价值的经验和教训。要培养自己勤于思考的习惯，将自己的所思所想记下来，并将这些所思所想与现实进行对比，进行磨合，有助于融会贯通。

3. 讨论案例，提高分析能力

通过对案例的深入分析与讨论，大家可以从感性与理性、知识与实际相结合的角度学习相关市场营销知识，深入领悟某种原理的精髓，特别有助于学习者了解某个理论方法在哪些具体条件下能够使用，以及如何运用。教材中每节都有引导案例，文中还穿插若干企业营销实例，要结合章节内容认真分析、思考，从而加深对相关知识点的理解和掌握，这也会激发大家的主观能动性和创造性。

4. 阅读报纸、杂志，利用网络，拓宽学习视野

要阅读分析有关报纸、杂志，如《中国经营报》《销售与市场》等，收看CCTV一、二套电视经济栏目，利用中国营销传播网等媒介，培养自己的商业意识和市场感觉。此外收集自己感兴趣的行业中的企业市场营销行为和案例，从营销角度对产品的包装设计、价格、促销等相关内容进行分析，预测产品的未来发展情况，再与企业实际情况对比，从而拓宽学习视野，提高分析问题、解决问题的能力。

## 相关链接

### 把斧子卖给总统

2001年5月20日，美国推销员乔治·赫伯特成功地将一把斧子卖给布什总统。布鲁金斯学会把刻有"最伟大的推销员"的一只金靴子发给了他。

布鲁金斯学会创建于1972年，以培养世界上最杰出的推销员而著称于世。它有一个传统，在每期学员毕业时，设计一道最能检验推销员能力的实习题，让学生去完成。克林顿当政期间，他们出了这样一道题：把一条三角裤推销给现任总统。8年间，有无数个学员为此绞尽脑汁，但最终无功而返。克林顿卸任后，布鲁金斯学会将题目换成"请把一把斧子推销给布什总统"。

鉴于前8年的失败与教训，多数学员知难而退。有人甚至认为，这道毕业实习题会和克林顿当政期间一样毫无结果，因为总统什么都不缺，即使缺什么，也用不着他亲自购买；退一步说，即使他亲自购买，也不一定正赶上你去推销的

时候。

然而，乔治·赫伯特却做到了，并且并没有花多少工夫。一位记者采访他时，他说："我认为，把一斧子推销给布什总统是完全可能的。因为布什总统在得克萨斯州有一个农场，那儿种了许多树。于是我就给他写了一封信，说：有一次，我有幸参观您的农场，发现那里种着许多矢菊树，有些已经死掉，木质已变得松软。我想，您一定需要一把斧头。但是从您现在的体质来看，小斧头显然太轻，因此您仍需要一把不甚锋利的老斧头。现在我这儿正好有一把这样的斧头，这是我祖父留给我的，很适合砍伐枯树。假若你感兴趣的话，请按这封信所留的地址给予回复……最后他就给我汇来了 15 美元。"

布鲁金斯学会在表彰他的时候说："金靴子奖已空缺了 26 年。26 年间，布鲁金斯学会培养了数以万计的推销员，造就了数以百计的百万富翁。这只金靴子之所以没有被授予他们，是因为我们一直想寻找这么一个人：这个人从不因别人说某一目标不能实现而放弃，也从不因某件事情难以办到而失去自信。"

乔治·赫伯特的故事在世界各大网站公布之后，一些读者纷纷在网上搜索布鲁金斯学会，他们发现在该学会的网页上贴着这么一句格言：不是因为有些事情难以做到，我们才失去自信，而是因为我们失去自信，有些事情才显得难以做到。

（资料来源：http://finance.sina.com.cn）

（三）学习市场营销学的意义

1. 市场营销学在国家社会经济发展中的意义

首先，有利于提高人民的生活水平。市场营销以满足消费者需求为中心，强调不断开拓新的市场，为生产者、经营者提供不断向新的价值生产领域拓展和实现产品价值的手段，有效地促进经济成长。其次，有利于合理利用资源。市场营销的发展在扩大内需和进军国际市场，吸引外资，解决经济成长中的供求矛盾和资金、技术等方面开拓了更大的市场空间。最后，市场营销强调经营与环境的系统协调，倡导保护环境、绿色营销，对经济的可持续发展起重要作用。

2. 市场营销学在企业经营活动中的意义

首先，有利于提高企业经营管理水平，促使企业不断开拓创新，为企业发展创造条件。其次，帮助企业发现经营中的问题并找出解决办法。在企业外部，营销活动涉及供应商、分销商、竞争对手和顾客等各种关系，其中既有复杂的利益关系，也存在着相互制约和依赖，就需要营销部门来不断协调各种关系和建立不同利益主体间合作的新方式。在企业内部，营销活动也涉及人、财、物等各部门的资源，要对它们进行合理配置，客观上需要营销系统进行统一的资源整合和管理。最后，可以加强企业与市场的联系，帮助企业走向国际市场。

## 要点索引

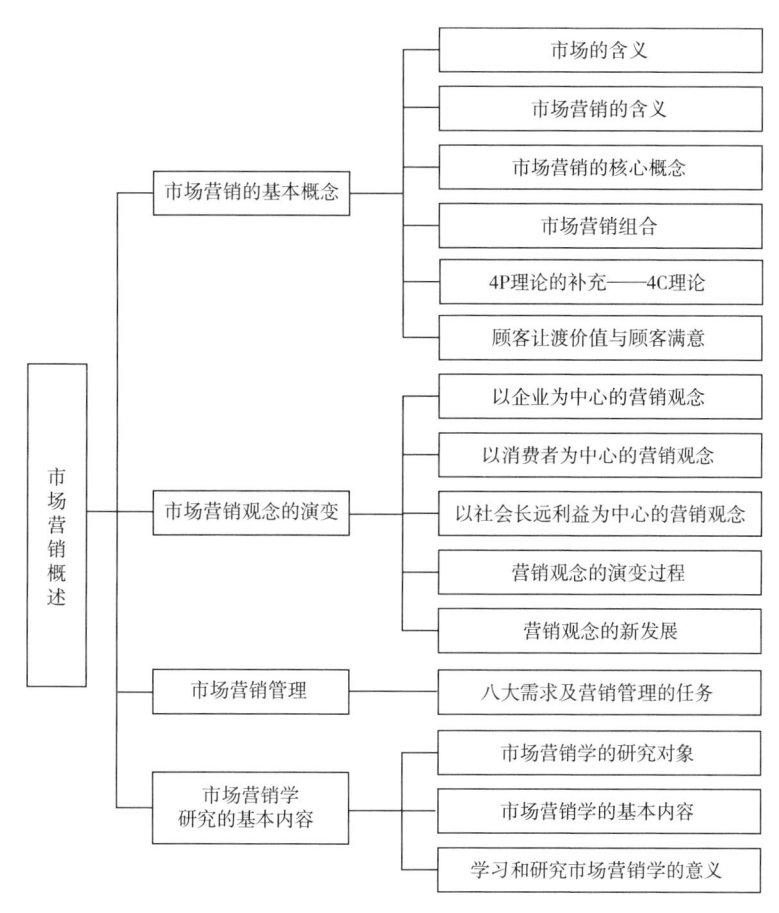

```
                          ┌── 市场的含义
                          ├── 市场营销的含义
          ┌─ 市场营销的基本概念 ─┼── 市场营销的核心概念
          │               ├── 市场营销组合
          │               ├── 4P理论的补充——4C理论
          │               └── 顾客让渡价值与顾客满意
          │
          │               ┌── 以企业为中心的营销观念
市         │               ├── 以消费者为中心的营销观念
场         ├─ 市场营销观念的演变 ─┼── 以社会长远利益为中心的营销观念
营         │               ├── 营销观念的演变过程
销         │               └── 营销观念的新发展
概         │
述         ├─ 市场营销管理 ──── 八大需求及营销管理的任务
          │
          │               ┌── 市场营销学的研究对象
          └─ 市场营销学    ─┼── 市场营销学的基本内容
             研究的基本内容   └── 学习和研究市场营销学的意义
```

## 知识巩固

（一）名词解释

1. 市场营销　　2. 营销近视症　　3. 充分需求

（二）单项选择题

1. 市场营销的核心是（　　　）。

   A. 销售　　　　B. 购买　　　　C. 交易　　　　D. 交换

2. "酒香不怕巷子深"是一种（　　）观念。

   A. 生产　　　　B. 产品　　　　C. 推销　　　　D. 社会营销

3. 最容易导致企业出现营销近视症的经营思想是（　　）。
   A. 生产观念　　　B. 产品观念　　　C. 推销观念　　　D. 营销观念
4. 在交易双方中，更积极、更主动地寻求交易的一方被称为（　　）。
   A. 潜在顾客　　　B. 顾客　　　　　C. 卖方　　　　　D. 市场营销者
5. 市场营销学的研究对象是（　　）。
   A. 以满足企业利润为中心的企业市场营销活动及其规律
   B. 以满足生产者需求为中心的企业市场营销活动及其规律
   C. 以满足供应商需求为中心的企业市场营销活动及其规律
   D. 以满足消费者需求为中心的企业市场营销活动及其规律
6. 构成容量很大的现实市场的条件是（　　）。
   A. 一个国家或地区人口众多、人均购买力大
   B. 一个国家或地区人均购买力大、购买欲望强
   C. 一个国家或地区人口众多、购买欲望强
   D. 一个国家或地区人口众多、人均购买力大、购买欲望强
7. "迪斯尼乐园的产品不是米老鼠、唐老鸭，而是快乐"，这体现的市场营销管理哲学是（　　）。
   A. 产品观念　　　　　　　　　　B. 推销观念
   C. 市场营销观念　　　　　　　　D. 社会市场营销观念
8. 麦当劳规定所有餐厅都采用再生纸制的餐巾，这一措施体现了（　　）。
   A. 市场营销观念　　　　　　　　B. 关系市场营销观念
   C. 产品观念　　　　　　　　　　D. 社会市场营销观念
9. 现代市场营销学研究的主要内容是以（　　）为主的市场营销组合。
   A. 3P　　　　　　B. 4P　　　　　　C. 5P　　　　　　D. 6P
10. 市场营销学 20 世纪初诞生在（　　）。
    A. 美国　　　　　B. 法国　　　　　C. 日本　　　　　D. 英国
11. "请你买我厂的产品"和"你需要什么，让我们来为你生产"这两句对顾客说的话反映了（　　）。
    A. 生产观念与产品观念的区别　　　B. 生产观念与推销观念的区别
    C. 产品观念与推销观念的区别　　　D. 推销观念和市场营销观念的区别
12. 某企业在市场营销管理中缺乏远见，只看到自己的产品质量好，看不到市场需求在变化，该企业这种市场营销管理哲学是（　　）。
    A. 产品观念　　　B. 社会营销观念　　C. 推销观念　　　D. 生产观念

13. 在旅游旺季的时候，某城市宾馆的入住率为100%；而在旅游淡季的时候，该城市宾馆的入住率却只有30%。该宾馆在不同季节上下波动的需求属于（　　）。

  A. 不规则需求　　B. 充分需求　　C. 有害需求　　D. 负需求

14. 某种产品或服务的需求水平、时间与预期相一致的需求状况指的是（　　）。

  A. 充分需求　　B. 过度需求　　C. 有害需求　　D. 下降需求

15. 市场营销管理的本质是（　　）。

  A. 需求管理　　B. 市场管理　　C. 销售管理　　D. 产品管理

16. （　　）需要采取减缓营销措施。

  A. 负需求　　B. 无需求　　C. 下降需求　　D. 过度需求

（三）多项选择题

1. 从营销的角度看待市场，市场是由（　　）、（　　）和（　　）有机组成的总和。

  A. 供求　　B. 人口　　C. 场所　　D. 购买力

  E. 购买欲望

2. 市场营销哲学的核心是正确处理（　　）之间的利益关系。

  A. 企业　　B. 顾客　　C. 社会　　D. 供应商

  E. 中间商

3. 顾客总价值包括（　　）。

  A. 服务价值　　B. 产品价值　　C. 人员价值　　D. 货币价值

  E. 形象价值

4. 顾客总成本包括（　　）。

  A. 货币成本　　B. 精神成本　　C. 体力成本　　D. 时间成本

  E. 效益成本

5. 在卖方市场条件下，企业一般容易产生（　　）。

  A. 产品观念　　B. 推销观念　　C. 生产观念　　D. 竞争观念

  E. 营销观念

6. 社会营销观念要求在制定营销政策时统筹兼顾几方面的利益，它们是（　　）。

  A. 企业利润　　B. 上级指示　　C. 竞争者动向　　D. 消费者需要的满足

  E. 社会利益

7. 市场营销观念可以归纳为（　　）。

A. 生产观念　　　B. 产品观念　　　C. 推销观念　　　D. 市场营销观念

E. 社会营销观念

(四) 判断题

1. 交换过程能否顺利进行，取决于营销者创造的产品和价值满足顾客需求的程度和交换过程的水平。（　　）

2. "好酒不怕巷子深"是完全符合现代市场营销观念的。（　　）

3. 所谓的社会营销观念就是以消费者需求为中心的观念。（　　）

4. 市场营销就是推销和广告。（　　）

(五) 简答题

1. 如何理解市场营销的概念？

2. 简述顾客让渡价值的基本内容。

## 能力培养

### 思维训练

#### 三井高利经商之道

日本三重县人三井高利是一个立志做布商的人，他赤手空拳前往东京闯天下，可是很长时间没有起色。正当他想关店回到故乡的时候，一天，在洗澡堂里听到几个手艺人在高声谈论：这些人准备穿新丁字裤（兜裆布）去参加庙会，可是却凑不齐人数合伙去买，为此烦恼不已。凑齐人数合伙去买新的丁字裤，这是怎么回事？三井高利一边冲洗着一边在想。"啊，对了，原来是这样！"他拍了一下大腿。原来，在当时购买布料需要凑齐几个伙伴去买一匹漂白布，可是人数却不易凑齐。用现在的话来说，当时布料只以匹为单位出售，是"不符合顾客需求的"。于是第二天，三井高利便在店门口贴上了这样一张纸条："布匹不论多少都可以剪下来卖。"昨天在澡堂里遇到的手艺人看了这张纸条飞奔进来："买够做一条丁字裤的漂白布。"三井高利看准了在接近庙会的这段日子里，有相同需求的人一定非常多。于是，店里所有的漂白布在那一天统统销售一空。许许多多的女孩子和附近的太太们都涌到店里来买零头布。三井高利的店门口连日来热闹非凡。

三井高利领悟到做生意倾听顾客心声的好处，简直乐不可支，他把吃饭的时间都节省下来站在店门口接待顾客，由此又获得很多启示。

布店主要的顾客是女性，但女性买东西买得最多的时候是女儿将出嫁时。可是出嫁时所需要的东西不仅是衣服，还有放衣服的衣橱、包、绸缎及和服的纸、梳子、簪子、鞋箱、餐具等种种东西。由此，新娘和她的母亲必须东一家西一家地去选购。如果那些东西可以在一个地方一次买齐，对顾客来说多方便呀。于是，三井高利马上将其付诸实施，这就是日本的第一家百货公司——"三越"。

百货公司之所以能以压倒性的优势成为零售业的王者，乃是由于苦心谋求如何才能方便顾客，于是，有能力的布店有很多都学"三越"的做法扩充店面，引来了许多买东西的顾客。

**问题讨论**：三井高利为什么能够成功？

**温馨提示**：市场营销观念强调顾客满意。整个企业员工共同努力使顾客满意是实现企业利润目标的途径。要使顾客满意，必须坚持顾客需要什么，就生产什么，就卖什么。三井高利正是从顾客需要买零头布做丁字裤的行为受到启示，把顾客的需要作为企业经营的出发点，倾听顾客心声，组织适销对路的商品，尽可能方便顾客，终于压倒了竞争对手，而成为零售业之王。

市场营销观念是企业开展营销活动的指导思想，企业树立与客观经济环境相适应的市场营销观念，必然能够作出正确的营销决策，推动企业不断发展。

## 某电子厂的营销哲学

某电子厂根据瞬息万变的市场需求每年保证三个新产品投入市场，新产品产值占总产值的80%以上。总经理对市场营销的理解是：站在市场前沿，充分考虑未来市场需求的发展，及时开发新产品，要销售一代，生产下一代，研究另一代。

**问题讨论**：这个厂采取的是什么市场营销哲学？怎样理解总经理对市场营销的理解？

**温馨提示**：该厂所采取的是市场营销观念。企业不仅要理解消费者的需求并努力地满足这种需求，更要预测需求变化的趋势，从而为这种需求趋势的到来提前做好准备。企业还应该努力地创造消费者的需求，挖掘消费者心中的潜在需求。

### ✓ 实战演练

假设你正经营一家小型中式快餐店，如果运用五种营销观念，将各有什么市场策略？

### 案例分析

#### 海尔，企业不断崛起的"秘诀"

在中国的家电市场上，没有人能忽视海尔的独树一帜现象以及它的不断崛起。

海尔集团创立20年后，从单一的产品到几乎全部的家电产品，从起初的一点到目前的多元化的集团企业，从中国到日本、美国以及欧洲，海尔为发展中的中国家电业走出了一条新路。

"任何一个企业做产品，你卖的肯定不是这个产品，换句话说，用户要的绝对不是你这个产品，要的是一种解决方案……"海尔集团首席执行官张瑞敏曾这样说道。那么海尔又是如何去做的呢？

秘诀之一：从洗地瓜、土豆到打酥油的洗衣机。

用洗衣机来洗沾满泥土的地瓜？不可思议！

当参加《财富》论坛的跨国公司老板们听海尔集团总裁张瑞敏说起这件新鲜事时，全场哄堂大笑。

在四川省某地，秋天的一段时间内，常常有当地农民报修洗衣机，技术人员维修时发现，大多数故障是由农民使用不当引起的。原来当地农民多种植地瓜（学名红薯），清洗地瓜自然是常事儿。于是，当地许多农民为了图方便，就用洗衣机洗地瓜，这常造成洗衣机堵塞。

针对这一情况，海尔服务部认为，应该加大力度宣传，避免农民用洗衣机洗地瓜，否则将带来太大的服务工作量。若消费者使用不当导致洗衣机损坏，海尔的服务维修应该收费。然而针对这件事，海尔的总裁张瑞敏却有不同的看法。他认为，既然消费者用洗衣机来洗地瓜，说明这种需求存在，海尔的技术人员应该想办法从技术上进行突破，看看有没有办法研发一种既能洗衣服又能满足洗地瓜要求的洗衣机。于是，海尔对产品进行部分改造，扩大水流输出部分，能够满足洗地瓜的要求。随即，在当地推出了地瓜洗衣机。结果一投放市场就大受当地农民的欢迎。这件事的两种思维，恰好反映了企业到底应该以自己的产品为中心还是以消费者的需求为中心。海尔的做法使企业赢得了更多的消费者和市场，也获得了更多利润。海尔的成功在于发现和挖掘消费者潜在需求。

北京一所学校职工食堂的几位大师傅看到海尔开发出地瓜洗衣机后，给海尔写来一封简短的信。信中说，在他们那里，师生们都很喜欢吃土豆，但大量削土豆皮费时、费力，既然海尔能开发出地瓜洗衣机，希望海尔也能开发会削土豆皮的洗衣机。这封来信着实令海尔有点为难，但最后海尔还是开发出了这种会削土豆皮的洗衣机，几分钟就可削干净5公斤土豆。

青海和西藏地区的人们喜欢喝酥油茶，但打酥油很麻烦，往往要花很长时间。海尔科研人员在去西北考察的时候，热心的藏族同胞总用他们花费很多工夫制成的酥油茶等招待他们。科研人员很感动。他们灵机一动：为什么不开发一种洗衣机来帮助藏民们打酥油呢？于是不久，打酥油洗衣机又在海尔问世了，《拉萨晚报》对此专门进行了报道，在当地传为佳话。

秘诀之二：只有淡季的思想，没有淡季的市场。

在很多企业都认为夏季是市场淡季时，海尔提出"只有淡季的思想，没有淡季的市场"的理念，设计出专在夏天使用的小容量洗衣机——小小神童洗衣机，从一双袜子到一件衬衣，都可以及时地清洗，比普通容量的洗衣机省水节电，市场占有率极高。

随着人们卫生、保健意识的逐渐增强，海尔又紧紧抓住消费者的心理，利用抗菌、消毒技术开发了"保健双动力"洗衣机。该洗衣机凭借其电脑全自动控制杀菌消毒功能在市场上显示出强大的产品魅力和市场威力。"不用洗衣粉"的洗衣机，且不说它的技术是否成熟，它真正是一次对传统洗衣机的革命，这一点只有海尔在大胆推广，宣传的方式或许有些夸张，但消费者的认可和销售量的不断提高，真正说明了人们对它未来的向往。

秘诀之三：可以洗荞麦皮枕头的洗衣机。

"听说你们洗衣机能为牧民打酥油，还给合肥的饭店洗过龙虾，真是神了！能洗荞麦皮吗？"

一个来自北方某枕头厂的电话打进了海尔总部。海尔洗衣机公司在接到用户需求后，仅用了24小时，就在已有的洗衣机模块技术上创新地推出了一款可洗荞麦皮枕头的洗衣机，受到用户的极大赞誉，更成为继海尔洗地瓜机、打酥油机、洗龙虾机之后在满足市场个性化需求上的又一经典之作。

明代医学家李时珍在《本草纲目》中有一则"明目枕"的记载："荞麦皮、绿豆皮、菊花同作枕，至老明目。"在我国，人们历来把荞麦皮枕芯视为枕中上品。荞麦皮属生谷类，具有油性，而且硬度较高，如果不常洗或者晒不干又容易滋生细菌，但荞麦皮的清洗与干燥特别费劲，因为荞麦皮自身体积微小，重量极轻，很难晾晒，如果在户外晾晒更容易被风刮走。荞麦皮的清洗和晾晒问题就成了荞麦皮枕头厂家及消费者的一大难题。海尔开发的这款既可以家庭洗衣又可以用来洗荞麦皮枕头的"爽神童"洗衣机，除了具有洗涤、脱水等基本功能外，

还独有高效PTC的转动烘干、自然风晾干两种干燥技术。海尔还专门设计了荞麦皮包装洗涤袋，加上海尔独有的"抗菌"技术，非常好地解决了荞麦皮枕头的清洗、干燥难题。

秘诀之四：个性化。

海尔洗衣机在市场上受欢迎，在用户中有口碑，除了质量、性能优异外，还有一条必不可少的原因，那就是产品的个性化。

海尔洗衣机"个性化设计"还有很多：农村地区电压不稳定，海尔开发出了"宽电压"洗衣机；城市居民有的家中水压不足，海尔开发出了"零水压"洗衣机；北方地区水质硬，衣物不易洗干净，海尔开发出了爆炸洗净的"小神泡"洗衣机；南方地区梅雨季节晾衣时间长，容易滋生细菌，海尔开发出了带烘干功能的洗衣机；用户希望洗衣机达到手洗一样的效果，海尔开发出了科技"领先"、市场"领跑"的"手搓式"洗衣机；从专为中东设计的"大容量"洗衣机到专为韩国设计的甩干"草药"的"小飓风"洗衣机；从亚洲风格的波轮式、欧洲风格的滚筒式到美洲风格的搅拌式……"海尔洗衣机，专为您设计"，这一个"专"字，使海尔将洗衣机销到哪里，就把发现"难题"、捕捉"难题"、破解"难题"的功夫下到哪里；每攻克一个"难题"，就使海尔家庭诞生一个新品，提升一级档次，增添一份优势，吸引一批用户，赢得一方市场。据不完全统计，洗衣机行业申报的国家专利约有一半是海尔的，全国洗衣机新产品有近一半是海尔投放的。

有了个性化的设计、生产，还要有个性化的服务。

海尔网络洗衣机的推出全面提升了家电服务质量。用户通过网络可将洗衣机的各种参数传到海尔服务中心，海尔服务中心也可以在用户授权的情况下访问、调整及修正洗衣机的参数，实现了远程监护。当洗衣机出现故障时，控制系统会自动将故障信息传到海尔服务中心，服务中心可以及时采取补救措施。网络洗衣机还具有自我诊断功能，可自行判定故障起因并及时报警，方便用户针对故障采取相应措施，实现了洗衣机的优化控制，终身监护。

（资料来源：《中国本土市场营销精选案例与分析》）

**案例思考：**

1. 请你举出其他企业类似海尔地瓜洗衣机这样以市场营销观念为指导的成功例子。

2. 海尔如果在地瓜洗衣机、荞麦皮枕头洗衣机等个性化产品上并没有赚钱，你认为它还要坚持现在这种市场营销观念吗？

# 第二章　市场营销环境分析

## 学习目标

知识目标：（1）了解营销宏观环境与微观环境因素。
（2）认识营销环境对企业营销行为的影响和作用。
（3）掌握分析和评价营销环境的基本方法。
能力目标：（1）培养学生认识企业面临的营销环境因素的能力。
（2）学会分析、评价企业营销环境。

## 先导案例

### 让全世界的人都喝可口可乐

雄霸世界饮料市场百年之久的可口可乐是非常受人们欢迎的饮料之一。据说在美国，不知道美国总统是谁的大有人在，但不知道可口可乐的人没有。由此不难窥见可口可乐之魅力。

可口可乐公司问世一百多年来历尽曲折，规模日益扩大，尤其在它的第四任总裁伍德鲁夫提出的"让全世界的人都喝可口可乐"口号鼓舞下，可口可乐公司在海外的市场不断得到拓展，现在全世界150多个国家的人每天要喝掉3亿多瓶可口可乐，公司的年营业额达百亿美元。可口可乐公司能成功地占领全球市场，除了其产品较高的质量、独特的风味以外，最主要的原因是其别具一格的营销方式。

一、通行全球的"当地主义"

可口可乐大规模地走出美国本土是从第二次世界大战（以下简称"二战"）时开始的。1941年，日本偷袭珍珠港，美国对日宣战，大批美军被派遣到战场。当时的可口可乐公司总裁伍德鲁夫从中看到了公司发展的机会：如果这些美军官

兵能够在战场上喝到可口可乐,将是一个多么巨大的市场。于是他果断地宣布,可口可乐公司将在全世界任何地方为美军三军人员生产5美分一瓶的可口可乐,并展开了强有力的宣传,进而使当时的美国陆军部深深地相信,可口可乐是"提高士气"的佳品饮料。美国最高当局向可口可乐公司提出了巨额订货,要求他们以优质高产的服务"支援"反法西斯战争。此后,可口可乐产量创造了世界饮料生产的最高纪录。

二战结束后,伍德鲁夫经过一番调查,提出在海外利用当地的人力来开拓可口可乐市场的设想,即所谓"当地主义"。其原则是:①在当地设立公司,所有岗位都用当地人;②由当地筹措资金,总公司原则是不出钱;③除了可口可乐"秘密配方"的浓缩原汁以外,一切设备、材料、运输、销售等都由当地人自制或自办,总公司只提供技术服务;④销售方针、生产技术、人员培训由总公司统一负责。

那个时候,跨国的企业联营还处在萌芽状态,国际的技术转让与合作也仅仅在机械方面开始出现,像饮料市场这样的一般消费品,转让技术和出卖制造权还是没有先例的。伍德鲁夫的设想遭到了董事会一些人的反对,他们认为这样做恐怕难以保证可口可乐的质量。伍德鲁夫向他们解释说:"技术和质量控制完全由我们教给当地人,只要他们掌握了就不会有什么问题。重要的是我们必须这样办,外国人对美国货不会永远迷信。他们的爱之心会逐渐加强,像饮料这样的消费品,如不借助当地人的力量,很难在海外市场长期立足。只有搞'当地主义',让当地人来掌握生产和销售,才能永久立于不败之地。"

可口可乐公司这种既避免风险又给人以利、共同开创事业的"当地主义"经销方式,不但成功地在其他国家拓展了市场,也成功地打开了中国的市场。1979年,可口可乐公司初次进入我国市场时,先采用委托寄售贸易方式,使中国代销者无本得利。80年代初,可口可乐公司正式在我国实行"当地主义"经销方式。它根据我国市场上还没有合适的生产设备的情况,分别向京、穗等地粮油进出口公司无偿赠送了整套瓶装生产设备,而中方必须购买可口可乐公司的原浆进行配兑,并贴上可口可乐商标进行销售。1988年,可口可乐与中方合办的上海申美饮料公司成立;1990年,可口可乐公司在我国开始步入赚钱的轨道。

二、销售网络:由点到点,点点相连

走向海外市场的可口可乐是横向合作的产物,要想稳固占领海外市场,必须建立自己的销售网络。对此,可口可乐公司经过周密的分析,采取了一种与众不同的策略,即不苛求占领大的百货、食品商场,力求占领小型零售店和便民店作为可口可乐的销售点，虽然每个点都不大，但是由点到点，点点相连，就是一个非常可观的"无形之网"。处在这个"网"中的广大消费者，就会很方便地喝到可口可乐。

可口可乐公司这种由点到点、点点相连的策略，说起来不很复杂，可是操作起来并不那么简单。因为这样一来，它每天都要面对数以万计的代销商，非常麻烦，但是可口可乐公司并不在乎这种麻烦，而且执意认真地做了起来。为了能够及时与各点联系并补充货源，他们采取了建立独立分销机构和设立"巡回送货员"的方法。

建立独立的分销机构，使可口可乐公司在一个地方的市场上成功地编织销售网络，有了配送机构；而各地分销机构的成立，使得可口可乐能够从超市到任何一个便民店都能完成不间断的供应。

三、经营理念：从3A's到3P's

可口可乐全球经营哲学原来被人称作3A's，即买得到、买得起、乐得买。最近几年明确改为3P's，即无处不在、物超所值、心中首选。这一改动并不是简单的词句变化，而代表着可口可乐将以更积极、更主动的经营思想指导全球业务的开展。

可口可乐3P's经营哲学，说易行难，要做到尽善尽美，更要面对不少挑战。现在全球98%的人已认识可口可乐品牌，这就体现出可口可乐无处不在的威力。"无论你身处地球哪个地方，只要一想起可口可乐，就能唾手可得，这就是'无处不在'的含义；可口可乐所蕴含的巨大的品牌价值和文化价值，给人已不是一瓶汽水那么简单的感受，这就是'物超所值'的真谛；而只要你想饮用汽水，就首先想到去买可口可乐，而且不仅仅购买一次，这就是'心中首选'的魅力。"如今，可口可乐公司所有大小决策都紧紧围绕3P's进行。

所有这些，虽然不能使我们完全解开可口可乐雄霸世界市场之谜，但是仍然能给我们很多启迪。

（资料来源：易迈管理学习网）

## 第一节 市场营销环境简述

不同的时代下企业有不同的生存与活动环境，而不同的环境下则会产生不同的经营管理特色和模式。任何企业都置身于错综复杂的环境中，环境的发展变化有的为企业提供了市场机会，有的则构成了威胁。正如美国营销学家弗雷德里

克·拉斯和查尔斯·柯克帕特里在他们的《销售学》一书中所指出的那样:"不管企业的营销活动规划得多么完美,都不可能在真空中实施,要受到机遇的摆布、瞬间变化的影响和干扰。"在现实经济生活中,机会和威胁往往是同时存在的。因此,企业的经营管理活动就在于谋求企业内部条件、外部环境和经营目标三者之间的动态平衡。企业应主动适应环境的变化,努力寻找机会和避免环境威胁,以保证企业生存并不断发展壮大。

### 一、市场营销环境的含义

美国著名市场营销学家菲利浦·科特勒对市场营销环境所下的定义为:"企业的营销环境是由企业营销管理职能外部的因素和力量组成的。这些因素和力量影响营销管理者成功地保持和发展同其目标市场顾客交换的能力。"也就是说,市场营销环境是指影响企业市场营销活动及其目标实现的各种因素和动因。

市场营销环境的内容既广泛又复杂。一般来说,市场营销环境主要包括两方面内容。一是微观环境,即与企业联系紧密,直接影响其营销能力的各种参与者,包括企业本身的内部环境、供应商、营销中介、顾客、竞争对手和公众,它实际上指的就是对企业的营销活动发生影响的直接环境。二是宏观环境,即那些给企业造成市场机会和环境威胁的主要社会力量,包括人口、经济、自然、技术、政治和法律以及社会和文化等环境。这些主要社会力量代表企业不可控制的变量。它实际上指的就是对企业的营销活动构成影响的间接环境。但是,并不能排除宏观环境中的某些因素会对企业的营销活动产生直接的影响。

市场营销环境是一个不断完善和发展的概念。在20世纪初期,企业仅将销售市场作为营销环境;20世纪30年代以后,将政府、工会、竞争者等对企业有利害关系者也看作营销环境因素;20世纪60年代,进一步把自然生态、科学技术、社会文化等作为重要的环境因素;20世纪70年代,现代企业开始重视对政治、法律环境的研究。这个外延不断扩大的过程被国外学者称为"企业的外界环境化"。20世纪80年代至90年代,企业家们普遍认识到环境对企业生存和发展的重要性,因而将对环境的分析、研究作为企业营销活动最基本的课题。

### 二、市场营销环境的特点

#### (一)动态性

市场营销环境是一个动态的、有机结合的系统。企业在其运行过程中的诸多具体决策应该在企业总的营销战略指导下有机地结合起来。每一个企业小系统都与社会大系统处在动态的平衡之中。例如，我国消费者的消费倾向已从追求物质的数量转变为追求物质的质量及个性化。这种转变对企业营销活动会产生直接影响。一旦环境发生变化，企业必须积极地对这种变化做出反应并适应这种变化。各营销策略应在互相联系、互相配合、互相协调的基础上共同发挥作用。如果企业营销策略的调整落后于环境的变化，必将带来企业营销工作的失败。

（二）差异性

市场营销环境的差异性对企业的发展影响很大。企业的经营目标决定了其发展方向，而市场营销环境的差异性不仅表现在不同企业受不同环境的影响，即使是同一种环境因素的变化，对不同企业的影响也不相同。因此，企业为应付环境的变化所采取的营销策略也具有极大的灵活性，只有这样，才能保证企业发展目标的实现。

（三）客观性

由于市场竞争的加剧、市场环境的变化，企业难以按自身的要求和意愿随意改变营销环境，只能积极主动地适应营销环境变化的要求，制定并不断调整市场营销策略，随时应付企业面临的各种环境的挑战。

### 三、企业营销活动与环境的关系

任何企业都是在一定的营销环境中运行的，营销环境的变化可以为企业带来新的市场机会，也可能给企业造成环境威胁。因此，明确营销环境与企业营销活动的关系，善于从中发现并抓住有利于企业发展的机会，避开或减少不利于企业发展的威胁，是企业营销管理的首要问题。

（一）企业营销活动要适应、利用并改善环境

企业营销活动成败的关键就在于企业能否适应不断变化着的市场营销环境。现代企业是一个开放的系统，它的营销活动过程必然与社会的其他系统、与所处的市场环境的各个方面发生千丝万缕的联系。企业既可以以各种不同的方式增强适应环境的能力，也可以运用自己的经营资源去影响和改变营销环境，为企业创造一个更有利的活动空间，许多企业发展壮大就是因为善于变化而适应市场。但也有部分企业往往对市场环境变化的预测不及时，或者预测到而没有对策，结果造成企业极大的被动，重者破产倒闭，轻者经济受损。因此，在现代社会经济条件下，企业的营销活动如果仅被动地适应和利用环境，而忽视凭借有效的手段和措施去主动地影响并在一定程度上改善环境，是难以取得营销成功的。

## （二）市场营销环境通过对企业构成威胁或提供机会而影响营销活动

所谓环境威胁，是指环境中一种不利的发展趋势所形成的挑战，如果不采取果断的市场营销行动，这种不利趋势将伤害到企业的市场地位。所谓市场营销机会，是指对企业市场营销管理富有吸引力的领域。在该领域内，企业将拥有竞争优势。这些机会可以按其吸引力以及每一个机会可能获得成功的概率来加以分类。例如，假设某空调生产厂商通过其市场信息系统和市场营销研究了解到以下能影响其业务经营的环境动向：①为保护大气环境，国家将颁布法令，完全禁止使用氟利昂制冷技术；②据专家预测，全球气候变暖，夏季持续高温天数越来越多；③消费者收入水平普遍提高，空调已由奢侈品变为生活必需品；④企业科技人员有望成功地开发无氟制冷技术；⑤竞争者开发出节能空调；⑥由于能源紧张，电费将大幅度提高。显然，在这些环境动向中，①、⑤、⑥造成威胁，②、③、④带来机会。

1. 企业对环境机会的反应

企业面临环境机会时，通常有三种策略可供选择。

（1）及时利用。当环境机会与企业的营销活动目标一致时，企业要充分利用市场机会，及时调整自己的营销组合策略，适应环境，驾驭环境，审时度势、趋利避害地开展营销活动。

（2）等待时机，适时利用。企业暂时不具备利用这一环境机会的必要条件，可以积极准备，创造条件，时机成熟，加以利用。

（3）果断放弃。有些市场机会十分有吸引力，但是企业在目标和资源方面存在一定的差距，缺乏利用这一市场机会的必要条件，应果断放弃。

2. 企业对环境威胁的反应

企业面临环境威胁时，通常有三种策略可供选择。

（1）反抗策略。即企业通过各种努力，试图限制或阻止不利因素的形成和发展。例如，长期以来，日本的汽车、家用电器等工业品源源不断地流入美国市场，而美国的农产品却遭到日本贸易保护政策的威胁。一方面，美国在舆论上提出美国的消费者愿意购买日本优质的汽车、电视、电子产品，为何不让日本的消费者购买便宜的美国产品？另一方面，美国向有关国际组织提出起诉，要求仲裁。同时提出，如果日本政府不改变农产品贸易保护政策，美国对日本工业品的进口也要采取相应的措施。结果消除了不利的环境因素。

（2）减轻策略。即企业通过调整市场营销组合等来改善环境，尽量减轻环境威胁的程度。例如，日本Ｆ公司进军美国汽车市场，在当时的广告设计和促销过程中极力淡化日本元素的特性及风格，强调产品的美国特点和对美国消费者的适应性，从而减轻了美国消费者对 F 汽车的抵触心理。

（3）转移策略。将受威胁的产品转移到其他市场，或将投资转移到其他更有力的产业，实行多角化经营。例如，重庆嘉陵公司原是个生产单一兵器产品的军事工业企业，由于国际形势渐趋缓和，军品任务的减少已成不可逆转的趋势。面对这种不利的营销环境，只有抓住"保军转民"的历史机遇，大力发展民品，才是唯一出路。20 世纪 80 年代初，全国摩托车产量还不到 3 万辆，在生产水平极为低下、市场几乎呈无需求状况的情况下，嘉陵就提出高起点发展摩托车，并与世界摩托车王牌本田进行技术合作，从而较快地在国内占领了摩托车生产技术的制高点，1985 年就坐上了我国最大摩托车生产企业的宝座。

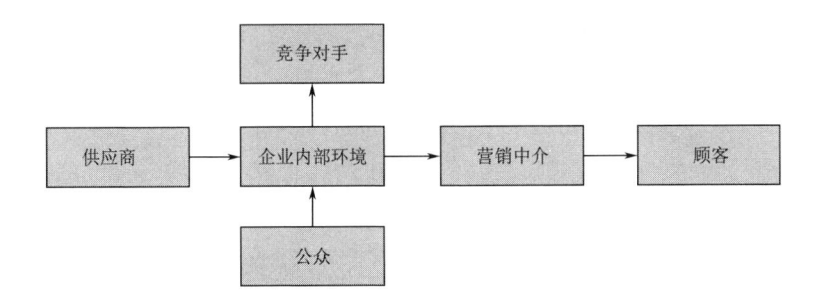

## 第二节　市场营销微观环境

市场营销微观环境一般由六个要素构成，即企业内部环境、供应商、营销中介、顾客、竞争对手和公众，如图 2-1 所示。

**图 2-1　市场营销微观环境**

供应商—企业内部环境—营销中介—顾客这一链条构成了公司的核心营销系统。一个公司的成功还受到另外两个群体的影响，即竞争对手和公众。

### 一、企业内部环境

企业内部环境主要由高层管理者、财务部门、采购部门、生产部门、研究与开发部门、销售部门等构成。高层管理者负责确定企业的任务、目标、战略，而营销部门要根据高层管理者的规划来做决策，同时还与其他职能部门发生各种联系。高层管理者、各职能部门应进行有效的协调，提高各自的工作效率，创造一

个良好的内部环境，从而影响企业的市场营销活动。1970年左右，日本三菱电器公司与松下、索尼公司几乎同时推出彩电，价格、质量不相上下。但不久的调查表明三菱彩电市场占有率日趋下降（由初期的29%降为14%）。为什么呢？公司为此十分伤脑筋，公司经理一次走访员工找到了答案。原来员工家庭所用的彩电并非三菱牌，而是其他公司的。公司经理这才醒悟到，本公司有十几万员工，如果每位员工家有10位亲友来访，那么将影响上百万人。这些来访者看见三菱职工自己都不用三菱牌彩电，那谁还会有信心购买这种产品呢？为扭转局面，公司在员工中开展"做三菱人，用三菱货"的宣传活动。渐渐地，由于多数职工换用了三菱牌彩电，公司销售状况迅速好转。

企业的经营者不可忽视公司内部员工的力量。同时市场营销部门要善于处理与公司其他部门的关系。

企业内部部门构成如图2-2所示。企业管理者要时刻关注各部门的协调，如与财务部门、研发部门、采购部门、生产部门、会计部门和营销部门等的协调，因为正是这些部门构成了公司内部微观环境。

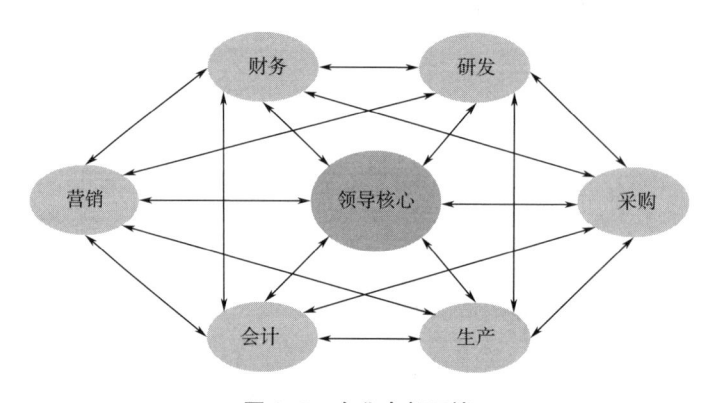

图 2-2　企业内部环境

## 二、供应商

供应商是指向企业提供原材料、零配件、能源、劳务及其他用品的企业和组织。供应商是影响企业营销微观环境的重要因素之一。供应商所提供的原材料的数量、质量、价格都直接影响产品的数量、质量、价格。没有供应商的资源，企业就无法正常运转，也就无法提供满足人们需要的产品。企业与供应商之间这种密不可分的联系，使企业尽可能与供应商保持良好的合作关系。企业必须充分考虑供应商的资信状况，了解供应商的变化与动态，并尽可能地使自己的供应商多样化，不依赖于单一供应商，以免受其控制。

### 三、营销中介

营销中介是指协助企业促销、销售和经销其产品给最终购买者的企业或个人，包括中间商（商人中间商、代理中间商）、实体分配机构（储运公司）、营销服务机构（咨询公司、广告公司等）、金融中介机构（银行、保险公司等）。大多数企业的营销活动必须通过他们的合作才能顺利进行。

（1）中间商是协助企业寻找顾客或直接与顾客进行交易的商业企业。通过中间商灵活多样、方便快捷的支付形式将企业产品转移给消费者，提高了企业的工作效率，因此，企业能否选择适合自己的中间商，关系到企业营销渠道是否畅通，从而影响整个企业的生产和经营。

（2）实体分配机构是指协助企业贮存产品和把产品从原产地运往销售目的地的机构。其作用在于帮助企业创造时空效益。

（3）营销服务机构主要有营销调研公司、广告咨询策划公司。他们协助企业选择恰当的市场，并帮助企业向选定的市场推销产品。现在，许多企业都要借助这些服务机构来开展营销活动。

（4）金融机构包括银行、信用公司、保险公司等。在现代经济生活中，企业的所有交易都不同程度地依赖金融机构来完成，因此企业要与金融机构建立密切的联系，以保证企业资金筹措的渠道畅通。

### 四、顾客

顾客是营销活动的出发点和归宿，企业的一切营销活动都是以满足顾客的需要为中心而开展的。顾客是企业最重要的环境因素，按照顾客的购买动机，可将顾客市场分为消费者市场、生产者市场、中间商市场、政府市场和国际市场五种类型。企业要认真研究不同顾客群，分析其购买行为，生产出适销对路的产品，满足顾客的需求。

**小资料**

#### 两辆中巴

家门口有一条汽车线路，是从小巷口开往火车站的。不知道是线路短还是沿途人少的缘故，客运公司仅安排两辆中巴来回对开。

开101号的是一对夫妇，开102号的也是一对夫妇。

坐车的大多是一些渔民，由于他们长期在水上生活，因此，一进城往往是一家老小。101号的女主人很少让孩子买票，即使一对夫妇带几个孩子，她也熟视无睹似地只要求渔民买两张成人票。有的渔民过意不去，执意要给大点的孩子买票，她就笑着对渔民的孩子说："下次给带个小河蚌来，好吗？这次让你免费坐车。"

102号的女主人恰恰相反，只要有带孩子的，大一点的要全票，小一点的也得买半票。她总是说，这车是承包的，每月要向客运公司交多少多少钱，哪个月不交足，马上就干不下去了。渔民们也理解，几个人掏几张票的钱，因此，每次也都相安无事。不过，三个月后，门口的102号不见了。听说停开了。它应验了102号女主人的话——马上就干不下去了，因为搭她车的人很少。

**温馨提示**：忠诚顾客是靠感情培养的，顾客的忠诚也同样是靠一点一点优惠获得的，当我们固执地执行我们的销售政策的时候，我们放走了多少忠诚顾客呢？

### 五、竞争对手

竞争是商品经济的基本特性，只要存在着商品生产和商品交换，就必然存在着竞争。企业在进行营销活动的过程中，不可避免地会遇到竞争对手的挑战，因为只有一个企业垄断整个目标市场的情况是很少出现的，即使一个企业已经垄断了整个目标市场，竞争对手仍然有可能想参与。因为只要存在着需求向替代品转移的可能性，潜在的竞争对手就会出现。竞争者的营销战略以及营销活动的变化，如竞争对手的价格、广告宣传、促销手段的变化、新产品的开发、售前售后服务的加强等，都将影响企业的营销战略。而企业要想在市场竞争中获得成功，就必须比竞争对手更快、更有效地满足消费者的需要和愿望。

### 六、公众

公众是指对企业实现其市场营销目标构成实际或潜在影响的任何团体，包括：①金融公众；②媒体公众；③政府公众；④市民行动公众；⑤地方公众；⑥一般群众；⑦企业内部公众。企业需要注意公众的舆论导向，协调沟通好与各类公众的关系，树立良好的企业形象，提高企业的知名度和美誉度，从而为企业的营销活动营造良好的空间。

## 第三节　市场营销宏观环境

企业营销宏观环境，涉及人口、经济、政治法律、自然、科学技术和社会文化等多个环境因素。宏观环境的发展变化既会给企业造成有利条件或带来发展机会，也会给企业的生存发展带来不利因素或造成环境威胁，因此，企业要密切注视宏观环境的发展变化。不同的宏观环境因素包含的主要内容见表 2-1。

表 2-1　宏观环境因素

| 宏观环境因素 | 主要内容 |
| --- | --- |
| 人口环境 | ①人口数量与增长速度；②人口地理分布及地区间流动率；③人口结构；④家庭组成 |
| 经济环境 | ①收入与支出；②储蓄；③信贷 |
| 自然环境 | ①自然资源变化的影响；②能源短缺导致的营销成本增加；③环境保护 |
| 政治法律环境 | ①政府的有关经济方针政策；②政府颁布的各项经济法令法规；③群众团体 |
| 科学技术环境 | 技术变化在当前形成的最明显的趋势 |
| 社会文化环境 | ①风俗习惯；②宗教信仰；③价值观念；④教育程度和职业 |

### 一、人口环境

人口是构成市场的基本因素，对企业营销活动极为重要。企业必须重视对人口环境的研究，密切注意人口特征及其发展动向。分析人口因素主要从以下几个方面展开。

（一）人口规模

人口规模是一个国家或地区的人口总数，是衡量市场潜在容量的重要因素。一般来说，人口规模越大，市场规模也就越大，需求结构也就越复杂。世界上大多数人口集中在低收入国家和中等收入国家，美国等发达国家人口出生率下降。2023 年全球人口有大约 80.32 亿人。中国现有人口约为 140 967 万人（2023 年末统计）。全球人口持续增长，意味着人民对生活必需品的需求增加。但是，在考察人口规模对市场规模及市场需求结构的具体影响时，通常要考虑到社会经济的发展状况。发展中国家人口增长过快，经济收入低，市场需求压力大，给企业提供了良好的市场营销环境。而发达国家人口增长缓慢，经济收入

高，商品供应丰富，营销环境将变得很复杂。一般情况下，从需求数量的角度看，社会经济的发展水平越高，人口规模越大，社会购买力也就越大，反之社会购买力就比较小。从需求结构的角度看，在社会经济发展水平较低的情况下，社会购买力主要集中在维持人们生存所必需的生存资料方面，而且人口规模越大这方面的市场压力就越强；在社会经济发展水平较高的情况下，人们对发展资料和享受资料的购买需求就会大大提高，而且表现为对包括生存资料在内的生活资料的品质要求与品种要求会明显增强。

### （二）人口结构

人口结构往往决定市场产品结构、消费结构和产品的需求类型。人口结构包括人口的性别结构、年龄结构、家庭结构、社会结构等，它们是影响最终购买行为的重要因素。随着人们生活水平的提高、卫生保健条件的改善、人均寿命的增加以及人口的较快增长，包括中国在内的许多国家人口趋于老龄化，这种趋势将使市场对医药、保健用品、人寿保险等老年用品的需求日益增加。适应这一需求的变化，企业将在老年食品、服装、保健品、健身器材、社会服务机构等方面发现新的市场营销机会。由于男性与女性、老年人与儿童等在消费需求、消费方式及购买行为等方面往往存在着较大的差异，因此上述情况将给企业的营销活动带来很大的影响。家庭是购买和消费的基本单位。现有家庭变化的特点是晚婚、子女减少、家庭规模缩小，这种趋势将导致结婚用品、儿童用品需求量大大减少，但却使住房、高档妇女用品及托儿服务的需求增加。

### （三）人口的地理分布

人口的地理分布指的是人口在不同地区的密集程度，对该地区的市场规模能够产生直接的影响。此外，人们往往会因其所处地区的地理条件、气候条件、文化习俗、社会经济发展水平等的不同，而在生活方式、消费需求、购买习惯、购买力等方面呈现出明显的差异性。例如我国人口的地区间流动性强，呈现出三个特点：一是农村人口流入城镇；二是内地人口迁入沿海地区和工矿企业集中地区；三是旅游、异地学习、因公出差等人口逐年增多。人口的地区间流动在一定程度上改变着我国人口的地区分布状况以及不同地区的人口结构，进而影响着企业的营销环境。人口流入较多的地区，基本生活需求明显增加，需求结构出现了某种程度的改变，由于相当部分的流动人口务工经商，加剧了某些行业竞争的状况；人口流出较多的地区，基本生活需求减少，市场的人口压力在一定程度上得到缓解，但人口流出又往往伴随着人才的流失。人口流动导致的这些变化既会给一些企业带来新的市场机会，同时也会给一些企业造成环境威胁。

**二、经济环境**

经济环境是实现需求的重要因素。市场是由人口、购买力、购买欲望构成的，没有一定量的人口不会形成市场，而没有购买力也不能形成需求，购买力是受经济因素制约的。社会购买力指的是一定时期内社会各方面用于购买商品的货币支付能力。社会购买力决定着市场规模，影响着市场需求结构，制约着企业的营销活动。企业应当密切注意社会购买力及市场规模、市场需求结构的变化带来的市场机会和环境威胁。消费者的实际收入、储蓄和信贷、支出模式等因素与购买力的大小是密切相关的。经济发展快，人均收入高，社会购买力就大，企业的营销机会就会随之增加，反之就会给企业的营销带来不利影响。

（一）消费者的收入状况

消费者收入指的是消费者从各种来源所得到的货币收入，通常包括人们的工资、奖金、退休金、红利、租金、赠予等。消费者的实际收入与货币收入并不完全一致。有时货币收入增加了，但实际收入可能会由于通货膨胀、失业等因素的影响而下降。实际收入是扣除物价变动因素后实际购买力的反映。在实际生活中，消费者并不会也不可能将其全部收入都用于购买产品或劳务，消费者的购买力仅是其收入中的一部分。对企业营销来说，有必要将消费者个人收入区分为可支配的个人收入和可随意支配的个人收入。可支配的个人收入指的是从消费者个人收入中扣除消费者直接负担的各项税款以及上缴给政府或组织的非税性负担之后的余额。这部分收入被用于消费支出或储蓄，是影响消费者购买力和消费者支出模式的决定性因素。可随意支配的个人收入指的是从可支配的个人收入中减去消费者用于维护基本生活所必需的支出和其他固定支出后的余额。这部分收入是消费者可以任意决定其投向的，是影响消费需求构成的最活跃的经济因素。这部分收入的数额越大，人们的消费水平就越高，企业的营销机会也就越多。我国统计部门每年采用抽样调查方法，取得城镇居民家庭平均每人全年总收入、农村居民家庭平均每人全年总收入和纯收入等数据。2023年1月17日国家统计局发布的数据显示，2022年末全国人口（包括31个省、自治区、直辖市和现役军人的人口，不包括居住在31个省、自治区、直辖市的港澳台居民和外籍人员）为141 175万人，城镇常住人口92 071万人，比上年末增加646万人；乡村常住人口49 104万人，比上年末减少731万人；全年全国居民人均可支配收入为36 883元，比上年增长5.0%，扣除价格因素，实际增长2.9%。按常住地分，城镇居民人均可支配收入为49 283元，比上年增长3.9%，扣除价格因素，实际

增长1.9%。农村居民人均可支配收入为20 133元，比上年增长6.3%，扣除价格因素，实际增长4.2%。

通过分析各地区居民收入总额，可以衡量当地消费市场容量，而人均收入的多少则反映了购买力水平的高低。企业的营销人员不仅要分析研究消费者的平均收入，而且要注意到由于经济发展的阶段性、各地区经济发展的不平衡性以及国家政策等主客观因素的影响，不同时期、不同地区、不同阶层的消费者收入是有差异的。了解这些方面的现状、发展趋向及其影响，对于企业确定生产经营方向、选择目标市场、有针对性地开展营销活动是非常必要的。

（二）消费者支出模式

消费者支出模式指的是消费者个人或家庭的总消费支出中各类消费支出的比例关系。随着消费者收入的变化，消费支出模式也会发生相应变化，从而使一个国家或地区的消费结构也发生变化。西方一些经济学家常用恩格尔系数来反映这种变化。1885—1890年，德国统计学家恩斯特·恩格尔（Ernest Engel，1821—1896）曾对比利时不同收入水平的家庭进行调查，在深入调查研究的基础上对此进行了概括性的描述，人们将其称为恩格尔定律。此后，一些经济学家又根据实际情况对恩格尔定律的表述进行了修正和完善。

恩格尔定律的主要内容是：一个家庭收入越少，其总支出中用于购买食物的支出比重越大；随着家庭收入的增加，用于购买食物的支出占家庭总支出的比重就会下降，用于改善居住条件及用于家务经营的支出占家庭总支出的比重大体不变，而用于其他方面（如服装、交流、娱乐、卫生保健、教育等）的支出和储蓄占家庭总支出的比重就会上升。其中，用于食物的支出与家庭总支出的比值被称为恩格尔系数。对许多国家有关情况的调查分析表明，恩格尔定律的基本方面是符合客观实际的，是对家庭各类消费支出随收入增长而发展变化的一般性的概括。上述的恩格尔系数常被作为判断一个国家经济发展水平以及一个家庭生活水平的重要参数之一。

研究表明，消费者支出模式除受消费者收入的影响外，还受以下因素影响。一是家庭生命周期所处的阶段。例如年轻人家庭，他们的收入往往用于购买家电、家具、装饰品等耐用消费品，而有了孩子的家庭，其收入往往用于孩子的娱乐、教育等方面，当孩子长大后，其收入更多地用于旅游、储蓄等方面。二是家庭所在地与消费品生产、供应状况。例如居住在农村的消费者用于交通方面、住宅方面的支出较多，而居住在城市的消费者用于衣食、交通、娱乐方面的支出较多。

恩格尔系数是衡量一个国家、地区、城市家庭生活水平高低的重要参数。根据联合国粮农组织提出的标准，恩格尔系数在59%以上为贫困，50%~59%为温饱，40%~50%为小康，30%~40%为相对富裕，低于30%为富裕。我国运用这一标准进行国际国内和城乡对比时，要考虑消费品价格比价不同、居民生活习惯的差异以及社会经济制度不同所产生的特殊因素。对于这些因素应做相应的剔除。另外要注意，衡量一个国家是否为发达国家，除了恩格尔系数以外还有很多的指标，比如人均国民收入水平、人均GDP水平、国民收入分配情况、人均受教育程度、人均预期寿命等指标。我国2016年到2022年的恩格尔系数变化如下：1978年，平均值为60%（农村68%，城镇59%），属于贫穷级别；2003年，平均值为40%（农村46%，城镇37%），属于小康级别；2015年，平均值为30.6%，属于相对富裕级别；截至2016年，平均值为30.1%，属于相对富裕级别，距离上升到富足级别只相差0.1个百分点；2022年全国居民恩格尔系数为30.5%，其中城镇为29.5%，农村为33.0%，属于相对富裕级别。

（三）消费者储蓄和信贷

储蓄是指城乡居民将可任意支配收入的一部分储存待用。在收入不变的情况下，储蓄数量越大，现实开支数量和市场购买力就越小；而储蓄数量越小，现实开支数量和市场购买力就越大。进行市场营销活动要了解消费者储蓄的现状、变化趋势，从而分析、判断消费者需求、支出和消费水平的变化。消费者信贷，就是消费者凭信用先取得商品使用权，然后按期归还贷款。消费者信贷主要有四种：①短期赊销；②购买住宅，分期付款；③购买昂贵的消费品，分期付款；④信用卡信贷。消费者信贷的规模与期限在一定程度上影响着现实购买力的大小，也影响着提供信贷的商品的销售量。例如购买住宅、汽车，通过消费者信贷方式可提前实现这些商品的销售。

### 三、自然环境

自然环境对企业的营销活动产生的影响是巨大的。其发展变化给企业造成一些环境威胁和市场机会，这方面的主要动向如下。

（一）某些自然资源短缺或即将短缺

地球上的自然资源有三大类：①取之不尽、用之不竭的资源，如空气、水等；②有限但可以更新的资源，如森林、粮食等；③有限又不能更新的资源，如石油和煤等矿物。

如果按目前的消耗量持续不减的话，21世纪将要有更多的矿产资源枯竭。

因此企业必须积极从事研究与开发，寻找新的资源和代用品。例如，石油危机及油价上涨促使人们去开发新的能源，太阳能等新产品已经问世。

（二）环境污染日益严重

环境恶化已经对人类生存构成严重威胁。例如，水资源的破坏与污染、大气中有毒物质的增加、废气包装材料的处理、土壤的大量化学污染等已经成为当代社会的严重公害。公众关心环境保护问题，一方面，要求那些在生产和经营过程中对环境和资源构成影响的企业改变经营方式；另一方面，要求相关企业有效开发、利用环保产品和设施，为企业创造营销机会。

（三）许多国家对自然资源管理的干预日益加强

自 20 世纪 60 年代以来，各国政府都在积极采取措施加强对自然资源的管理，尽管这样做与企业扩大生产、增加就业发生矛盾，影响了经济增长，但从长远利益出发，政府要进行干预，企业要依法经营并帮助国家解决面临的资源环境问题。

（四）绿色市场营销

环境保护意识与市场营销观念相结合所形成的绿色市场营销观念，正成为 20 世纪 90 年代和 21 世纪市场营销的新主流。绿色市场营销观念要求企业在开展市场营销活动的同时，努力消除和减少生产经营对生态环境的破坏和影响，也就是强调企业在进行市场营销活动时必须考虑生态平衡要求，从而确定企业的营销策略。

**四、政治法律环境**

政治环境是指企业市场营销的外部政治形势，主要指企业所在国的政权、政局、政府的有关政策以及对营销活动有直接影响的各种政治因素。企业在从事市场营销活动时，要了解所在国政府在经济发展中的作用。一是政府以集团消费者的身份参与经济活动，政府支出水平不同，对社会需求结构和需求总量的影响也不同；二是以管理者的身份直接干预经济。政府的授权有时会造成对某一类产品的垄断行为，影响企业的营销活动。对我国企业来说，最基本的问题是国家的方针政策，尤其是经济方面的政策，决定了企业的营销活动必须符合社会主义的基本方向，并在一个开放、民主、法制化的政治经济环境下进行。在开展国际市场营销时，应了解"政治权力"与"政治冲突"对营销活动的影响。政治权力表现为政府机构通过采取某种措施约束外来企业，而政治冲突指国际上的重大事件与突发事件。

法律是指由国家制定或认可，并由国家运用强制力去保证实施的行为规范的总和。我国目前的主要经济法律、法规有《中华人民共和国商标法》《中华人民共和国专利法》《中华人民共和国反不正当竞争法》《中华人民共和国消费者权益保护法》《中华人民共和国广告法》《中华人民共和国企业票据法》《中华人民共和国全民所有制工业企业法》《中华人民共和国企业破产法》《中华人民共和国公司法》等。其中每一项新的法律、法规的颁布实施或原有法律、法规的修改，都会直接或间接地影响到企业的营销活动。企业一方面可以凭借这些法律、法规维护自己的正当权益，另一方面也必须依据有关的法律、法规进行生产经营活动。目前，我国的法律体系正在逐渐地完善。

以上分析表明，企业为了取得营销的成功，必须重视政治法律环境的约束和影响，并应根据政治法律环境中有关因素的变化及时地调整自己的营销目标和营销措施。

### 五、科学技术环境

科学技术环境是指影响企业营销活动的科学技术因素和科学技术发展水平。科学技术是社会生产力中最活跃的因素，它不仅直接影响和决定着企业本身的生产和经营决策，还与其他环境因素特别是经济环境因素和文化环境因素紧密相连，给企业的营销活动带来机遇或威胁。当前，在世界范围内科学技术迅猛发展，最新科技成果在民用产品上的应用受到重视，未来科技的研究受到了人们的普遍关注，人们已经在能源、原材料、制造、交通、通信、生物工程等方面的研究上做出了巨大的努力。但是，正如"创新理论"的鼻祖熊彼特（Schumpeter，1883—1950）所说，技术是一种"创造性的破坏力量"，一门新技术的出现能够创造一个新的行业，同时也能毁掉一个旧的行业。例如，电视吸引了电影观众，复印机冲击了复写纸行业。因此，企业在组织市场营销时，要深刻认识到由科学技术发展引起的社会生活和消费的变化，并采取积极的行动，利用机会，及时调整。

科学技术的进步给社会经济生活及企业的市场营销带来了一系列的影响。

第一，创造新的需求，改变人们的消费习惯。

第二，由于新产品开发速度加快，大部分产品的生命周期不断缩短。

第三，新技术催生新兴产业，给传统产业带来巨大压力，它们被淘汰的威胁加重，因此传统的生产方式、流通结构、流通方式和手段亟须改变。

第四，市场竞争中，技术因素的竞争更加突出，技术贸易的比重不断提高。

第五，对劳动力素质要求进一步提高，发展中国家劳动力成本低廉的优势在国际经济联系中将受到削弱。

第六，对企业的综合素质提出更高的要求，企业必须不断更新观念，全面改变自己生产、管理、经营方式以适应市场竞争的要求。

由此可以看到，随着科学技术的发展，企业将受到全面挑战。

### 六、社会文化环境

社会文化环境是指价值观念、生活方式、宗教信仰、风俗习惯、教育水平、伦理道德等的总和。文化是人类需求和欲望最基本的决定性因素，同时也影响着消费者行为。例如，渴望年轻和充满活力的消费者可能会经常参加体育锻炼、购买时尚产品；而有地位有成就的消费者可能通过购买名牌产品表明自己的成就。因此，企业在进行市场营销活动时，应重视对社会文化环境的调查研究，并做出切实可行的营销决策。

#### （一）价值观念

价值观念是指人们对事物的态度、评价和看法。不同的文化背景下，价值观念差异很大，从而影响消费需求和购买行为。企业营销管理者应采取不同的营销策略来满足不同的消费者。例如，对于喜欢变化、富于冒险精神的消费者，应强调产品的新颖和奇特；而对于保守传统的消费者，应把产品与古老的文化传统联系起来。

#### （二）教育水平

教育水平是指消费者受教育的程度。教育水平的高低影响着消费者心理及行为，从而影响着企业营销策略。例如教育水平高的地区，消费者对商品的鉴别能力强，对优质产品、富有艺术和审美价值的产品、文化及旅游产品的需求增加；而教育水平低的地区则适宜推广操作使用和维修保养都比较简单的产品。

#### （三）宗教信仰

宗教作为人类重要的意识和文化形态源远流长，不同的宗教有着各自鲜明的价值观和行为准则，影响着社会各阶层的需求特征和消费方式，也影响着企业的市场营销活动。例如基督教的礼拜日（星期天），商店是不允许营业的；穆斯林禁止饮酒，非酒精饮料销售商可以在伊斯兰国家获得广阔的市场；天主教徒在每星期五要买大量的鱼，鱼制品销售商可以抓住商机扩大销售。

### （四）风俗习惯

风俗习惯是指人们根据自己的生活内容、生活方式和自然环境，在一定的社会物质生产条件下长期形成，世代相传，成为约束人们思想、行为的规范。

风俗习惯使人们在居住、饮食、服饰、礼仪等方面形成差异，不同的国家、不同的民族有不同的风俗习惯，它影响着消费者的消费行为。例如，德国人忌用核桃，认为是不祥之物；日本人忌荷花、梅花图案，在数字上忌4和9；朝鲜族人喜食狗肉、辣椒；蒙古族人喜吃牛羊肉、饮奶茶、喝烈性酒。营销管理者应了解和注意不同国家、民族的消费习惯，有针对性地开拓市场，以取得竞争优势。

在企业面临的诸方面环境中，社会文化环境是较为特殊的。无数事例说明，无视社会文化环境的企业营销活动必然会陷入被动或归于失败。文化因素是影响人的欲望（包括消费需求欲望）、行为（包括消费行为、购买行为）的基本因素之一。由于文化背景不同，人们对周围事物的认识评价也千差万别。例如，同一种款式的商品，甲民族认为是美的，乙民族也许认为是丑的；同一种色彩的商品，农村居民十分喜爱，城市居民却可能很少问津；同一种消费行为，在这方土地上人们是习以为常的，在另一方土地上人们则可能认为是不可思议的。因此，企业必须全面了解、认真分析所处的社会文化环境，制定切实可行的营销方案。

## 第四节　市场营销环境分析方法

### 一、矩阵分析法

任何企业都面临着若干环境威胁和市场机会。然而，并不是所有的环境威胁都一样大，也不是所有的市场机会都有同样的吸引力。我们可以用"环境威胁矩阵图"和"市场机会矩阵图"来加以分析、评价。

### 案例分析

#### 某烟草公司环境分析

某国的法律规定，禁止向青少年出售香烟，同时从1997年4月起到12年后，即2009年4月禁止在香烟中使用尼古丁。据世界卫生组织研究发现，吸烟是一种流行病，它与肺癌、喉癌、心脏病、弱视症等25种疾病有关，吸烟行为每年导致世界300万人死亡。现在全世界15岁以上的人群中有1/3的人在抽烟。假设某烟草公司通过市场调研了解到影响其业务经营方向的市场机会和威胁

如下。

（1）一些国家的政府颁布了法令，规定所有的香烟包装、广告上都必须印上关于吸烟危害健康的严重警告。

（2）有些国家的某些地方政府禁止在公共场所吸烟。

（3）许多发达国家吸烟人数下降。

（4）这家烟草公司的研究实验室即将发明出用莴苣叶制造无害烟叶的方法。

（5）发展中国家的吸烟人数迅速增加。

显然，上述（1）~（3）给这家烟草公司造成了环境威胁；（4）和（5）使公司可能享有市场机会。

（一）环境威胁分析

营销者对环境威胁的分析主要从两方面考虑：一是分析环境威胁对企业的影响程度；二是分析环境威胁出现的可能性大小。环境威胁矩阵如图2-3所示。

|  | 威胁的可能性 | |
|---|---|---|
|  | 大 | 小 |
| 潜在的严重性　大 | Ⅰ | Ⅱ |
| 潜在的严重性　小 | Ⅲ | Ⅳ |

**图2-3　环境威胁矩阵**

在图中，第Ⅰ区域是企业必须高度重视的，因为它的危害程度高，出现可能性大，企业必须严密监视和预测其发展变化趋势，及早制定应变策略；第Ⅱ和第Ⅲ区域也是企业所不能忽视的，因为第Ⅱ区域虽然出现可能较低，但一旦出现，就会给企业营销带来巨大的危害，第Ⅲ区域虽然对企业的影响不大，但出现的可能却很大，对此企业也应该予以注意，随时准备应对；对第Ⅳ区域应观察其是否有向其他区域发展变化的可能。

**温馨提示**：案例中的烟草公司在环境威胁矩阵图上有三个"环境威胁"，即影响因素中的（1）~（3）。其中威胁（2）和威胁（3）都是严重的，出现威胁的可能性也大。所以，这两个环境威胁都是主要的威胁，公司对这两个主要威胁都应十分重视；威胁（1）的潜在严重性大，但出现威胁的可能性小，所以这个威胁不是主要威胁。

### (二)市场机会分析

分析、评价市场机会主要有两个方面:一是考虑机会给企业带来的潜在利益的大小;二是考虑成功可能性的大小。市场机会矩阵如图2-4所示。

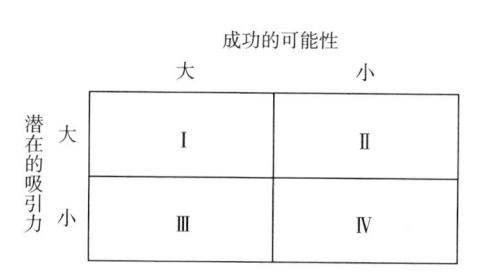

|  | 成功的可能性 大 | 成功的可能性 小 |
|---|---|---|
| 潜在的吸引力 大 | Ⅰ | Ⅱ |
| 潜在的吸引力 小 | Ⅲ | Ⅳ |

**图2-4 市场机会矩阵**

在图中,第Ⅰ区域是企业必须重视的,因为它的潜在吸引力和成功可能性都很大;第Ⅱ区域和第Ⅲ区域也是企业不容忽视的,因为第Ⅱ区域虽然成功可能性不大,但其潜在吸引力较大,一旦出现会给企业带来丰厚收益;第Ⅲ区域虽然潜在吸引力较小,但成功可能性却很大,因此,需要企业注意,制定相应对策;对第Ⅳ区域,主要应观察其发展变化,并依据变化情况及时采取措施。

**温馨提示**:案例中的烟草公司在市场机会矩阵图上有两个"市场机会",即影响因素中的(4)和(5)。其中最好的市场机会是(5),其潜在吸引力和成功的可能性都大;市场机会(4)的潜在吸引力虽然大,但其成功的可能性小。

### (三)综合环境分析

在企业实际面临的客观环境中,单纯的威胁环境和机会环境是少有的。一般情况下,营销环境都是机会与威胁并存、利益与风险结合在一起的综合环境。根据综合环境中威胁水平和机会水平的不同,企业所面临的环境可以分为四种情况,如图2-5所示。

|  | 威胁水平 低 | 威胁水平 高 |
|---|---|---|
| 机会水平 大 | 理想环境 | 冒险环境 |
| 机会水平 小 | 成熟环境 | 困难环境 |

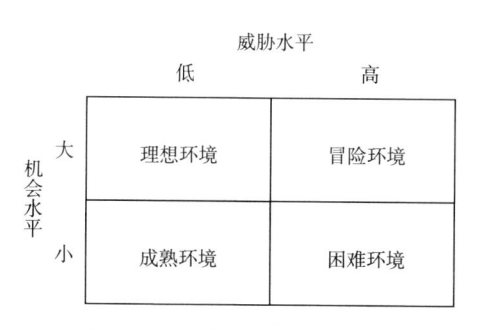

**图2-5 机会与威胁分析矩阵**

第一，理想环境。理想环境的机会水平高，威胁水平低，利益大于风险。说明企业有非常好的发展前景，这是企业难得遇上的好环境。

第二，冒险环境。冒险环境的机会水平高，威胁水平也高。即市场机会和环境威胁同在，成功与风险并存。因此，这类企业应抓住机会充分利用，同时制定避免风险的对策。现实的企业，尤其是那些大中型企业，一般生产多品种的产品，市场营销环境变化不一定给每一种产品带来同等的威胁或同等的机会。但对具体产品的市场威胁和机会分析也可采用同种方法。

第三，成熟环境。成熟环境下机会和威胁水平都比较低，是一种比较平稳的环境。企业一方面要按常规经营，以维持正常运转；另一方面要积蓄力量，为进入理想环境或冒险环境做准备。比如我国的服务行业、服装行业、工艺品行业等劳动密集型行业都已经形成了比较完备的格局，一般情况下不会面临很大的威胁和机会。

第四，困难环境。困难环境的机会水平低，威胁水平高。困难环境下风险大于机会，企业处境十分困难。此时，企业必须想方设法扭转局面。如果大势已去，则退出在该环境中的经营，另谋发展。

**温馨提示**：案例中的烟草公司共有两个主要威胁，即（2）和（3），以及一个最好的机会，即（5）。这就是说，该公司的业务属冒险业务。

面对机会与威胁，企业管理者必须慎重地对其评价。美国著名市场营销学者西奥多·莱维特（Theodore Levitt）曾警告企业家们，要小心地评价市场机会。他说："这里可能有一种需要，但是没市场；或者这里可能是一个市场，但是没有顾客；或这里可能有顾客，但目前实在不是一个市场。如，这里对新技术培训是一个市场，但是没有那么多的顾客购买这种产品。那些不懂得这种道理的市场预测者对某些领域表面上的机会曾做出惊人错误估计。"

**温馨提示**：案例中的烟草公司面临以上威胁，有三种可能选择的对策。

（1）反抗。烟草公司可以疏通议员通过一个法令，准许人们在公共场所吸烟。

（2）减轻。烟草公司大力宣传在公共场所设单独的吸烟区。

（3）转移。烟草公司可以扩大香烟对发展中国家的出口，同时增加食品和饮料等业务，实行多元化经营。

## 二、SWOT 分析法

SWOT 分析法有时也被称为企业内外情况对照分析法。

### （一） SWOT 的含义

SWOT 由 strengths（优势）、weaknesses（劣势）、opportunities（机遇）、threats（威胁）的第一个英文字母构成，意思分别为：S——优势、强项；W——劣势、弱项；O——机遇、机会；T——威胁、对手。从整体看，SWOT 可以分两部分：S、W 为企业内部情况分析，O、T 为企业外部情况分析。SWOT 分析方法已成为目前最常用的企业内外部环境战略因素综合分析方法。

SWOT 分析法是一种能够较客观而准确地分析和研究一个单位现实情况的方法。利用这种方法可以从中找出对自己有利的、值得发扬的因素，以及对自己不利的、应该避开的东西，发现存在的问题，找出解决办法，并明确以后的发展方向。

### 小资料

#### 沃尔玛（Wal-Mart）的 SWOT 分析

优势（strengths）：

沃尔玛是著名的零售业品牌，是全球最大的零售商之一。它以物美价廉、货物繁多和一站式购物而闻名；沃尔玛的销售额在近年内有明显增长，并且在全球化的范围内进行扩张（例如，它收购了英国的零售商 ASDA）；沃尔玛的一个核心竞争力是由先进的信息技术支持的国际化物流系统。例如，在该系统支持下，每一件商品在全国范围内的每一间卖场的运输、销售、储存等物流信息都可以清晰地看到。信息技术同时也加强了沃尔玛高效的采购过程；沃尔玛的一个焦点战略是人力资源的开发和管理。优秀的人才是沃尔玛在商业上成功的关键因素，为此沃尔玛投入时间和金钱对优秀员工进行培训并建立忠诚度。

劣势（weaknesses）：

沃尔玛建立了世界上最大的食品零售帝国。尽管它在信息技术上拥有优势，但其巨大的业务拓展可能导致其对某些领域的控制力不够强；因为沃尔玛的商品涵盖了服装、食品等多个部门，它可能在适应性上比起更加专注于某一领域的竞争对手存在劣势。

机会（opportunities）：

沃尔玛采取收购、合并或者战略联盟的方式与其他国际零售商合作，专注于欧洲或者大中华区等特定市场，卖场开设不多。因此，拓展市场（如中国、印度等）可以带来大量的机会。更接近消费者的商场和建立在购物中心内部的商店可以使过去仅是大型超市的经营方式变得多样化；沃尔玛的机会存在于对现有大型

超市战略的坚持，沃尔玛电商平台或将成为下一个电商风口，是企业转型走向品牌道路的优选之一。

威胁（threats）：

沃尔玛在零售业的领头羊地位使其成为所有竞争对手的赶超目标；沃尔玛的全球化战略使其可能在其业务国家遇到政治上的问题；多种消费品的成本趋向下降，原因是制造成本的降低。造成制造成本降低的主要原因是生产外包流向了世界上的低成本地区。这导致了价格竞争，并在一些领域内造成了通货紧缩。恶性价格竞争是一个威胁。

（二）SWOT分析的一般方法

1. SWOT分析的主要内容

（1）分析环境因素。运用各种调查研究方法，分析出公司所处的各种环境因素，即外部环境因素和内部环境因素。外部环境因素包括机会因素和威胁因素，它们是外部环境对公司的发展直接有影响的有利和不利因素，属于客观因素；内部环境因素包括优势因素和劣势因素，优势是指企业相对于竞争对手而言所具有的人力资源、技术、产品优势以及其他特殊实力。充足的资金来源、高超的经营技巧、良好的企业形象、完善的服务体系、先进的工艺设备、与买方和供应商长期稳定的合作关系、融洽的雇员关系、成本优势等，都可以形成企业优势。劣势是指影响企业经营效率和效果的不利因素和特征，它们使企业在竞争中处于劣势地位。一个企业潜在的弱点主要表现在缺乏明确的战略导向、设备陈旧、盈利较少甚至亏损、缺乏管理和知识、缺少某些关键的技能、内部管理混乱、研究和开发工作落后、企业形象较差、销售渠道不畅、营销工作不得力、产品质量不好、成本过高等方面。它们是公司在其发展中自身存在的积极和消极因素，属主动因素，在调查分析这些因素时，不仅要考虑到历史与现状，更要考虑未来发展问题。

（2）构造SWOT矩阵。将调查得出的各种因素根据轻重缓急或影响程度等构造SWOT矩阵。在此过程中，将那些对公司发展有直接的、重要的、迫切的影响因素优先排列出来，而将那些间接的、次要的、短暂的影响因素排在后面。

（3）制订行动计划。在完成环境因素分析和SWOT矩阵的构造后，便可以制订出相应的行动计划。制订计划的基本思路是：发挥优势因素，克服弱点因素，利用机会因素，化解威胁因素；考虑过去，立足当前，着眼未来。运用系统分析的综合分析方法，将排列与考虑的各种环境因素相互匹配起来加以组合，得出一系列公司未来发展的可选择对策。

2. SWOT分析的步骤

（1）罗列企业的优势和劣势，可能的机会与威胁。

（2）优势、劣势与机会、威胁相组合，形成SO、ST、WO、WT策略。

（3）对SO、ST、WO、WT策略进行甄别和选择，确定企业目前应该采取的具体战略与策略。

3. SWOT分析的方法

SWOT分析是一种对企业的优势、劣势、机会和威胁的分析，在分析时，应把所有的内部因素（包括公司的优势和劣势）都集中在一起，然后用外部的力量来对这些因素进行评估。这些外部力量包括机会和威胁，它们是由竞争力量或企业环境中的趋势造成的。这些因素的平衡决定了公司应做什么以及什么时候去做。可按表2-2所示完成以下步骤。

表2-2 SWOT分析表

| 企业外部因素 | 企业内部因素 | |
|---|---|---|
| | 优势（S） | 劣势（W） |
| 机会（O） | SO战略 | WO战略 |
| 威胁（T） | ST战略 | WT战略 |

（1）把识别出的所有优势分成两组，分组时看它们与行业中潜在的机会有关还是与潜在的威胁有关。

（2）用同样的方法把所有劣势分成两组。一组与机会有关，另一组与威胁有关。

（3）建构一个表格，每个占1/4。

（4）把公司的优势和劣势与机会或威胁配对，分别放在每个格子中。

这样就完成了SWOT表格。SWOT表格表明公司内部的优势和劣势与外部机会和威胁的平衡。

SWOT分析法形成了以下四种可以选择的战略。

SO战略：利用企业内部的长处去抓住外部机会。

WO战略：利用外部机会来改进企业内部弱点。

ST战略：利用企业长处去避免或减轻外来的威胁。

WT战略：直接克服内部弱点和避免外来的威胁。

现以某房地产经营企业的实例说明这种方法，如表 2-3 所示。

表 2-3　企业内外环境对照表

| | 有利条件（机会） | 不利因素（威胁） |
|---|---|---|
| 外部环境 | (1) 商务写字楼市场需求潜力大；<br>(2) 企业拟开发的地段处于本市规划中的中央商务区范围内，具备良好的升值潜力；<br>(3) 政府对开发商务用房产较为支持，有优惠政策 | (1) 房地产企业受宏观经济因素影响大，波动性强；<br>(2) 商品住宅市场趋于饱和；<br>(3) 房地产项目融资困难；<br>(4) 市场竞争激烈 |
| | 企业优势 | 企业劣势 |
| 内部环境 | (1) 企业管理能力、市场应变能力强，发展势头平稳；<br>(2) 领导班子强、团结，中层干部力量强；<br>(3) 设计人员素质高；<br>(4) 具有较强的质量意识 | (1) 企业整体规模不大，属中小型开发商；<br>(2) 首次涉足商务用房市场，开发经验欠缺；<br>(3) 项目资金不足；<br>(4) 营销策划、市场推广能力差 |

表 2-3 基本上概括了该房地产开发企业面临的形势：①企业有住宅开发经验，却遇到了商品住宅市场供应饱和的威胁；②如转为商务写字楼开发，一方面竞争激烈，另一方面企业缺乏开发和销售经验；③企业虽整体规模不大，但管理水平高，市场应变能力强，设计与质量控制人员素质高；④拥有具有增值潜力的开发用地，能够获得政府支持。

通过以上几点分析可知，该开发商只要大力加强市场营销力量，就有可能成功进入商务用房市场，并形成良性循环。

从这个实例可以看出，这个方法的主要优点是简便、实用而且有效。主要特点是通过对照分析，把外部环境中的有利和不利条件、内部条件中的优势和劣势联系了起来。

### 小资料

#### SWOT 方格分析法的应用

某食品加工企业生产食用油脂，一直以生产散装油为主。随着市场竞争的激烈和消费需求的变化，其经营越来越困难。下面利用 SWOT 方格分析法进行分析（见表 2-4）。

表 2-4  SWOT 方格分析法

| 企业外部因素 | | 企业内部因素 | |
|---|---|---|---|
| | | 优势（S） | 劣势（W） |
| | | (1) 在本地市场有地理优势；<br>(2) 政府支持；<br>(3) 有设备、经验优势 | (1) 富余人员多；<br>(2) 激励机制不完善；<br>(3) 缺乏市场竞争意识 |
| 机会（O） | 小包装油将快速发展 | SO 战略 | WO 战略 |
| 威胁（T） | 食用油将从计划走向市场 | ST 战略 | WT 战略 |

SO 战略：利用企业优势开发小包装油，并在价格策略上采取渗透价格，抢占市场。

WO 战略：为强化销售，把三分之二的职工推向市场，其工资与销售业绩挂钩，大大激发了销售热情，也在一定程度上改变了"干多干少一个样"的陋习。

ST 战略：利用自己设备和经验的优势，向周边市场扩展。

WT 战略：深化企业体制改革，组建销售公司。一年后，该公司的市场份额不断扩大。

### 三、环境分析报告及撰写

在进行机会与威胁分析之后，需要整理、归纳以上对企业环境进行调查、分析和预测的结果，编写环境分析报告。该报告将作为企业最高领导层构想营销战略方案和进行战略决策的基本依据。

编写环境分析报告的过程是对未来环境变化进一步调查分析，明确问题、深化认识的过程，因而是环境分析的一个重要步骤，必须予以充分的重视。

环境分析报告是环境分析结果的总结和概括。它应能回答制定战略决策应了解的未来环境问题。报告的主要内容如下。

(1) 企业未来将面临什么样的环境。

(2) 各个环境因素会如何变化，对企业将造成怎样的影响。

(3) 未来环境会使企业有哪些机会和威胁，它们出现的概率是多大。

(4) 企业适应未来环境的初步设想和战略课题是什么。

环境分析报告的叙述应力求简明扼要，论证要用事实和数据说话，尽量采用直观醒目的图表。

## 要点索引

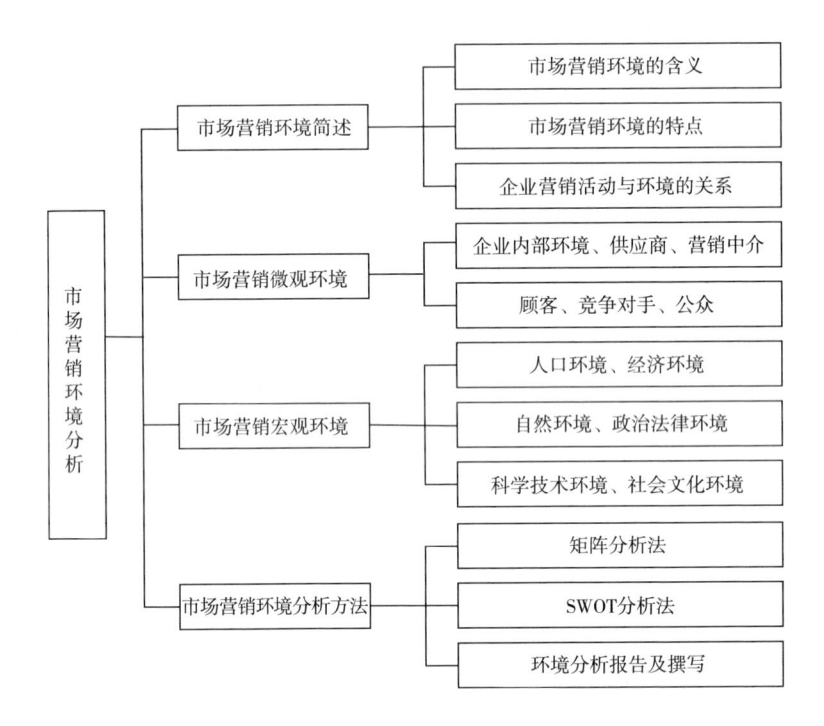

```
                          ┌─ 市场营销环境简述 ──┬─ 市场营销环境的含义
                          │                    ├─ 市场营销环境的特点
                          │                    └─ 企业营销活动与环境的关系
                          │
                          ├─ 市场营销微观环境 ──┬─ 企业内部环境、供应商、营销中介
市场营销环境分析 ─────────┤                    └─ 顾客、竞争对手、公众
                          │
                          ├─ 市场营销宏观环境 ──┬─ 人口环境、经济环境
                          │                    ├─ 自然环境、政治法律环境
                          │                    └─ 科学技术环境、社会文化环境
                          │
                          └─ 市场营销环境分析方法 ─┬─ 矩阵分析法
                                                  ├─ SWOT分析法
                                                  └─ 环境分析报告及撰写
```

## 知识巩固

（一）名词解释

1. 市场营销环境　　2. 市场营销宏观环境　　3. 市场营销微观环境

（二）单项选择题

1. 市场营销学认为，企业市场营销环境包括（　　　）。

　A. 人口环境和经济环境　　　　　B. 自然环境和文化环境

　C. 宏观环境和微观环境　　　　　D. 政治环境和法律环境

2. 企业的微观环境包括供应商、营销中介、顾客、竞争对手、公众和（　　　）。

　A. 企业内部环境　B. 国外消费者　C. 制造商　　D. 社会文化

3. （　　）主要指一个国家或地区的民族特征、价值观念、生活方式、风俗习惯、宗教信仰、伦理道德、教育水平、语言文字等的总和。

　A. 社会文化　　B. 政治法律　　C. 科学技术　　D. 自然资源

4. （　　）指人们对社会生活中各种事物的态度和看法。

　A. 社会习俗　　B. 消费心理　　C. 价值观念　　D. 营销道德

5. 威胁水平和机会水平都高的业务，被叫作（　　）。
　　A. 理想业务　　B. 冒险业务　　C. 成熟业务　　D. 困难业务
6. 威胁水平高而机会水平低的业务是（　　）。
　　A. 理想业务　　B. 冒险业务　　C. 成熟业务　　D. 困难业务
7. 如果企业的新业务面临高机会和低威胁，则该业务属于（　　）。
　　A. 理想业务　　B. 冒险业务　　C. 成熟业务　　D. 困难业务
8. 人口的老龄化将造成（　　）市场的壮大。
　　A. 香烟　　　　B. 旅行用品　　C. 汽车　　　　D. 保健品
9. 离婚率的上升可能导致下列哪种产品的市场显著增加（　　）。
　　A. 婴儿食品　　B. 住房　　　　C. 化妆品　　　D. 自行车
10 家庭结构的小型化有利于促进（　　）的销售。
　　A. 小户型住房　B. 大户型住房　C. 旅行用品　　D. 汽水
11. 面临威胁，企业有多种可能对策，试图限制或扭转不利发展因素的对策是（　　）。
　　A. 避免　　　　B. 反抗　　　　C. 减轻　　　　D. 转移
12. 面对彩电市场的激烈竞争和日趋成熟的威胁，长虹开始步入空调制冷业务，这种做法属于（　　）。
　　A. 反抗　　　　B. 逃避　　　　C. 减轻　　　　D. 转移

（三）多项选择题

1. 微观环境指与企业紧密相连，直接影响企业营销能力的各种参与者，包括（　　）。
　　A. 企业本身　　B. 营销中介　　C. 顾客　　　　D. 竞争对手
　　E. 社会公众
2. 企业进行经济环境分析时，要着重分析的主要因素有（　　）。
　　A. 人口出生率　　　　　　　　B. 消费者收入水平
　　C. 消费者文化素养　　　　　　D. 消费者支出模式
　　E. 消费者储蓄变化
3. 营销中介主要指协助企业促销、销售和经销其产品给最终购买者的机构，包括（　　）。
　　A. 中间商　　　　　　　　　　B. 实体分配机构
　　C. 营销服务机构　　　　　　　D. 信贷公司
　　E. 保险公司

（四）判断题

1. 微观环境直接影响与制约企业的营销活动，多半与企业具有或多或少的经济联系，也称直接营销环境。（　　）

2. 宏观环境一般以微观环境为媒介去影响和制约企业的营销活动，因而宏观环境也称为间接营销环境。（　　）

3. 在经济全球化的条件下，国际经济形势也是企业营销活动的重要影响因素。（　　）

4. 市场营销微观环境与市场营销宏观环境之间是一种并列关系，市场营销微观环境并不受制于市场营销宏观环境，各自独立地影响企业的营销活动。（　　）

5. 同一个国家不同地区的企业之间营销环境基本上是一样的。（　　）

6. 面对目前市场疲软、经济不景气的环境威胁，企业只能等待国家政策的支持和经济形势的好转。（　　）

7. 许多国家的政府对自然资源管理的干预有日益加强的趋势，这意味着市场营销活动将受到一定程度的限制。（　　）

8. 我国南北方人民在食品口味上存在着很大的差异，导致对食品需求也不同，这是宏观环境中经济因素形成的。（　　）

9. 恩格尔系数越大，生活水平越低；反之，恩格尔系数越小，生活水平越高。（　　）

10. 对环境威胁，企业只能采取对抗策略。（　　）

11. 顾客也是企业最重要的宏观环境因素。（　　）

12. 科学技术是第一生产力，给企业营销活动既带来发展机遇又造成不利影响。（　　）

（五）简答题

1. 社会文化环境包括哪些因素？
2. 简述SWOT分析法。

## 能力培养

### 思维训练

**环境威胁与市场机会矩阵分析**

1. 环境威胁矩阵分析：电视照明设备公司面临的环境威胁（如图2-6所示）

（1）竞争者开发更好的照明系统。
（2）严重的长期经济萧条。
（3）成本增长。
（4）立法要求减少开办电视演播室。

图 2-6  环境威胁矩阵

2. 市场机会矩阵分析：电视照明设备公司面临的环境机会（如图 2-7 所示）
（1）公司开发更好的照明系统。
（2）公司开发成本更低的照明系统。
（3）公司开发一种能测定照明系统利用能源效率的设备。
（4）公司开发向电视演播人员传授基本知识的软件。

图 2-7  环境机会矩阵

**问题讨论**：试对电视照明设备公司矩阵图进行分析。

**温馨提示**：

1. 环境威胁矩阵分析：（1）是关键性的威胁，会严重危害公司利益且出现可能性大，应准备应变计划。（2）和（3）是不需准备应变计划，但需密切关注，可能发展成严重威胁。（4）是威胁较小，不加理会。

2. 市场机会矩阵分析：（1）是最佳机会，应准备若干计划以追求其中一个或几个机会。（2）和（3）是应密切注视，可能成为最佳机会。（4）是机会太

小，不予考虑。

## 实战演练

根据教学班级学生人数来确定数个小组，每小组以 6~8 人为宜。组团的时候注意小组成员在知识、性格、技能方面的互补性，选举小组长。

1. 由于美国人不断减少油炸食品的消耗量，肯德基在美国的市场份额自 20 世纪 90 年代以来一路下滑，但它已成功地将业务拓展到亚洲国家，在中国、韩国、马来西亚、泰国和印度尼西亚成为快餐业的佼佼者。你认为在未来的国际市场上肯德基有哪些机会？有哪些威胁？

2. 对本地区的肯德基、麦当劳企业进行调查，了解营销环境及其销售情况，由学生组织分析研究，得出结论。分析的具体内容由教师指导学生拟定，如肯德基、麦当劳企业有需要，可作为真正的实训。

## 案例分析

### 拼多多的市场营销环境

拼多多成立于 2015 年 9 月，是一家第三方的社交电商平台。拼多多开创了独特的新社交电子商务思维，即通过沟通和分享形成的社交概念，用户可以和朋友、家人、邻居组成拼团，拼团凝聚更多人的力量，以更低的价格购买更多优质产品。

从 2015 年上线至 2022 年，拼多多这个新电商开创者以三、四线小城市为目标市场，通过拼团式购物的营销模式迅猛发展。截至 2022 年 3 月 31 日，拼多多年活跃买家数达到 8.819 亿人，同比增长 7%。成为中国用户规模最大的电商平台。

一、人口环境

从人口环境来看，首先，从人口总量上分析，中国拥有 14 多亿人口，这为企业提供了庞大的市场容量；其次，从人口结构及地理分布考察，在城市中，上至 70 多岁的老人，下至小学生，普遍拥有自己的手机。截至 2022 年 12 月，我国网民规模为 10.67 亿人，互联网普及率达 75.6%。其中，城镇网民规模为 7.59 亿人，农村网民规模为 3.08 亿人，50 岁及以上网民群体占比提升至 30.8%；《拼多多用户研究报告》显示，拼多多的女性用户高达 70% 以上，而且年龄主要分布在 20~36 岁。拼多多选取三、四线小城市为主要目标市场，通过低价商品获取了小城市及农村中对商品价格敏感的被忽略用户。一时间，一句

"拼多多，拼得多省得多"广告词引起人们对这个新兴电商的关注，特别是谋求低价商品的购买者。

二、政治法律环境

从政治法律环境来看，目前国家政局稳定，经济稳步增长，社会秩序良好，为城乡居民安居乐业提供了保证。国家对电商行业的重视程度在不断加强，陆续出台了一系列的法律、政策，在鼓励电商行业发展的同时也在明确相关企业的责任。比如2019年1月1日，正式开始实施《中华人民共和国电子商务法》。国务院、工信部、商务部等部门发布多项政策，从智能制造、工业互联网、供应链创新等角度为产业电商发展构建了利好政策环境。

三、经济环境

中国已经成为世界第二大经济体，2022年GDP在全球经济占比达到了17%以上。2022年，全国居民人均可支配收入为36 883元，比上年名义增长5.0%，扣除价格因素，实际增长2.9%。我国网络零售市场总体稳步增长。国家统计局数据显示，2022年全国网上零售额为13.79万亿元，同比增长4%。其中，实物商品网上零售额为11.96万亿元，同比增长6.2%，占社会消费品零售总额的比重为27.2%。商务大数据对重点电商平台监测显示，2022年全国网络零售市场18类监测商品中，8类商品销售额增速超过两位数。其中，金银珠宝、烟酒同比分别增长27.3%和19.1%。网上购物的不断发展促进了拼多多等电商行业的发展。拼多多主要着眼于三、四线城市的消费群体，挖掘其消费潜力。近几年，随着国家政策的扶持和新型城镇化进程的加快，三、四线城市消费的潜力开始慢慢释放。拼多多凭借着物美价廉的大众商品，受到三、四线城市民众追捧的同时，也带动了其消费的升级。

四、社会和文化环境

随着信息技术的发展与经济的繁荣，网民规模不断增加，人们消费方式开始转变，网络购物已经成为人们日常生活中重要的一部分。因为网络购物能够提供不受时间和空间限制、更加便捷的购买体验，扩大了可供消费者选择的品类范围，便于消费者挑选出更物美价廉的产品，因此网络购物越来越受消费者青睐，用户规模持续扩大。截至2021年12月，我国网络购物用户规模达8.42亿人，电商企业的发展势头旺盛，网络购物供给能力逐步增长，服务水平持续深化，这些都将有力地创造进一步增长的空间，推动网络购物在未来较长时间实现较为稳健的增长。

五、科技环境

互联网普及率的不断提高、新媒体的高速发展、云计算、大数据、物联网和

移动终端技术的应用提升，使企业能对市场及客户进行更有效的分析和精准推广。电商企业利用云计算的相关设备进行数据的存储和处理，这些设备的成本比较低廉，而且大型的服务器集群能够更快地处理信息，从而能够满足企业的需求。

### 六、拼多多运营环境

拼多多的营销模式主要表现为分享、拼团和砍价。这种分享、拼团、砍价方式易于操作，对消费者而言，通过简单的分享，购买价格就能够从零售价降低到团购价，分享双方都能够享受到团购价，获得实实在在的降价实惠；对商家而言，消费者分享拼团砍价方式激励消费者将商品主动向亲朋好友推荐，可以吸引更多消费者参与购买，通过拼多多平台，将无数零散的需求汇集成批量的大订单，直接降低了生产商家的营销成本、渠道成本；对拼多多而言，消费者和商家通过平台都获得了好处，自然会吸引更多消费者使用 App，吸引更多商家入驻平台。因此，这种营销模式最终实现了三赢。

借助传统媒体和互联网宣传拼多多平台，利用社交圈口口相传。拼多多在传统的宣传上投入了大量资金，拼多多向大型综艺节目《极限挑战》《奔跑吧兄弟》《非诚勿扰》等支付了高昂的冠名费，除此之外还在各大卫视、户外、电梯等发布广告，无疑使拼多多提升了知名度。而且拼多多通过微信推出了一系列活动，把平台自己推出产品转变为通过熟人、朋友分享产品，把一个陌生的市场转变为"熟人市场"，这就是拼多多抓住了人的心理的一个独到之处。

当客户通过电子商务平台进行购物交易时，产品的质量问题是客户首先考虑的，信誉问题也是电商需要解决的重要问题之一。低廉价格是否会增加恶性竞争等，这些问题都是需要不断解决的。

通过以上分析可以看出，在市场营销环境中，既有利于企业发展的有利因素，又有限制行业发展的不利因素；企业既受市场营销微观环境的直接影响，又受市场营销宏观环境的间接影响。如何抓住机遇大力发展，是我国电商企业必须重视的问题。

（资料来源：wenwen.soso.com/z/q113657786.htm，有删减）

**案例思考：**

试用 SWOT 分析法，对拼多多市场营销环境进行深入分析。

# 第三章 消费者购买行为分析

## 学习目标

知识目标：(1) 了解消费者市场及其特点。
(2) 掌握消费者行为过程。
(3) 掌握影响消费者购买行为的因素。

能力目标：(1) 利用消费者行为模式，并根据影响消费者行为的主要因素全面观察和认识特定消费者的行为特点。
(2) 根据消费者购买决策过程五个阶段的行为特点和要求，形成企业相应营销策略的基本思路。

## 先导案例

### 眼光要长远

这是一个青年发迹的故事。故事是这样开始的，两个青年一同开山，一个把石头砸成石子运到路边，卖给建房的人；另一个直接把石块运到码头，卖给杭州的花鸟商人，因为这儿的石头总是奇形怪状，他认为卖重量不如卖造型。3年后，他成为村上第一个盖上瓦房的人。

后来不许开山，只许种树，于是这儿成了果园。每到秋天，满山遍野的鸭梨招徕了八方游客。他们把堆积如山的梨子成筐成筐地运到北京和上海，然后发往韩国和日本。就在村民为鸭梨带来的小康日子欢呼雀跃的时候，曾卖过石头的那个人卖掉果树，开始种柳。因为他发现，来这儿的客商不愁挑不到好梨子，只愁买不到盛梨子的筐。5年后他成为村里第一个在城里买房的人。

再后来一条铁路从这儿贯穿南北，这儿的人上车后，可以北到北京、南抵九

龙。小村对外开放，果农也由单一卖果开始谈论果品加工及市场开发。就在一些人开始集资办厂的时候，还是那个人，在他的地头上砌了一垛三米高百米长的墙。这垛墙面向铁路，背依脆柳，两旁是一望无际的万亩梨园。坐车经过这儿的人在欣赏盛开的梨花时，会突然看到四个大字：可口可乐。据说这是五百里山川中唯一的一个广告，这垛墙的主人凭这垛墙第一个走出了小村，因为他每年有4万元的额外收入。

20世纪90年代末，日本丰田公司亚洲区代表山田信一来华考察，当他坐火车路过这个小山村时，听到这个故事，为主人罕见的商业化头脑所震惊，当即决定下车寻找这个人。当山田信一找到这个人的时候，他正在自己的店门口与对门的店主吵架，因为店里的一套西装标价800元的时候，同样的西装对门标价750元，当他标价750元时，对门就标价700元。一个月下来，他仅批发出8套西装，而对门却批发出800套。山田信一看到这种情形，非常失望，以为被讲故事的人欺骗了。当他弄清楚事情原委之后，立即决定以百万年薪聘请他，因为对门的那个店也是他的。

成功往往属于先想一步的人。在销售过程中，一定要目光长远，放长线钓大鱼，吸引客户的注意，形成相互信任依赖的良好关系。营销产品时要常常问自己，如何以更好的方法将产品介绍给客户，或如何以不同的营销手法让产品的销售量大增。销售人员要常常激励自己，多研究别人的营销方式，如此才能看到更多的营销思维与市场商机。将眼光放长远，仔细评估环境，再加上创新的点子，相信你就能永远走在营销工作的前端，而不是在别人后面苦苦追赶。

## 第一节　消费者市场

### 一、消费者市场的概念

消费者市场是指个人和家庭为了生活需要而购买产品和服务的市场。生活消费是产品和服务流通的终点，因而消费者市场也称为最终产品市场。

消费者市场是现代市场营销理论研究的主要对象。成功的市场营销者是那些能够有效地运用富有吸引力和说服力的方法将产品呈现给消费者的企业和个人。因而，研究影响消费者购买行为的主要因素及其购买决策过程，对于开展有效的市场营销活动至关重要。

## 二、消费者市场的特点

### （一）需求的无限扩展性

人们的需求是无止境的，不会永远停留在一个水平上。随着社会经济的发展、消费者收入的提高、消费观念的更新，消费者的需求不仅在总量上不断扩大，结构上也在不断地发生着变化。过去在我国未曾有过的高档消费品，如高尔夫球具等，现在已经开始进入消费领域；过去由自己承担的家务，现在已部分转向由家政服务公司来承担。消费者的一种需求被满足了，又会产生出新的需求，循环往复，以至无穷。因此，市场营销者要不断开发新产品，开拓新市场。

### （二）需求的差异性

中国消费市场广大，人数众多。不同的民族，不同的地区，人们的需求存在着差异；同一民族，同一地区，人们又因为性别、年龄、职业、知识层面、性格等不同，存在着不同的消费嗜好。由于各种因素的影响，人们对不同商品或同类商品的不同品种、规格、性能、式样、服务、价格等方面的好恶也会有差异性。消费者需求的这种差异性特征，要求企业在对消费者市场进行细分的基础上，根据自身条件准确地选择目标市场。

### 小资料

#### 菲尔特色店

意大利的菲尔·劳伦斯开办了一家七岁儿童商店，经营的商品全是七岁左右儿童吃穿看玩的用品。商店规定，进店的顾客必须是七岁的儿童，大人进店必须有七岁儿童作伴，否则谢绝入内，即使是当地官员也不例外。商店的这一招不仅没有减少生意，反而有效地吸引了顾客。一些带着七岁儿童的家长进门，想看看里面到底"卖的什么药"，而一些带其他年龄孩子的家长也谎称孩子只有七岁，进店选购商品，致使菲尔的生意越做越红火。后来，菲尔又开设了二十多家类似的商店，如新婚青年商店、老年人商店、孕妇商店、妇女商店等。妇女商店谢绝男顾客入内，因而使不少过路女性很感兴趣，少不了进门一逛。孕妇可以进妇女商店，但一般无孕妇女不得进孕妇商店。眼镜商店只接待戴眼镜的顾客，其他人只得望门兴叹。左撇子商店只接待左撇子人士，但绝不反对人们冒充左撇子进店。所有这些限制顾客的做法，相反地都起到了促进销售的效果。

（资料来源：http://www.sjting.com/r_ 3869.html）

### （三）需求的可诱导性

消费者的购买行为具有很大程度的可诱导性。例如，你并不打算买条金项链，当看到电视中正在宣传某金链设计多么好，带在脖子上多么吸引人，而且黄金价格一路飙升，而你得到的这产品多么划算又具有很大的增值空间。你看好它某一优势的时候你便被激发出购买欲望而购买。因而企业就有效地促成了产品的销售。这是因为消费者在决定采取购买行动时，具有自发性、感情冲动性等特点，大多数购买者缺乏相应的商品知识和市场知识，容易受外界的刺激诱导。如经济政策的变动，生产、流通、服务部门营销活动的影响，社会交际的启示，广告宣传等，都会使消费者的需求发生变化或转移。由于消费者购买行为的可诱导性，生产和经营部门应注意做好商品的宣传广告，指导消费，一方面当好消费者的参谋，另一方面有效地引导消费者的购买行为。

### （四）消费需求的关联性和替代性

消费需求在有些商品上具有关联性，消费者往往顺便购买。如出售皮鞋时，可能附带售出鞋油、鞋带、鞋刷等。所以经营有相关联系的商品，不仅会给消费者带来方便，而且能扩大商品销售额。消费需求在有些商品上具有替代性，只要能获得相同或相类似的效用，顾客便可以在不同的替代性产品与服务之间选择。这种选择，有时与市场的供应量有关，有时还和顾客的消费倾向以及消费习惯的变化有关。比如：大家去就餐时，如果选择了足够食用的米饭，就吃不下馒头了，食堂销售米饭的量增加了，则馒头的量必然减少；洗衣粉销量上升则肥皂销量下降；等等。因此，企业要及时掌握产品的更新换代趋势，适时开发能满足消费者需求的新产品。

### （五）需求的复杂性

由于消费者的需求复杂，供求矛盾突出，加之随着城乡、地区间的往来日益频繁，旅游事业的发展，国际交往的增多，人口的流动性越来越大，购买力的流动性也随之加强，因此，企业要密切注视市场动态，提供适销对路的产品，同时要注意增设购物网点，在交通枢纽地区创设规模较大的购物中心，以适应流动购买力的需求。

掌握消费者市场的这些特点，对市场营销者是十分必要的。为了深入地了解这些特点，还必须进一步研究消费者动机、行为和影响消费者行为的各种因素。

## 三、消费者市场的购买对象

消费者市场的购买对象即满足个人和家庭生活需要的产品和服务。消费者在购买不同消费品时有不同的行为特点，对每一种消费品类型，企业应该有与之相适应的营销组合战略和策略。消费者市场的购买对象一般分为以下几类。

（一）按消费者的购买习惯，分为便利品、选购品、特殊品和非寻觅品

1. 便利品

便利品就是日常生活用品，即需重复购买的商品，比如香烟、肥皂、报纸、食盐等。消费者在购买这类商品时，一般不愿花很多的时间比较价格和质量，愿意接受其他任何代用品。因此，便利品的生产者应注意分销的广泛性和经销网点的合理分布，以便消费者能及时就近购买。

2. 选购品

选购品指消费者在选购过程中，对产品的适用性、质量、价格和式样等基本方面要作有针对性比较的产品，比如服装、家具、家用电器等。消费者在购买前对这类商品了解不多，他们总是喜欢对同一类型的产品从价格、款式、质量等方面进行比较。对于选购品，企业必须备有丰富的花色品种，以满足不同消费者的爱好。同时，要拥有受过良好训练的推销人员，为顾客提供信息和咨询。选购品的生产者应将销售网点设在商业网点较多的商业区，并将同类产品销售点相对集中，以便顾客进行比较和选择。

3. 特殊品

特殊品指消费者对其有特殊偏好并愿意花较多时间去购买的商品，比如名牌手表、箱包等，消费者在购买前对这些商品有了一定的认识，偏爱特定的厂牌和商标，不愿接受代用品。为此，企业应注意争创名牌产品，以赢得消费者的青睐，要加强广告宣传，扩大本企业产品的知名度，同时要切实做好售后服务和维修工作。

4. 非寻觅品

非寻觅品指消费者不知道的或者虽然知道但一般情况下不想购买的物品，比如上市不久的新产品、各种保险等。这就需要更好的宣传，培养消费者的消费理念。

（二）按商品的耐用程度和使用频率，分为耐用品、非耐用品和劳务

1. 耐用品

耐用品指能多次使用、寿命较长的商品，比如电视机、电冰箱、电脑等，消费者购买这类商品时，决策较为慎重。生产这类商品的企业要注重技术创新，提高产品质量，同时要做好售后服务，满足消费者的购后需求。

### 2. 非耐用品

非耐用品指次数较少、消费者需要经常购买的商品，比如食品、文化娱乐品等。生产这类产品的企业除应保证产品质量外，要特别注意销售点的设置，以方便消费者的购买。

### 3. 劳务

劳务指提供出售的活动、利益或享受，比如观看文艺演出等。它是无形的而且是非耐用品。其就地销售和就地消费的特点，决定了企业要特别注重质量和信誉。

## 第二节 消费者购买行为过程

### 一、消费者购买行为分析

所谓消费者行为，是指消费者为满足其个人或家庭生活需要而发生的购买商品的决策或行动。消费者的行为是受动机支配的，因此研究消费者的购买行为，应先分析消费者的购买动机和购买行为的类型。

**小资料**

#### 简妮买车

女律师简妮·布洛菲尔特小姐终于攒够了购买小车的钱，兴冲冲地来到一家经营汽车的大公司，她看中了这儿出售的海蓝色"西尔斯"牌小轿车。尽管价格贵一点，但她喜欢这种车的颜色和式样，而且"西尔斯"这个牌子和名称也叫她喜欢。不巧，售货员正要去吃午饭。他对简妮小姐说，如果她愿意等待30来分钟的话，他一定乐意立即赶回来为她服务。简妮小姐同意等一会儿，总不能不让人吃饭呀，就是再加上30分钟也没关系，要紧的是她特意挑选今天这个日子来买车，无论如何都必须把车开回去。她走出这家大公司，看见街对面也是一家出售汽车的公司，便信步走了过去。售货员是个活泼的年轻人，他一见简妮进来，立即彬彬有礼地问："我能为您效劳吗？"简妮微微一笑，告诉他自己只是来看看，消磨一下时间。年轻的售货员很热情地陪她在销售大厅参观，并自我介绍说他叫汤姆。汤姆陪着简妮聊天，很快两人便聊得很投机。简妮告诉他，自己来买车，可惜这没有她想要的车，只好等那家公司的售货员回来了。汤姆很奇怪简妮为什么一定要今天买到车。简妮说："今天是我的生日，我特意挑选今天这个日子来买车。"汤姆笑着向简妮祝贺,并和身旁一个同伴低声耳语了几句。不一会,这个同伴捧着几只鲜艳的红玫瑰进来,汤姆接过来送给简妮:"祝你生日快乐!"简妮的眼睛亮了,她非常感谢汤姆的好意。他们越谈越高兴,什么海蓝色"西尔斯",什么30分钟,简妮都想不起来了。突然,简妮看见大厅一侧有一辆银灰色的轿车,色泽那样的柔和诱人。她问汤姆那是辆什么牌子的轿车。汤姆热心地告诉了她,并仔细地介绍了这辆车的特点,尤其是价钱比较便宜。简妮觉得自己就想要买这种车。结果,简妮小姐驾了一辆自己原本没有想到的车回家了。车上插着几支鲜艳的红玫瑰。简妮的生日充满了欢乐。这个案例表明,消费者的购买动机是复杂的,也是多变的。

(资料来源:http://www.5ucom.com)

(一)消费者的购买动机

动机源于需要,当人产生某种需要而又未能得到满足时,人便出现某种紧张状态,形成一种内在动力,促使人去采取满足需要的行动,这就是购买动机。研究动机要和研究需要结合起来,美国心理学家马斯洛的需要层次论有重要的参考价值。

马斯洛于1943年提出了"需要层次论"。这种理论认为,第一,每一个人的需求按其重要性不同,可以分为五个层次:

生理需要(physiological need),即维持个体生存和人类繁衍而产生的需要,如对食物、氧气、水、睡眠等的需要。

安全需要(safety need),即在生理及心理方面免受伤害,获得保护、照顾和安全感的需要,比如要求人身的健康、安全、有序的环境,稳定的职业和有保障的生活,等等。

归属和爱的需要(love and belonging need),即希望给予或接受他人的友谊、关怀和爱护,得到某些群体的承认、接纳和重视的需要,比如乐于结识朋友,交流情感,表达和接受爱情,融入某些社会团体并参加他们的活动,等等。

自尊的需要(esteem need),即希望获得荣誉,受到尊重和尊敬,博得好评,得到一定的社会地位的需要。自尊的需要是与个人的荣辱感紧密联系在一起的,它涉及独立、自信、自由、地位、名誉、被人尊重等多方面内容。

自我实现的需要(self-actualization need),即希望充分发挥自己的潜能,实现自己的理想和抱负的需要。自我实现是人类最高级的需要,它涉及求知、审美、创造、成就等内容,是人类需要的最高层次。

第二,马斯洛认为,需要是从低级到高级发展的。人们只有在低一级需要得

到相对满足时，才会引起对高一级的需要。

第三，马斯洛认为未满足的需要是购买者购买动机与行为的源泉。当一种需要获得满足以后，它就失去了对行为的刺激作用。例如，对一个没有鞋穿的人来说，第一双鞋对他的使用价值最大，也就是说，他对第一双鞋的需求性最强，也许走进一家商店，只要看到他能穿的鞋就买下来，而对鞋的式样、颜色、价格、质量等要求并不高。但当他买了鞋以后，他对鞋的需求就不那么迫切了，鞋的使用价值对他来说就不那么重要了。也许他还会产生买鞋的需求，但需求的迫切性大大降低，这时，他要考虑价格、质量、式样等各方面的因素，因而购买行为的阻力就很大，购买行为就不易实现。

由此可见，消费者的需要引起购买动机，而购买动机又引起购买行为，因消费者需要的多样性，其购买动机也是多种多样的，具体可分为以下几种。

1. 求实动机

求实动机是指消费者以追求商品或服务的使用价值为主导倾向的购买动机。在这种动机支配下，消费者在选购商品时，特别重视商品的质量、功效，追求商品的实惠、使用方便，而较少追求商品的外形美观，不易受社会潮流和各种广告的影响。比如在选择布料的过程中，当几种布料价格接近时，消费者宁愿选择布幅较宽、质地厚实的布料，而对色彩、是否流行等给予的关注相对较少。

2. 求全动机

求全动机是消费者普遍的购买动机，要求商品在使用过程与使用以后保证生命安全或身体健康，如食品、药物、交通工具及电气用具等均要求安全可靠，有利身体健康。

3. 求廉动机

求廉动机是指消费者以追求商品、服务的价格低廉为主导倾向的购买动机。具有这种动机的消费者，在购买商品时特别重视商品的价格，要求物美价廉。他们宁肯多花体力和精力，多方面了解、比较产品价格差异，选择价格便宜的产品。相对而言，持求廉动机的消费者对商品质量、花色、款式、包装、品牌等不会十分挑剔，而对降价、折让等促销活动怀有较大兴趣。

4. 求新动机

求新动机是指消费者以追求商品的时尚和新颖为特点的购买动机。具有这种动机的消费者特别重视商品的款式新颖、格调清新和社会流行的式样。他们不太注重商品的实用程度及价格高低。一般而言，在收入水平比较高的人群以及青年群体中，求新的购买动机比较常见。改革开放初期，我国上海等地生产的雨伞虽然做工考究、经久耐用，但在市场上却竞争不过新加坡、我国台湾等地生产的雨伞，原因是后者生产的雨伞虽然内在质量很一般，但款式新颖，造型别致，色彩纷呈，能迎合欧美消费者在雨伞选择上以求新为主的购买动机。

5. 求美动机

求美动机是指消费者以追求商品欣赏价值和艺术价值为主要倾向的购买动机。具有这种动机的消费者，在购买商品时重视商品的颜色、造型、外观、包装等因素，讲究商品的造型美、装潢美和艺术美。求美动机的核心是讲求赏心悦目，注重商品的美化作用和美化效果，它在受教育程度较高的群体以及从事文化、教育等工作的人群中是比较常见的。

6. 求名动机

求名动机是指消费者以追求名牌、高档商品，借以显示或提高自己的身份、地位而形成的购买动机。具有这种动机的消费者，在购买商品时很注意商品的商标、牌号、产地、名声和购买地点。当前，在一些高收入层、大中学生中，求名购买动机比较明显。求名动机形成的原因实际上是相当复杂的。购买名牌商品，除了有显示身份、地位、富有和表现自我等作用以外，还隐含着减少购买风险、简化决策程序和节省购买时间等多方面考虑因素。

7. 求奇动机

求奇动机是以重视商品的与众不同之处为主要特征的购买动机。购买者对商品奇特的样式、别具一格的造型等特别感兴趣，也容易受刺激性强的促销措施的诱惑，触发冲动性购买。

8. 求便动机

求便动机是指消费者以追求商品购买和使用过程中的省时、便利为主导倾向的购买动机。在求便动机支配下，消费者对时间、效率特别重视，对商品本身则不甚挑剔。他们特别关心能否快速方便地买到商品，讨厌过长的选购时间和过低的销售效率，对购买的商品要求携带方便，便于使用和维修。一般而言，成就感比较强、时间机会成本比较大、时间观念比较强的人，更倾向于持有求便的购买动机。

9. 模仿或从众动机

模仿或从众动机是指消费者在购买商品时自觉不自觉地模仿他人的购买行为而形成的购买动机。模仿是一种很普遍的社会现象，其形成的原因多种多样。有出于仰慕、钦羡和获得认同而产生的模仿；有由于惧怕风险、保守而产生的模仿；有缺乏主见，随大流或随波逐流而产生的模仿。不管何种缘由，持模仿动机

的消费者，其购买行为受他人影响比较大。一般而言，普通消费者的模仿对象多是社会名流或其所崇拜、仰慕的偶像。电视广告中经常出现某些歌星、影星、体育明星使用某种产品的画面或镜头，目的之一就是刺激受众的模仿动机，促进产品销售。

10. 好癖动机

好癖动机是指消费者以满足个人特殊兴趣、爱好为主导倾向的购买动机。其核心是为了满足某种嗜好、情趣。具有这种动机的消费者，大多出于生活习惯或个人癖好而购买某些类型的商品。比如有些人喜爱养花、养鸟、摄影、集邮，有些人爱好收集古玩、古董、古书、古画，还有人好喝酒、饮茶。在好癖动机支配下，消费者选择商品往往比较理智，比较挑剔，不轻易盲从。

总之，消费者的购买动机对企业营销活动有极深刻的影响。因此，必须注意了解和调查消费者购买动机及其行为的变化。

### 相关链接

#### 消费心理调查

中国社会调查事务所在北京、上海、天津、重庆、武汉、广州等地就百姓消费心理进行调查研究，其结果表明，消费者在购买活动中的心理倾向将影响其购买行为。

93.1%的人有求实心理，认为商品的实际效用最重要，希望商品使用方便、经久耐用、维修方便、服务快捷。

63.3%的人有求美心理，讲究商品的造型、色彩、装潢，希望在消费商品的同时达到美的享受。尤其是女性，所占比例达到75.3%。

29.7%的人有求新求奇心理，认为商品的款式、流行样式很重要，讲求新颖、独特。在具有这种心理的群体中，年龄在35岁以下的年轻人占82.2%。

33.8%的人有同步心理，由于社会风气、时代潮流、社会群体等社会因素的影响，通常会产生迎合某种流行风气或群体的同步心理。

27.1%的人有求名心理，通常重视商品的商标与品牌，对名牌产品有一种信任感和忠实感而乐于选购。

89.3%的人有选价心理，主要有求廉和求贵两种心理。在具有这种心理的群体中，4/5的人希望物美价廉，另外1/5的人偏爱选购高价商品。

78.6%的人有预期心理，在选购商品时会对未来市场进行粗略的估计。如果预计商品的近期市场可能供不应求，就会加速购买，甚至抢购；如果预计商品近期市场将会供过于求,就会继续观望。

(二)消费者购买行为类型

消费者在购买商品时,会因商品价格、购买频率的不同,而投入购买的程度不同。根据购买者在购买过程中参与者的介入程度和品牌间的差异程度,消费者的购买行为分为四种类型,如表3-1所示。

表3-1 消费者购买行为类型

| 品牌差异程度 | 卷入购买程度 | |
| --- | --- | --- |
| | 高度介入 | 低度介入 |
| 品牌间差异很大 | 复杂型购买行为 | 多变型购买行为 |
| 品牌间差异极小 | 和谐型购买行为 | 习惯型购买行为 |

1. 复杂型购买行为

复杂型购买行为是指品牌差异大、消费者介入程度高的购买行为。消费者初次购买差异性很大的耐用消费品时,通常要经过一个认真考虑的过程,广泛收集各种相关信息,对可供选择的品牌反复评估,在此基础上建立起品牌信念,形成对各个品牌的态度,最后慎重地作出购买选择。

面对这种类型的购买行为,企业应设法帮助消费者了解与该产品有关的知识,并设法让他们知道和确信本产品在比较重要的性能方面的特征及优势,使他们树立对本产品的信任感。其间,企业要特别注意针对购买决定者发送介绍本产品特性的多种形式的广告。

2. 和谐型购买行为

和谐型购买行为是指品牌差异小、消费者介入程度高的购买行为。消费者在购买差异性不大的商品时,由于商品本身的差别不明显,消费者不必花很多精力去收集不同品牌间的信息并进行比较。虽然他们对购买行为持谨慎的态度,但他们的注意力更多地集中在品牌价格是否优惠,购买时间、地点是否便利等。比如购买沙发,虽然也要看它的款式、颜色,但一般差别不太大,有合适的就会买回来。购买以后,消费者也许会感到有些不协调或不够满意,也许商品的某个地方不够称心,或者听到别人称赞其他种类的商品。在使用期间,消费者会了解更多情况,并寻求种种理由来减轻、化解这种不协调,以证明自己的购买决策是正确的。

和谐型购买行为从引起需要和动机到决定购买所用的时间较短,为此,企业

要提供完善的售后服务，通过各种途径经常提供有利于本企业和产品的信息，使顾客相信自己的购买决定是正确的，更坚定其对所购产品的信心。

3. 多变型购买行为

多变型购买行为是指品牌差异大、消费者介入程度低的购买行为。如果消费者购买的商品品牌间差异大，但价格低，可供选择的品牌很多时，他们并不花太多的时间选择品牌，也不专注于某一商品，而是经常变换品种。比如购买饼干，他们上次买的是巧克力夹心的，而这次想购买奶油夹心的。这种品种的更换并非出于对上次购买饼干的不满意，而只是想换换口味。

面对这种广泛选择的购买行为，当企业处于市场优势地位时，应注意以充足的货源占据货架的有利位置，并通过提醒性的广告促成消费者建立习惯性购买行为；而当企业处于非市场优势地位时，则应以降低产品价格、免费试用、介绍新产品的独特优势等方式，鼓励消费者进行多种品种的选择和新产品的试用。

4. 习惯型购买行为

习惯型购买行为是指品牌差异小、消费者介入程度低的购买行为。对于价格低廉、经常购买、品牌差异小的商品，消费者不需要花时间选择，也不需要寻找、收集有关信息，这是一种简单的购买行为，是一种常规反应行为，比如每天买一包香烟、每月买两块肥皂等。针对这种购买行为，企业要特别注意给消费者留下深刻印象，企业的广告要强调本产品的主要特点，要以鲜明的视觉标志、巧妙的形象构思赢得消费者对本企业产品的青睐。为此，企业的广告要强化反复性，以加深消费者对产品的熟悉程度。

## 二、消费者购买行为模式

市场营销学研究消费者市场，核心内容是研究消费者的购买行为。由前述我们可知，购买动机影响购买行为，而购买动机的多种多样，导致了购买行为的千差万别，但从一般意义上说，购买者的购买行为大致可概括为一般模式，即消费者购买行为的模式，它实际上就是用来描述消费者的外界刺激与消费者反应之间关系的模型（见图3-1）。

从这一模式中我们可以看到，具有一定潜在需要的消费者，首先受到可控因素（企业的营销活动）和不可控因素（各种外部环境）的刺激后，会产生一个内在的心理活动过程，然后对刺激做出反应，即产生购买行为，也就是我们可以观察到的消费者的购买反应：产品选择、品牌选择、供应商选择、购买时间及购买数量等。在这里，营销刺激和各种外部刺激是可以看得到的，消费者最后的决

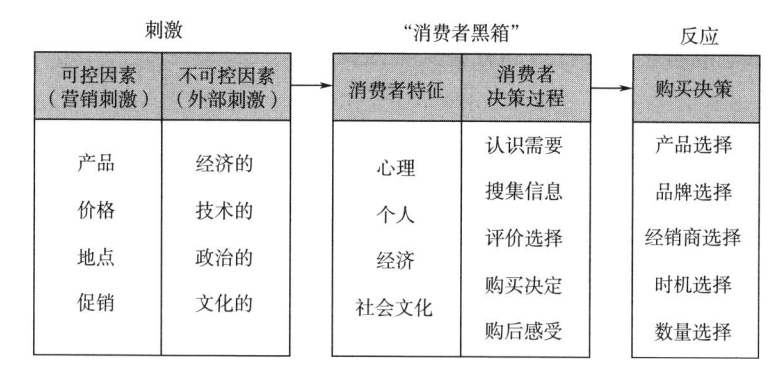

```
        刺激                "消费者黑箱"              反应
┌─────────┬─────────┐  ┌─────────┬─────────┐  ┌─────────┐
│ 可控因素 │不可控因素│  │         │ 消费者  │  │         │
│(营销刺激)│(外部刺激)│→ │消费者特征│ 决策过程│→ │购买决策 │
├─────────┼─────────┤  ├─────────┼─────────┤  ├─────────┤
│  产品   │  经济的  │  │  心理   │ 认识需要 │  │ 产品选择 │
│  价格   │  技术的  │  │  个人   │ 搜集信息 │  │ 品牌选择 │
│  地点   │  政治的  │  │  经济   │ 评价选择 │  │经销商选择│
│  促销   │  文化的  │  │ 社会文化│ 购买决定 │  │ 时机选择 │
│         │         │  │         │ 购后感受 │  │ 数量选择 │
└─────────┴─────────┘  └─────────┴─────────┘  └─────────┘
```

**图 3-1 消费者购买行为模式**

策和选择也是可以看得到的，但是消费者如何根据外部刺激进行判断和决策的过程却是看不见的。这一活动过程因其看不见、摸不着，带有神秘色彩，故被称为"消费者黑箱"，又称"消费者黑匣子"。尽管"消费者黑箱"是看不见、摸不着的，但是企业可以研究它，以便采取相应的策略。

消费者购买行为分析就是要对"消费者黑箱"进行分析，设法了解消费者的购买决策过程以及影响这一决策过程的各种因素的影响规律。所以对消费者购买行为的研究主要包括两个部分：一是对影响消费者购买行为的各种因素的分析，二是对消费者购买决策过程的研究。

## 第三节 影响消费者购买行为的因素

在现实中，消费者的购买行为受主客观等众多因素的影响（如图 3-2 所示），多数情况下，营销人员不能控制这些因素，但必须考虑这些因素。

```
┌──────────┐
│社会文化因素│
│文化和亚文化│┌────────┐
│ 社会阶层  ││经济因素 │
│ 相关群体  ││商品价格 │┌────────┐
│  家庭    ││        ││个人因素 │
│          ││消费者收入││ 年龄   │┌────────┐
│          ││        ││ 职业   ││心理因素 │
│          ││商品效用 ││生活方式││ 需求   │┌──────┐
│          ││        ││ 个性   ││ 认识   ││购买者│
│          ││        ││        ││ 学习   ││      │
│          ││        ││        ││信念和态度││      │
└──────────┘└────────┘└────────┘└────────┘└──────┘
```

**图 3-2 影响消费者购买行为的因素**

## 一、影响消费者购买行为的社会文化因素

### （一）文化和亚文化

**1. 文化**

文化是影响消费者行为的最广泛和最抽象的外部因素。从广义上理解，文化是指除了未经人们加工制造的自然物之外的人们创造的一切精神财富和物质财富的总和。也就是说，人们所创造的一切都是文化，如玉器、铁器、汽车、飞机、宇宙飞船等物质财富，无一不是人类的文化。从狭义上理解，文化是指物质生活以外的精神现象和精神生活。它包括科学、教育、文学艺术、新闻出版、广播影视、图书文物、思想观念、宗教、道德、法律以及风俗习惯等。由此可见，文化可分为物质文化和精神文化。狭义的文化指的是精神文化，人们日常生活中所使用的"文化"多半是指精神文化。这里所提的文化对消费行为的影响，是侧重从狭义的文化即精神文化角度来分析的。文化所影响的对象往往是一个社会群体，在这个群体中的所有社会成员，其生活和行为方向都认同一定的文化规范和价值观念，当然也包括其消费行为。比如，春节是中国人和全球华人一年中最隆重的节日，家人们习惯一起吃年夜饭、燃放爆竹，张灯结彩喜庆团圆，这种节日的气氛往往要延续到正月十五闹元宵，因此这段时间往往是中国人的一个消费高潮。

文化的差异引起消费行为的差异。我国出口的黄杨木雕一向用料考究、精雕细刻，其传统的福禄寿星和古装仕女木雕畅销于亚洲一些国家和地区。当产品销往欧美国家以后，发现当地消费者对中国传统的制作原料、制作方法和图案不感兴趣。原来当地消费者与亚洲人的观念大不一样。后来，我国工艺品进出口企业一改传统做法，使用一般的杂木作简单的艺术雕刻，涂上欧美人喜欢的色彩，并加上适合于复活节、圣诞节、狂欢节的装饰品，反而大受欢迎，打开了销路。所以，任何企业在产品的研发和推广过程中都必须充分意识到文化的差异，做到入国问禁，入乡随俗。

**2. 亚文化**

亚文化是指存在于一个较大社会群体中的一些较小社会群体所具有的特色文化。这种特色表现为语言、信念、价值观、风俗习惯等的不同，因此，每种文化之间存在较大差异。即使在同一文化内部，也会因为各种因素的影响表现出不同的特征，从而形成不同的亚文化群。在我国，至少可以分出3种亚文化群：①民族亚文化群。我国有56个民族，各民族间存在着一定的文化差异，在饮食、服饰、居住、婚丧、节日等方面都各有特点，直接影响其需求欲望和消费行为。②宗教亚文化群。宗教信仰不同，会产生相应的偏好和禁忌，也会影响其购买行为和消费方式。在现阶段，我国居民客观上还存在着信仰佛教、伊斯兰教、天主教等宗教群体。③地域亚文化群。由于地理位置、气候、历史、经济、文化发展的影响，我国可明显地分出南方、北方，或东部沿海、中部、西部内陆区等亚文化群。不同地区自然条件不同，经济发展水平和人们的生活习惯都不同，消费自然有别，如热带地方的人爱吃清淡食物、寒带地方的人爱吃味道浓郁的食物等。

对于亚文化现象的重视和研究能使企业对市场有更为深刻的认识，对于进一步细分市场、有的放矢地开展营销活动具有十分重要的意义。

### 小资料

#### "指南针地毯"的问世

指南针和地毯本是风马牛不相及的两件东西，比利时一个商人却把它们结合起来，从而赚了大钱。

在阿拉伯国家，虔诚的穆斯林每日祈祷，无论在家还是旅行，都守时不辍。穆斯林祈祷的一大特点是祈祷者一定要面向圣城麦加。一个名叫范德维格的比利时地毯商聪明地将扁平的指南针嵌入祈祷地毯。指南针指的不是正南正北，而是麦加方向。新产品一推出，在有穆斯林居住的地区立即成了抢手货。

范德维格并不满足已取得的成功，在非洲又推出了织有领袖头像的小壁毯。因为他发现，在非洲国家的机关里总要挂元首的照片。由于气候湿热，照片易发黄变形。如根据领袖照片织成壁毯，则既美观又耐久。至于销路，不用发愁。他已经制成了带有博瓦尼（科特迪瓦）、迪乌夫（塞内加尔）、比亚（喀麦隆）头像的壁毯。他制出的阿拉法特头像壁毯在阿拉伯国家已卖出3万块。

### （二）社会阶层

社会阶层是由具有相似的社会经济地位、价值观和兴趣的人组成的群体或集团。常见的社会阶层分层标准主要有职业地位、收入状况、教育程度、权力大小、家庭背景、居住区位等。不同阶层人们的经济状况、价值观念、兴趣爱好均有差异。在消费活动中，他们对一些商品、品牌、商店、闲暇活动、大众传播媒介等都有各自的偏好，生活方式、消费方式各异。

不同社会阶层的消费者购买行为差异主要有以下几个方面。

1. 支出模式上的差异

不同社会阶层的消费者所选择和使用的产品是存在差异的。例如在美国，上层消费者的住宅区环境优雅，室内装修豪华，购买的家具和服装的档次和品位都很高。中层消费者一般有很多存款，住宅也相当好，但他们中的很大一部分人对内部装修不是特别讲究，服装、家具不少，但高档的不多。下层消费者住宅周围环境较差，衣服与家具上投资较少。与人们的预料相反，下层消费者中的一些人员对生产食品、日常用品和某些耐用品的企业仍是颇有吸引力的。研究发现，下层消费者中的很多家庭是大屏幕彩电、新款汽车的购买者。虽然这一阶层的收入低，但支出行为从某种意义上带有"补偿"性质。一方面，由于缺乏自信和对未来并不乐观，他们十分看重眼前的消费；另一方面，低的教育水平使他们容易产生冲动性购买。

2. 信息接收和处理上的差异

不同消费者对信息接收和处理有所不同。比如越是高层消费者，看电视的时间越少，因此电视媒体对他们的影响也相对比较小，而低层的消费者看电视的时间就多，他们的信息都通过电视媒体、网络来处理。高层的消费者订阅的报纸、杂志比低层消费者多。这些都是信息接收和处理方式的不同。

3. 购物方式的差异

人们的购物行为会因所处社会阶层的不同而异。一般而言，人们会形成哪些商店适合哪些阶层消费者惠顾的看法，并倾向于到与自己社会地位相一致的商店购物。比如自认为是"上层阶级"的人，不管是否真心喜欢，都倾向于以打高尔夫球、钓鱼、打桥牌等作为主要休息活动，以匹配上层身份。总之，属于不同社会阶层的人们，其生活方式、价值观念、消费特征、生活情趣等有很大差别，购买行为也各不相同。高阶层的人们由于经济宽裕和生活悠闲，往往是高档商品和娱乐设施的主要购买者；低阶层人士由于收入有限和生活紧张，则只能购买各种大众商品。另外，人们都有愿意层级升高和不愿层级下降的心理，从而模仿高阶层人士的生活方式。研究社会阶层对人们购买行为影响的意义在于，企业应该根据人们所处社会阶层对整体市场进行细分，然后针对不同阶层的购买特点和消费习惯，分别开发不同的产品和制定不同的营销对策。

（三）相关群体

相关群体是指能直接和间接影响消费者行为和价值观的群体。相关群体有三种形式。一是主要团体，包括家庭成员、亲朋好友和同窗同事。主要团体对消费者的购买行为发生直接和主要的影响。二是次要团体，即消费者所参加的工会、职业协会等社会团体和业余组织，比如校友会、歌迷会、商业俱乐部等。这些团体对消费者购买行为发生间接的影响。三是期望群体，是消费者渴望成其一员的群体。消费者虽不属于这一群体，但这一群体成员的态度、行为对消费者有着很大影响，比如影视明星、体育明星等。

相关群体对消费者购买行为的影响主要有三个方面：一是影响消费者的生活方式，进而影响其购买行为；二是引起消费者的购买欲望，从而促成其购买行为；三是影响消费者对产品品牌及商标的选择。因此，企业在市场营销中，应充分利用社会群体的影响，尤其是相关群体的意见领导者的影响，要注意研究意见领导者的特性，提供其爱好的商品，并针对他们做广告，以发挥其"导向"和"引导"作用。

应当说明的是，相关群体对消费者购买不同商品的影响是有所区别的。一般来说，当消费者购买引人注目的产品，比如汽车、服装等，受相关群体的影响较大；而购买使用时不太引人注意的产品，比如洗衣粉等，则不受相关群体的影响。

（四）家庭

任何消费者都生存于一定的家庭之中，或者说都是某个家庭的成员。所以，家庭对消费者的消费需求、购买习惯、购买行为有重要的影响。据统计，大约80%的消费者的行为是由家庭控制和实施的，例如，一则有关洗衣机的广告说：母亲要功率大的，奶奶要省电的，小孙女要外观漂亮的……而家庭男性成员未参与意见，这就是一种购买模式，我们由此可推出他们最终的选择。随着家庭小型化，家庭购买的决策权越来越集中，主要由夫妻二人掌握。而夫妻二人购买决策权的大小又取决于多种因素，如各自的生活习惯、妇女就业状况、双方工资水平及教育水平、家庭内部的劳动分工以及产品种类等。一般来说，在购买价格昂贵的耐用消费品或高档商品时，丈夫的影响较大；在购买生活必需品方面，妻子的影响较大。丈夫通常在决定是否购买以及何时何地购买方面有较大的影响，妻子则在决定所购买商品的颜色等外观特征方面有较大影响。另外，孩子在食物、玩具、服装、娱乐以及汽车的购买选择上有一定影响力，尽管他们通常并不是这些商品的实际购买者，却是购买决策的影响者。

可见，家庭不仅对其成员的消费观念、生活方式、消费习惯有重要影响，而且直接制约着消费者的支出投向、购买决策的制定及实施。

家庭生命周期是指一个家庭建立发展过程中经历的阶段。家庭在经历不同的阶段时，其消费需求和行为也有很大的不同。虽然每一个家庭由于民族、文化、

习惯等不同，消费心理和行为也有很大的差异，但作为一个由产生到解体的家庭周期过程，却有其共同特征。

（1）单身阶段：单身主要是指已长大但尚未结婚者。单身比较重视时尚、娱乐和休闲。他们的收入一部分用于满足自己的穿着、娱乐、交往、发展等方面的需要，另一部分用于储蓄。因储蓄而紧缩日常消费的情况也很普遍。

（2）新婚阶段：就是正式组成家庭但还没生孩子的阶段。为了共同的生活，他们要相互协调，一方面分担家庭责任，另一方面处理一些家庭保险、家庭储蓄等问题，他们就是高档家具、奢侈度假等产品和服务的重要消费者。由于组建新家庭，几乎所有消费品都需要购买，因此，他们不仅会花光自己多年的积蓄，还花费了父母辛辛苦苦积攒起来的钱，有的甚至还借款。

（3）满巢Ⅰ：这一阶段通常是指六岁以下的小孩和年轻夫妇组成的家庭。第一个孩子出生往往会给家庭带来巨大的变化，孩子出生后需要很多新的东西，如尿不湿、婴儿食品、玩具等，同时，在度假、用餐都要考虑小孩的需要，从而增加家庭负担。

（4）满巢Ⅱ：这一阶段中通常孩子在上小学或中学，家庭收入达到高峰，家庭支出开始稳定。医疗支出下降，日用品、穿着、文化娱乐费用上升，家庭有了储蓄。

（5）满巢Ⅲ：通常在这一阶段孩子已有自己的工作，家庭经济负担也相对减轻。处于这一阶段的家庭会更新一些大件商品，购买一些更新潮的家具，还会花很多钱用于在外用餐。

（6）空巢阶段：这阶段始于孩子不再依赖父母，子女相继成家。购买活动开始更多地投向满足自己需要的商品，营养品、保健用品、高档家电方面的支出上升。家庭的收入因成员退休而减少。

（7）鳏寡阶段：父母一般已到老年，两老之中有一方先谢世，家庭进入解体阶段。家庭收入明显减少。老年人渴望健康长寿，其消费支出大部分用于食品和医疗保健方面，穿用部分的比重逐渐下降；在进行购买决策时更缜密、更稳健、更内敛。有调查表明，老年男子在烟、酒、洗理费等方面花的零用钱较多，老年女子在点心、水果和化妆品等方面花的钱较多。

每个人都生长在一定的文化氛围里，并接受这一文化所含价值观念、行为准则和风俗习惯的规范，这也影响到了他们的购买行为。以中西文化对比为例：中国的老年人服装款式和颜色都更为保守，与中青年人的服饰有很大区别，而西方的老年人偏爱色彩鲜艳的服装；中国的传统文化里，老年人受到尊重，适合老年人使用的保健食品、用品大量被青年人买去馈赠长辈，而西方文化推崇年轻和充满活力，标有老年人专用字眼的商品遭人忌讳。

## 二、影响消费者购买行为的经济因素

经济因素对消费者的购买行为的影响，主要是指消费者欲以尽可能少的支出（包括货币或信用）获取最大的商品效用，这主要包括两个方面。一是追求物美价廉的商品。消费者在购买商品时，主要考虑的是自己的收入、商品的功能和商品的价格，在个人收入、商品功能一定的条件下，商品的价格是推动消费者购买行为的动力。因此，当价格较高时，无论收入高低，其购买行为都会受到不同程度的抑制；当价格较低时，就会不同程度地激发起消费者的购买行为。二是追求商品的最大效用。为个人和家庭消费而购买的消费者，在通常的情况下，不可能将其所有的收入花费在同一种商品上，因为这不仅没必要，而且从西方经济学界十分强调的边际效益对消费者购买行为的影响因素来看，消费者对同种产品的需要程度会随着数量的增多而降低，在同一时间里同一种产品只有第一件对消费者最具价值、需要最为迫切，消费者会用自己有限的收入去购买他更需要的其他商品。因此，影响消费者购买行为的最重要的经济因素有三个：一是商品价格，二是消费者收入，三是商品效用。

（一）商品价格

价格的高低是影响消费者购买行为的最关键、最直接的因素。一般情况下，质量相同而品牌不同的商品，价格低的比价格高的更具有吸引力。

（二）消费者收入

消费者的收入直接影响消费者的购买行动，不同收入水平的人的购买行为会有很大的差异。有钱人会购买大量的奢侈品，而低收入者则只能以满足基本生活需求为限。

（三）商品效用

商品效用是消费者在消费商品时所感受到的满足程度。例如，一个人如果很饿了需要吃饭，他的饭量是三碗饭，你给他第一碗的时候，他就得到了很大的满足，当他吃第二碗的时候，带来的满足感显然没第一碗的效用大，第三碗也没第二碗的效用大，如果你再给他四碗饭，他就不会要，即使要了，勉强吃下去，不但不会满足，反而会很反感，这样就会产生负的效用。

营销人员虽然不能改变消费者的经济状况，但能影响消费者对消费与储蓄的

态度，通过对产品的生产和营销方案进行重新设计来增强价格的适应性。同时，生产经营那些对收入反应敏感的产品的企业，就应特别关注消费者的个人收入、储蓄状况及利率发展趋势。当消费者的经济状况发生变化时，营销人员就需要及时地对自己的营销策略进行调整。

### 三、影响消费者购买行为的个人因素

影响消费者购买行为的个人因素主要有消费者的年龄、职业、生活方式、个性等。

#### （一）年龄

不同年龄的消费者的兴趣、爱好和欲望有所不同，他们购买或消费商品的种类和样式也有区别。例如，儿童是糖果和玩具的主要消费者，青少年是文体用品和时装的主要消费者，成年人是汽车、家具的主要购买者和使用者，老年人是保健用品的主要购买者和消费者。不同年龄的消费者的购买方式也各有特点。在产品消费上，青年人有较强的质量和品牌意识，容易在各种信息影响下出现冲动性购买行为；中老年人经验比较丰富，更重视产品的实用性和方便性，常根据习惯和经验购买，一般不太重视广告等商业性信息。

#### （二）职业

由于生理、心理和社会角色的差异，不同性别的消费者在购买商品的品种、审美情趣、购买习惯方面有所不同，比如他们订阅不同的杂志、观看不同的电视节目。职业不同、受教育程度不同，也影响到人们需求和兴趣的差异。又如近两年我国城市市场上，一些最新款式的名牌时装总是标明"适合职业女性"。我国目前个人电脑的购买者大多为受教育的人。实践证明，个人的消费形态受其职业的影响是比较大的。例如，"白领丽人"会购买与其身份和工作环境相协调的服装、手袋、化妆品等，而公司经理则购买昂贵西服、俱乐部会员卡，进行度假消遣。营销人员应找出对自己产品或服务感兴趣的职业群体，并根据其职业特点制定恰当的营销组合策略。

#### （三）生活方式

生活方式是个人行为、兴趣、思想方面所表现出来的生活模式。简单地说，就是一个人如何生活。消费者的生活方式可以用他或她的消费心态来表示，包括衡量消费者的 AIO 项目——活动（action）、兴趣（interest）及观念（opinion）。通常，生活方式比一个人的社会阶层或个人性格更能说明问题，因为它勾勒了

一个人在社会上的行为以及相互影响的全部。市场营销人员应找出其产品和各种生活方式群体之间的关系，努力使本企业的产品适应消费者不同生活方式的需要。

### 小资料

#### 杭州"狗不理"包子店为何无人理？

杭州"狗不理"包子店是天津狗不理集团在杭州开设的分店，地处杭州商业黄金地段。正宗的狗不理包子以其鲜明的特色而享誉神州，它皮薄、水馅、味道鲜美，咬一口汁水横流。但是，杭州的"狗不理"包子店很少有人问津，即使将楼下的三分之一的营业面积租给服装企业，依然"门庭冷落车马稀"。

当"狗不理"包子店一再强调其包子鲜明的特色时，却忽视了消费者是否接受这一"特色"。那么狗不理包子受挫于杭州也是势在必然了。

首先，"狗不理"包子馅比较油腻，不符合喜爱清淡食物的杭州市民的口味。其次，"狗不理"包子不符合杭州人的生活习惯。杭州市民将包子当作便捷的快餐对待，往往边走边吃。而"狗不理"包子由于皮薄、水馅、容易流汁，不能拿在手里吃，只能坐下来用筷子慢慢享用。最后，"狗不理"包子馅多半是葱蒜类的辛辣刺激物，这与杭州南方城市人的传统口味也相悖。

**温馨提示**：在天津和北方其他城市受欢迎的"狗不理"包子为什么在杭州遭到冷落？这个问题值得深思。"狗不理"包子在杭州"失宠"，并非因"狗不理"包子自身品质有问题，而是天津狗不理集团没有充分考虑影响消费者购买行为的因素，如消费者的生活方式、偏好等，导致同样的产品在不同的消费者市场有不同的反应。

(资料来源：中国营销传播网，有增减)

（四）个性

个性在心理学中也称为人格，是指个人带有倾向性的、比较稳定的、本质的心理特征的总和。它是个体独有的并与其他个体区别开来的整体特性。自我观念也称自我感觉或自我形象，是指个人对自己的能力、气质、性格等个性特性的感觉、态度和评价。换言之，即自己认为自己是怎样的一个人。消费者千差万别的购买行为往往是以他们各具特色的个性心理特征为基础的。一般说来，气质影响着消费行为活动的方式，能力标志着消费者行为活动的水平。

> **相关链接**

### 气质与消费行为

多血质的人有以下的消费行为：善于交际，有较强的灵活性，能以较多的渠道获得商品的信息；对购物环境有较强的适应能力，并且在购物时视野开阔，反应敏捷，易于与营业员进行沟通，但是有时其兴趣与目标往往因为可选择的商品过多而容易转移或一时不能舍取，因而我们要抓住这种人的情感，不让其转移兴奋点。

胆汁质的人有以下的消费行为：在购物时喜欢标新立异，追求新潮、具有刺激性的流行的商品。他们一旦产生需要，就迅速产生购买动机并很快完成购买行为。但是，如果购物环境不如意或受到营业员的怠慢，他们就会产生烦躁的情绪和强烈的反感，有时出现不理智的行为，甚至会产生购买冲动。

黏液质的人有以下的消费行为：在购物时比较冷静、细致，不易受广告宣传、商标或营业员劝说的干扰；喜欢通过自己的观察和比较做出购买决策；对自己熟悉的商品会积极购买，而对新商品往往持审慎态度。

抑郁质的人有以下的消费行为：在购物时往往考虑比较周到，对周围的事物很敏感，能够观察到别人不易察觉的细枝末节。他们购物时比较拘谨、优柔寡断。他们一方面表现出缺乏应有的商品知识和购物的主动性，另一方面又对别人的宣传或介绍不感兴趣或不信任。

上述是几种典型气质的消费者的心理与行为。当然，在现实生活中属于典型类型的人很少，多数属于混合型，一般以某种气质为主，兼有其他气质类型的特点。

（资料来源：https://wenda.so.com/q/1369484906067656）

**四、影响消费者购买行为的心理因素**

消费者在购买商品的全过程中，其行为都要受需求、认识、学习、信念和态度等心理因素的影响。

**（一）需求**

所谓需求，是指人们有能力购买并愿意购买某个具体产品的欲望。人的需求是多种多样的，只有激发到足够的强度，才会产生动机，而动机是引起人的行为、支配人的行为的直接原因和动力。

（二）认识

消费者形成了购买动机之后，便确定了购买行为的基本方向，就会采取购买行动。但是，消费者是否采取行动以及怎样采取行动，还会受到认识过程的影响。

感觉、知觉、表象、思维等都是人脑对客观事物的认识活动，统称认识过程。认识过程由感性认识和理性认识两个阶段组成。

认识对营销活动的影响包括两个方面：①感性购买与理性购买。感性购买就是凭着自己的感觉和感性认识作出购买决定，采取行动；理性购买就是经过一定的深思熟虑作出购买决定，采取行动。②认识过程与认知世界。人们的认识过程都是一致的，然而人们的认知世界是有所不同的。认知世界是客观事物反映在人的头脑中而形成的主观现象，是个体对客观规律所持的看法或评价。当速溶咖啡首次进入美国市场时，美国的家庭主妇大多抱怨其味道不像真正的咖啡。但当这些家庭主妇被蒙住眼睛试饮时，她们中大多数人辨别不出哪一种是速溶咖啡，哪一种是传统咖啡。这说明她们对速溶咖啡的抵制只是心理原因造成的。进一步的研究证明，主妇们拒绝速溶咖啡的真正原因是她们认为购买速溶咖啡的人都是一些懒惰、花钱铺张、不称职的妻子，并且是安排不好家庭计划的人。

（三）学习

所谓学习，是指一个人会自觉或不自觉地从很多渠道、经过各种方式获得后天经验。学习是通过驱策力、刺激物、提示物、反应和强化的相互影响、相互作用而进行的。

驱策力是诱发人们行动的内在刺激力量。例如，某消费者重视身份地位，尊重需要就是一种驱策力。这种驱策力被引向某种刺激物——高级名牌西服时，驱策力就变为动机。在动机支配下，消费者需要作出购买名牌西服的反应。但购买行为的发生往往取决于周围提示物的刺激，如看了有关电视广告、陈列商品，就会完成购买。如果穿着很满意的话，消费者对这一商品的反应就会加强，以后如果再遇到相同诱因时，就会产生相同的反应，即采取购买行动。如反应被反复强化，久之就成为购买习惯。这就是消费者的学习过程。

企业营销要注重消费者购买行为中"学习"这一因素的作用，通过各种途径给消费者提供信息，比如重复广告的目的是加强诱因，激发驱策力，将人们的驱策力激发到马上行动的地步。同时，企业提供的商品和服务要始终保持优质，消费者才有可能通过学习建立起对企业品牌的偏爱，形成其购买该企业商品的习惯。

## 小资料

### 《喜羊羊与灰太狼》

这两年在国内最红火的动画片要算《喜羊羊与灰太狼》了，其动漫形象与故事颇受孩子们的青睐。这部定位在六岁以下儿童的动漫巨作也同时吸引了成年人的目光。统计数据显示，《喜羊羊与灰太狼》各地的收视率能达到10%以上，播出集数超过500集。电影《喜羊羊与灰太狼之牛气冲天》首轮票房就达到8 000万元。随着电影、电视剧的热播，该剧获得了巨大的经济效益和品牌效益，剧中的动漫形象衍生产品充斥着大街小巷，品种达数十种之多。该动画片市场价值已超过10亿元，创造了中国动漫史上的商业神话，也创造出国产动画片前所未有的价值。

《喜羊羊与灰太狼》的一炮走红除了巧妙的商业炒作外，还要归结为整部动漫剧更多地借用了中国文化的智慧及当前社会生活，具有浓厚的中国特色，让观众总觉得似曾相识，从而引起共鸣。当许多家长忙于赚钱、孩子的注意力被国外的动漫所吸引的时候，土生土长的《喜羊羊与灰太狼》唤醒了国人：原来我们的生活方式及我们的思维模式也如此受到孩子们的喜爱，也同样能教育和引导孩子健康成长。

《喜羊羊与灰太狼》讲述了发生在青青草原上狼与羊斗智斗勇的故事，争斗都以灰太狼的阴谋不能得逞而终结。灰太狼在外面的形象是英俊潇洒、机警多谋、风度翩翩，无奈碰到了老对手喜羊羊，"既生瑜，何生亮"，自己总被喜羊羊打得落花流水，在老婆面前也是尽力报喜不报忧，维护自己仅有的一点自尊。所以灰太狼被数落与调侃的时候经常说"狼也是有尊严的"。中国俗话说"人要面子树要皮""死要面子活受罪"，指出了中国人的人性特点，阿Q的精神胜利法就是维护自己的面子，即维护自己的尊严与荣誉。

《喜羊羊与灰太狼》这一出戏来源于我们的生活，也道出了中国人多方面的人性特点。我们从中可以体会到家的温馨与家人的伟大。中华民族历来都以家族为单位，"修身、齐家、治国、平天下"，由家书、家谱、家训等可见家族文化源远流长，家族文化是中华文明的重要组成部分。

弱者有了智慧与勇气，强者有了责任与道义，青青草原充满了和平。这并不仅仅是剧情的需要，更反映了我们中国人的世界观与人生观。

（资料来源：中国营销传播网）

### (四)信念和态度

通过实践和学习，人们获得了自己的信念和态度，它们又转过来影响人们的购买行为。

1. 信念

信念是被一个人所认定的可以确信的看法。信念会影响情感并制约行为倾向，从而导致某种态度，进而影响人的情绪。消费者对产品、品牌和企业的信念可以建立在不同的基础上。例如，消费者认为"吸烟有害健康"，是以知识为基础的信念；认为"汽车越小越省油"，则可能建立在"见解"的基础上。再如，有的人明知某个广告夸大其词，但是出于对该品牌的偏爱，或一厢情愿地认为对自己有用，还是产生了积极的情绪。因此，营销者要通过各种营销刺激去改变消费者的信念。

2. 态度

所谓态度，是指人们对事物的看法，它体现着一个人对某一事物的喜好与厌恶的倾向。态度是从学习中来的，它有一个逐步形成的过程，而一旦形成，则直接影响人们的行为。例如，人们认为某一品牌的彩电质量最好，则在购买彩电时就会购买这一品牌的彩电，甚至当亲友购买彩电时还会向他们极力推荐这一产品。因此，营销者最好使产品与既有态度相一致，因为改变消费者的态度需要时间。

## 第四节 消费者购买决策的过程和内容

企业管理者和营销人员除需了解影响消费者的各种因素、消费者购买模式之外，还必须弄清楚消费者购买决策，以便采取相应的措施，实现企业的营销目标。

### 一、消费者购买决策的过程

消费者的决策过程是由一系列相关联的活动构成的，一般可将其划分为五个阶段，如图3-3所示。

确认需要 → 收集信息 → 判断选择 → 购买决定 → 购后行为

图3-3 消费者购买决策过程五阶段模式

（一）确认需要

确认需要是消费者购买决策过程的起点。当消费者在现实生活中感觉到或意识到实际与期望之间有一定差距，并产生了要解决这一问题的要求时，购买的决策便开始了。

（二）收集信息

当消费者确认了需要，产生了购买动机之后，便会开始进行与购买动机相关联的活动。如果他所欲购买的物品就在附近，他便会实施购买活动，从而满足需求。但是当所需购买的物品不易购到，或者说需求不能马上得到满足时，他便会把这种需求存入记忆中，并注意收集与需求相关和密切联系的信息，以便进行决策。

消费者信息的来源主要有四个方面：个人来源，包括从家庭、亲友、同事等个人交往中获得信息；市场来源，这是消费者获得信息的主要来源，其中包括广告、推销员、商品包装等提供的信息，这一信息来源是企业可以控制的；社会来源，包括消费者从电视、广播、报刊、网络等大众媒体所获得的信息和消费者评估组织宣传、介绍各种信息的资料等；经验来源，消费者从自己亲自接触、使用商品的过程中得到信息。

（三）判断选择

当消费者从不同的渠道获取有关信息后，便对可供选择的品牌进行分析和比较，包括商品的品质、质量、性能、式样等方面，最后决定购买。

这个阶段是消费者决定购买的前奏，对买卖双方交易能否成功具有决定意义，因此，企业在这一阶段应当尽力为消费者提供方便条件，帮助消费者了解商品的性质、特点、价格、产地、保养和使用方法，销售人员应当热情介绍商品，当好顾客的参谋，帮助他们作出购买决定。

（四）购买决定

在这一阶段，只让消费者对某一品牌产生好感和购买意向是不够的，真正将购买意向转为购买行动，其间还会受到两个方面的影响。

一方面是他人的态度。消费者的购买意图会因他人的态度而增强或减弱。他人态度对消费意图影响的力度取决于他人态度的强弱及他人与消费者的关系。一般来说，他人的态度越强、与消费者的关系越密切，其影响就越大。例如，丈夫想买一个大屏幕的彩色电视机，而妻子坚决反对，丈夫就极有可能改变或放弃购买意图。

另一方面是意外的情况。消费者购买意向的形成如果总是与预期收入、预期价格和期望从产品中得到的好处等因素密切相关的。但是当他欲采取购买行动时,如果发生了一些意外的情况,诸如因失业而减少收入、因产品涨价而无力购买或者有其他更需要购买的东西,将会使他改变或放弃原有的购买意图。

(五)购后行为

消费者购买商品以后,通过使用,对自己的购买选择进行检查和反省,会产生某种程度的满意或不满意。购买者对其购买活动的满意感($S$)是其产品期望($E$)和该产品可觉察性能($P$)的函数,即 $S=f(E, P)$。若 $E=P$,则消费者会满意;若 $E>P$,则消费者不满意;若 $E<P$,则消费者会非常满意。消费者根据自己从卖主、朋友以及其他来源所获得的信息形成产品期望。如果卖主夸大其产品的优点,消费者将会感受到不能证实的期望。这种不能证实的期望会导致消费者的不满意感。$E$ 与 $P$ 之间的差距越大,消费者的不满意感也就越强烈。当他们感到十分不满意时,肯定不会再买这种产品,甚至有可能退货、劝阻他人购买这种产品。因此,企业在这一阶段除了完善自己的产品、提高产品质量和性能外,还要加强售后服务,比如提供配件供应、保证维修等,努力培养企业的忠诚顾客群。事实上,那些有所保留地宣传其产品优点的企业,反倒使消费者产生了高于期望的满意感,并树立起良好的产品形象和企业形象。

研究和了解消费者的需要及其购买过程是市场营销成功的基础。市场营销人员通过了解购买者引起需要、寻找信息、评价行为、决定购买和购买后行为的全过程,就可以获得许多有助于满足消费者需要的有用线索;通过了解购买过程的各种参与者及其对购买行为的影响,就可以为其目标市场制订有效的市场营销计划。

### 小资料

#### 两家小店

有两家卖粥的小店。左边这个和右边那个每天的顾客相差不多,都是川流不息、人进人出的。然而晚上结算的时候,左边这个总是比右边那个多出了百十元来,天天如此。

于是,我走进了右边那个粥店。服务小姐微笑着把我迎进去,给我盛好一碗粥,然后问我:"加不加鸡蛋?"我说:"加。"于是她给我加了一个鸡蛋。每进来一个顾客,服务员都要问一句:"加不加鸡蛋?"顾客有说加的,也有说不加的,大概各占一半。

我又走进左边那个小店。服务小姐同样微笑着把我迎进去,给我盛好一碗粥,然后问我:"加一个鸡蛋,还是加两个鸡蛋?"我笑了,说:"加一个。"再进来一个顾客,服务员又问一句:"加一个鸡蛋还是加两个鸡蛋?"爱吃鸡蛋的就要求加两个,不爱吃的就要求加一个。也有要求不加的,但是很少。一天下来,左边这个小店就要比右边那个多卖出很多个鸡蛋。

**温馨提示**:给别人留有余地,更要为自己争取尽可能大的领地。只有这样,才会于不声不响中获胜。销售不仅涉及方法问题,更多的是对消费心理的理解。

## 二、消费者购买决策的内容

消费者购买决策是指消费者决定或购买或拒绝购买某种产品或服务的选择过程,也叫"解决问题过程",其内容一般包括以下几个方面。

### (一)购买什么

购买什么即确定购买对象。这是决策的核心问题和首要问题,决定购买目标不只停留在一般类别上,而是要确定具体的对象及具体的内容,包括商品的品牌、性能、质量、款式、规格等。

### (二)为何购买

为何购买即分析购买原因。消费者购买动机多种多样。同样购买一台洗衣机,有人是为了节约时间,有的人是为了规避涨价的风险,有的人是为了孝敬父母。企业要想准确地把握购买动机,就必须做好市场调查与预测。

### (三)何时购买

何时购买即确定购买时间。消费者购买习惯往往有时间的规定性。而消费者购买商品的时间又受到消费地区、商品性质、季节、节假日忙闲的影响,形成一定的消费习惯。商品的性质不同,购买的时间也不一样。如日用消费品,人们多在工作劳动之余购买;高档耐用消费品则大多在节假日购买。市场营销者必须研究和掌握消费者购买商品的时间、习惯,以便在适当的时间将产品推出市场。

### (四)何地购买

何地购买即确定购买地点。消费者在何处购买,包括在何处决定购买和在何处实际购买。消费者在何处购买同商品类别有密切联系,对于有些商品,如一般日用消费品和食品,消费者一般在购买现场做出决定,现场购买;而对另一些商品,如家用电器、成套家具、高档服装等,消费者在实际购买前往往先在家中作出决定，再去购买。企业在拟订促销计划时，应考虑这两种情况。对于属于现场决定购买的商品，应注重包装、陈列，加强现场广告宣传，以促进消费者现场决定购买。对于属于在家中作出购买决定的商品，则应通过各种传播媒体来介绍商品性能、特点和服务措施等，来影响消费者作出对本企业有利的购买决定。

（五）如何购买

如何购买即确定购买方式。消费者采取什么方式或手段购买商品，涉及零售企业的经营方式和服务方式，不同的消费者和对不同商品有不同的要求。例如，有些消费者喜欢在超级市场自选，有些喜欢就近购买或通过电话、电视在家购物，有些专门去处理品商店买廉价品，有些则喜欢到百货商店、专业商店充分挑选；有些消费者愿一次付清货款，有些则需要分期付款等。此外，对不同种类的商品，购买方式也有所不同。企业可根据消费者购买行为的不同特点来确定自己的经营方式。

（六）谁来购买

表面上看，购买活动似乎仅是单个人的行为，但实际上有好几个人参与购买活动，其中包括起不同作用的五种角色：发起者、影响者、决策者、执行者和使用者。

购买决策的参与者及其发挥的作用如下。

发起者：首先想到或提议购买某种产品或劳务的人。

影响者：其看法或意见对最终决策具有直接或间接影响的人。

决策者：能够对买不买、买什么、买多少、何时买、何处买等问题做出全部或部分的最后决定的人。

执行者：实际采购的人。

使用者：直接消费或使用所购商品或劳务的人。

了解每一购买决策的参与者在购买决策中扮演的角色，并针对其角色地位与特性采取有针对性的营销策略，就能较好地实现营销目标。

## 要点索引

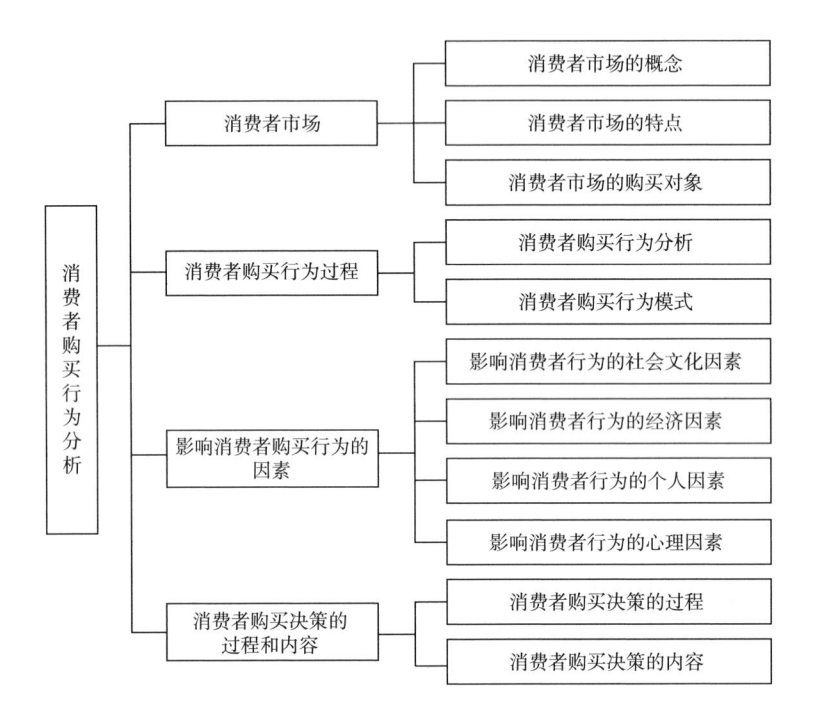

```
消费者购买行为分析
├─ 消费者市场
│  ├─ 消费者市场的概念
│  ├─ 消费者市场的特点
│  └─ 消费者市场的购买对象
├─ 消费者购买行为过程
│  ├─ 消费者购买行为分析
│  └─ 消费者购买行为模式
├─ 影响消费者购买行为的因素
│  ├─ 影响消费者行为的社会文化因素
│  ├─ 影响消费者行为的经济因素
│  ├─ 影响消费者行为的个人因素
│  └─ 影响消费者行为的心理因素
└─ 消费者购买决策的过程和内容
   ├─ 消费者购买决策的过程
   └─ 消费者购买决策的内容
```

## 知识巩固

(一) 名词解释

1. 消费者市场　　2. 社会阶层　　3. 相关群体

(二) 单项选择题

1. (　　) 是影响消费者行为的最广泛和最抽象的外部因素。

　　A. 文化　　　　B. 性格　　　　C. 国家　　　　D. 社会

2. 消费者的购买单位是个人或 (　　)。

　　A. 集体　　　　B. 家庭　　　　C. 社会　　　　D. 单位

3. 马斯洛认为需要按其重要程度分，最低层次需要是指 (　　)。

　　A. 生理需要　　B. 社会需要　　C. 尊敬需要　　D. 安全需要

4. 消费者不可能在真空里做出自己的购买决策，其购买决策在很大程度上受到个人、社会和心理等因素的影响。其中，相关群体属于 (　　)。

　　A. 经济因素　　B. 社会文化因素　　C. 个人因素　　D. 心理因素

5. 在下列影响消费者购买行为的因素中属于心理因素的是 (　　)。

A. 需求 B. 产品的功能与价格的关系
C. 家庭 D. 社会阶层

6. 购买决策过程为（　　）。
   A. 收集信息→确认需要→判断选择→购买决策→购后行为
   B. 收集信息→判断选择→确认需要→购买决策→购后行为
   C. 确认需要→收集信息→判断选择→购买决策→购后行为
   D. 确认需要→购买决策→购后行为→收集信息→判断选择

7. 消费者购买决策过程的第二阶段是（　　）。
   A. 收集信息　　B. 确认需要　　C. 判断选择　　D. 购买决策

8. 消费者在购买产品时追求品牌名气，按照马斯洛的需要层次理论，应属于（　　）。
   A. 生理需要　　B. 安全需要　　C. 尊重需要　　D. 自我实现需要

9. 有些产品品牌差异明显，但消费者不愿花长时间来选择和估价，而是不断变换所购产品的品牌，这种购买行为称为（　　）。
   A. 习惯型购买行为　　　　　B. 多变型购买行为
   C. 和谐型购买行为　　　　　D. 复杂型购买行为

10. 在复杂的购买行为中，消费者购买决策过程的第一个阶段是（　　）。
    A. 引起需要　　B. 收集信息　　C. 评价方案　　D. 决定购买

11. 小王的爷爷看见其他孩子都有电脑，建议小王的父母也买一台用于小王的学习，在这个过程中小王的爷爷属于（　　）。
    A. 影响者　　B. 决策者　　C. 发起者　　D. 购买者

12. （　　）动机是以注重产品的实际使用价值为主要特征的。
    A. 求实　　B. 求名　　C. 求新　　D. 求美

(三) 多项选择题

1. 人类社会的亚文化群主要包括（　　）。
   A. 民族亚文化群　B. 社会亚文化群　C. 宗教亚文化群　D. 地域亚文化群
   E. 职业亚文化群

2. 一般来说，参与购买决策的成员大体可形成以下哪几种角色（　　）。
   A. 发起者　　B. 影响者　　C. 决策者　　D. 执行者
   E. 使用者

3. 影响消费者购买行为的主要因素包括（　　）。
   A. 社会文化　　B. 朋友　　C. 经济　　D. 心理

E. 个人

4. 下列影响消费者购买行为的因素属于社会文化因素的是（    ）。

A. 文化　　　　　B. 社会阶层　　　　C. 家庭　　　　　D. 相关群体

E. 感觉

(四) 判断题

1. 消费者购买某一产品仅仅取决于产品是否能够满足自己的需要。（    ）

2. 一般情况下家庭日用消费品的购买决策通常由主妇来做，而耐用消费品的购买决策则通常由男主人做出。（    ）

3. 自我实现的需要是马斯洛需要层次理论的最高层次。（    ）

4. 消费者的购买决策过程是静态的，一般不容易受外界干扰。（    ）

5. 对于那些比较熟悉而价格比较低廉的产品，消费者会采用习惯型购买行为。（    ）

6. 研究消费者购买行为的理论中最有代表性的是刺激—反应模式。（    ）

7. 不同亚文化群的消费者有相同的生活方式。（    ）

(五) 简答题

1. 消费者的购买动机有哪些？

2. 影响消费者购买行为的主要因素有哪些？

3. 消费者购买决策过程的主要阶段是什么？

# 能力培养

## 思维训练

### 红叶超市的购物环境

红叶超市位于居民聚集的主要街道上，营业面积为260平方米，附近有许多各类商场和同类超级市场。红叶超市营业额和利润虽然还过得去，但是与同等面积的商场相比，还是不理想。通过询问部分顾客得知，顾客认为店内拥挤杂乱，商品质量差、档次低。听到这种反映，红叶超市经理感到诧异，因为红叶超市的顾客没有同类超市多，常常看到别的超市人头攒动而本店较为冷清，怎会拥挤呢？本店的商品都是货真价实的，与别的超市相同，怎能说质量差档次低呢？经过对红叶超市购物环境的分析，发现了真实原因。原来，红叶超市为了充分利用商场的空间，柜台安放过多，过道太狭窄，购物高峰时期就会造成拥挤，顾客不愿入内，即使入内也不易找到所需的商品，往往草草转一圈就很快离去；商场灯光暗淡，货架陈旧，墙壁和屋顶多年没有装修，优质商品放在这种背景下也会显得质量差、档次低。

为了提高竞争力，红叶超市的经理痛下决心，拿出一笔资金对商店购物环境进行彻底改造：对商店的地板、墙壁、照明和屋顶都进行了装修；减少了柜台的数量，加宽了过道，仿照别的超市摆放柜台和商品，以方便顾客找到商品。整修一新开业后，立刻见到了效果，头一个星期的销售额和利润比过去增加了70%。可是随后的销售额和利润又不断下降，半个月后降到了以往的水平，一个月后低于以往的水平。为什么出现这种情况呢？通过观察发现，有些老顾客不来购物了，增加了一批新顾客，但是新增的顾客没有流失的老顾客多。对部分顾客的调查表明，顾客认为购物环境比原先好了，商品档次也提高了，但是商品摆放依然不太合理，同时商品价格也提高了，别的商店更便宜些，一批老顾客就到别处购买了。听到这种反映，红叶超市的经理再次感到诧异，因为一般来说，红叶超市装修后商品的价格并未提高，只是调整了商品结构，减少了部分微利商品，增加正常利润和厚利商品，其价格与其他超市相同。

**问题讨论**：究竟怎样才能适应顾客的心理呢？

**温馨提示**：红叶超市作为一家坐落在居民聚集区内主要街道上的小型超市，其营业额和利润不佳与其购物环境有着十分密切的关系。在购物环境中存在许多不利于吸引顾客注意的因素：①柜台安放过多，过道太狭窄，造成购物高峰时期拥挤；②店内杂乱，柜台和商品摆放不合理，入店后不易找到所需商品；③店内灯光暗淡、货架陈旧，墙壁和屋顶多年没有装修。也正是这些因素导致消费者认为店内拥挤杂乱，企业经营的商品质量差、档次低。

商场针对原来不利于经营的购物环境进行了改造，即对商店的地板、墙壁、照明和屋顶进行了装修；减少了柜台的数量，加宽了过道，仿照别的超市摆放柜台和商品。改造后的购物环境确实对吸引顾客、增加营业额起到了很好的效果，但很快又回到了从前的状况。这是为什么呢？原因主要有以下几方面：①吸引小批新顾客的同时丧失了大批原有的老顾客，顾客规模缩小；②商品结构的调整只考虑到企业经营的需要（减少微利商品，增加正常利润和厚利商品），而未考虑消费者的购买心理（求廉心理）；③店内商品摆放不合理，不便于消费者选购商品。

红叶超市要想改变目前经营的不利状况，必须认真研究顾客心理，重新调整店内布局，突出自己的特色，以吸引新老消费者。①恢复那些对企业来说是微利但原消费者喜欢的商品，增加部分同类型企业目前没有经营的商品，以吸引更多

的顾客进店，扩大顾客规模；②调整店内货柜和商品摆放位置，将消费者购买时可能会连带购买的商品就近陈列展示，以方便顾客选购，增加连带商品的销售；③重新设计陈设商品的货柜和货架，使其既符合充分展示商品的需要又能体现本企业的市场定位和特色，使本企业与其他企业形成明显的差异，依靠特色增强企业的竞争能力。

## 实战演练

一、设定你是某产品的市场营销经理，针对你所经营的产品，分析研究"谁是你的客户"，找准你的目标市场，实施市场定位策略。在市场调研与分析的基础上，确定并描绘你的客户。

1. 描述你的当前客户：年龄段、性别、收入、文化水平、职业、家庭大小、民族、社会阶层、生活方式。
2. 他们来自何处？（本地、国内、国外、其他地方）
3. 他们买什么？（产品、服务、附加利益）
4. 他们每隔多长时间购买一次？（每天、每周、每月、随时、其他）
5. 他们买多少？（按数量、按金额）
6. 他们怎样买？（赊购、现金、签合同）
7. 他们怎样了解你的企业？（网络、广告、报纸、广播、电视、口头、其他）
8. 他们对你的公司、产品、服务怎么看？（客户的感受）
9. 他们想要你提供什么？（他们期待你能够或应该提供的好处是什么？）
10. 你的市场有多大？（按地区、按人口、潜在客户）
11. 在各个市场上，你的市场份额是多少？
12. 你想让市场对你的公司产生怎样的感受？

根据以上资料，确定这一产品的市场定位，并拟出市场定位建议书。

二、试以手机为例，分析消费者的一般购买过程。

## 案例分析

### 老年人消费行为分析及企业的营销对策

消费心理是消费者在满足消费需要活动中的思想意识，它支配着消费者的购买行为。人进入老年后，生理器官的变化必然引起心理上的变化。研究老年人的心理特征，有助于了解和掌握老年人消费心理，为企业的营销决策提供依据。

某服装企业在为老年人提供服装时采用了以下营销措施。

(1) 在广告宣传策略上，着重宣传产品的大方实用、易洗易脱、轻便、宽松。

(2) 在媒体的选择上，主要是电视。

(3) 在信息沟通的方式方法上，主要是介绍、提示、理性说服，力求避免炫耀性、夸张性广告，不邀请名人明星。

(4) 促销手段主要是价格折扣、展销会。

(5) 在销售现场，生产厂商派出中年促销人员，为老年消费者提供热情周到的服务，为他们详细介绍商品的特点和用途，若有需要，就送货上门。

(6) 在销售渠道上，主要选择大商场，靠近居民区，并设立了老年专柜或老年店中店。

(7) 款式上以庄重、淡雅、突出民族性为主，适当地配以福、寿等喜庆寓意的图案；价格上，以中低档为主；面料的选择上以轻薄、柔软为主。

(8) 在老年顾客的接待上，厂家再三要求销售人员在接待过程中要以介绍质量可靠、方便健康、经济实用为主，在介绍品牌、包装时注意顾客的神色、身体语言，适可而止，不硬性推销。

某一天，该厂设立的老年服装店里来了大约四五位消费者，从他们亲密无间的关系上可以推测出这是一家子，并可能是专为老爷子来买衣服的。老爷子手拉一位十来岁的孩子，面色红润、气定神闲、怡然自得，走在前面，后面是一对中年夫妇。中年妇女转了一圈，很快就选中了一件较高档的上装，要老爷子试穿。可老爷子不愿意，理由是价格太高、款式太新，中年男子说："反正是我们出钱，你管价钱高不高呢？"可老爷子并不领情，脸色也有点难看。营业员见状，连忙说，老爷子你可真是好福气，儿孙如此孝顺，你就别为难他们了。小男孩也摇着老人的手说："好的，好的！就买这件好了。"老爷子说："小孩子懂什么好坏？"但脸上已露出了笑容。营业员见此情景，很快衣服包好，交给了中年妇女，一家人高高兴兴地走出了店门。经过上述八个方面的努力，该厂家生产的老年服装很快为老年消费者所接受，销售量快速上升，企业得到了很好的经济效益。

**案例思考：**

1. 上述八个方面体现了老年消费者怎样的消费心理和购买行为？企业这样做的营销依据是什么？老年人和青年人等在消费心理、购买行为上有什么区别？这样的心理和行为是怎样形成的？

2. 请用刺激—反应模式和需求层次理论分析老年人的购买行为。

3. 请分析这户人家不同的购买角色。

# 第四章　市场竞争战略

## 学习目标

知识目标：(1) 掌握竞争者分析的内容和步骤。
　　　　　(2) 掌握企业市场竞争地位分析及其市场竞争战略的运用。
能力目标：(1) 识别分析竞争者并能够采取相应的对策。
　　　　　(2) 运用竞争战略分析企业所处竞争地位并能采取相应的战略。

## 先导案例

### 店址的选择

某个服装店老板在确定开店地址时，面临这样两个选择：开在还没有服装店的街上，还是开在已有许多服装店的街上？如果选前者，其有利之处是没有同行的竞争，"独此一家，别无他店"。由于没有竞争者，所以到这条街上购买服装的顾客都会光临这个店。但同时存在的问题是：由于服装店太少，给顾客选择的余地就少，顾客如果在这家店中买不到他所需要的服装，就有可能不来这条街上买服装了，而转向其他选择余地多的街上购买。所以，尽管没有竞争者，但来的顾客也会比较少。如果开在服装店较多的街上，尽管顾客可能会在任何一家店购买，其他店会抢走许多生意，但由于来这条街买服装的顾客多，即使只有其中一部分顾客光临该店，业务量也会不少。在这个案例中，服装店老板实际上面临着竞争者多少这个营销问题。"店多拢市"和"店多对手多"是同时存在的。

## 第一节　竞争者分析

竞争者分析是指企业通过某种分析方法识别出竞争对手，并对它们的目标、资源、市场力量和当前战略等要素进行评价。其目的是准确判断竞争对手的战略定位和发展方向，并在此基础上预测竞争对手未来的战略，准确评价竞争对手对本企业的战略行为的反应，估计竞争对手在实现可持续竞争优势方面的能力。对竞争对手进行分析是确定企业在行业中战略地位的重要方法。

竞争者分析一般包括以下内容和步骤。

（1）识别企业的竞争者。

（2）了解竞争者的目标。

（3）确认竞争者的战略。

（4）分析竞争者的优势与劣势。

（5）判断竞争者的反应模式。

### 一、识别企业的竞争者

企业识别竞争者似乎是一项简单的工作。可口可乐知道百事可乐是其主要竞争者；索尼知道松下是它的主要竞争者。然而，企业实际的和潜在的竞争者范围是广泛的。一个公司更可能被新出现的对手或新技术打败，而非当前的竞争者。如柯达公司，在胶卷业一直担心崛起的竞争者——日本富士公司。但柯达面临的更大威胁是摄像机的发明。由佳能与索尼公司销售的摄像机能在电视上展现画面，可转录入硬盘，也能擦掉。可见，对胶卷业而言，更大的威胁来自摄像机。

在现代市场经济条件下，企业的竞争者主要包括以下四类。

#### （一）愿望竞争者

愿望竞争者是指提供不同产品以满足不同需求的竞争者。比如生产彩电、洗衣机、电冰箱的企业之间就是愿望竞争者，对于生产彩电的企业来说，要说服顾客首选彩电而不是其他用品，这就是一种竞争关系。再如消费者要选择一种万元消费品，他所面临的选择就可能有电脑、电视机、健身、旅游等，这时电脑、电视机、健身以及旅游各企业之间就存在着竞争关系，成为愿望竞争者。

#### （二）类别竞争者

类别竞争者是指满足同一种需要的各种产品提供者。比如小轿车、摩托车、自行车都可以作为家庭交通工具，生产这三种产品的企业就存在着一种竞争关系。

#### （三）形式竞争者

形式竞争者是指生产同种产品但提供不同规格、款式、型号等满足相同需求

的竞争者。比如家用空调与中央空调的厂家、生产高档汽车与生产中档汽车的厂家之间的关系，就构成产品形式竞争者。

（四）品牌竞争者

品牌竞争者是指生产相同规格、款式、型号的产品，但品牌不同的竞争者。比如家用空调市场中，生产格力空调、海尔空调、三菱空调等厂家之间的关系就构成品牌竞争者。品牌竞争者之间的产品相互替代性较高，因而竞争非常激烈，各企业均以培养顾客品牌忠诚度作为争夺顾客的重要手段。

从上述分析中可以看出，竞争可以在同行业中也可以跨行业展开，企业必须密切注意竞争者的变化并做出相应的对策。

### 小资料

假定一个人长时间学习之后需要休息一下，这个人会考虑什么呢？

他（她）可能会考虑参加社交活动、体育活动或吃些东西等，提供这些不同产品的竞争者被称为愿望竞争者。不同产品的厂商为争夺此类消费者使其成为现实消费者而竞相努力。

如果他（她）选择吃些东西，吃什么呢？有水果、糖、面包等。这些能满足同一需求的不同产品的竞争者被称为类别竞争者。

他（她）决定吃糖。吃什么糖呢？有水果糖、软糖、巧克力、奶糖等。这些能满足同一需要但提供不同形式产品（表现在产品的规格、型号、性能、质量、价格等差异）的竞争者即为形式竞争者。

最后，他（她）选择吃巧克力。可供选择的巧克力有德芙、雀巢、吉百利等不同品牌。这些企业之间的竞争者即为品牌竞争者。

如果巧克力公司经理只把注意力集中在品牌竞争因素上，那眼光就太短浅了。

通常可从行业、市场两个方面来识别企业的竞争者。

从行业方面来看，提供同一类产品或可相互替代产品的企业构成一种行业，如汽车行业、医药行业等。如果一种产品价格上涨，就会引起另一种替代产品的需求增加。例如，咖啡涨价会促使消费者转而购买茶叶或其他软饮料；牛肉价格提高人们会转向购买猪肉，因为它们是可相互替代的产品。

从市场方面来看，竞争者是那些满足相同市场需要或服务于同一目标市场的企业。例如，从行业观点来看，打字机制造商以其他同行业的公司为竞争者；但从市场观点来看，顾客需要的是"书写能力"，这种需要用铅笔、钢笔、电子计算机也可满足，因而生产这些产品的公司均可成为打字机制造商的竞争者。以市场观点分析竞争者，可使企业拓宽眼界，看清自己的现实竞争者和潜在竞争者。

识别竞争者的关键是从行业和市场两方面将产品细分和市场细分结合起来，综合考虑。

### 二、了解竞争者的目标

在辨别出主要竞争者后，我们必须继续追问：每个竞争者在市场上追求什么？

许多情况下，竞争者都将尽量争取最大的利润。但每个竞争者都有侧重点不同的目标组合，比如获利能力、市场占有率、现金流量、技术领先和服务领先等。企业要了解每个竞争者的重点目标是什么，才能正确估计他们对不同的竞争行为将如何反应。如把美国与日本的公司进行比较便可很好地说明竞争者的目标明显不同。美国公司多数按最大限度扩大短期利润的模式来经营，因为其当前经营绩效的好坏是由股东们进行判断的，如果股东们失去信心，可能会出售股票并使得公司资本成本增加。日本公司则主要按照最大限度扩大市场份额的模式来经营。由于它们从银行获得资金而付的利率较低，因此，它们也满足于较低的利润收益。

竞争者的目标是由多种因素确定的，其中包括规模、历史、目前的经营管理和经济状况。

### 三、确认竞争者的战略

竞争者的策略可以通过竞争者的市场行为反映出来。在大多数产业中，可以根据竞争者采用的不同策略，把竞争者分为不同的策略群体。采取相同或相似策略的竞争者属于同一策略群体。如果企业决定进入某一群体，该群体成员就成为企业的主要竞争对手。竞争者之间采用的策略越相似，竞争就越激烈。但群体之间也存在着竞争，因为不同策略群体可能以同一市场为营销目标，或者属于某个群体的企业可能改变策略而进入另一群体。

企业要了解每个竞争者的详细信息，其中包括竞争者业务、营销、制造、研究与开发、财务和人力资源战略、产品质量，特色和组合、顾客服务、定价方针、分销覆盖面、销售员战略、广告和促销程序等。

### 四、分析竞争者的优势与劣势

各个竞争者能否执行他们的战略和达到其目标，取决于每个竞争者的资源和

能力。企业需要辨认每个竞争者的优势与劣势，做到知己知彼，才能有针对性地制定正确的市场竞争战略，以避其锋芒、攻其弱点、做到出其不意，利用竞争者的劣势来争取市场竞争的优势，从而实现企业营销目标。

竞争者优劣势分析的内容如下。

（1）产品：竞争企业产品在市场上的地位，产品的适销性，产品系列的宽度与深度。

（2）销售渠道：竞争企业销售渠道的广度与深度，销售渠道的效率与实力，销售渠道的服务能力。

（3）市场营销：竞争企业营销组合的水平，市场调研与新产品开发的能力，销售队伍的培训与技能。

（4）生产与经营：竞争企业的生产规模与生产成本水平，设施与设备的技术先进性与灵活性，专利与专有技术，生产能力的扩展，质量控制与成本控制，区位优势，员工状况，原材料的来源与成本，纵向整合程度。

（5）研发能力：竞争企业内部在产品、工艺、基础研究、仿制等方面所具有的开发能力。

（6）资金实力：竞争企业的资金结构，筹资能力，现金流量，资信度，财务比率，财务管理能力。

（7）组织目标：竞争企业组织成员价值观的一致性与目标的明确性，组织结构与企业策略的一致性等。

（8）管理能力：竞争企业管理者的领导素质与激励能力，协调能力，管理者的专业知识，管理决策的灵活性、适应性、前瞻性。

当然，有些关键数据如销量、市场份额、毛利、投资报酬率、现金流量等的收集是很困难的。通常通过第二手资料、个人经历或传闻来了解有关竞争者的优势和劣势，也可通过向顾客、供应商和中间商进行第一手营销调研来增加对竞争者的了解。

### 五、判断竞争者的反应模式

竞争者的目标、战略、优势和劣势决定了它对降价、促销、推出新产品等市场竞争战略的反应。每个竞争者都有一定的经营哲学和指导思想，因此，企业的市场营销管理者要深入了解竞争者的思想和信念，分析当企业采取某些措施和行动之后，竞争者会有哪种反应。

## （一）从容不迫型

一些竞争者反应不强烈，行动迟缓。其原因可能包括：认为顾客忠实于自己的产品；重视不够，没有发现对手的新措施；缺乏资金无法做出相应的反应。例如，当米勒公司在20世纪70年代后期引进立达啤酒时，安休斯—布希公司还戴着啤酒行业领袖的桂冠。后来，随着米勒在市场上的攻势变得日益凶猛，并且声称立达啤酒占领了60%的市场份额之后，安休斯—布希才被唤醒并开始开发淡啤酒。

## （二）选择型

一些竞争者可能会在某些方面反应强烈，比如对降价竞销总是强烈反击，但对其他方面（如增加广告预算、加强促销活动等）却不予理会。因为他们认为这对自己威胁不大。

## （三）凶猛型

一些竞争者对任何方面的进攻都迅速强烈地作出反应。如美国宝洁公司就是一个强劲的竞争者，一旦受到挑战就会立即发起猛烈的全面反击。因此，同行企业都避免与它直接交锋。

## （四）随机型

有些企业的反应模式难以捉摸。它们在特定场合可能采取行动也可能不采取行动，无法预料它们将会采取什么行动。

## 相关链接

### 中国包装饮用水行业市场现状及竞争格局分析

一、中国包装饮用水销量超500亿升

在消费升级的趋势下，消费者重视饮水质量，包装饮用水家庭需求拉动包装水销量增长。2011—2021年，包装饮用水销量逐年增长，但增速趋缓。2021年，我国包装饮用水销量为508.06亿升，同比增长5.11%。

二、中国包装饮用水市场规模超2 000亿元

包装饮用水使用场景丰富，除日常饮用外，可从做饭、煲汤等细分场景替代自来水。我国包装饮用水行业发展处于中前期阶段，仍不断扩容。2011—2021年，包装饮用水市场规模不断扩大，在软饮料行业的占比不断提高。2021年，包装饮用水零售市场规模为2 163.66亿元，市场占有率为37.12%。

### 三、农夫山泉市场份额接近12%

从企业竞争格局看,包装饮用水市场竞争较为分散,有众多品牌参与其中。2021年,农夫山泉稳坐中国包装饮用水行业龙头企业位置,市场份额达到11.8%;其次是华润怡宝、景田、康师傅、娃哈哈,市场份额分别为8.1%、4.8%、3.0%和2.4%。

### 四、农夫山泉、怡宝、百岁山位列市场份额TOP3

从包装饮用水的品牌竞争格局来看,农夫山泉和怡宝作为中国两大有名的包装饮用水品牌,占据市场头两把交椅。其中农夫山泉近年来表现亮眼,从产品、品牌、渠道齐发力,确立行业龙头地位,市场占有率与怡宝拉开差距,2021年市场份额较上年提升0.5个百分点。怡宝、娃哈哈、冰露的市场份额则有所下滑。

### 五、预计2027年中国包装饮用水市场规模突破3 000亿元

2021年,大包装水销售情况良好,未来针对家庭消费的大包装水将继续放量,驱动行业高增。包装饮用水市场近五年复合增长率达到6.61%,根据前瞻预计,未来包装饮用水市场规模将继续增长,但增速放缓,到2027年,我国包装饮用水市场规模将达到3 091亿元。

(资料来源:http://www.5888.tv/news/148719)

### 六、企业应采取的对策

企业明确了谁是主要竞争者并分析了竞争者的优势、劣势和反应模式之后,就要决定自己的对策,可根据以下情况作出决定。

#### (一)竞争者的强弱

多数企业认为应以较弱的竞争者为进攻目标,因为这可以节省时间和资源,但是获利较少。有些企业认为应以较强的竞争者为进攻目标,因为这可以提高自己的竞争能力并且获利较大。

#### (二)竞争者与本企业的相似程度

多数企业主张与类似的竞争者展开竞争,但同时又认为应避免摧毁竞争者,因为其结果很可能对自己不利。例如,美国博士伦眼镜公司在20世纪70年代末与其他同样生产隐形眼镜的公司竞争并大获全胜,导致竞争者完全失败而将企业卖给了竞争力更强的大公司,结果博士伦公司不得不面对更强大的竞争者,处境变得困难。

### (三)竞争者表现的好坏

每个行业中的竞争通常有表现良好和具破坏性的两种类型。表现良好的竞争者按行业规则行动,按合理的成本定价,有利于行业稳定和健康发展;他们激励其他企业降低定价成本,有利于行业的稳定和健康发展;他们激励其他企业降低成本或增加产品差异性;他们接受合理的市场占有率与利润水平。而具有破坏性的竞争者则不遵守行业规则,他们常常用不正当手段扩大市场占有率,打破行业的均衡。每个行业的竞争者都有表现好坏之分,那些表现好的试图组成一个只有好竞争者的行业。他们通过一些手段,试图使本行业竞争者的市场营销活动在协调合理的范围之内遵守行业规则,凭自己的努力扩大市场占有率,彼此在市场营销因素组合上保持一定的差异性,从而减少直接的冲突。

## 第二节　竞争战略的一般形式

### 一、波特五力分析模型(Michael Porter's Five Forces Model)

波特五力分析模型又称波特竞争力模型。五力分析模型是美国哈佛商学院著名的战略管理学家迈克尔·波特(Michael Porter)于20世纪80年代初提出的,用于竞争战略的分析。五力分别是供应商的议价能力、购买者的议价能力、新进入者的威胁、替代品的威胁、行业内竞争者现在的竞争能力。如图4-1所示。

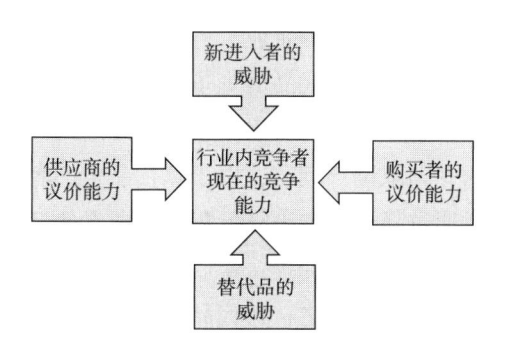

图4-1　影响市场吸引力的五种力量

### (一)供应商的议价能力

公司的供应商——原材料和设备供应商等,通过提高价格、降低产品和服务的质量或减少供应数量,来影响行业中现有企业的盈利能力与产品竞争力。供方

力量的强弱主要取决于他们所提供给买主的是什么投入要素,当供方投入要素占买主产品总成本的比例较大、对买主产品生产过程非常重要或者严重影响买主产品的质量时,那么供应商的议价能力就较强。因此,与供应商建立良好关系和开拓多种供应渠道才是防御上策。

### (二) 购买者的议价能力

购买者主要通过其压价与要求提供较高的产品或服务质量的能力,来影响行业中现有企业的盈利能力。一般来说,满足以下条件的购买者可能具有较强的议价能力:购买者的总数较少,而每个购买者的购买量较大,占了卖方销售量的很大比例;卖方行业由大量相对来说规模较小的企业所组成;购买者所购买的基本上是一种标准化产品,同时向多个卖主购买产品在经济上也完全可行;购买者能够组织联合,购买者的讨价还价能力就会加强。较好的防卫方法是提供顾客无法拒绝的优质产品。

### (三) 新进入者的威胁

新进入者在给行业带来新生产能力、新资源的同时,将希望在已被现有企业瓜分完毕的市场中赢得一席之地,这就有可能会与现有企业发生原材料与市场份额的竞争,最终导致行业中现有企业盈利水平降低,严重的话还有可能危及这些企业的生存。竞争性进入威胁的严重程度取决于两方面的因素——进入新领域的障碍大小与预期现有企业对于进入者的反应情况。

### (四) 替代品的威胁

两个处于同行业或不同行业中的企业,可能会由于所生产的产品互为替代品而产生相互竞争行为,这种源自替代品的竞争会以各种形式影响行业中现有企业的竞争战略。首先,现有企业产品售价以及获利潜力的提高将由于存在着能被用户方便接受的替代品而受到限制;其次,由于替代品生产者的侵入,现有企业必须提高产品质量,或者通过降低成本来降低售价,或者使其产品具有特色,否则其销量与利润增长的目标就有可能受挫;最后,源自替代品生产者的竞争强度受产品买主转换成本高低的影响。总之,替代品价格越低、质量越好、用户转换成本越低,其所能产生的竞争压力就越强。

### (五) 行业内竞争者现在的竞争能力

大部分行业中的企业之间的利益都是紧密联系在一起的,作为企业整体战略一部分的各企业竞争战略,其目标都在于使得自己的企业获得相对于竞争对手的优势,所以,在实施中就必然会产生冲突与对抗现象,这些冲突与对抗就构成了现有企业之间的竞争。现有企业之间的竞争常常表现在价格、广告、产品介绍、售后服务等方面，其竞争强度与许多因素有关。

根据上面对五种竞争力量的讨论，企业可以采取尽可能地将自身的经营与竞争力量隔绝开来、努力从自身利益需要出发影响行业竞争规则、先占领有利的市场地位再发起进攻性竞争行动等手段来对付这五种竞争力量，以增强自己的市场地位与竞争实力。

### 相关链接

中国茶的"五力"

著名学者波特的五力分析模型可以帮助我们从产业链的角度分析中国茶的国际竞争力，以便构建更加安全、稳定的出口产业链。

波特的五力分析模型主要包括供应商的议价能力、购买者的议价能力、新进入者的威胁、替代品的威胁、行业内竞争者现在的竞争能力。五种力量的不同组合变化将最终影响行业的利润潜力变化。那么，在国际市场上，中国茶的"五力"都是些什么因素呢？

第一，中国茶产品的供应商是茶农，出口企业跟茶农有什么关系？相互之间有没有构建起互利双赢的长期合作？这个问题应该引起出口企业和地方监管部门的重视，茶农在茶叶出口领域的收益必须得到维护。印度茶农与出口企业之间的纷争曾经对印度出口产生了很大的负面影响，我们要引以为戒。

第二，中国茶的购买者是海外消费者。对海外消费者的议价能力，我们业内还没有做深入的研究，需要我们继续补充学习。

第三，中国茶的潜在竞争者在哪里？在越南、印度尼西亚、阿根廷等国，茶叶产量都在稳步增加，并在蚕食一部分中国茶的市场份额。

第四，中国茶的竞争者有什么动态？印度、斯里兰卡的茶业公司和英国的立顿、川宁品牌等都应该引起我们广泛的关注，我们应对其开展详细的应对策略研究。

第五，中国茶的替代品是谁？咖啡、可口可乐等是众所周知的显性替代品，那么，是否还有潜在替代品？对此，我们行业内的认识还有待进一步的提高。比这些分析更重要的是，我们需要建立一种机制来密切观察各个方面的最新动向，调动各方面的力量，提高我们的"理论认识"。

（资料来源：中国茶网）

## 二、企业在行业中的竞争战略

在对竞争者进行分析之后，企业还要选择适当的竞争战略。按照美国哈佛商学院教授迈克尔·波特在《竞争战略》一书中的观点，面对同一行业的竞争者，企业可采用以下战略。

### （一）总成本领先战略

总成本领先战略是指企业在某一行业领域中使产品成本低于竞争对手而取得领先地位的一种战略。总成本领先战略旨在尽一切可能降低成本，做到质量相同的前提下价格较低，或价格相同的条件下质量和附加值较高，从而使企业取得较多的利润后可再行投资，保持和扩大领先地位。

1. 核心思想

不断降低产品成本，达到某个领域内的成本领先地位，从而以较低价格取得竞争中的优势，争取最大市场份额。

2. 实现的途径

实现的途径主要包括改进生产制造工艺技术、设计合理的产品结构、扩大生产规模、提高劳动生产率、占有较大的市场份额等。

3. 适用条件

（1）持续的资本投资和良好的融资能力。

（2）较高的工艺加工能力。

（3）对工人严格的监督与管理。

（4）产品的制造工艺设计领先，从而易于用经济的方法制造。

（5）有低成本的分销系统。

4. 竞争特点

总成本领先战略的竞争特点是：经营目标集中；熟悉产品的市场、用户和行业竞争状况；由于生产高度专业化，在制造和科研方面可以实现规模效益。尽管存在强大的竞争，但生产成本较低的企业仍可以获得较高利润，将所获得的较高边际利润用以更新设备、拓展技术研发等经营，形成良性循环。

5. 具有的风险

（1）经过多年积累得到的降低成本的投资与方法、制度、技术等可能因为新技术的出现而变得毫无用处。

（2）后来的加入者或竞争追随者可能通过模仿或其他廉价的学习途径掌握降低成本的方法，或者没有经过挫折与风险就掌握到降低成本的方法，因此，后来者可能具有更大的成本竞争力而抵消率先实行这种战略的企业的竞争优势。

（3）过于注重成本的结果往往导致对市场需求变化反应迟钝，因而产品落后或不能适合需求。

（4）往往因为定价处于成本的最低界限边缘，当竞争对手发动进攻时，缺少回旋余地。

总成本领先战略非常吸引人。一旦公司赢得了这样的优势，所获得的较高的边际利润又可以重新对新设备、现代设施进行投资以维护较低的成本，而这种再投资往往是保持低成本状态的先决条件。

### 小资料

#### 从格兰仕之成功看总成本领先战略

格兰仕选择的是总成本领先战略，价格战只不过是表现形式。格兰仕自进入微波炉行业以来，为了使总成本绝对低于竞争者，先后卖掉年盈利上千万元的金牛型产业——羽绒厂、毛纺厂，把资金全部集中到微波炉上。因为中国的微波炉业起步于20世纪90年代初，在格兰仕进入微波炉行业的1993年，许多城市的居民也不知微波炉为何物，更不习惯于用微波炉来烹饪。此时行业未充分发育，主要对手也很弱，只要倾全力投入，就很容易在规模上把对手远远甩在后面。这导致了格兰仕的迅速崛起，1993年微波炉销量为1万台，到2009年产销规模已达到3 500万台。

格兰仕的价格战打得比一般企业出色，规模每上一个台阶，就大幅下调价格。格兰仕降价的特点之一是消灭散兵游勇的目标十分明确。当自己的规模达到125万台时，就把出厂价定在规模为80万台的企业的成本以下。此时，格兰仕还有利润，而规模低于80万台的企业，多生产一台就多亏一台。除非对手能形成显著的品质技术差异，在某一较细小的市场获得微薄盈利，但具有同样的技术来源又连年亏损的对手怎么搞出差异来？当规模达到300万台时，格兰仕又把出厂价调到规模为200万台的企业的成本线以下，结果规模低于200万台且技术无明显差异的企业陷于亏本的泥潭，使对手缺乏追赶其规模的机会。格兰仕降价的特点之二就是狠，价格要低就要比别人低30%以上。格兰仕的绝对低价不仅令消费者争相购买，同时又给对手以足够的威慑力。

格兰仕发动的价格战于国于民都十分有利。于国，格兰仕把微波炉行业的利润降到低点，提高进入行业的门槛，形成进入障碍，使许多想进入微波炉行业的资本失去兴趣，不战而屈人之兵，避免了重复建设和大量社会资源的浪费。至少

微波炉业未出现过彩电、冰箱那样的巨额重复投入。于民,格兰仕把微波炉的平均零售价从近 3 000 元降到 600 多元,最便宜的仅为 380 多元,连一个刚工作的年轻人都能轻松买一台微波炉。让中国的老百姓提早享受这一现代文明成果,大大降低了烹饪烦琐程度,提高了生活品质。

很多人担忧格兰仕的积累得不到保证会使技术投入偏少,企业缺乏发展后劲。价格降得这么低,尽管别的企业很难盈利,但规模绝对领先的格兰仕 1997 年的销售利润率为 11%,在微利时代这一利润率不算低了。1999 年,格兰仕又主动把利润率调到 6%,一方面让利于消费者,另一方面再次提高行业壁垒。当年格兰仕有 1.5 亿多元的技术净投入,大大超过一般企业。由于规模特大,分摊到每台微波炉上的研发成本仅为 25 元。国内第二位的品牌销量还不到 50 万台,如果这一亿多元分摊到这个企业,每台就会高达 200 元,这从侧面反映了格兰仕价格低而品质技术依然优秀的奥秘和合理性。

(资料来源:http://www.issncn.net)

(二)差异化竞争战略

差异化竞争战略也称特色经营战略,是指企业提供区别于竞争对手、在其行业范围内具有独特性产品的一种战略。差异化竞争战略的目标旨在通过给市场提供特色产品而超越同类产品,从而使产品获得额外加价,并增强其竞争力,提高其收入水平和盈利水平。

1. 核心思想

差异化竞争战略的核心思想是通过对市场的全面分析,找出顾客最重视的利益,集中力量开发不同经营特色的业务,以比竞争者更有效地满足顾客的需要。

2. 实现的途径

差异化主要是产品质量差异化、服务差异化、产品品牌差异化等。可从产品定位因素、价格因素、渠道因素、促销因素及其它营销因素上造就差异,形成企业对于整个产业或主要的竞争对手的"独特性"。

3. 适用条件

(1)企业拥有强大的生产经营能力。

(2)有独特的具有明显优势的产品加工技术。

(3)对创新与创造有鉴别与敏感的接受能力。

(4)有很强的基础研究能力。

(5)有质量与技术领先的企业声誉。

(6)拥有产业公认的独特的资源优势或能够创造这样的优势。

（7）能得到渠道成员的高度合作。

4. 竞争特点

（1）构筑其他企业在市场竞争中的特定的进入障碍，有效地抵御其他竞争对手的攻击。因为一旦企业在营销中形成了差别，就很难被其他竞争对手模仿，因而也就很难有其他竞争对手能轻易打入本企业所占据的目标市场。

（2）减弱顾客和供应商议价能力。顾客从接受"差异"中形成了某种或若干方面的偏好，就不会更多地转换购买其他的品牌。顾客的议价能力被大大减弱。而企业一旦在行业中确立了这样的营销优势或"独占"地位，也会使某些供应商更难在市场中寻找到其他更好的交易对象，供应商的议价能力也就被大大削弱。

（3）企业可希望获取到超额利润。当品牌差异增大时，顾客转换品牌困难，议价能力低，这就使得不少在差异竞争中得到成功的企业可以为其产品向顾客索取一个高的溢价。

5. 具有的风险

（1）与低成本的竞争对手比较，甚至与普通的竞争对手比较，可能成本太高，以至于差异对顾客的吸引力丧失。

（2）顾客偏好变化，导致差异不能对顾客再有吸引力。

（3）竞争对手对顾客特别喜欢的差异进行模仿。

> **相关链接**
>
> ### 差异化竞争战略
>
> 差异化竞争战略可以提升消费者对企业的品牌忠诚度。比如，苹果公司的产品和其他智能手机在外观、操作系统和性能上都具有显著差异性，拥有一大批高品牌忠诚度的消费者。一般来说，这类消费者往往对价格敏感度较低，如此一来，企业不需要具备低成本竞争优势，也能创造高额的利润。比如苹果手机的毛利率高达50%左右，远高于其他手机企业。不过，实行差异化竞争战略可能会阻碍企业获得较高的市场份额，因为在建立公司差异化竞争战略的过程中，总伴随着很高的成本代价。比如独特的产品设计、更高品质的原材料等，成本提高，售价就高。因此，虽然大部分消费者都认可其卓越的品质，但并非所有客户都愿意或者有能力承受较高的价格。在2021年第三季度中，中国市场销量排名前三的手机分别是VIVO、OPPO、华为荣耀系列，苹果手机仅排名第五。
>
> （资料来源：https://www.growthhk.cn/quan/61829.html）

### （三）目标集中战略

目标集中战略是指企业将经营范围集中于行业内某一有限的细分市场，使企业有限的资源得以充分发挥效力，在局部超过竞争对手，赢得竞争优势。

1. 核心思想

目标集中战略的核心思想是将经营目标集中到整个市场的某一个或好几个较小的细分市场，在这部分市场上通过提供最有效和最好的业务，建立自己的成本和产品差异上的优势。

2. 实现的途径

能够以更高的效率、更好的效果为某一类战略对象服务，从而超过在较广的范围内竞争的对手们。

3. 适用条件

（1）行业内存在不同的细分市场。

（2）在相同的细分市场中其他竞争对手不准备实施集中战略。

（3）企业资源有限，不允许追求更广泛的市场。

（4）在某些方面可能获得竞争优势。

目标集中战略是实力和技术并不很强的中小型企业广泛采用的一种战略。

4. 竞争特点

所涉及的细分市场都是特定的或是专一的。企业能比竞争对手更有效地为某一特定的目标市场服务，在这一特定的市场处于有利的竞争地位，获得良好的效益。

5. 具有的风险

（1）当覆盖整个市场的竞争对手因为规模经济的好处大幅度降低成本，或者积极细分市场增加产品组合或产品线长度，可能导致采用目标集中战略的企业经营缺少特色或成本优势不再存在。

（2）集中目标指向的特定细分市场的需求变化时，转移产品到其他细分市场相当困难。

（3）在过度细分的市场上，因为市场容量很小，目标集中企业是没有明显的好处的。

总之，通过对行业环境的分析，我们认为一个行业的竞争程度和行业利润潜力由上述五种力量来决定。而企业可以选择的竞争战略有三种：成本领先战略、差异化竞争战略和目标集中战略。对这些问题的解析，有利于企业更积极主动地面对竞争。行业内的五种力量、三种竞争战略结构如表4-1所示。

表4-1　行业内的五种力量、三种竞争战略结构

| 行业内的五种力量 | 三种竞争战略 | | |
|---|---|---|---|
| | 总成本领先战略 | 差异化竞争战略 | 目标集中战略 |
| 新进入者的威胁 | 具备杀价能力以阻止潜在对手的进入 | 培育顾客忠诚度以挫伤潜在进入者的信心 | 通过集中战略建立核心能力以阻止潜在对手的进入 |
| 购买者的议价能力 | 具备向大买家出更低价格的能力 | 因为选择范围小而削弱了大买家的谈判能力 | 因为没有选择范围，大买家丧失谈判能力 |
| 供应商的议价能力 | 更好地抑制大卖家的议价能力 | 更好地将供方的涨价部分转嫁给买方 | 进货量低供方的议价能力高，但实施目标集中战略的公司能更好地将供方的涨价部分转嫁出去 |
| 替代品的威胁 | 能够利用低价抵御替代品 | 顾客习惯于一种独特的产品或服务因而降低了替代品的威胁 | 特殊的产品和核心能力能够防止替代品的威胁 |
| 行业内竞争者现在的竞争能力 | 能更好地进行价格竞争 | 品牌忠诚度能使顾客不理睬你的竞争对手 | 竞争对手无法满足 |

### 小资料

**美的集团竞争战略**

自2012年起美的集团坚持的战略主轴都是"产品领先、效率驱动、全球经营"，战略目标是"成为中国家电领先企业，世界白色家电前三强"，围绕这一战略目标，美的集团打造了以下竞争优势：①品牌优势。美的的各产品在线上和线下销售中市场占有率均排名前列，因为其产品耐用、节能、环保、性价比高、设计合理、新颖等诸多优点，形成美的的品牌效应。②技术优势。美的集团的技术优势体现在两个方面：一方面是美的获取的各项专利；另一方面是高投入的研发费用带来的技术拓展和产品研发。③成本优势。主要是指规模效应产生的成本优势和先进的管理水平产生的成本优势。④完善的销售渠道及物流系统。在美的的产品销售中，"渠道+物流"的系统化布局使美的的产品就像一张网络一样覆盖了全国绝大多数区域。

除上述之外，还有管理能力、整合能力、销售能力、布局能力等。

美的集团的差异化竞争战略，主要体现在：①产品差异化。针对消费者的痛点开发了相关的产品。②形象差异化。美的集团把公益事业作为公司的一部分，努力参与社会公益活动。③服务差异化。通过提供高于同行业的差异化服务来提

升消费者满意度。④市场差异化。美的集团以创新技术和产品对市场进行了差异化。截至2022年美的集团在全球12个国家设立了35个研究中心,开展本土化产品及技术研究,研发人员超过2万人,累计专利授权8万余件,2022年美的系的家用空调、台式泛微波、台式烤箱、电暖器、电磁炉、电热水壶等6个品类在国内线上与线下的市场份额均位列行业第一。与此同时,美的集团也在进一步推动全球业务布局。2022年,美的集团海外营收达1 426亿元,同比增长3.6%。海外产品结构也在不断优化,自主品牌产品均价提升比例在20%以上,为其全球经营打下坚实的基础。

(资料来源:https://wenda.so.com/q/1606577059218419,有删减)

## 第三节 处于不同竞争地位的企业的营销策略

随着一个产品的市场步入成熟,企业在行业中所占市场份额逐渐提升并维持一个相对稳定的局面,不同市场地位的企业要选择和实施不同的市场营销竞争策略。企业应按照自己在本行业的竞争地位以及企业的发展目标、资源优势等条件,制定和选择有效的市场营销竞争策略。因此,研究市场领先者、市场挑战者、市场追随者和市场补缺者的竞争战略,对于掌握一般的竞争方法有着重要意义。

### 一、企业市场地位分析

**(一)市场领先者**

市场领先者指在某一行业的产品市场上占有最大市场份额的企业。比如美国的麦当劳公司是快餐市场的领先者、宝洁公司是日化用品市场的领先者、可口可乐公司是软饮料市场的领先者等。市场领先者通常在产品开发、价格变动、分销渠道、促销力量等方面处于主宰地位。市场领先者的地位是在竞争中形成的,但不是固定不变的。

**(二)市场挑战者**

市场挑战者指在行业中处于次要地位(第二、第三甚至更低地位)的企业。比如肯德基是快餐市场的挑战者、高露洁是日化用品市场的挑战者、百事可乐是软饮料市场的挑战者等。市场挑战者往往试图通过主动竞争扩大市场份额,提高市场地位,甚至赶超领先者。比如丰田汽车生产量就超过通用汽车,而AMD甚至正在逐步削弱英特尔的市场份额。挑战者雄心勃勃,并为此利用其一切资源挑战领先者。

（三）市场追随者

市场追随者指在行业中居于次要地位并安于次要地位，在战略上追随市场领先者的企业。在现实市场中存在大量的市场追随者。市场追随者的最主要特点是跟随。在技术方面，它不做新技术的开拓者和率先使用者，而做学习者和改进者。在营销方面，它不做市场培育的开路者，而是搭便车，以减少风险和降低成本。市场追随者通过观察、学习、借鉴、模仿市场领先者的行为不断提高自身技能，不断发展壮大。

（四）市场补缺者

市场补缺者多是行业中相对较弱小的一些中小企业，它们专注于市场上被大企业忽略的某些细小部分，在这些小市场上通过专业化经营来获取最大限度的收益，在大企业的夹缝中求得生存和发展。市场补缺者通过生产和提供某种具有特色的产品和服务赢得发展的空间，甚至可能发展成为"小市场中的巨人"。

## 二、企业竞争战略

（一）市场领先者的竞争战略

市场领先者是在行业中处于领先地位的营销者。市场领先者为了维护自己的优势、保住自己的主导地位，通常可采取三种战略：一是扩大市场需求总量；二是保持现有市场占有率；三是提高市场占有率。

1. 扩大市场需求总量战略

当一种产品的市场需求总量扩大时，受益最大的是处于主导地位的企业。一般来说，市场领先者可从下述三个方面扩大市场需求量。

（1）寻找新用户。当产品具有吸引新购买者的潜力时，寻找新用户是扩大市场总需求最简便的途径。因为有些顾客或者不知道这种产品，或者因为其价格不合适或缺乏某些特点等而不想购买这种产品，企业就可以寻找新用户。比如香水制造商可设法说服不用香水的女士使用香水（市场渗透策略），说服男士使用香水（新市场策略），或者向其他国家或地区推销香水（地理扩张策略）。

（2）发现产品的新用途。可以通过发现产品新用途并推广这些新用途来扩大市场对产品的需求。比如，杜邦公司的尼龙就是这方面的典范。每当尼龙进入产品生命周期的成熟阶段，杜邦公司就会发现新用途。尼龙首先用作降落伞的合成纤维，然后作女袜的纤维，接着成为男女衬衫的主要原料，再后又成为汽车轮

胎、沙发椅套和地毯的原料。每项新用途都使产品开始了一个新的生命周期。这一切都归功于该公司为发现新用途而不断进行的研究和开发计划。同样，顾客也是发现产品新用途的重要来源。例如，凡士林刚问世时用作机器润滑油，但在使用过程中，顾客发现凡士林还有许多新用途，如作润肤脂、药膏和发蜡等。因此，公司必须留心注意顾客对本公司产品使用的情况。

（3）扩大产品的使用量。促使使用者增加用量也是扩大需求的一种重要手段。例如：牙膏厂家说服顾客，由每天刷牙两次改为三次；生产洗发水的厂家向顾客证明，每次用其洗发两遍比一遍效果更佳。

2. 保持现有市场占有率战略

保持现有市场占有率战略是市场领先者经常实行的战略。一般有以下几种。

（1）阵地防御。在现有阵地周围建立防线，即企业向市场提供较多的产品品种或采用较大分销覆盖面。这是一种静态的防御，是防御的基本形式，但不能作为唯一的形式，如果将所有力量都投入这种防御，最后很可能导致失败。美国的福特汽车公司和克莱斯勒汽车公司都曾由于采取过这种做法而先后从顶峰跌落下来；而美国可口可乐公司在不同的时期都积极地向市场提供消费者喜欢的产品，没有给竞争对手更多的可乘之机，可口可乐公司的市场的领先地位长期得以稳固。

（2）侧翼防御。市场主导者除保卫自己的主阵地外，还应注意保卫自己较弱的侧翼，防止对手乘虚而入。比如，20 世纪 80 年代中期，当 IBM 公司在美国连续丢失个人计算机市场和计算机软件市场份额后，对行业或组织市场的用户所使用的小型计算机加强了营销力度，率先采用改良机型、降低产品销售价格的办法来顶住日本和原西德几家计算机公司在这一细分市场上的进攻。

（3）先发制人的防御，即在竞争者尚无足够能力进攻之前先主动攻击它。具体做法是：当竞争者的市场占有率达到某一危险的高度时，就对它发动攻击；或者对市场上的所有竞争者全面攻击，使人人自危。当然，企业如果对自己的技术或品牌声誉有充分信心，认为足以承受某些攻击的话，也可以沉着应战，不轻易发动进攻。比如，美国亨氏公司对汉斯公司在番茄酱市场上的进攻就置之不理，结果是后者得不偿失，以败阵告终。

（4）反击式防御，即当市场领先者受到竞争对手攻击时，采取主动的甚至大规模的进攻，而不仅仅采取单纯防御作法。例如，日本的松下公司每当发现竞争对手意欲采取新促销措施或降价销售时，总是采取增强广告力度或更大幅度降价的做法，以保持该公司在电视、录像机、洗衣机等主要家电产品的市场领先地位。

（5）运动防御。不仅防守目前的阵地，而且扩展到新的市场阵地，作为未来防御和进攻的基地。例如，把"石油"公司变成"能源"公司就意味着市场范围的扩大，不限于一种能源——石油，而要覆盖整个能源市场。

（6）收缩防御。在所有市场阵地上全面防御有时会得不偿失，在这种情况下，最好实行收缩防御，即放弃某些本企业实力较弱的市场阵地，把力量集中用到实力较强的市场阵地上。例如，美国西屋电气公司将其电冰箱的品种由40个减少到30个，撤销了10个品种，竞争力反而增强。

3. 提高市场占有率战略

市场领先者设法提高市场占有率，也是增加收益、保持主导地位的一个重要途径。美国的一项研究表明，市场占有率是与投资收益率有关的最重要的变量之一，市场占有率越高，投资收益率也越大。市场占有率高于40%的企业，其平均投资收益率相当于市场占有率低于10%者的3倍。因此，许多企业以提高市场占有率为目标。

企业提高市场占有率时应考虑以下三个因素：第一，引起反垄断活动的可能性。许多国家有反垄断法，当企业的市场占有率超过一定限度时，就有可能受到指控和制裁。第二，为提高市场占有率所付出的成本。当市场占有率已达到一定水平时，再要进一步提高就要付出很大代价，结果可能得不偿失。第三，争夺市场占有率时所采用的市场营销组合战略。有些市场营销手段对提高市场占有率很有效，却不一定能增加收益。只有在以下两种情况下市场占有率同收益率成正比：一是单位成本随市场占有率的提高而降低，二是在提供优质产品时，销售价格的提高大大超过为提高质量所投入的成本。

总之，市场领先者必须善于扩大市场需求总量，保卫自己的市场阵地，防御挑战者的进攻，并在保证收益增加的前提下提高市场占有率。这样，才能持久地占据市场领先地位。

### 小资料

**高露洁在日本岛上的促销**

美国的高露洁牙膏在进军日本这样一个大的目标市场时，并没有采取贸然进入全面出击的策略，而是先在离日本本土最近的琉球群岛上开展了一连串的广告公关活动。

他们在琉球群岛上赠予样品，使琉球的每一个家庭都有免费的牙膏。因为是

免费赠予的，所以琉球的居民不论喜欢与否，天天早上总是使用高露洁牙膏。

这种免费赠予活动引起了当地报纸、电视台的注目，把它当作新闻发表，甚至连日本本土的报纸、月刊也大加报道。于是，高露洁公司在广告区域策略上就达到了这样的目的：以琉球作为桥头堡，使得全日本的人都知道了高露洁，以点到面，广告效应十分明显。

营销攻坚战究竟该怎么打？一般而言，有两种打法：正面进攻和侧面出击。当企业对战场不熟悉、群众基础尚未建立之时，先建立稳固的根据地，从侧面进攻是一条稳健可行的策略。

### （二）市场挑战者的竞争战略

市场挑战者是在市场上居于次要地位的企业。如果要向市场领先者和其他竞争者挑战，首先必须确定自己的战略目标和挑战对象，然后选择适当的进攻策略。

#### 1. 确定战略目标和挑战对象

战略目标同进攻对象密切相关，对不同的对象有不同的目标和策略。一般来说，挑战者可在下列三种情况中进行选择。

（1）攻击市场领先者。进攻这种对象风险很大，然而吸引力也很大。挑战者必须具有确实高于领先者的竞争优势，比如降低成本而带来的低价格或高价格但产品价值更高等。同时，挑战者必须想办法将领先者的反攻限制在最小范围内，否则所获得的利益不会长久。

（2）攻击与自己实力相当者。对于一些与自己势均力敌的企业，可选择其中经营不善者作为进攻对象，设法夺取它们的市场阵地。

（3）攻击地方性小企业。对一些地方性小企业中经营不善、财务困难者，可夺取它们的顾客甚至小企业本身。

#### 2. 选择进攻战略

在确定了战略目标和进攻对象之后，挑战者还需要考虑采取什么进攻战略。这里，有五种战略可供选择。

（1）正面进攻，是指集中攻击对手的强项而不是弱点，例如在产品开发、定价、广告等方面较量。正面进攻的胜负取决于谁的力量更强。因此，若无在相应项目上优于对手的资源和能力，就不宜采取此策略。

（2）侧翼进攻，是指"集中优势兵力攻击对方的弱点"的战略原则。当市场挑战者难以采取正面进攻或者使用正面进攻风险太大时，往往会考虑采用侧翼进攻。如进攻偏僻地区市场或某个细分市场，这些地区市场几乎没有竞争者的推销力量,或细分市场并未被竞争者明确意识到,容易取得胜利。

(3) 包围进攻,是指看准敌方一块阵地后,从前后左右几条战线上同时进攻,迫其全面防守。如产品包围战,就是针对竞争者的产品,推出质量、风格、特点各异的数十种同类产品,以此淹没对手的产品,最后夺取市场。日本索尼公司在向原由美国几大公司控制的世界电视机市场进攻时,采用了此类作法,即提供的产品品种比任何一个美国公司提供的产品品种都齐,使当时这些老牌大公司节节败退。

(4) 迂回进攻,是一种间接进攻战略。它不进攻竞争者现有的市场或地盘,而是对这些产品和市场采取回避态度,绕过竞争者,或开发新产品去满足未被任何竞争者满足的市场,或开展多角化经营,进入与竞争者不相关的行业,或寻找新的、未被竞争者列入经营区域的地区市场。

(5) 游击进攻。即采用"骚扰对方""拖垮对方"的战略方法,适宜实力较弱、短期内没有足够财力的企业在向实力较强的对手发起攻击时采用。其典型做法是"打一枪换一个地方",如采用短期促销、降价、不停变换广告、进行骚扰等。游击进攻不企图取得直接胜利,企业不可能靠"游击方法"彻底地战胜竞争对手。所以,有时市场挑战者往往在准备发动较大的进攻时,先依靠游击进攻作为全面进攻的战略准备,迷惑对手,干扰对手的战略决心或者进行"火力侦察"。

(三)市场追随者的竞争战略

每个市场追随者必须懂得:如何保持现有顾客,并争取一定数量的新顾客;如何设法给自己的目标市场带来某些特有的利益;如何尽力降低成本并保持较高的产品质量和服务质量。市场追随者也不是被动地单纯追随领先者,它必须找到一条不致引起竞争性报复的成长途径。以下是三种可供选择的跟随战略。

1. 紧密跟随

紧密跟随是指在尽可能多的细分市场和营销组合中模仿市场领先者的做法。这种跟随者有时好像是挑战者,但只要它不从根本上威胁领先者的地位,就不会发生直接冲突。比如在产品功能上,市场追随者可以和市场领先者一致,但是在品牌声望上和市场领先者保持一定差距。

2. 有距离的跟随

有距离的跟随者在主要方面,比如目标市场、产品创新、价格水平和分销渠道等方面都追随领先者,但使市场领先者和挑战者都不觉得它有侵入的态势。市场领先者往往很乐意有这种追随者存在,并让它们保持相应的市场份额,以使市

场领先者自己更符合反垄断法的规定。这种跟随者可通过兼并小企业而使自己发展壮大。

3. 有选择的跟随

有选择的跟随者在某些方面紧跟领先者,而在另一些方面又自行其是。也就是说,它不是盲目跟随,而是择优跟随,在跟随的同时还要发挥自己的独创性,但不进行直接的竞争。这类跟随者之中有些可能发展成为挑战者。

此外,还有一种"跟随者"在国际市场上十分猖獗,即名牌货的伪造者或仿制者。他们的存在对许多国际驰名的大公司是一个巨大的威胁。

(四) 市场补缺者的竞争战略

市场补缺就是避免与实力强的企业正面竞争。补缺者精心服务于市场的某些细小部分,只对那些大企业无法顾及的小市场进行补缺,通过专业化经营来占据有利的市场位置。

1. 市场补缺者的特征

市场补缺者有足够的市场需求量或购买量,从而可以获利;有增长的潜力;对主要竞争者不具有吸引力;当这个市场成长到具有更大吸引力时,企业具有此方面的特长或者可以很好地掌握补缺基点所需要的技术,为顾客提供合格的产品或服务;企业可以靠建立顾客信誉保卫自己,对抗大企业攻击。

2. 市场补缺者的战略

市场补缺者成功的关键在于利用分工原理,专门生产和经营具有特色的、为市场需要的产品和服务,即选准自己擅长的少数细分市场和专门化领域,精心耕耘,成为各专门化领域的"专家"。企业可以选择既能发挥自己优势又是大企业或别的中小企业不愿做或做不来的产品或服务。下面是几种补缺者可供选择的专业化方案。

(1) 最终使用者的专业化。企业专门为最终使用用户提供服务或配套产品。比如一些较小的计算机软件公司专门提供防病毒软件,成为"防病毒专家"。

(2) 纵向专业化。即在产品纵向整合的某一环节上专业发展,指产品在原料、零组件、产成品、销售、品牌这条线上向前或向后拓展。作为补缺者的企业,可致力于在这条线上的某一环节成为"专家"。例如,台湾的台扬科技公司成立时即以小耳机作为其主攻产品,多年来专心致志,到今天,台扬的某些产品已能在全世界有过半的市场占有率。

(3) 顾客类型专业化。许多市场补缺者都倾向于为小客户、小公司或个体消费者提供服务或产品。比如在产业用品的市场上,存在许多为大企业所忽视的小客户，市场补缺企业专为这些小客户服务。

（4）地理区域专业化。企业将营销范围集中在比较小的地理区域，这些地理区域往往具有交通不便的特点，大企业不愿经营。

（5）产品或产品线专业化。企业专门生产一种产品或一条产品线，而所涉及的这些产品是被大企业看作市场需求不够、达不到经济生产批量要求而放弃的。这就为市场补缺者留下很好的发展空缺。比如家用电器维修安装业务。

（6）定制专业化。当市场领先者或市场挑战者比较追求规模经济效益时，市场补缺者往往可以碰到许多希望接受定制业务的顾客。专门为这类客户提供服务，构成一个很有希望的市场。近年来，我国城市中的许多家庭在住房装修、家具等产品和服务方面越来越倾向于定制，就为许多小企业或个体业主提供虽分散却数量极大的营销机会。

（7）服务专业化。专门为市场提供一项或有限的几项服务。近年来我国城市中出现的许多"搬家服务公司""家教服务中心"，农村中出现的"农技服务公司""种子服务公司"等，就是小企业采用这类专业化发展作法的实例。

## 要点索引

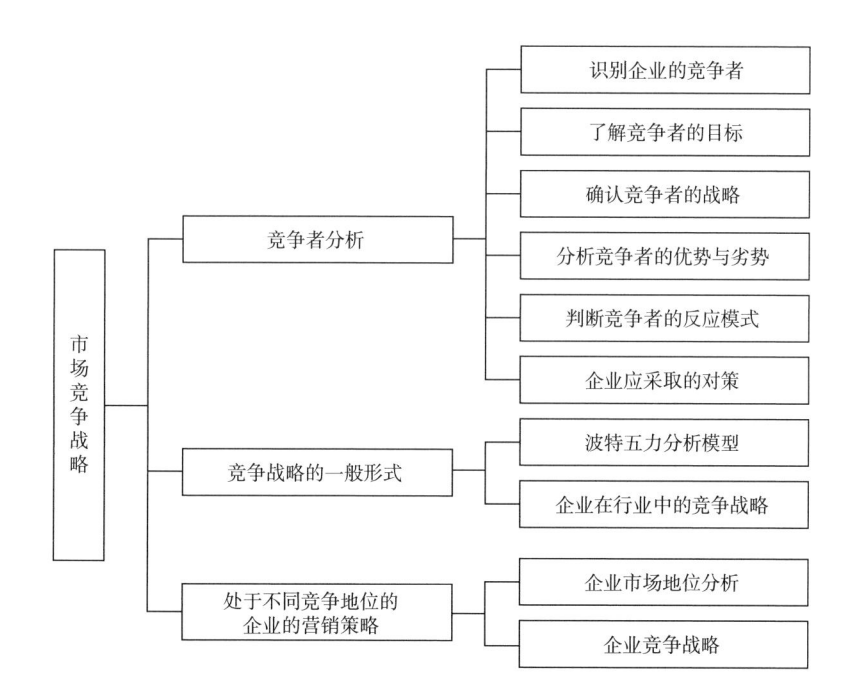

市场竞争战略
- 竞争者分析
  - 识别企业的竞争者
  - 了解竞争者的目标
  - 确认竞争者的战略
  - 分析竞争者的优势与劣势
  - 判断竞争者的反应模式
  - 企业应采取的对策
- 竞争战略的一般形式
  - 波特五力分析模型
  - 企业在行业中的竞争战略
- 处于不同竞争地位的企业的营销策略
  - 企业市场地位分析
  - 企业竞争战略

## 知识巩固

(一) 名词解释

1. 总成本领先战略　　2. 差异化竞争战略

(二) 单项选择题

1. 一个企业若要识别其竞争者，通常可从（　　）方面进行。

   A. 行业和市场　　B. 分销渠道　　C. 目标和战略　　D. 利润

2. 在那些产品差异性很小而价格敏感度很高的资本密集且产品同质的行业中，竞争者之间通常谋求（　　）局面。

   A. 攻击市场领先者　　　　　　B. 阵地防御

   C. 和平共处　　　　　　　　　D. 迂回进攻

3. 以防御为核心是（　　）的竞争策略。

   A. 市场领先者　　B. 市场挑战者　　C. 市场跟随者　　D. 市场补缺者

4. 当企业规模较小，人力、物力、财力都比较薄弱时，应当采取（　　）竞争策略。

   A. 进攻策略　　　　　　　　　B. 专业化生产和经营

   C. 市场多角化　　　　　　　　D. 防御策略

5. 市场跟随者追求的是与市场领先者（　　）。

   A. 和平共处　　B. 取而代之　　C. 维持现状　　D. 保护自己

6. 市场领先者扩大市场需求量的途径是（　　）。

   A. 发现产品的新用途　　　　　B. 以攻为守

   C. 正面进攻　　　　　　　　　D. 保持市场份额

7. 市场跟随者在竞争战略上应当（　　）。

   A. 攻击市场领先者　　　　　　B. 向市场领先者挑战

   C. 跟随市场领先者　　　　　　D. 不作出任何竞争反应

(三) 多项选择题

1. 波特五力分别是（　　）。

   A. 供应商的议价能力　　　　　B. 购买者的议价能力

   C. 新进入者的威胁　　　　　　D. 替代品的威胁

   E. 行业内竞争者现在的竞争能力

2. 补缺战略的特征主要有（　　）。

   A. 有足够的市场潜量和购买力　　B. 生产和消费都比较集中

C. 对主要竞争者不具有吸引力　　D. 产品的需求具有较强的季节性

E. 企业具有占据该补缺所必需的资源和能力

3. 市场补缺者的作用是（　　）。

A. 拾遗补缺　　　　　　　　　B. 有选择的跟随市场领先者

C. 攻击市场追随者　　　　　　D. 见缝插针

E. 打破垄断

4. 市场领先者扩大总需求的途径有（　　）。

A. 攻击挑战者　　　　　　　　B. 开发新用户

C. 兼并补缺者　　　　　　　　D. 寻找产品新用途

E. 增加使用量

5. 市场竞争战略包括（　　）。

A. 市场领先者战略　　　　　　B. 市场挑战者战略

C. 市场跟随者战略　　　　　　D. 市场补缺者战略

E. 市场集中者战略

（四）判断题

1. 市场补缺者的竞争战略应以避实就虚、集中力量为原则，将目标市场指向竞争对手力量相对不足或未注意到的细分市场上。（　　）

2. 市场领先者的策略主要有发现产品的新用途、提高市场占有率及季节折扣。（　　）

（五）简答题

1. 简述竞争者分析的步骤。

2. 竞争战略的三种基本形式。

3. 市场领先者应如何保卫自己的市场阵地？试举例说明。

4. 市场挑战者有哪些可供选择的进攻策略？

## 能力培养

### 思维训练

#### 蛋卷冰激凌

哈姆威是美国的一个糕点小贩。一次在美国举行的世界博览会上，组委会允许商贩在会场外摆摊设点。这样哈姆威就来到了会场外出售他的甜脆薄饼。在他摊位旁边的是一位卖冰激凌的小贩。

当时正值盛夏，卖冰激凌小贩的生意红火极了。但由于吃冰激凌的人太多，盛装冰激凌的小碟子不够使用，有很多顾客要等别人吃完退了碟子之后才能一享口福。

哈姆威看到这种情况，灵机一动，把自己的薄饼卷起来，成为一个圆锥形，把"锥子"倒过来，就可以装冰激凌吃了。顾客们目睹这种情况，都纷纷用薄饼卷成的小筒子装冰激凌，并觉得这样吃起来更具有一番风味。

就这样，薄饼装冰激凌受到了出人意料的欢迎，这也就是现在大家喜欢吃的蛋卷冰激凌的雏形，哈姆威也因此发了一笔横财。

**温馨提示**：上面的故事就出现在我们的生活中。时机是一种机遇，是一种成功的机会。当今的企业家之所以能够成功，并不只在于他们掌握了多少经济理论，也不仅仅在于他们有多大的胆识，更在于他们善于行动，一旦发现机会，便能牢牢抓住。机会不分彼此，不分大小，对人人都是公平的，只要你能善于把握和利用。

市场营销学告诉我们，市场机会就是存在于市场中的尚未得到满足的消费者需求。市场是一个不断变化着的"万花筒"，市场环境条件的变化常常带来消费者某些新需求，因此，一个聪明的企业营销人应该善于从市场中发现那些尚未满足的需求。市场机会潜藏在变化万千的市场环境因素中，企业发现市场机会不易，这需要企业营销人有敏锐的市场眼光，善于分析复杂的市场环境，并进行恰当的市场细分，进而在细分市场中寻找和发现未满足的需求点。企业营销人发现了市场机会，高兴之余还需冷静分析这是否就是本企业的营销机会，有多大的开发价值。分析这些问题需要事先作好充分的市场调查，对市场前景做深入的分析，对人、财、物的投入与产出效益进行论证，在可行性分析的基础上开展营销工作。

## 实战演练

选择一个你熟悉的品牌，分析一下它的竞争者是谁，它在行业中处于什么样的竞争地位，它应采取什么样的竞争战略。

**实训要求**：

1. 学生自由组合，分成5~8人项目学习小组。
2. 以小组为单位，收集、选择拟进行分析的项目的相关资料。
3. 根据资料信息，运用竞争者战略对该品牌的竞争状况进行分析。
4. 在小组讨论的基础上，提交一份分析报告。

## 案例分析

### 可口可乐PK王老吉

**一、王老吉的"可口可乐"梦想**

一瓶红色的易拉罐和一句"怕上火，喝王老吉"的广告语红遍了大江南北，从2002年销售1.8亿元到2005年销售30亿元，这一源自岭南的凉茶饮料获得了巨大的成功。王老吉在产品包装、品牌运作、渠道策略上都把可口可乐作为标杆，在终端视觉识别管理方面已经成为很多本土品牌的榜样。王老吉主张"怕上火，喝王老吉"，致力于成为凉茶饮料品类代表品牌，以健康饮料概念打击非健康碳酸饮料可乐类产品。实践证明这一市场策略是成功的，"可口可乐"梦想离王老吉越来越近。

**二、可口可乐的本土反击**

面对王老吉等广东凉茶品牌的咄咄攻势，以及基于可口可乐在全球重点推广非碳酸饮料的决心，可口可乐公司收购了香港"健康工房"。"健康工房"是香港传统凉茶馆"同治堂"旗下品牌，现为香港即饮草本饮料市场的知名品牌。可口可乐目前推出的"健康工房"系列草本饮料有两个口味："清凉源"和"美丽源"，目标直指凉茶市场，包装规格除了类同王老吉热卖的易拉罐外，还增加了凉茶市场所罕见的PET瓶包装。与王老吉等凉茶品牌更大的区别是更现代、更时尚、更健康的诉求，而不是中国传统历史凉茶的诉求。

**三、王老吉与可口可乐品牌分析**

王老吉和可口可乐"健康工房"，谁更有机会胜出？谁将引领中国草本饮料市场的发展？我们从以下几个方面进行分析。

（1）产品层面：王老吉以易拉罐产品为核心产品，利乐装产品借势发展，这两种产品分别为两家公司所拥有，市场拓展缺乏合力；可口可乐"健康工房"以两种口味、两个规格包装进入市场，尤其PET瓶设计独特，并且是饮料的主流包装，可口可乐在产品上略显优势。

（2）价格层面：王老吉的利乐装产品因为价格很低打击了易拉罐产品的销量，而可口可乐"健康工房"两种口味、两个规格包装价格一致，在销售上可起到相互支撑的作用。

（3）渠道层面：虽然王老吉经过这几年的迅猛发展，在全国建立了很好的渠道网络，但在饮料行业，可口可乐的渠道依然是最强势的，并且由于可口可乐产品线丰富，所以渠道成本分摊后很低，而王老吉由于产品单一，渠道成本自然

很高。

（4）推广层面：王老吉以中国传统凉茶为主基调，以"怕上火，喝王老吉"为核心的功能诉求，体现了功能饮料的专业性；可口可乐"健康工房"以"亲近自然、感觉自然健康"为诉求点，体现了健康饮料的时尚性，其目标消费群体比王老吉更为庞大。

通过简单的 4P 分析和比较，我们可以发现可口可乐"健康工房"略显优势，但实际市场运作会怎么样呢？毕竟王老吉在凉茶饮料市场更专业、资源更集中，船小好调头；而可口可乐资源分散，并不一定能全力做好这个产品。

四、给本土草本饮料的发展建议

（1）品牌应该在中国传统历史凉茶的基础上寻求更健康、更现代、更时尚的突破，让青少年这一主力饮料消费群体更愿意接受本土草本饮料。

（2）在市场推广上，应采用多种整合传播手段，以提升品牌价值。

（3）行业应有序发展，禁止品牌的恶性竞争。

**案例思考：**

1. 分析可口可乐与王老吉在目标市场中的地位，判定其分别属于何种竞争者。
2. 可口可乐应采取何种竞争策略？
3. 王老吉应采取何种竞争策略？

# 第五章 目标市场营销战略

## 学习目标

**知识目标**：(1) 掌握市场细分的含义、市场细分的标准及方法。
(2) 理解目标市场选择及市场定位的重要意义。
(3) 掌握目标市场的三种策略和市场定位的具体策略。

**能力目标**：(1) 掌握企业利用市场细分识别具有吸引力的市场的方法。
(2) 能够运用 STP 战略，分析企业目标市场营销中的问题，并能妥善处理。

## 先导案例

### 麦当劳瞄准细分市场需求

麦当劳作为一家国际餐饮巨头，创始于 20 世纪 50 年代中期的美国。当时创始人及时抓住高速发展的美国经济背景下工薪阶层需要方便快捷饮食的良机，并且瞄准细分市场需求特征，对产品进行准确定位而一举成功。2022 年，麦当劳已经成长为世界上最大的餐饮集团，在 109 个国家开设了 3 万家连锁店，年营业额超过 231 亿美元。

回顾麦当劳公司发展历程可以发现，麦当劳一直非常重视市场细分的重要性，而正是这一点让它取得令世人惊美的巨大成功。

一、麦当劳根据地理要素细分市场

麦当劳有美国国内和国际市场，而不管在国内还是国外，都有各自不同的饮食习惯和文化背景。麦当劳进行地理细分，主要分析各区域的差异。如美国东西部的人喝的咖啡口味是不一样的。通过把市场细分为不同的地理单位进行经营活

动,从而做到因地制宜。每年,麦当劳都要花费大量的资金进行认真严格的市场调研,研究各地的人群组合、文化习俗等,再书写详细的细分报告,以使麦当劳在每个国家甚至每个地区都有一种适合当地生活方式的市场策略。例如,麦当劳刚进入中国市场时大量传播美国文化和生活理念,并以美国式产品牛肉汉堡来征服中国人。但中国人爱吃鸡,与其他洋快餐相比,鸡肉产品也更符合中国人的口味,更加容易被中国人所接受。针对这一情况,麦当劳改变了原来的策略,推出了鸡肉产品。在全世界从来只卖牛肉产品的麦当劳也开始卖鸡肉产品了。这一改变正是针对地理要素所做的,也加快了麦当劳在中国市场的发展步伐。

二、麦当劳根据人口要素细分市场

通常人口细分市场主要根据年龄、性别、家庭人口、生命周期、收入、职业、教育、宗教、种族、国籍等相关变量,把市场分割成若干整体。而麦当劳对人口要素细分主要从年龄及生命周期阶段入手,其中,将不到开车年龄的人划入少年市场,将20~40岁的年轻人划入青年市场,还划定了老年市场。人口市场划定以后,要分析不同市场的特征与定位。例如,麦当劳以孩子为中心,把孩子作为主要消费者,十分注重培养他们的消费忠诚度。在餐厅用餐的小朋友,经常会意外获得印有麦当劳标志的气球、折纸等小礼物。在中国,还有麦当劳叔叔俱乐部,参加者为3~12岁的小朋友,俱乐部定期开展活动,让小朋友更加喜爱麦当劳。这便是相当成功的人口细分,抓住了该市场的特征与定位。

三、麦当劳根据心理要素细分市场

根据人们生活方式划分,快餐业通常有两个潜在的细分市场:方便型和休闲型。在这两个方面,麦当劳都做得很好。例如,针对方便型市场,麦当劳提出59秒快速服务,即从顾客开始点餐到拿着食品离开柜台的标准时间为59秒,不得超过一分钟。针对休闲型市场,麦当劳对餐厅店堂布置非常讲究,尽量做到让顾客觉得舒适自由。麦当劳努力使顾客把麦当劳作为一个具有独特文化的休闲好去处,以吸引休闲型市场的消费者群。

通过以上案例,我们知道麦当劳不仅在市场细分方面积累了丰富的经验,还注入了许多自己的创新,从而继续保持着餐饮霸主的地位。当然,如果在地理、人口、心理三要素上继续深耕细作,更可以在未来市场上保持住自己的核心竞争力。

(资料来源:http://www.qnrcy.com/qygl/scyx/0106143462010_4.html,有删减)

企业在进行营销活动时,必须考虑这样一个问题:产品应该卖给谁?或者说,企业产品的目标顾客是谁?哪些人会来购买它的产品?企业要搞清楚这个问题，必须对市场上的消费者进行认真的分析，把消费者按照一定的标准进行分类，从而选择适合自己产品的那部分消费者作为目标消费者，并根据他们的需要做有针对性的营销活动。这个过程大致可分为三个主要步骤：市场细分（segmenting）→选择目标市场（targeting）→市场定位（positioning），也称 STP 战略，这三者间存在一个前后顺序的关系，如图 5-1 所示。

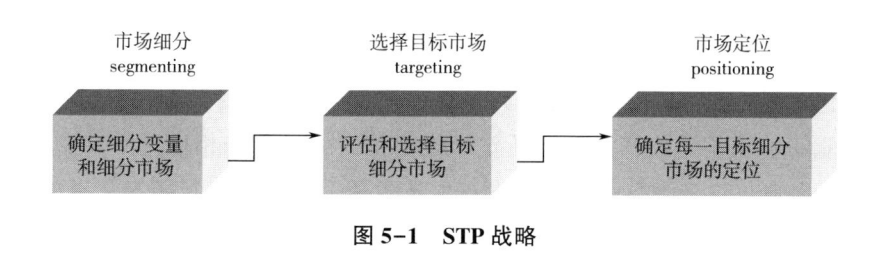

图 5-1 STP 战略

## 第一节 市场细分

### 一、市场细分的概念和作用

（一）市场细分的概念

所谓市场细分，是指企业通过市场调研，根据消费者需求的差异性，把某一产品的整体消费者群划分成若干个在需求上具有某种相似特征的消费者群，从而形成各种不同细分市场的过程。例如，有的消费者要求手表计时基本准确且价格低廉；有的消费者要求手表耐磨、耐用，价格适中；有的消费者则要求手表计时准确，质料名贵，永不磨损，把手表看成财富的象征。由此，手表的消费者就可以区分为三类，手表市场就被细分为三个子市场。如果再考虑儿童、女性和男性在手表款式等方面的不同要求，则手表市场又可进一步细分为九个子市场。可见，市场细分是一种存大异求小同的市场分类方法，它不是对商品进行分类，而是对同种产品需求各异的消费者进行分类，是识别具有不同要求或需要的购买者或用户群的活动。市场细分是市场营销实践的总结，其形成大致经历了以下发展阶段。

1. 大量营销阶段（mass marketing）

早在 19 世纪末 20 世纪初，即资本主义工业革命阶段，整个社会经济发展的重心和特点是强调速度和规模，市场以卖方为主导。在卖方市场条件下，企业市

场营销的基本方式是大量营销,即大批量生产品种规格单一的产品,并且通过广泛、普遍的分销渠道销售产品。在这样的市场环境下,大量营销的方式使企业降低了产品的成本和价格,获得了较丰厚的利润。因此,企业自然没有必要研究市场需求,市场细分战略也不可能产生。

2. 产品差异化营销阶段(product different marketing)

在20世纪30年代,发生了震撼世界的资本主义经济危机,西方企业面临产品严重过剩的情况,市场迫使企业转变经营观念,营销方式开始从大量营销向产品差异化营销转变,即向市场推出许多与竞争者产品不同的,具有不同质量、外观、性能的品种各异的产品。产品差异化营销与大量营销相比是一种进步,但是,由于企业仅仅考虑自己现有的设计、技术能力,而忽视对顾客需求的研究,缺乏明确的目标市场,因此产品试销的成功率依然很低。由此可见,在产品差异化营销阶段,企业仍然没有重视研究市场需求,市场细分也就仍无产生的基础和条件。

3. 目标营销阶段(target marketing)

20世纪50年代以后,在科学技术革命的推动下,生产力水平大幅度提高,产品日新月异,生产与消费的矛盾日益尖锐,以产品差异化为中心的营销方式远远不能解决企业所面临的市场问题。于是,市场迫使企业再次转变经营观念和经营方式,由产品差异化营销转向以市场需求为导向的目标营销,即企业在研究市场和细分市场的基础上,结合自身的资源与优势,选择其中最有吸引力和最能有效地为之提供产品和服务的细分市场作为目标市场,设计与目标市场需求特点相匹配的营销组合。于是,市场细分战略应运而生。

市场细分理论的产生使传统营销观念发生了根本的变革,在理论和实践中都产生了极大影响,被西方理论家称为"市场营销革命"。

(二)市场细分的作用

1. 有利于发现市场机会

在买方市场条件下,企业营销决策的起点在于发现有吸引力的市场环境机会,这种环境机会能否发展成为市场机会,主要取决于与企业战略目标是否一致,以及是否能够比竞争者具有优势并获取显著收益。例如某保暖内衣生产企业,在对保暖内衣进行市场细分后发现,城市婴幼儿保暖内衣市场存在着很大的机会,在城市里非常多的年轻父母愿意为自己的宝宝选购舒适、保暖的内衣,即使价格高一些也不在乎,他们的实际需求及旺盛的购买力使中、高档婴幼儿保暖内衣具有很大的市场潜力。而大多数的保暖内衣生产企业把注意力集中于成人市场或学龄儿童市场，婴幼儿保暖内衣市场被忽视，因而竞争者较少。该企业在进行市场调查与分析后，将城市婴幼儿市场确定为自己的目标市场，取得了很大的成功。事实上，在消费需求多样化和个性化的社会，企业寻找新的市场机会、开发新产品，面对不加区分的大市场往往会茫然不知所措。若将其化整为零，观察各个细分市场，则会发现市场机会处处皆是。企业只要能抓住其中的一个，就会拥有生存和发展的空间。

市场细分对中小企业尤为重要。与实力雄厚的大企业相比，中小企业资源能力有限，技术水平相对较低，缺乏竞争能力。通过市场细分，可以根据自身的经营优势，选择一些大企业不愿顾及、相对市场需求量较小的细分市场，集中力量满足该特定市场的需求，在整体竞争激烈的市场条件下，在某一局部市场取得较好的经济效益，求得生存和发展。

2. 有利于掌握目标市场的特点

不进行市场细分，企业选择目标市场必定是盲目的，不认真地鉴别各个细分市场的需求特点，就不能进行有针对性的市场营销。例如，某公司出口日本的冻鸡原先主要面向消费者市场，以超级市场、专业食品商店为主要销售渠道。随着市场竞争的加剧，销售量呈下降趋势。为此，该公司对日本冻鸡市场作了进一步的调查分析，以掌握不同细分市场的需求特点。购买者有三种类型：一是饮食业用户，二是团体用户，三是家庭主妇。这三个细分市场对冻鸡的品种、规格、包装和价格等要求不尽相同，比如，饮食业用户对鸡的品质要求较高，但对价格的敏感度低于零售市场的家庭主妇；家庭主妇对冻鸡的品质、外观、包装均有较高的要求，同时要求价格合理，购买时挑选性较强。根据这些特点，该公司重新选择了目标市场，以饮食业和团体用户为主要顾客，并据此调整了产品、渠道等营销组合策略，出口量大幅度增长。

3. 有利于制定市场营销组合策略

在市场细分的基础上，企业更容易认识和掌握消费者的需要，并根据消费者的需求类型制定出相应的产品、价格、分销、促销策略，以满足目标市场的需求。例如，美国钟表公司决定其经营方案前仔细地考察了手表市场，对消费者的购买动机进行了细分。该公司发现，大约23%的购买者购买手表时希望价格低廉，46%的人购买经久耐用、质量可靠的手表，还有31%的人购买可以在某些重要场合显示其身份的手表。当时，美国市场上的一些著名的手表公司全力以赴地争夺第三个市场，即价格昂贵、强调声望的手表市场，并通过大百货商店、珠宝店出售。美国钟表公司分析比较这三个市场后，决定把精力集中到前两个竞争较

弱的细分市场，并适应这两个消费者群的需求特点，设计开发了一种名为"天时美"的物美价廉的手表，选择更贴近目标顾客的超级市场、廉价商店等零售商和批发商为分销渠道出售。正是这一成功的市场细分战略，使该公司迅速获得了很高的市场占有率，成为当时世界上最大的手表公司之一。而前些年我国曾向欧美市场出口真丝花绸，消费者是上流社会的女性。由于我国外贸出口部门没有认真进行市场细分，没有掌握目标市场的需求特点，因而营销策略出现了较大失误：产品配色不协调、不柔和，未能赢得消费者的喜爱；低价策略与目标顾客的社会地位不相适应；销售渠道又选择了街角商店、杂货店甚至跳蚤市场，大大降低了真丝花绸产品的"华贵"品位，广告宣传也流于一般。这个失败的营销个案，从反面说明了市场细分对于制定营销组合策略具有多么重要的作用。

4. 有利于提高企业的竞争能力

企业的竞争能力受客观因素的影响而存在差别，但通过有效的市场细分策略可以改变这种差别。市场细分以后，每一细分市场上竞争者的优势和劣势就明显地暴露出来，企业只要看准市场机会，利用竞争者的弱点，同时有效地开发本企业的资源优势，就能用较少的资源把竞争者的顾客和潜在顾客变为本企业的顾客，提高市场占有率，增强竞争能力。

理解市场细分的概念需要注意以下几点。

第一，市场细分不是越细越好。市场细分的前提是差异化，现在有一种观念，认为市场细分越细越好，市场细分越细表示对客户越了解，就越能推进差异化营销，营销效率就越高。然而市场细分的另一前提是企业资源的有限性。市场细分越细，越会增加相应的人员、机构为其进行服务，由于目标市场过细，市场规模较小，必然会增加市场细分成本，不利于提高规模效益。

第二，市场细分不是对产品分类，而是对同种产品需求各异的消费者进行分类。消费者的需求、欲望、购买行为及购买习惯的差异性是市场细分的重要依据。

第三，市场细分是有一定客观条件的。只有经济发展到一定阶段，市场上商品供过于求，消费者需求多种多样，企业无法用原有的生产方式满足消费者需求的时候，市场细分的客观条件才具备。

第四，不要为细分而细分。市场细分的目的就是发现市场机会，针对不同市场定制差异化的策略，开发差异化的产品，如果目标市场营销策略跟不上，不能有效执行，市场细分只能停留在市场细分阶段，不能为企业创造更高的客户价值。

## 二、市场细分的标准

### （一）消费者市场细分标准

在现代社会中，影响消费者市场需求差异性的因素是复杂多变的，因此细分消费者市场的标准和方法没有一个统一固定的模式。一般来说，影响消费者市场需求的主要因素可分为四大类：地理环境因素、人口因素、消费心理因素和消费行为因素，如表 5-1 所示。

表 5-1  消费者市场细分标准及变量一览表

| 细分标准 | | 具体项目 |
| --- | --- | --- |
| 地理环境因素 | 行政区划 | 东北、华北、华东、中南、西南、西北 |
| | 城镇 | 直辖市、省会城市、大城市、中等城市、小城市、乡镇 |
| | 自然环境 | 高原、山区、丘陵、平原、湖泊、草原 |
| | 气候条件 | 干燥、潮湿、温暖、严寒 |
| 人口因素 | 性别 | 男性、女性 |
| | 年龄 | 婴幼儿、儿童、少年、青年、中年、老年 |
| | 职业 | 工人、农民、干部、公务员、教师、经理、厂长、营销员等 |
| | 收入 | 低收入、中等收入、高收入 |
| | 教育 | 小学及以下、中学、大学、研究生 |
| | 家庭状况 | 1~2人、3~4人、5人以上 |
| | 宗教信仰 | 佛教、道教、基督教、天主教、伊斯兰教 |
| | 民族 | 汉、回、蒙、藏、苗、傣、壮、高山、朝鲜族等 |
| 消费心理因素 | 社会阶层 | 上上层、上层、中上层、中层、中下层、下层 |
| | 相关群体 | 家庭、亲朋、工作同事、团体、协会、组织、明星、影星 |
| | 生活方式 | 传统型、保守型、现代型、时髦型 |
| | 个性特征 | 理智型、冲动型、情绪型、情感型 |
| 消费行为因素 | 利益诉求 | 品牌、质量、价格、功效、式样、包装、服务 |
| | 购买时机 | 规律性、无规律性、季节性、节令性、非节令性 |
| | 使用状况 | 从未使用过、少量使用过、中量使用过、大量使用过 |
| | 使用频率 | 曾经使用者、首次使用者、经常使用者 |
| | 品牌忠诚 | 坚定忠诚者、不坚定忠诚者、转移者、非忠诚者 |

1. 地理环境因素

按照消费者所处的地理位置、自然环境来细分市场。这是大多数企业进行市场细分的主要标准,因为地理环境因素相对稳定,也比较容易分析。具体包括地理区域、气候、城市规模及人口密度等因素。

(1) 地理区域。不同地区消费者的消费习惯和购买行为受自然条件等因素的影响,需求特征有明显的差异。比如在中国,饮食习惯方面就有南甜、北咸、东辣、西酸的说法,南方人喜欢吃大米、北方人喜欢吃面食等。

(2) 气候。气候的差异也能引起人们需求的差异。比如居住在中国海南岛的居民一般不会购买羽绒服,而居住在中国北方的居民在寒冷的冬季需要羽绒服。而气候的干湿对人们的消费需求也有很大的影响,气候湿润的地区多需防涝设施,气候干燥的地区多需抗旱设施等。

(3) 城市规模。城市的规模不同,人们对产品的需求也不同。比如北京、上海等大型城市,其经济发展水平、居民的文化水平和收入水平等与中小城市相比都要高出很多。因此购买行为存在着差异。

(4) 人口密度。我国东南沿海地区人口密度较大,而西北内陆地区人口密度较小。由于生活空间条件的差异,人们对同种产品的需求也存在着明显的差异。

地理细分的主要理论依据是:处于不同地理位置的消费者对企业的产品有不同的需要和偏好,对企业的产品、价格、渠道、促销等市场营销策略也各有不同的反映。但是,就总体而言,地理环境中的大多数因素是一种相对静态的变量,企业搞营销必须研究处于同一地理位置的消费者和用户对某一类产品的需求或偏好,结果会发现仍然存在差异。因此,还必须同时依据其他因素进行市场细分。

### 小资料

#### 气候与成功

一家美国大型食品加工公司在墨西哥某河流的三角洲地区建立了一家菠萝罐头厂,但在生产中却遇到了麻烦。该公司在河流的上游地区建立了菠萝种植园,计划使用驳船将成熟的菠萝顺流运到罐头厂,然后,将菠萝罐头直接装上货运海轮,运到世界各地市场。然而,在菠萝成熟时却遇到了麻烦:菠萝成熟季节恰逢汛期,河流过急,驳船无法逆流而上拖往种植园,使得用驳船装运菠萝的计划搁浅。由于没有其他可供选择的运输办法,公司无奈只好关闭了工厂。那些新设备只能以原价5%的价格出售给墨西哥的一家企业,而这家墨西哥企业则立刻将工厂迁走。对气候和航运条件的疏忽是公司倒闭的直接原因。

西门子公司的做法则是另一方面的典型。针对欧洲大陆气候的差异，西门子对出口到不同地区洗衣机的转速作了调整。由于德国和斯堪的纳维亚天气阴晴不定，所以在该地区销售的洗衣机的转速最低不低于 1 000 转/分，最高不超过 1 600 转/分。保证从洗衣机里拿出的衣物必须比别处干，因为用户无法拿到室外去晾晒。相反，在意大利和西班牙，由于阳光充足，洗衣机转速达到 500 转/分就足够了。

（资料来源：凯特奥拉. 世界市场营销学［M］. 北京：机械工业出版社，2012）

2. 人口因素

人口因素很久以来一直是细分消费者市场的重要因素。这是因为消费者的欲望、需求偏好和使用频率往往和人口因素有着直接的关系。一般来说，人口因素主要包括以下几个方面。

（1）年龄。人口按年龄可分为儿童、少年、青年、中年和老年几个阶段。消费者的需要和购买能力随着年龄的增长而变化，不同年龄的消费者呈现出不同的需求特点。一般情况下，儿童需要玩具、食品、儿童读物，青年人需要体育和学习用品，老年人则需要营养品和医疗保健品等。养生堂的"成长快乐"的细分市场策略就是一个很好的案例，它针对儿童市场进行小范围的深挖，取得了小市场的大销售业绩。

（2）性别。男性和女性对产品和服务的需求表现出很大的差异。比如服装、鞋帽、化妆品等行业一直以性别因素细分市场。

（3）收入。人们的收入水平决定了其购买支付能力。当前的收入水平可分为低收入、中等收入、高收入三类。住房、餐饮娱乐、汽车、旅游等行业常常运用收入细分市场。

（4）职业和受教育程度。根据消费者的职业和受教育程度不同，也能划分不同的细分市场。

（5）婚姻、家庭生命周期。一个家庭，按年龄、婚姻和子女状况等，可以划分为单身、新婚、生育、满巢、离巢、空巢、鳏寡等七个阶段。在不同的阶段，他们对商品的兴趣与偏好会有较大的差别。

（6）国籍、种族、民族和宗教。国籍、种族、民族和宗教的不同，很大程度上决定了消费者在价值观念、生活情趣、审美观念和消费方式等方面的差异。

按人口因素细分市场，主要目的是为企业选择和确定具体的服务对象。例如，二战以后，美国的婴儿出生率迅速提高。到 20 世纪 60 年代，战后出生的一

代已成长为青少年。加之美国这个时期经济繁荣，家庭可支配的收入增加，所以，几乎所有定位于青少年市场的产业及产品都获得了巨大的成功，举世闻名的迪士尼乐园就是成功的典范。70年代后期，受美国经济不景气的影响，出生率显著下降。到80年代中期，几乎所有原来定位于婴幼儿和儿童市场的产品市场都呈现出不同程度的萧条景象，这必然使那些原来定位于儿童和青少年市场的企业重新定位或扩大经营范围，如迪士尼集团也不得不改变服务对象，除了继续以青少年为对象外，还增加了成年人游乐项目，并经营酒店、高尔夫球等业务，使企业在新的市场环境下得以继续发展。

3. 消费心理因素

按照消费者的心理特征细分市场。心理因素是一个极其复杂的因素，由于消费者的心理需求具有多样性、动态性的特点，在按照地理和人口心理因素细分市场时，还会出现处于同一群体中的消费者对同类产品的需求的差异性，这可能是消费心理因素在发挥作用。心理因素包括生活方式、个性、价值观念等。

（1）生活方式。生活方式是指一个人怎样生活。它是影响消费者的欲望和需求的一个重要因素。生活方式不同的消费者对商品有着不同的需要。比如，有的消费者追求时尚新潮，有的追求简朴自然，有的追求舒适安逸。越来越多的企业，尤其是服装、化妆品、家具、餐饮、旅游等行业的企业，越来越重视按照人们的生活方式来细分市场。

（2）个性。个性是指一个人比较稳定的心理倾向与心理特征，它会导致一个人对其所处环境做出相对一致和持续不断的反应。一个人的个性通常会通过自信、服从、保守、适应、进取等性格特征表现出来。企业可以依据消费者的个性特征，有针对性地制定营销策略。例如，20世纪50年代后期福特汽车购买者普遍被认为是独立、易冲动、善于适应环境的消费者群体，而通用汽车公司雪佛莱汽车的购买者被认为是保守的、节俭的、避免极端的消费者群体。企业可以把个性、爱好、兴趣和价值取向相近的消费者集合成群，有针对性地制定营销策略。

4. 消费行为因素

按照消费者的购买行为细分市场。消费者行为与消费者需求密切相关，因而成为市场细分的重要因素。消费行为因素包括消费者对商品的购买时机、追求利益、使用者情况、使用频率、忠诚程度、购买的准备阶段、态度等因素。

（1）购买时机。根据消费者购买和使用产品的不同时机，将他们划分成不同的群体。许多企业往往通过时机细分，试图扩大消费者使用其产品的范围。例如许多企业在春节、中秋节等节日进行大规模的促销活动，以扩大产品的销售量。

（2）追求利益。消费者购买商品是为了满足一定的需要，需要的差异性导致对同一种商品所追求的利益不同。以购买牙膏为例，有的消费者追求牙膏的洁齿保健功能，有的消费者追求牙膏的预防龋齿、消炎的功能。企业可以根据顾客所追求的利益细分市场。如宝洁公司向不同的消费者群体推出了不同利益诉求的洗发香波：海飞丝——去头屑；潘婷——含有维生素原 B5 营养发质；飘柔——柔顺光滑；沙宣——现代时尚；伊卡璐——草本精华纯天然。

（3）使用者状况。有些商品市场可以按使用者的情况进行细分，通常可以划分为未使用者、初次使用者、经常使用者和潜在使用者。一般而言，资力雄厚、市场占有率较高的企业特别注重吸引潜在使用者，争取通过营销战略把潜在使用者变为初次使用者，进而变为经常使用者。而一些中小企业则比较重视经常使用者顾客群的开发，力求使自己的产品比竞争者更富有吸引力。

（4）使用频率。根据消费者对特定商品的使用次数和数量，可以划分为大量使用者、中量使用者和少量使用者，大量使用者的人数可能并不是很多，但消费量占全部消费量中的比重却很大。根据美国某啤酒公司的调查，某一区域有32%的人消费啤酒，其中，大量使用户与少量使用户各为16%，但前者购买了该公司啤酒销售总量的88%。因此，许多企业把大量使用者作为自己的销售对象。

（5）品牌忠诚程度。所谓品牌忠诚，是指由于产品价格、质量等因素的吸引，消费者对某一品牌的产品情有独钟，形成偏爱并长期购买这一品牌产品的行为。据此可以把消费者市场划分为四个群体：绝对品牌忠诚者、多种品牌忠诚者、变换型忠诚者和非忠诚者。在绝对品牌忠诚者占很大比重的市场上，其他品牌难以进入；在变换型忠诚者占比重较大的市场上，企业应努力分析消费者品牌忠诚转移的原因，以调整营销组合，提高品牌忠诚程度；而对于那些非品牌忠诚者占较大比重的市场企业来说，则应审查原来的品牌定位和目标市场的确立等是否准确，并且随着市场环境和竞争环境变化对定位加以调整。

（6）购买的准备阶段。在任何时候，消费者都处于购买某种产品的不同准备阶段。比如有些人不知道该产品，有些人知道了该产品，有的产生了兴趣，有的打算购买。企业可以针对处于不同购买阶段的消费者进行市场细分并采取不同的市场营销组合策略。

（7）态度。企业根据不同的消费者对同一产品的不同态度，可以把市场消费者细分为热情者、肯定者、不感兴趣者、否定者和敌对者。企业要针对不同态

度的消费者采取不同的营销策略。

（二）生产者市场细分的标准

生产者市场又称工业品市场或生产资料市场，它是组织市场的一个组成部分，系指为满足工业企业生产其他产品的需求而提供劳务和产品的市场。

1. 生产者市场的特征

（1）从市场需求的角度看，生产者市场的需求有两个鲜明的特征。一是需求的派生性，即生产资料的需求源于消费资料的需求，消费资料的需求情况决定生产资料的需求状况。例如，因为消费者对住房有需求，建筑商才购买钢材、水泥、砖等生产资料。二是需求的弹性小，即在一定的时期内，需求的品种和数量不会因价格的变动而发生很大变化。例如，汽车生产者不会因为汽车轮胎的涨价而少购进轮胎。造成这种现象的主要原因是生产者市场的需求取决于其生产工艺过程与生产特点，企业在短期内不可能很快变更其生产方式和产品种类。同时，生产资料有专门用途，需求量较固定，加之生产资料价格的高低对用户的生产成本影响不大。

（2）从产品角度看，生产者市场的产品和服务均用于制造其他产品或提供其他服务，是非最终消费产品；而且这些产品技术性强，有不少产品价格昂贵。

（3）从购买的角度看，生产者市场有几个突出的特征。一是由于产品技术性强，购买者必须具备相关的商品知识和市场知识。因此，无论是采购员还是销售员，都必须是在产品专业技术知识和采购、推销方面训练有素的专业人员。如果卖方缺乏商品知识和市场知识，就不可能很好地介绍产品的性能，从而影响销售；如果买方缺乏相应的知识，就无法鉴定产品的好坏，造成采购的失误。二是直接采购。生产资料的采购一般很少经过中间商（标准品除外），生产者直接从生产厂商那里购买产品。三是购买者数量少，购买规模大。在生产者市场上，购买者是企业单位，购买者的数量必然比消费者市场小得多，但每个购买者的购买量都较大。在现代经济条件下，许多行业的生产集中在少数大公司，所需原料、设备的采购也就相对集中。

2. 生产者市场细分的依据

许多用来细分消费者市场的标准同样可用于细分生产者市场，如根据地理、追求的利益和使用频率等变量加以细分。不过，由于生产者与消费者在购买动机与行为上存在差别，具有不同的特点，所以，除了运用前述消费者市场细分标准外，还可用一些新的标准来细分生产者市场。具体表现如下。

（1）用户行业。产品最终用户的行业是细分产业市场最为通用的依据。用户购买产品，一般供再加工之用，对所购产品通常有特定的要求。如同是钢材，有的用于生产机器，有的用于造船，有的用于建筑；同是载重汽车，有的用作货物运输车，有的用作工程车，有的成为军用车。不同行业的最终用户通常会在产品的规格、型号、品质、功能、价格等方面提出不同的要求，企业此时可根据用户要求，将要求大体相同的用户集合成群，并据此设计出不同的营销策略组合。

（2）用户规模。用户或客户的规模也是细分生产者市场的重要依据。在生产者市场中，有的用户购买量很大，而另外一些用户购买量很小。企业应当根据用户规模大小来细分市场。用户规模不同，企业的营销组合方案也应有所不同。比如，对于大客户，宜于直接联系、直接供应，在价格、信用等方面给予更多优惠；而对众多的小客户，则宜于使产品进入商业渠道，由批发商或零售商去组织供应。

（3）用户地点。在任何一个国家或地区，由于自然资源、气候条件、社会环境、历史继承等方面的不同，以及生产的相关性和连续性的不断加深要求生产力合理布局，都会形成若干产业地区，如我国的山西煤田、武汉-鄂州-大冶冶金工业区、江浙丝绸工业区、辽南苹果集中产区等。这就决定了生产者市场比消费者市场更为集中。企业按用户的地理位置来细分市场，选择用户较为集中的地区作为自己的目标市场，不仅联系方便、信息反馈较快，而且可以更有效地规划运输路线，节省运力与运费，同时也能更加充分地利用销售力量降低推销成本。

### 相关链接

#### 农夫山泉市场细分

农夫山泉这个品牌大家应该都很熟悉，从"农夫山泉有点甜"到"我们不生产水，我们只是大自然的搬运工"，这些都让我们一步一步加深了对农夫山泉品牌的印象。最近几年，农夫山泉又以新水源为卖点，以职业、家庭生命周期、收入等因素进行了市场细分，通过市场细分找到了新的目标消费群体，针对目标消费群体的需求推出了一系列的新产品。比如，针对学生消费群体推出了学生矿泉水，学生矿泉水的瓶盖可以单手开关，瓶中水只有在受压的情况下才会流出，平时普通的侧翻倒置都不会使水流出。对于活泼好动又喜欢新鲜感的孩子们来说，这个更加合适。针对有婴儿家庭的消费群体推出了婴幼儿水，专门聘请了设计师设计打造了平行低矮和大直径的婴儿水瓶，让人感觉稳固可靠，而瓶身设计了独特的握口，正如宣传片里所说，"爸爸手大，握前面，妈妈手小，握后面"，完美地做了一笔营销。而针对高收入追求极致生活的人群，则推出了玻璃瓶高端

水,采用的是长白山莫涯泉中珍贵的低钠弱碱性水,并专门邀请国际顶尖设计公司对包装进行设计,使产品富有人文内涵,吸引目标消费群体。农夫山泉利用了多个人口细分变量,对市场进行细分后,针对目标细分市场消费者的需求设计满足需求的产品,并通过推出这些新产品进一步巩固了自身在饮用水方面的优势,也凭借出色的设计和营销手段得到了消费者的认可。

(资料来源:https://zhuanlan.zhihu.com/p/386633917)

### 三、市场有效细分的条件

市场细分的标准很多,企业可以根据各种标准进行市场细分。在营销实践中,并非所有的细分市场都有意义。如何寻找合适的细分标准,使细分后的市场对企业有用?一般而言,细分标准应遵循以下基本条件。

(一)可衡量性

细分市场必须是可以衡量的,其市场特征是可以用数据进行测算的。比如在电冰箱市场上,在重视产品质量的情况下,有多少人更注重价格,有多少人更重视耗电量,有多少人更注重外观,或者兼顾几种特性。当然,将这些资料进行量化是比较复杂的过程,必须运用科学的市场调研方法。

(二)可进入性

可进入性即企业所选择的目标市场是否易于进入,根据企业目前的人、财、物和技术等资源条件能否通过适当的营销组合策略占领目标市场。比如,细分市场后发现,该市场已有很多竞争者,本企业无力与之抗衡;或虽有营销机会,但因为企业缺乏原材料和技术,难以生产经营。这样的细分市场就没有现实意义。

(三)可营利性

可营利性即企业所选择的细分市场有足够的需求量且有一定的发展潜力,使企业赢得长期稳定的利润。如果细分市场规模过小、市场容量有限,而营销成本又很高,企业就会获利很少甚至亏损。这样的细分市场就没有价值。

(四)可区分性

可区分性指不同的细分市场的特征可清楚地加以区分。进行市场细分的假定前提是不同细分市场的需求是有差异的,而在某一细分市场则是同质的。如果对于同一营销组合方案,各细分市场的反应是相同的,市场细分就没有任何意义。例如,某公司出口日本的冻鸡原先主要面向消费者市场,以超级市场、专业食品商店为主要销售渠道。随着市场竞争的加剧,销售量呈下降趋势。为此,该公司对日本冻鸡市场作了进一步的调查分析,以掌握不同细分市场的需求特点。将购买者区分为三种类型:一是饮食业用户,二是团体用户,三是家庭主妇。这三个细分市场对冻鸡的品种、规格、包装和价格等要求不尽相同,比如:饮食业用户对鸡的品质要求较高,但对价格的敏感度低于零售市场的家庭主妇;家庭主妇对冻鸡的品质、外观、包装均有较高的要求,同时要求价格合理,购买时挑选性较强。根据这些特点,该公司重新选择了目标市场,以饮食业和团体用户为主要顾客,并据此调整了产品、渠道等营销组合策略,出口量大幅度增长。

**四、市场细分的方法和程序**

(一)市场细分的方法

1. 单一变量法

所谓单一变量法,是指根据市场营销调研结果,把选择影响消费者或用户需求最主要的因素作为细分变量,从而达到市场细分的目的。这种细分法以公司的经营实践、行业经验和对组织客户的了解为基础,在宏观变量或微观变量间找到一种能有效区分客户并使公司的营销组合产生有效对应的变量。例如:资生堂公司在日本对化妆品市场进行调查以后,依据年龄因素把潜在消费者分为四类:一类是15~17岁的女孩子,讲时髦、好打扮,对化妆品的需要意识很强烈,但购买的往往是单一的化妆品;第二类是18~24岁的姑娘,对化妆品很关心并采取积极的消费行动,只要中意,价格再高也在所不惜,往往成套购买化妆品;第三类是25~34岁的青年妇女,多数已婚,对化妆品的需求心理和消费行为虽然有所变化,但化妆仍然是她们的生活习惯;第四类是35岁以上的妇女,虽分为积极派和消极派,但也显示了对单一化妆品的需要。这样就区分出了四个不同的细分市场。

2. 综合因素细分法

综合因素细分法用影响消费需求的两种或两种以上的因素从多个角度进行综合细分。比如,依据收入、家庭规模和车主年龄等三个因素细分轿车市场,可以得到36(3×3×4)个不同的细分市场(见图5-2)。这种方法适合于消费者需求差别情况较为复杂,要从多方面去分析、认识的场合。

3. 系列因素细分法

系列因素细分法是指用影响消费需求的两种或两种以上因素根据一定顺序逐次细分市场。由粗到细、由浅入深,逐步进行细分,被称为系列因素细分法。这种方法可使目标市场更加明确而具体。其基本思路是:从粗到细将整体市场分为

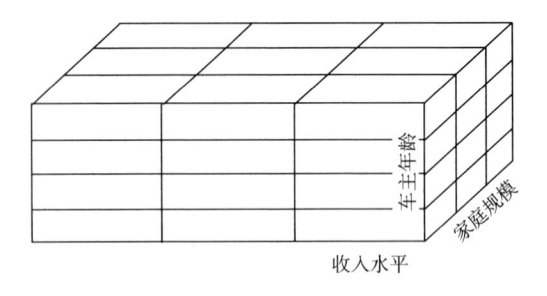

图 5-2 综合因素细分轿车市场

几个层次，逐层细分，并确定该层次的样本市场，最终层次的样本市场就是企业将全力投入的目标市场。以服装市场为例，如图 5-3 所示。

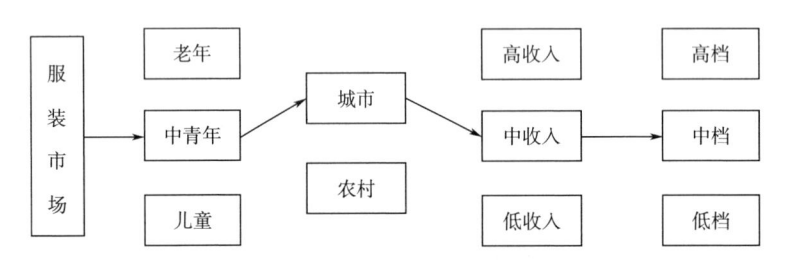

图 5-3 系列因素细分服装市场

我们在做市场细分的时候，首先应该依据自己的经验和其他公司的市场情况来给市场细分制定依据，即确定一个市场的切割方法。市场的切割方法是非常重要的，如果切割方法不好，那么切割之后，我们依然看不出所以然。我们以服装行业为例，参见表 5-2。

表 5-2 综合因素细分市场（1）

| 档次 | 风格 | | |
|---|---|---|---|
| | 古典风格 | 流行风格 | 前卫风格 |
| 高档 | | | |
| 中档 | | | |
| 低档 | | | |

这是以服装的档次和风格来细分的，由此可见，一个大的市场包含九个细分市场。这些细分市场不一定存在，但我们应对每一格做一个定义，即市场的初步定义。我们把按照表 5-2 细分后认为可以进入的市场，按表 5-3 再次细分，这样

就可以定义出我们要选的目标市场。

表 5-3 综合因素细分市场 (2)

| 年龄/性别 | 类型 | | | | |
|---|---|---|---|---|---|
| | 西服 | 配套产品 | 中式服装 | 运动装 | 休闲装 |
| 青少年（男）| | | | | |
| 青少年（女）| | | | | |
| 中青年（男）| | | | | |
| 中青年（女）| | | | | |
| 老年（男）| | | | | |
| 老年（女）| | | | | |

(二) 市场细分的程序

企业进行市场细分通常要经过以下七个步骤。

1. 明确企业经营方向，选定产品市场范围

当企业确定市场细分的基础之后，必须确定本企业致力于哪种行业哪种产品的生产经营，这是市场细分的前提。企业应依据自身的实力和顾客的需求状况来确定市场范围。例如，某房地产公司欲为低收入的消费者在城郊建一幢住宅，若只考虑产品特征，则住宅的出租对象应该是低收入的家庭，但是从市场需求角度来看，高收入家庭为了追求居住环境的清静，也可能是这幢住宅的租赁者。

2. 列举潜在顾客的基本需求

公司可以通过调查了解潜在消费者对前述住宅的基本需求。这些需求可能包括遮风避雨、安全、方便、宁静、设计合理、室内陈设完备、工程质量好等。

3. 了解不同潜在顾客的不同要求

对列举出来的基本需求，不同顾客强调的侧重点可能会存在差异。比如，经济、安全、遮风避雨是所有顾客共同强调的，但有的顾客可能特别重视生活的方便，另外一类顾客则对环境的安静、内部装修等有很高的要求。通过这种差异比较，不同的顾客群体即可初步被识别出来。

4. 筛选

剔除潜在顾客的共同要求，而以特殊需求作为细分标准。上述所列购房的共同要求固然重要，但不能作为市场细分的基础。如遮风避雨、安全是每位顾客的要求，就不能作为细分市场的标准，因而应该剔除。通过筛选，找出最能发挥企

业优势的细分市场。

5. 初步为各细分市场定名

根据潜在顾客基本需求的差异，将其划分为不同的群体或子市场，并赋予每一子市场一定的名称。

6. 分析论证细分市场是否科学合理，是否有利于选择目标市场

进一步分析每一细分市场需求与购买行为特点，并分析其原因，以便在此基础上决定是否可以对这些细分出来的市场进行合并或作进一步细分。

7. 选定目标市场

对整体市场初步细分，估计每一细分市场的顾客数量、购买频率、平均每次的购买数量等，并对细分市场上产品竞争状况及发展趋势作出分析。

## 第二节　目标市场选择

企业进行市场细分之后，首先要认真评估各细分市场，然后要考虑具体进入哪一个或哪几个各细分市场并为之提供服务，这就是目标市场的选择。

### 一、目标市场选择标准

目标市场是企业所选择和确定的营销对象，即企业能够为之提供有效产品和服务的顾客群。目标市场选择是指在市场细分的基础上，企业根据自己的实力及竞争优势相应地选择一个或几个子市场，并作为企业营销对象的决策过程。一般来说，企业选择进入的目标市场应该符合以下几个标准。

#### （一）有足够的市场需求

企业进入一个市场的目的是通过为这个市场提供产品和服务来获得一定的利润。企业选择的目标市场一定要有尚未满足的现实需求和潜在需求，如果市场规模过于狭小，企业进入后难以发展，就要慎重考虑，不可轻易进入。

#### （二）市场有一定的购买力

购买力是企业选择目标市场的重要条件之一。如果市场仅存在潜在需求，没有购买力或购买力很低，就不可能构成现实市场。因此，选择目标市场时必须对目标市场的人口、购买力、购买欲望进行分析和评价。

#### （三）在目标市场上，本企业具有竞争优势

企业应尽量选择那些竞争相对较少、竞争对手比较弱的市场作为目标市场，

这样有可能获得较大的市场占有率。如果细分的市场是一个竞争非常激烈而竞争对手又十分强大的市场，企业进入后成本会很高。

（四）符合企业的目标和能力

有些细分市场虽然有较大的吸引力，但不能推动企业实现发展目标，只能放弃。另外还要考虑企业是否具备了在该市场获胜所需要的技术和资源。只有选择那些企业有条件进入并能充分发挥其资源优势的市场作为目标市场，企业才能获利。

## 二、目标市场选择的模式

目标市场是企业打算进入的细分市场或打算满足的具有某一需求的顾客群体。企业在选择目标市场时，可选择的模式有五种类型：产品与市场集中化战略、产品专业化战略、市场专业化战略、选择专业化战略、覆盖全部市场战略，如图5-4所示。

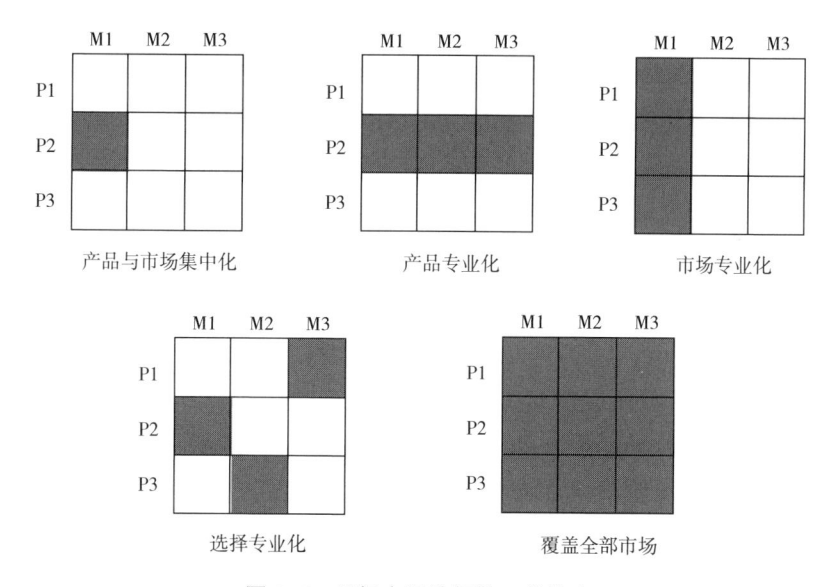

图5-4 目标市场选择的五种模式

（一）产品与市场集中化战略

产品与市场集中化战略是一种最简单的目标市场模式，即企业的目标市场无论从市场还是产品角度都集中于一个细分市场。该模式意味着企业只生产一类产品，供应某一单一的顾客群，进行集中营销。例如某鞋厂只生产青年人穿的中档健身鞋。选择产品与市场集中化模式一般基于以下考虑：企业具备在该细分市场

从事专业化经营或取胜的优势条件；限于资金能力，只能经营一个细分市场；该细分市场中没有竞争对手，准备以此为出发点，取得成功后向更多的细分市场扩展。

## （二）产品专业化战略

产品专业化战略是指企业向各类顾客同时供应某种产品。例如某鞋厂生产中档健身鞋满足不同年龄组的顾客需求，其优点是企业专注于某一种或一类产品的生产，有利于形成和发展生产和技术上的优势，在该领域树立形象。其局限性是当该领域被一种全新的技术与产品所代替时，产品销售量有大幅度下降的风险。

## （三）市场专业化战略

市场专业化战略是指企业向同一顾客群供应不同种类的产品，例如某鞋厂专门以青年顾客群为目标，根据他们的需求生产各个档次的健身鞋。市场专业化经营的产品类型众多，能有效地分散经营风险。但由于集中于某一类顾客，当这类顾客的需求下降时，企业也会遇到收益下降的风险。

## （四）选择专业化战略

选择专业化战略是指企业决定有选择地进入几个不同的细分市场，为不同的顾客群提供不同种类的产品。这些细分市场之间无明显的联系，但每一个市场都存在较好的企业机会。优点是可以有效地分散经营风险，即使某个细分市场盈利情况不佳，仍可在其他细分市场取得盈利。采用选择专业化战略的企业应具有较多的资源和较强的营销实力。

## （五）覆盖全部市场战略

覆盖全部市场战略是指企业生产多种产品去满足各种顾客群体的需要。一般来说，只有实力雄厚的大型企业才能在选用这种模式后收到良好效果。例如美国通用汽车公司在全球汽车市场、可口可乐公司在全球饮料市场等都采取覆盖全部市场战略。

### 三、目标市场营销策略

所谓目标市场营销策略，是指企业针对不同消费群体，根据不同商品和劳务的特点，采取不同的市场营销组合的总称。企业选择的目标市场不同，提供的商品和劳务就不同，市场营销策略也不一样。一般来说，目标市场的营销策略有三种：无差异性市场营销策略、差异性市场营销策略、集中性市场营销策略。

## （一）无差异性市场营销策略

无差异性市场营销策略是指企业把整体市场看作一个大的目标市场，不进行细分，用一种产品、统一的市场营销组合策略来吸引消费者。无差异性市场营销策略只注意消费者或用户在需求上的共同点，而不考虑他们在需求上的差异性。在20世纪60年代前，美国可口可乐公司一直奉行典型的无差异性市场营销战略，以单一的品种、标准的瓶装和统一的广告宣传长期占领世界非酒类饮料市场。在大量生产、大量销售的产品导向时代，多数企业采用无差异性市场营销战略。对于需求广泛、市场同质性高的产品，往往采用无差异市场营销策略。例如，食盐市场上，所有消费者对食盐的需求无大差异，每月购买的数量和每日的消费量几乎相同，而且消费者普遍要求食盐价格便宜、购买方便、包装便于使用，对食盐的广告宣传则不大注意。

采用无差异性市场营销策略的最大优点是成本的经济性。大批量的生产销售，必然降低单位产品成本；无差异的广告宣传可以减少促销费用；不进行市场细分，可以减少企业在市场调研、产品开发、制定各种营销组合方案等方面的营销投入。这种策略对需求广泛、市场同质性高且能大量生产、大量销售的产品比较合适。

但是，无差异性市场营销策略对市场上绝大多数产品都是不适宜的。

首先，消费者需求客观上千差万别并不断变化，一种产品长期为所有消费者和用户所接受非常罕见。

其次，当众多企业仿照采用这一策略时，会造成市场竞争异常激烈，同时在一些小的细分市场上消费者需求得不到满足，这对企业和消费者都是不利的。

最后，易于受到竞争企业的攻击。当其他企业针对不同细分市场提供更有特色的产品和服务时，采用无差异性市场营销策略的企业可能会发现自己的市场正在遭到蚕食，但又无法有效地予以反击。例如，20世纪70年代以前，美国通用、福特和克莱斯勒三大汽车公司都坚信美国人喜欢大型豪华的小汽车，因而共同追求这一大的目标市场，采用无差异性市场营销战略。但是70年代能源危机发生之后，消费需求发生了变化，消费者越来越喜欢小型、轻便、省油的小型轿车，而美国三大汽车公司都没有意识到这种变化，更没有适当地调整它们的无差异性营销战略，致使大轿车市场竞争"白热化"，而小型轿车市场却被忽略。日本汽车公司正是在这种情况下逐渐形成了市场研究优先的思路，重点生产满足市场消费者需求的产品，从而获得巨大成功。由此可见，对市场机会的敏感认知、对组织自身的精益优化、对消费者的透彻研究始终都是市场营销研究的重中之重。

（二）差异性市场营销策略

差异性市场营销策略是将整体市场划分为若干需求不同的市场，针对不同的目标市场制定不同的营销组合策略。比如，服装生产企业针对不同性别、不同收

入水平的消费者推出不同品牌、不同价格的产品，并采用不同的广告主题来宣传这些产品，采用的就是差异性市场营销策略。

差异性市场营销策略有许多优点。首先，可以有针对性地满足具有不同特征的顾客群的需求，促进产品销售；其次，由于企业在多个细分市场上经营，一定程度上可以减少经营风险；最后，一旦企业在多个细分市场上获得成功，就会增强消费者对企业的信任感，有助于提高企业的形象及提高市场占有率。例如，在中国市场上，宝洁公司的产品可谓家喻户晓。香皂用的是"舒服佳"，牙膏用的是"佳洁仕"，卫生贴用的是"护舒宝"，洗发水就有"飘柔""潘婷""海飞丝"等多种品牌，洗衣粉有"汰渍""洗好""欧喜朵""波特""世纪"等9种品牌。多品牌的频频出击使宝洁公司在顾客心目中树立起实力雄厚的形象。但宝洁公司采取的差异性市场营销策略不是把一种产品简单地贴上几种商标，而是追求同类产品不同品牌之间的差异，包括功能、包装、宣传等方面，从而形成每个品牌的鲜明个性。这样，每个品牌有自己的发展空间，市场就不会重叠。不同的顾客希望从产品中获得不同的利益组合。就洗衣粉而言，有些人认为洗涤和漂洗能力最重要，有些人认为使织物柔软最重要，还有人希望洗衣粉具有气味芬芳、碱性温和的特征。于是宝洁公司就利用洗衣粉的9个细分市场设计了9种不同的品牌。利用一品多牌，从功能、价格、包装等各方面划分出多个市场，满足不同层次、不同需要的各类顾客的需求，从而培养消费者对本企业某个品牌的偏好，提高其忠诚度。

差异性市场营销策略的不足之处主要体现在以下三个方面。首先，会增加营销成本。由于产品品种多，销售渠道、广告宣传多样化，产品市场调研及设计的成本、管理成本、存货成本等营销费用大幅度增加。其次，可能使企业的资源配置不能有效集中，顾此失彼，甚至在企业内部出现彼此争夺资源的现象，使拳头产品难以形成优势。最后，各细分市场之间有可能会出现互斥和替代效应，不利于核心竞争力的形成。有时一个公司的多种品牌可能出现自相蚕食的情况，但这种情况不一定必然发生，这取决于这些品牌是否针对同一细分市场定位。例如P&G的象牙雪（Ivory Snow）洗涤剂大幅度地蚕食了本公司定位在同一细分市场的另一种类似产品象牙雪片（Ivory Flake）的市场份额。福特汽车公司后来生产的猎鹰（Falon）牌轿车使福特标准型轿车的销量锐减。两个例子全是产品在同一细分市场上竞争的结果。但后来福特汽车公司向市场成功推出野马轿车时对其他车型的损伤甚微，因为它所瞄准的是不同的利益细分市场。

因此，差异性市场营销策略适用于选择性较强、需求弹性大、规格等级复杂的产品。而目前一些发达国家的企业在采用此策略时力图寻找一条新路,既希望发展品种少,又能满足较大范围消费者的需求,这就需要企业设法生产出适用范围广泛的产品。例如,强生公司把洗发剂目标市场从婴儿扩大到成年人。

(三)集中性市场营销策略

集中性市场营销策略是在将整体市场分割为若干细分市场后,只选择其中某一细分市场作为目标市场。实行差异性市场营销策略和无差异性市场营销策略,企业均以整体市场作为营销目标,试图满足所有消费者在某一方面的需要。而集中性市场营销策略则是集中力量进入一个或少数几个细分市场,实行专业化生产和销售。实行这一策略,其指导思想是把企业的人、财、物集中用于某一个或几个小型市场,不求在较多的细分市场上获得较小的市场份额,而要求在少数较小的市场上得到较大的市场份额。

集中性市场营销策略的优点是:由于企业的服务对象比较集中,可以准确地了解顾客的不同需求,有针对性地采取营销策略,还可以大大节约营销费用,增强企业的竞争优势。

集中性市场营销策略的缺点是:风险性较大。因为目标市场比较狭窄,一旦竞争者的实力超过自己,消费者的爱好或市场情况发生突然变化,都可能使企业陷入绝境。

这一策略特别适合于资源力量有限的中小企业。在实施这种战略时,要注意在经营理念与管理、技术和产品、市场营销等方面不断创新,特别是要通过技术创新和产品创新来保持强大的竞争力,防范和化解经营风险。

**四、影响目标市场选择的因素**

前述目标市场策略各有利弊,在营销实践中,企业选择何种目标市场策略,应全面考虑主客观条件,一般来说,要考虑以下因素。

(一)企业资源

企业资源是指企业资金、技术设备、员工职业素质、竞争能力、管理水平等方面的总和。如果企业资源力量雄厚,经济实力和营销能力较强,即可选择差异性市场营销策略或无差异性市场营销策略。当今发达国家的许多实力雄厚的大公司,如美国的可口可乐公司、日本的丰田汽车公司等基本上都采取差异性或无差异性市场营销策略。如果企业资源能力有限,则适合选择集中性市场营销策略。

(二)产品特点

有些同质性产品,如钢铁、大米、食盐等差异性较小,竞争主要集中在价格

和提供的服务条件上。该类产品适于采用无差异市场营销战略。而对服装、家用电器、汽车等差异性较大、选择性较强的产品，可根据企业资源力量，采用差异性市场营销策略或集中性市场营销策略。

### （三）市场特点

市场特点主要是指消费者的需求偏好等方面的类似程度。如果某些市场消费者需求比较接近，偏好及其特点大致相似，对市场营销刺激的反应也基本相同，则宜采用无差异性市场营销策略。反之，如果消费者的需求偏好差异性较大，对同一商品在花色、品种、规格、价格、服务方式等方面有不同的要求，对市场营销刺激反应也存在差异，则宜采用差异性市场营销策略或集中性市场营销策略。

### （四）产品生命周期

一般来说，产品从进入市场到退出市场要经历导入期、成长期、成熟期和衰退期四个阶段，产品处在不同的阶段，应采取不同的市场营销策略。在投入期，市场产品少，竞争者也少，可采用无差异性市场营销策略。而在成长期和成熟期，市场竞争加剧，同类产品增加，应采用差异性市场营销策略。进入衰退期，企业为保持原有的市场，延长产品生命周期，集中力量对付竞争者，应当采用集中性市场营销策略。

### （五）竞争状况

竞争是市场经济的必然产物，企业进行目标市场策略选择时要考虑竞争者状况。一般来说，企业的目标市场策略应与竞争者有所区别，如果强大的竞争对手采用的是无差异性市场营销策略，企业应选择差异性或集中性市场营销策略，这样有利于开拓市场，提高产品竞争能力。如果竞争者已采用差异性市场营销策略，则企业应实行集中性市场营销策略或更细致的差异性市场营销策略，而不应以无差异性市场营销策略与其竞争。

## 第三节　市场定位

企业选择和确定了目标市场后，就进入了目标市场营销的第三个步骤——市场定位。市场定位是目标市场营销战略重要的组成部分，是制定营销策略的依据和前提。

> **小资料**

### 宜家在中国

在欧美等发达国家，宜家把自己定位成面向大众的家居用品提供商。其因为物美价廉、款式新、服务好等特点，受到广大中低收入家庭的欢迎。但到了中国之后，市场定位做了一定的调整，因为中国市场虽然大，但普遍消费水平低，原有的低价家具生产厂家竞争激烈使市场接近饱和，市场上的国外高价家具也很少有人问津。于是宜家把目光投向了大城市中相对比较富裕的阶层。宜家在中国的市场定位是"想买高档货，而又付不起高价的白领"。这种定位是十分巧妙准确的，获得了比较好的效果，原因在于：宜家作为全球品牌满足了中国白领人群的心理，宜家卖场的各个角落和经营理念上都充斥异国文化，宜家家具有顾客自己拼装（DIY）、免费赠送大本宣传刊物、自由选购等特点。

以上这些已经吸引了不少知识分子、白领阶层的眼球，加上较高的产品质量，让宜家在吸引更多新顾客的同时稳定了自己固定的回头客群体。宜家的产品定位及品牌推广在中国非常成功，以至于很多中国白领们把"吃麦当劳，喝星巴克的咖啡，用宜家的家具"作为一种风尚。

### 一、市场定位的概念

市场定位是 20 世纪 70 年代由美国营销学家艾·里斯和杰克特劳特提出的，也称为产品定位或竞争性定位，其含义是指企业根据竞争者现有产品在细分市场上所处的地位和顾客对产品某些属性的重视程度，塑造出本企业产品与众不同的鲜明个性或形象并传递给目标顾客，使该产品在细分市场上占据强有力的竞争位置。也就是勾画出企业产品在目标市场即目标顾客心目中的形象，使企业所提供的产品具有一定特色、适应一定顾客的需要和偏好并与竞争者的产品有所区别。因此，企业在进行产品定位时，一方面要研究顾客对产品各种属性的重视程度，另一方面要了解掌握竞争对手的产品特色，即把产品和顾客两方面联系起来，选定本企业产品的特色和形象，从而完成企业产品的市场定位。

市场定位不是一成不变的，要根据市场的变化而变化。瑞士手表一向以高品质、高档次、高价位著称，如劳力士、梅花、隆奇等品牌手表一直占据高档手表市场。然而，随着消费者对手表要求的改变，受日本和香港等厂商出产的中低价位但式样新颖的手表的冲击，定位于技术复杂、品质优异的瑞士手表销量逐渐走下坡路，失去了往日风光。1981 年，瑞士最大的手表公司的子公司

ETA 开始一项新计划，推出了著名的 Swatch 手表，并迅速风靡全球手表市场。该手表不以高品质、高价位定位，而是以款式新颖和低价位但不失高格调定位。该手表价格从 40 美元到 100 美元不等，主要作为时装表来吸引活跃的追求潮流的年轻人。Swatch 每年都要不断推出新式手表，以至于人们都焦急地期待新产品的出现，并将之作为收藏品。在低价位的基础上，Swatch 是如何保持它的高格调形象的呢？全凭销售渠道和限量生产。在美国，Swatch 手表最初在珠宝店和时新店销售，现今在高档货店也有销售，但不进入批发市场。它在几家大型百货商店中开设了专柜，以增加辅助品的销售，如太阳镜、眼镜盒等，让顾客在整个 Swatch 氛围中欣赏公司的产品设计。Swatch 手表虽然每年推出新款式，但每种款式在推出 5 个月后即停止生产，因而即使是最便宜的手表都有收藏价值，获得了"现代古董"的美称。可见，在外界环境发生变化之后，企业定位也应随之调整。

市场定位可分为对现有产品的再定位和对潜在产品的预定位。对现有产品的再定位可能导致产品名称、价格和包装的改变，但是这些外表变化的目的是保证产品在潜在消费者的心目中留下值得购买的印象。对潜在产品的预定位要求营销者必须从零开始，使产品特色确实符合所选择的目标市场。公司在进行市场定位时，一方面要了解竞争对手的产品具有何种特色，另一方面要研究消费者对该产品的各种属性的重视程度，然后根据这两方面进行分析，再选定本公司产品的特色和独特形象。

## 二、市场定位的步骤

消费者并非对某一品牌与其他品牌的所有差别都感兴趣，因此企业没有必要对每一项差异都作详细的说明。企业应该针对目标市场找出几个重要的差异性，加大对顾客的宣传，这一过程实际上就是定位的过程。市场定位的全过程可以通过以下几个步骤来完成。

（一）了解市场定位的各种因素

这一步骤的中心任务是回答以下三个问题：竞争对手产品定位如何？目标市场上顾客欲望满足程度如何？企业在目标市场的潜在竞争优势是什么？然后才能准确选择竞争优势。一般地说竞争优势有两种形式：一是价格竞争优势，二是特色竞争优势。要回答这三个问题，企业市场营销人员必须通过一切调研手段，系统地设计、搜索、分析并报告有关上述问题的资料和研究结果。

### (二）准确选择竞争优势，对目标市场初步定位

竞争优势是企业能够胜过竞争对手的能力。这种能力既可以是现有的，也可以是潜在的。选择竞争优势实际上就是一个企业与竞争者各方面实力相比较的过程。比较的指标应是一个完整的体系，只有这样，才能准确地选择相对竞争优势。通常的方法是在经营管理、技术开发、采购、生产、市场营销、财务和产品等七个方面分析、比较企业与竞争者，确定哪些是强项，哪些是弱项，借此选出最适合本企业的优势项目，以初步确定企业在目标市场上所处的位置。具体运用如下。

1. 确定产品定位的依据

根据定位因素的不同组合，可以绘制不同的定位图。任何一种产品都有许多属性或特征，如价格的高低、质量的优劣、规格的大小、功能的多少等。其中任何两个不同的属性变量就能组成一个坐标，从而构架起一个目标市场的平面图。以产品的价格和质量分别作为横、纵坐标变量，建立一个坐标系来分析目标市场，这种方法是非常普遍的，因为任何产品的这两个属性特征都是消费者所关心的。

2. 确定目标市场的现有竞争状况

在对竞争者分析的基础上，把现有竞争对手的状况在定位图上标示出来。

3. 确定本企业产品的市场位置

企业可对竞争者的产品、成本、促销、服务等进行对比，根据本企业的条件来准确判定企业的竞争优势，选择合适的定位战略，进行正确的市场定位。

例如，H 企业准备进入电冰箱市场。通过市场调查分析了解到，消费者对产品最为关注的是功能多少和价格高低；又了解到这一市场上 A、B、C 三个主要生产厂家在目标市场上的竞争优势及其定位。企业在此目标市场上有三种定位方案，如图 5-5 所示。

企业所进入的电冰箱市场上，消费者对产品最为关注的是功能多少和价格高低。采用功能与价格两个不同的变量组合，可以绘制出如图 5-5 所示的平面定位图。

A、B、C 三个竞争厂家可用三个圆圈分别表示，圆圈的大小表示各个竞争对手产品销售的多少，圆圈的位置表示竞争对手在市场上的定位，表明其产品的竞争特色。A 企业生产的是中等价格、较少功能的产品，它的市场规模最大；B 企业生产的是高价、多功能的产品；C 企业生产的是低价、少功能的产品，它的市场规模最小。在定位图上，该目标市场的竞争定位可以一目了然。

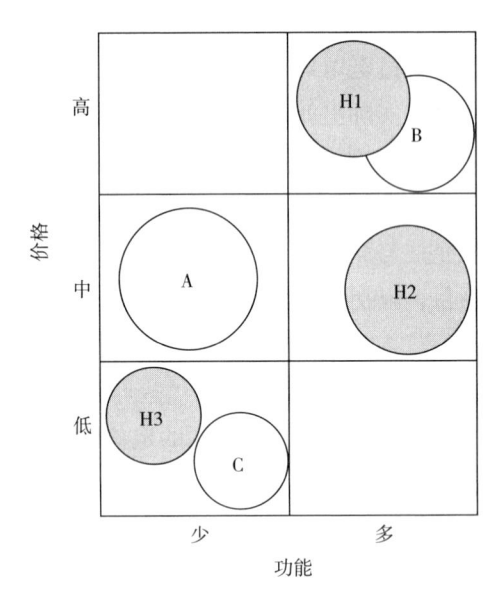

图 5-5　目标市场定位图

从定位图可见，如果市场上对优质高价电冰箱需求量较大，且本企业具有比 B 企业实力更强、能开发出更好产品的优势，则可以选择 H1 定位方案；如果本企业能以较低的成本生产出较多功能的产品，则可以采用 H2 定位方案，在这个市场上没有竞争对手，有利于企业成功；如果在有利可图的市场上，有同现有竞争者的产品共同满足同一市场部分的可能，可以采用 H3 定位方案。

（三）显示独特的竞争优势和重新定位

这一步骤的主要任务是企业要通过一系列的宣传促销活动，将其独特的竞争优势准确传达给潜在顾客，并在顾客心目中留下深刻印象。为此，企业首先应使目标顾客了解、知道、熟悉、认同、喜欢和偏爱本企业的市场定位，在顾客心目中建立与该定位相一致的形象。其次，企业通过各种努力强化目标顾客心目中的形象，保持对目标顾客的了解，稳定目标顾客的态度，加深目标顾客的感情，来巩固与市场相一致的形象。最后，企业应注意目标顾客对其市场定位理解出现的偏差或由企业市场定位宣传失误造成的目标顾客模糊、混乱和误会，及时纠正与市场定位不一致的形象。

三、市场定位的策略

用什么样的市场定位策略，关键在于能否突出企业和产品特色，使其在众多的产品中脱颖而出，给消费者留下深刻印象。一般来讲，企业市场定位策略主要有以下几种。

**（一）避强定位策略**

避强定位指企业回避与目标市场上竞争者直接对抗，将其位置定在市场上某处空白领地或"空隙"，开发并销售目前市场上还没有的具有某种特色的产品。这种策略的优点是能使企业较快地在市场上站稳脚跟，并能在消费者或用户中树立形象，风险小，成功率较高，常常为多数企业所采用。但采用这种方式必须考虑以下几个问题。

（1）研究市场的空白处是如何形成的？是因为没有潜在的需求，还是竞争对手无暇顾及？

（2）如果确定存在潜在需求，那么这一市场部分是否有足够的需求规模使企业有利可图？

（3）企业的营销能力是否能胜任这部分市场的开发？有否足够的技术能力去开发市场空白处需求的产品？

**（二）并列定位策略**

企业将自己的产品定位在现有竞争对手的产品附近，力争与竞争对手满足同一目标市场部分，即服务于相近的顾客群。企业并不想取代竞争对手，因而不会向竞争对手发起进攻。一些实力不强的中小企业常采用这种定位策略。企业实行并存定位策略有两个前提条件。

（1）目标市场区域仍存在未被满足的需求。

（2）企业的产品可与竞争对手的产品相媲美，并有自己的特点。

**（三）迎头定位策略**

迎头定位策略是指企业选择靠近现有竞争者或与现有竞争者重合的市场位置，争夺同样的消费者，彼此在产品、价格、分销及促销等各个方面差别不大。迎头定位策略就是与市场上最强的市场竞争对手"对着干"的定位方式。例如，阿迪达斯和耐克之间持续不断地争斗，"汉堡王"与"麦当劳"对着干，等等。实行迎头定位策略，必须对企业和竞争对手的实力做出客观的分析与评价，知己知彼。这种定位方式虽然有较大的风险，然而一旦成功就会取得较大的市场优势。这种策略不一定要打垮对手，只要能够平分秋色就是很大的成功。采用这种方式必须考虑以下几个问题。

（1）能比竞争者生产出更好的产品。

（2）该市场容量足以吸纳两个以上竞争者的产品。

（3）有比竞争者更多的资源和更强的实力。

例如，美国可口可乐与百事可乐是两家以生产销售碳酸型饮料为主的大型企业。可口可乐自1886年创建以来，以其独特的味道扬名全球，二战后百事可乐采取了针锋相对的策略，专门与可口可乐竞争。半个多世纪以来，它们都以相互间的激烈竞争作为促进自身发展的动力及最好的广告宣传，百事可乐借机得到迅速发展，成为可口可乐强有力的竞争者。当大家对百事可乐与可口可乐之战兴趣盎然时，双方都是赢家，因为喝可乐的人越来越多，两家公司都获益匪浅。

（四）重新定位策略

重新定位也称为二次定位，是指企业改变产品特色或改变目标顾客对其原有的印象，使目标顾客认识其新形象的过程。当产品最初定位不合适、消费者或用户的需求与偏好发生了变化、竞争者推出的产品侵占了本企业品牌的部分市场时，企业往往调整定位。不过，有时重新定位也并不是因为产品陷入困境，而是因为产品意外地扩大了销售范围。例如，美国强生公司的洗发液由于产品不伤皮肤和眼睛，最初定位于婴儿市场，当年曾畅销一时。后来由于人口出生率下降，婴儿减少，产品逐渐滞销。经过分析，该公司决定将产品定位于年轻女性市场，突出介绍该产品能使头发松软、富有光泽等特点，吸引了大批年轻女性。自行车作为传统代步工具，近些年销量持续下降。将其重新定位为健身休闲用品，通过改进产品、增加品种类型，自行车重新进入大众视野。

### 小资料

#### 万宝路的故事

万宝路（MARLBORO：Man Always Remember Lovely Because Of Romantic Only，男人总是忘不了女人的爱）在早期市场中，一直将产品定位为女士香烟，在很长一段时间内都没能打开销路，公司面临严重考验。一天，当时的万宝路产品推广负责人因看到西部牛仔充满阳刚气的身姿而产生灵感，大胆地改变了万宝路香烟以女士为诉求对象的传统，结合当时的美国文化，以充分体现男人气概的牛仔作为广告形象，将产品重新定位为男士香烟。此举立刻为万宝路打开了市场，不仅男人对其青睐有加，女士同样因为万宝路所代表的男士气概而对其爱不释手。

曾经有人做过一个试验：将万宝路香烟的商标拿下，与其他品牌的香烟混在一起,请万宝路香烟的忠实消费者分辨哪一种是万宝路香烟。几乎很少有人能够将其清楚地分辨出来。由此可见,真正使人们迷上万宝路的并不是它与其他品牌香烟之间微乎其微的味道上的差异,而是万宝路广告给香烟带来的心理上的优越感。换句话说,万宝路的硬汉牛仔广告使香烟罩上了一种男子气概、个人英雄主义气概,而消费者购买这些香烟也正是为了获得这种感觉上的满足。

**四、市场定位的方法**

企业使用市场定位方法时,应考虑企业自身资源、竞争对手的可能反应、市场的需求特征等因素,根据不同的主客观条件来选择。

(一)特色定位法

特色定位法就是根据特定的产品属性来定位。产品属性包括制造该产品时采用的技术、设备、生产流程以及产品的功能等,也包括与该产品有关的原料、产地、历史等因素。比如乌江榨菜,为了保证产品品质,生产过程中都经过了三次的清洗、三次的腌榨。这是很好的优势,但一直没有被利用起来,且消费者对此并没有任何认知。利用这个特殊的资源对乌江榨菜进行重新包装,叫作"三清三洗,三腌三榨",这种定位可以强调与其他同类产品的某一特征的不同。

(二)利益定位法

利益定位法就是根据产品所能满足的需求或所提供的利益来定位,因为产品提供给顾客的利益是顾客最能切实体验到的,比如:冷酸灵牙膏的定位是"冷热酸甜,想吃就吃",佳洁士牙膏的定位是"高效防蛀";宝马的定位是"享受快乐驾驶",奔驰则强调安全舒适,劳斯莱斯车豪华气派,丰田车物美价廉,沃尔沃则结实耐用。这种定位关键要突出本企业产品的优势和特点,以及对目标顾客有吸引力的因素,从而在同类产品的竞争中突出自己的形象。

(三)用途定位法

用途定位法就是根据产品使用场合及用途来定位。例如,小苏打曾一度被广泛地用作家庭的刷牙剂、除臭剂和烘焙配料,后来用作调味汁和肉卤的配料,更有一家公司发现它可以作为冬季流行性感冒患者的饮料。我国曾有一家生产曲奇饼干的厂家,该厂最初将其产品定位为家庭休闲食品,后来又发现不少顾客购买是为了馈赠,又将之定位为礼品。

(四)使用者定位法

使用者定位法就是根据使用者的类型来定位,即由产品使用者对产品的看法

确定产品形象。如维生素C和含维生素C的产品已进入大众的日常生活，人们已经不再将其看作药品，而作为营养品、添加剂，甚至作为保持好身材的助手。许多企业将其添加在奶制品、水果、蔬菜、粮食、化妆品、牙膏、点心和动物饲料中。法国有一个制药厂，生产一种具有松弛肌肉和解热镇痛功效的药品。药厂针对不同用户作不同内容的宣传。法国人饮酒过量者较多，便宣传这种药品可以帮助酒后恢复体力；英国人、美洲人最怕感冒，便说明此药可以治疗头疼感冒；芬兰滑雪运动盛行，便强调该药品有助于消除疲劳；在意大利胃病患者较多，便又再三解释药品的止疼功能。因此，这种本来并不复杂的药品在不同市场上获得最适宜的形象，广销许多国家。

（五）竞争定位法

竞争定位法就是根据竞争者来定位。可以接近竞争者定位，如康柏公司要求消费者将其个人电脑与IBM个人电脑摆在一起比较，企图将其产品定位为使用简单而功能更多的个人电脑；也可远离竞争者定位，如七喜将自己定位为"非可乐"饮料，从而成为软饮料的第三巨头。

（六）档次定位法

不同的产品在消费者心目中按价值高低有不同的档次。对于对产品质量和价格比较关心的消费者来说，选择在质量和价格上的定位是突出本企业形象的好方法。比如依云水不会比娃哈哈纯净水更解渴，派克不会比英雄钢笔用着更好使，差别在于消费者身份品位。

（七）形状定位法

形状定位法就是根据产品的形式、状态定位。这里的形状可以是产品的全部，也可以是产品的一部分。例如"三精口服液——蓝瓶的"、"大大"泡泡糖都以产品本身表现出来的形式特征为定位点，树立了其独特的品牌形象。

（八）文化定位法

文化定位法就是将某种文化内涵注入产品之中，形成文化上的品牌差异。如"七匹狼"已成为追求成就、一往无前、勇于挑战，以30~40岁男士为主要目标消费群体的男士精品形象，这种个性光鲜地突显男性精神的品牌文化，使七匹狼品牌深入人心。七匹狼公司将服装、酒类、茶品等产品统合在"男性文化"下，并围绕这一品牌文化对各类产品进行了开发和定位：服装——自信、端庄，酒类——洒脱、豪放，茶品——安静、遥想；因而形成巨大的竞争力。

### （九）感情定位法

感情定位法就是运用产品直接或间接地冲击消费者的感情体验而进行定位。例如："只有民族的，才是世界的"；中国"景泰蓝"，承载着民族的情感；无锡的"红豆"服装品牌和绍兴的"咸亨"酒店，分别借助人们早已认识和热爱的鲁迅等名人名篇挖掘出中华文化的积淀，使消费者心中产生美好的情愫。

### （十）"抢占第一"定位法

消费者对任何堪称"第一"的事物都有着浓厚的兴趣，并能产生良好的记忆效果。他们很容易记住某类商品中"最好"的品牌。如果企业能先行提出同类产品中的某项与众不同的特性或品质，将自己产品冠名为"第一"，进而着力宣传这一特色，即可获得稳定而有利的市场地位。例如，在众多的涂料品牌中，立邦和多乐士是行业的前一、二名，在市场占有率上，中国的涂料品牌与国外品牌相比有很大的差距，面对强势的老大、老二，国产品牌三棵树把产品定位为"健康漆"，提出做健康涂料领域的第一，凭借健康漆的定位，三棵树成功突围，一跃成为国产涂料第一品牌。

### （十一）比附定位法

比附定位法就是攀附名牌，借名牌之光，使自己的品牌生辉。比如内蒙古的宁城老窖酒，其宣传广告是"宁城老窖，塞外茅台"，就达到了很好的定位效果。当市场已经有明显的第一品牌或优势品牌时，企业以自己的实力无法与对手正面相对，比附定位法无疑是比较好的方法，例如蒙牛"创内蒙古乳业第二品牌"的定位。1999年的蒙牛，钱少、名小、势薄。更为残酷的是，蒙牛与伊利同城而居。于是，"创内蒙古乳业第二品牌"的创意诞生了。内蒙古乳业的第一品牌是伊利，这是世人皆知的。可是，内蒙古乳业的第二品牌是谁？没人知道。蒙牛把标杆定为伊利，使消费者通过伊利知道了蒙牛，一起步就"加塞"到第二名的位置，等于把所有其他竞争对手都甩到了身后，这让许多消费者记住了蒙牛是内蒙古第二品牌。比附定位法有利于品牌的迅速成长，更适合于品牌成长初期。

## 要点索引

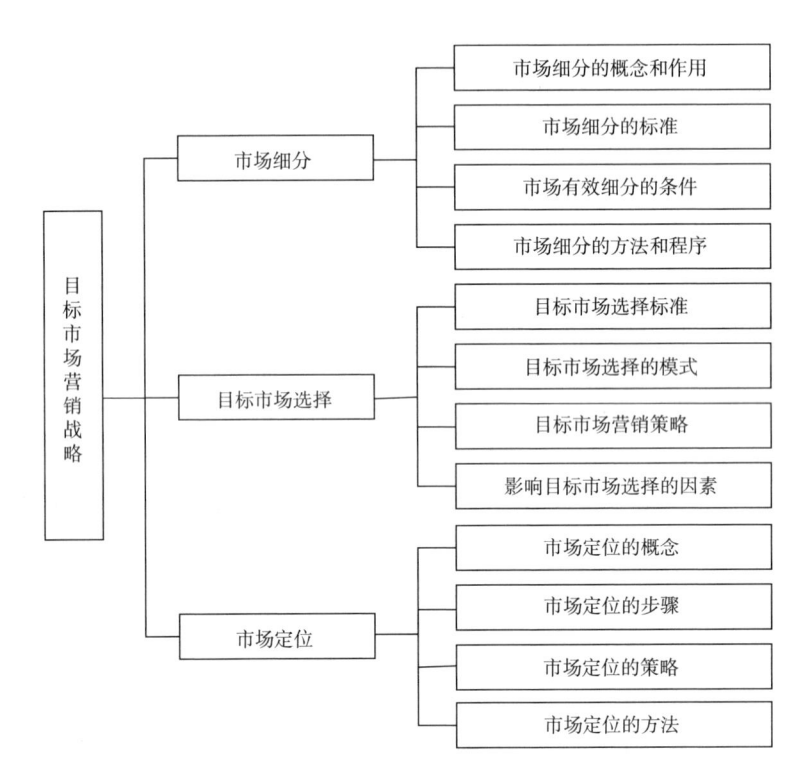

目标市场营销战略
- 市场细分
  - 市场细分的概念和作用
  - 市场细分的标准
  - 市场有效细分的条件
  - 市场细分的方法和程序
- 目标市场选择
  - 目标市场选择标准
  - 目标市场选择的模式
  - 目标市场营销策略
  - 影响目标市场选择的因素
- 市场定位
  - 市场定位的概念
  - 市场定位的步骤
  - 市场定位的策略
  - 市场定位的方法

## 知识巩固

(一) 名词解释

1. 市场细分　　2. 差异性市场营销策略　　3. 无差异性市场营销策略

4. 集中性市场营销　　5. 市场定位

(二) 单项选择题

1. 市场细分的根本依据是（　　）。

　A. 消费需求的共同性　　　　B. 消费需求的差异性

　C. 产品的共同性　　　　　　D. 产品的差异性

2. 消费者对某种产品的需求和爱好比较接近，企业在选择目标市场可采取（　　）。

　A. 无差异性市场营销策略　　B. 差异性市场营销策略

　C. 集中性市场营销策略　　　D. 密集性市场营销策略

3. 不属于消费者市场细分依据的是（　　）。

　　A. 地理细分　　B. 人口细分　　C. 行为细分　　D. 最终用户

4. 对食品市场进行细分，可以划分为婴儿食品、青年人食品、中年人食品和老年人食品，这种细分的标准是（　　）。

　　A. 地理细分　　B. 人口细分　　C. 心理细分　　D. 行为细分

5. 面对众多的国家和地区的不同人群，可口可乐碳酸饮料的味道大体一致，可口可乐公司采取了（　　）策略。

　　A. 无差异性市场营销　　　　B. 差异性市场营销

　　C. 集中性市场营销　　　　　D. 密集性市场营销

6. 目标市场营销由三个步骤组成：一是市场细分；二是选择目标市场；三是进行（　　）。

　　A. 推销　　　B. 促销　　　C. 竞争　　　D. 市场定位

7. 对于自然属性差异性较小或需求上共性较大的产品，如大米等，可以实行（　　）。

　　A. 无差异性市场营销策略　　B. 选择性市场营销策略

　　C. 集中性市场营销策略　　　D. 差异性市场营销策略

8. 企业市场定位是把企业产品在（　　）确定一个恰当的地位。

　　A. 市场的地理位置上　　　　B. 产品质量上

　　C. 顾客心目中　　　　　　　D. 产品价格上

9. 市场营销中的 STP 战略不包括（　　）。

　　A. 市场定位　　B. 市场细分　　C. 目标市场选择　　D. 市场组合

10. 对于（　　），一般都宜采用差异性市场营销策略。

　　A. 盐　　　　B. 面　　　　C. 米　　　　D. 照相机

11. 某饮料生产企业向老年人、中年人、青年人等几个子市场销售同一种产品，该企业所使用的目标市场选择模式是（　　）。

　　A. 产品与市场集中化战略　　B. 市场专业化战略

　　C. 选择专业化战略　　　　　D. 产品专业化战略

(三) 多项选择题

1. 企业采用差异性营销战略时（　　）。

　　A. 一般只适合于小企业　　　B. 要进行市场细分

　　C. 能有效提高产品的竞争力　D. 具有最好的市场效益保证

　　E. 以不同的营销组合针对不同的细分市场

2. 对消费者市场进行细分的标准有（　　）。

A. 地理因素　　　B. 人口因素　　　C. 心理因素　　　D. 行为因素

E. 社会因素

3. 企业选择目标市场时可以考虑的战略有（　　）。

A. 产品与市场集中化　　　　　B. 选择专业化

C. 产品专业化　　　　　　　　D. 市场专业化

E. 覆盖全部市场

4. 市场定位策略有（　　）。

A. CIS（企业形象识别系统）　　B. 并列定位

C. 避强定位　　　　　　　　　D. 迎头定位

E. 重新定位

5. 影响目标市场选择的因素有（　　）。

A. 企业资源　　　B. 产品和市场的特点　　　C. 产品生命周期

D. 竞争者战略　　E. 市场供求状况

（四）判断题

1. 在同类产品市场上，同一细分市场的顾客需求具有较多的共同性。（　　）

2. 市场细分只是一个抽象理论，不具有实践性。（　　）

3. 市场细分实际上是对产品进行分类。（　　）

4. 对同质性产品适合采用集中性市场营销策略。（　　）

5. 根据市场细分理论，资源有限的企业在目标市场策略的选用上宜采取集中性市场性营销策略。（　　）

6. 某制鞋公司只选择青年这一群体所需要的皮鞋来生产，这种策略叫市场专业化策略。（　　）

（五）简答题

1. 集中性市场营销策略具有哪些优势？

2. 细分消费者市场主要依据哪些变量？

3. 简述市场定位的方法。

## 能力培养

### 思维训练

**休布雷公司的市场营销策略**

休布雷公司在美国伏特加酒的市场中属于营销出色的企业，其生产的史密诺夫酒在伏特加酒的市场占有率达23%。而另一家公司推出了一种新型伏特加酒，其质量不比史密诺夫酒低，每瓶酒的价格却比史密诺夫酒低1美元。按照惯例，休布雷公司面前有三条对策可用：第一，降低1美元，以保住市场占有率；第二，维持原价，通过增加广告费用和推销支出与竞争对手竞争；第三，维持原价，听任市场占有率降低。但是，该公司的市场人员经过深思熟虑后，却采取了令人们大吃一惊、意想不到的第四种策略。那就是将史密诺夫酒的价格再提高1美元，同时推出一种与竞争对手的新伏特加酒价格一样的瑞色家酒和另一种价格更低的波波酒。

**问题讨论：**

1. 第四种策略是否恰当？为什么？
2. 这一策略使公司的目标市场策略发生了怎样的变化？

**温馨提示：**

1. 恰当。通过提高价格，将自己的产品定位于高档产品，这就和竞争对手的产品区别开了，另外休布雷公司还增加了两个价格层次的产品，这样可以满足不同收入层次的消费者的需求。

2. 由集中性市场营销策略到差异性市场营销策略的转变，从生产一种价格层次的史密诺夫酒到生产高、中、低档三个层次的酒，以满足不同收入和消费层次的顾客。

休布雷公司通过此举达到一箭多雕的目的：一是推出了新品；二是保住了市场占有率；三是提升市场占有率；四是划分产品档次，区分出了高中低档商品的品牌类别。此举让竞争对手难以多方面招架。

### 实战演练

找一个你熟悉的化妆品品牌，分析一下它的主要目标顾客是谁，企业这样选择的理由是什么，企业这样做是否合适。实训要求如下。

1. 学生自由组合，分成5~8人项目学习小组。

2. 以小组为单位，收集、选择拟进行分析的项目的相关资料。

3. 根据资料信息，运用市场细分方法，分析该项目或该产品的细分市场特色。

4. 在小组讨论的基础上，初步进行项目的可行性分析，提交项目研究报告。

### 案例分析

#### 五连矿泉水营销诊断

五连矿泉水源地处东北，是世界三大冷泉之一，常年温度在2到4摄氏度，含有丰富的微量元素和矿物质，是中国3 500处可开发矿泉水源中唯一天然含气矿泉水。它曾经获得多项荣誉，通过ISO 9001和ISO 14001双项认证，是第六届华商大会指定用水，2001年全国人大、政协（两会）文艺晚会指定用水。该产品有以下特点。

（1）世界三大冷泉之一，与世界最好的法国维希矿泉水齐名。

（2）天然含气，在非碳酸型饮料中非常罕见。

（3）口感很独特，乍喝辛辣清爽，喝一口想吐，喝一瓶有感觉，喝两瓶就容易上瘾。

（4）包装特殊，中国矿泉水中不多见地用玻璃瓶包装，外形像一滴水珠。

（5）营养价值高，在当地被誉为"神泉"，可治多种疾病。

包装和市场零售价（号称"中国最贵的水"）：330ml，5.5元；238ml，4.0元；200ml，3.2元。

在被J集团投资3亿元并购前，该矿泉水业务一直没有做大，仅局限在东北地区。J集团正式运作该项目后，发现市场推广中存在许多问题，主要有以下四点。

一、产品问题

由于该产品的特殊性，定位在中高档消费者是没问题的，但细分之后，是像法国依云水打女性市场兼顾时尚青年，还是只从商务人士入手，很难确定。一个产品推向市场的步骤是推出一个又一个卖点，但由于该产品特点众多，反而束缚了思路，不知道先推哪一个，后推哪一个。由此公司内部分为四派。"形象派"主张打国际牌，一开始在广告诉求中就突出五连矿泉水世界级水的尊贵；"气泡派"说，不要急，先从一个小的切入点，即"含有气泡"入手，宣传这是一瓶"会跳舞的水"；"口感派"说，消费者第一次喝没有不皱眉头的，我们现在应该解决第一口和第一瓶问题，只要消费者能把一瓶水喝下去，他就会继续喝下去；

"健康派"说，健康是一种时尚，好水喝出健康来，我们的水有这么好的健康功能，为什么不把它作为首要切入点？

二、价格问题

该产品的市场定价在中国水行业中是最高的，但与其品质相同的法国巴黎水相比只是其价格的三分之二。在市场推广过程中，该产品因为价格遇到许多困难，由此公司分为三派。"降价派"主张降价，没有品牌知名度，怎能卖这么高的价格？"提价派"主张提价，用高价体现消费者的身份。"维持派"说，这个价格正好，我们不是国际名牌，比巴黎水的价格低一点，正常。

三、渠道问题

该矿泉水不是普通矿泉水，公司内部对其主要销售通路出现争议，分为四派。"宾馆派"认为，应该学习巴黎水，巴黎水主要目标为高档宾馆，如果跟随，可取得许多便利条件；同时高档宾馆的消费群体是公司的目标客户，对他们不需要投入多少宣传费用。"酒店派"认为，应该以酒店餐饮为主，妙士奶就是从餐饮入手做起来的，只要酒店喝五连水成为时尚，一下子就可以火起来。"夜场派"认为，应该从酒吧、迪厅、夜总会入手，那里的消费群体都是追求时尚的人，对新产品容易接受。"商超派"认为，应该从高档商场和大型超市入手，通过堆码展示公司高档产品的形象，同时高档商场和大型超市是信息集散地，在商超不断做活动就可以把该产品推出来。

四、促销问题

由于该产品是中高档产品，大面积在大众媒体投放广告是不合适的，所以公司认为应该主要把资金用在终端促销上。

**案例思考：**

1. 您觉得该产品定位和第一个切入点是什么？为什么？
2. 您觉得该产品应该维持原价，还是降价或涨价？为什么？
3. 您觉得该产品的主要销售通路是什么？为什么？
4. 您觉得这样促销的思路对吗？另外，如果做促销，您觉得什么形式的促销活动适合该产品？

# 第六章　产品策略

## 学习目标

知识目标：(1) 掌握产品整体概念，明确整体产品的层次划分。
(2) 理解产品组合的相关概念。
(3) 掌握产品生命周期的概念及各阶段的市场特征、营销策略。
(4) 明确新产品含义及新产品开发组织程序及开发策略。
(5) 掌握品牌与包装策略。

能力目标：(1) 学会运用产品生命周期理论与策略。
(2) 学会运用品牌策略分析企业营销工作。

## 先导案例

### 中国新能源汽车发展现状

根据Counterpoint研究报告，2023年第一季度，中国乘用电动汽车（EV）销量同比增长29%，其中电池电动汽车（BEV）占总销量近70%，插电式混合动力电动汽车（PHEV）销量同比则大幅增长88%。该机构副总监Brady Wang表示，"中国乘用电动汽车市场的增长轨迹预计将持续到2023年底，预计到2023年底中国电动汽车销量将超过800万辆"。

近年来，随着全球变暖趋势日益严峻，世界各国都在积极推进经济社会向绿色低碳方向转型升级，而在汽车领域，则表现为新能源汽车的快速发展。国际能源署公布的资料显示，从新能源汽车销售的发展目标看，挪威计划2025年全部销售新能源汽车（100%），欧盟计划2030年销售的汽车中有35%为新能源汽车，而中国计划到 2025 年有 25%的销售类型为新能源车型。

不过，新能源汽车真正开始在中国市场打出点名堂来，实际上也就是这十几年里的事。起初，由于人们对新事物的认知不足，以及受到传统消费习惯的影响，在很长一段时间里，新能源汽车的发展其实都算不上顺利，消费者和生产者大多对其持怀疑态度，其之所以能够突破障碍、发展下去，主要还是因为中国政府在税收政策和财政补贴方面"下了苦功夫"。

而如今，经过十余年的发展，我国新能源汽车行业已经基本实现了自主研发、自主品牌、自主制造。中国新能源汽车的产销量始终呈现出明显的上升趋势，2021 年更实现了飞跃式增长，销量突破 350 万辆，达到了近年来的最大值。中国新能源汽车的市场规模也从 2017 开始就稳步上升，在 2021 年达到了 6 000 亿元，同比增长 76.5%。

中国市场上新能源汽车的可选车型丰富，新款车型层出不穷，消费选择余地大，诸多产品颇具吸引力，需求强劲有支撑，市场规模的高增长有望持续。可以看出，目前新能源汽车市场上一个明显的发展趋势是：由过去的政策驱动、补贴驱动转向市场驱动、产品驱动。

近一两年，新能源汽车安全事故和召回事件频发，致使消费者对车辆安全性能的关注度跃居首位。再有，续航问题也是许多消费者关注的问题。对于续航里程和安全性能这两个关键方面，消费者显然有着更高的期待。中国新能源汽车亟待进一步发展。

（资料来源：2022—2023 年全球及中国新能源汽车行业消费趋势监测与案例研究报告）

通过上面案例我们可以看出，产品是企业市场营销组合中首要的和最基本的组成部分，离开了产品，企业和市场就无从谈起。因为企业的供销管理对象是产品，产品满足了企业与社会的需要，市场是靠产品来运行的。因此，产品策略是整个营销研究的重要内容。

## 第一节 产品整体概念

### 一、产品整体概念（total product）及其层次的划分

在现代市场营销学中，产品是指能用于市场交换，提供给市场，能够满足消费者或用户某一需求和欲望的任何东西，包括有形产品和无形产品。有形产品包括实体及其品质、特色、式样、品牌和包装等，无形产品包括可以给买主带来附

加利益的心理满足感和信任感的服务、保证、形象和声誉等。

产品整体概念包含核心产品、形式产品、期望产品、附加产品、潜在产品五个基本层次，见图6-1。

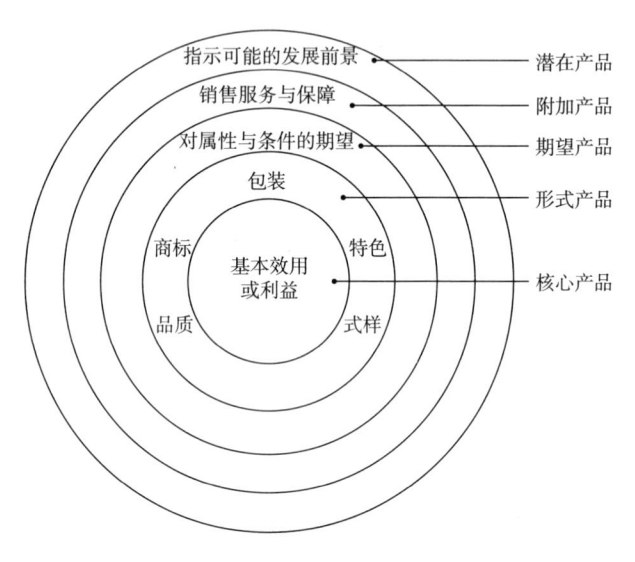

图 6-1 整体产品层次

（一）核心产品（core product）

核心产品即产品的核心层，是指产品能够给消费者带来的实际利益。即产品的功能和效用，是消费者购买产品真正需要的基本效用或利益，是消费者购买产品的目的，是产品最基本的层次，是产品的灵魂。比如：自行车（产品）的核心层是代步工具；化妆品的核心产品层是护肤、美容；服装的核心产品层是保暖、美化人体；电视机的核心产品层是视听、娱乐。

（二）形式产品（basic product）

形式产品也称为基本产品，是指核心产品借以实现的形式或目标，是市场对某一需求的特定满足形式。核心产品只是一个抽象的概念，产品设计者必须把它转化为具体形式的产品。形式产品由五个部分所构成，即品质、式样、特征、商标及包装。由于产品的基本效用必须通过特定形式才能实现，因而市场营销人员在着眼于对顾客产生核心利益的基础上，还应努力寻求更加完善的外在形式以满足顾客的需要。

（三）期望产品（expected product）

期望产品是指购买者在购买该产品时期望得到的与产品密切相关的一整套属

性和条件。

（四）附加产品（augmented product）

附加产品是指顾客购买形式产品和期望产品时卖方所提供的产品说明书、保证、安装、维修、送货、技术培训等。

（五）潜在产品（potential product）

潜在产品是指现有产品在未来的可能演变趋势和前景。例如，骑自行车能否不要花力气——发展为电动车；抽烟者盼望有一种产品，既能满足吸烟欲望，又没有尼古丁毒害——电子烟、戒烟产品出现。

**注意**：形式产品表明产品的现状，期望产品表明对现有产品属性和条件的期望，潜在产品预示着产品的演进和发展前景（替代产品的出现）。

产品整体概念的五个层次清晰地体现了以顾客为中心的现代营销观念。这一概念的内涵和外延都是以消费者需求为标准的，是由消费者的需求来决定的。

## 小资料

### 元气森林：撕开帝国裂缝的"互联网+饮料"公司

中国是全球最大的软饮料市场之一，但是市场集中度非常高，可口可乐、农夫山泉、统一等巨头牢牢占据着消费者冰箱里大部分的空间。但是元气森林这个成立不过五年的新品牌，凭借着"0糖0脂0卡"的健康概念和符合Z世代调性的运营策略，5年估值达到150亿美元，在这些巨头的包围中撕开了一条裂缝。

在新消费的浪潮中，元气森林毫无疑问占据了榜首之位。但是这家新潮的饮料公司和中国其他饮料巨头的风格完全不同。

元气森林专门生产无糖、低热量的产品，主要产品有燃茶、苏打气泡水、乳茶、健美轻茶等。创始人唐彬森曾经创立过社交游戏公司"智明星通"，开发了列王的纷争等爆款游戏，这奠定了元气森林和传统食品巨头不一样的工作模式，因此元气森林被称为"互联网+饮料"公司。

（资料来源：投中网，2021-10-20）

## 二、产品整体概念对企业营销活动的意义

产品整体概念是现代市场营销观念发展到一定阶段后的必然产物，它进一步促进了市场经营思想的快速发展，对推动企业发展有重要意义。对于产品整体概念的深入理解，在现代营销活动中对企业的经营活动有以下几点意义。

### （一）产品整体概念是市场营销观念的具体体现

在营销观念的认知当中，按照顾客的要求来组织营销活动是市场营销观念的核心或内涵。那么，怎样才能按照顾客的要求组织营销活动呢？从产品设计开始，就应该按照顾客的期望、要求进行，因为产品是营销组合的基础。这一概念是建立在产品的全部内容和消费需求基础之上的。这一概念十分清晰地体现了以市场为中心的现代营销思想，企业要想赢得市场首先就必须向顾客提供满足其需求的产品。

### （二）产品整体概念有利于企业实施差异化策略

现在的市场竞争越来越激烈。在竞争过程中，可供选择的战略很多。产品整体概念即反映了消费者对产品多层次、多方面、多样化和不断发展变化的需求。在动态的营销环境中，企业要想获得持续的发展，就必须时刻把握住消费需求的上述特点与具体内容。整体产品概念揭示了企业产品差异可以体现在5个层次的任何一个方面，因而也为企业的产品差异化策略提供了新的线索。比如说，可以在产品的外观上营造一种特殊的个性，也可以在售后服务上营造一种独特的、消费者可以接受的模式，也可以在产品的功能上营造一种与竞争对手不同的方面。而这些恰恰是产品差异化中能够让顾客接受、寻找卖点的重要方面。

### （三）产品整体概念反映了产品的附加利益将成为未来竞争的关键

产品整体概念反映了未来竞争的关键不仅在于企业能够生产什么产品，而且在于企业能否向顾客提供适当的附加利益。在激烈的市场竞争中，企业只有在向顾客提供令其满意的核心产品、形式产品的同时提供适当的附加利益，才能全面满足顾客的需要，才能立于不败之地。

### （四）产品整体概念要求企业加强售后服务，为企业开发新产品提供了方向

整体产品概念包含重视服务的基本思想，要求企业随着实体产品的出售加强对不同层次购买者的各种售后服务。同时它把市场营销的产品范围扩展到劳务及其他所有的部门，为企业开发适合消费者需要的有形与无形产品、挖掘新的市场机会提供了新的思路。整体产品概念包含5个基本层次，要求将消费需求视为一个整体系统，给企业产品开发、设计提供了新的方向。

## 第二节　产品组合

对于一个企业来说，通常并不只生产或经营一种产品，而是同时生产或经营

几种、几十种甚至更多的产品。因此，必须明确产品组合的概念，采用相应的产品组合策略。

**一、产品组合及其相关概念**

在学习产品组合概念之前，必须先明确产品项目和产品线的含义。

*（一）产品项目和产品线*

产品项目（product item）是指产品中不同品种、规格、质量和价格的特定产品，或者说列入企业销售目录的产品名称，即某一个产品大类内由型号、花色、配方、口味、功能及其他相关属性来区别的具体产品。

产品线（product line）是指产品组合中的某一产品大类，是指具有类似功能、能满足同类需求的一组密切相关的产品。例如，美国宝洁公司在中国销售的产品线主要有洗发护发用品、婴儿护理用品、个人清洁用品、口腔护理用品、妇女保健用品、护肤美容用品、纸巾类用品、织物家居护理用品、食品饮料等几大产品线。

*（二）产品组合的概念*

产品组合（product mix）是指一个企业提供给市场的全部产品线和产品项目的组合或结构，就是指一个企业所经营的所有产品，即企业的业务经营范围。它可以通过宽度、长度、深度和相关性反映出来。

1. 产品组合的宽度（width）

产品组合的宽度是指一个企业的产品组合中所拥有的产品线的数目。假如某超市经营食品、家电、纺织品、塑料制品、厨具等产品系列，产品线宽度是 5；某格力空调专卖店只经营格力空调，产品线宽度是 1。

2. 产品组合的长度（length）

产品组合的长度是指一个企业的产品组合中产品项目的总数，以产品项目总数除以产品线数目即可得到产品线的平均长度。

3. 产品组合的深度（depth）

产品组合的深度是指一个企业产品线中的每一产品项目有多少个品种。例如家乐福经营的格力空调共有 3 种，产品深度较小；格力专卖店经营小绿景、牡丹、柜机等多个系列，不同规格型号的产品达几十种，产品深度较大。

4. 产品组合的关联性（consistency）

产品组合的关联性是指各条产品线在最终用途、生产条件、分配渠道或其他方面相互关联的程度。例如海尔集团的产品线有冰箱、洗衣机、空调等，都与电

有关,产品线的相容度较大;某超市的产品线有食品、家电、纺织品、塑料制品、厨具等,各自独立,产品线的关联性较小。

产品组合的宽度越大,说明企业的产品线越多;反之,宽度窄,则产品线少。同样,产品组合的深度越大,企业产品的规格、品种越多;反之,深度浅,则产品的规格品种越少。产品组合的深度越浅,宽度越窄,则产品组合的关联性越大;反之,则关联性小。

产品组合的宽度、长度、深度和关联性对企业的营销活动会产生重大影响。一般而言,增加产品组合的宽度,即增加产品线和扩大经营范围,可以使企业获得新的发展机会,更充分地利用企业的各种资源,也可以分散企业的投资风险;增加产品组合的长度和深度,会使各产品线具有更多规格、型号和花色的产品,更好地满足消费者的不同需要与爱好,增强行业竞争力;增加产品组合的关联性,可发挥企业在其擅长领域的资源优势,避免进入不熟悉行业可能带来的经营风险。因此,产品组合决策就是企业根据市场需求、竞争形势和企业自身能力对产品组合的宽度、长度、深度和关联性方面作出的决策。下面以宝洁公司的产品组合为例进行分析,宝洁公司产品组合见表6-1。

表6-1 宝洁公司的产品组合

| 清洁剂 | 牙膏 | 肥皂 | 纸尿布 | 纸巾 |
| --- | --- | --- | --- | --- |
| 象牙雪 1930 | 格利 1952 | 象牙 1879 | 帮宝适 1961 | 媚人 1928 |
| 德来夫特 1933 | 佳洁士 1955 | 柯克斯 1885 | 露肤 1976 | 粉扑 1960 |
| 汰渍 1933 | 登魁 1980 | 洗污 1893 | | 旗帜 1982 |
| 快乐 1950 | | 佳美 1926 | | 绝顶 1992 |
| 奥克雪多 1914 | | 爵士 1952 | | |
| 德希 1954 | | 保洁净 1963 | | |
| 波尔德 1965 | | 海岸 1974 | | |
| 圭尼 1966 | | 玉兰油 1993 | | |
| 伊拉 1972 | | | | |

注:表中数字代表产品上市年份。

资料来源:[美] 菲利普·科特勒《市场营销原理》。

宝洁公司产品组合的宽度是 5 条产品线,即:清洁剂、牙膏、肥皂、纸尿布、纸巾(实际上,该公司还有许多其他产品线,如护发产品、保健产品、饮料、食品等)。

产品项目总数是 26 个。我们再来看一看该公司产品线的平均长度。该公司产品组合的平均长度就是总长度(26)除以产品线数(5),结果为 5.2。

宝洁公司的产品项目如"佳洁士"牌牙膏有三种规格和两种配方(普通味和薄荷味)。"佳洁士"牌牙膏的深度就是 6。

从表 6-1 可看出,宝洁公司所生产经营的产品都是清洁用消费品,而且都通过相同的渠道分销,就产品的最终使用和分销渠道而言,这家公司的这些产品组合的关联度大。

### 二、产品组合的分析方法

产品组合的状况则直接关系到企业效益的好坏,故企业必须不断优化产品组合结构。为了优化产品组合,使每一产品线、每一产品线下的产品项目都取得良好效益,企业应对现行产品组合作出系统的分析和评价。分析和评价产品组合的方法主要有产品线销售额和利润分析法与产品项目市场定位分析法。

(一)产品线销售额和利润分析法

产品线上的每一个产品品种对总销售额和利润所作的贡献是不同的。图 6-2 显示了一条拥有 5 个产品项目的产品线以及各产品的销售与盈利情况。

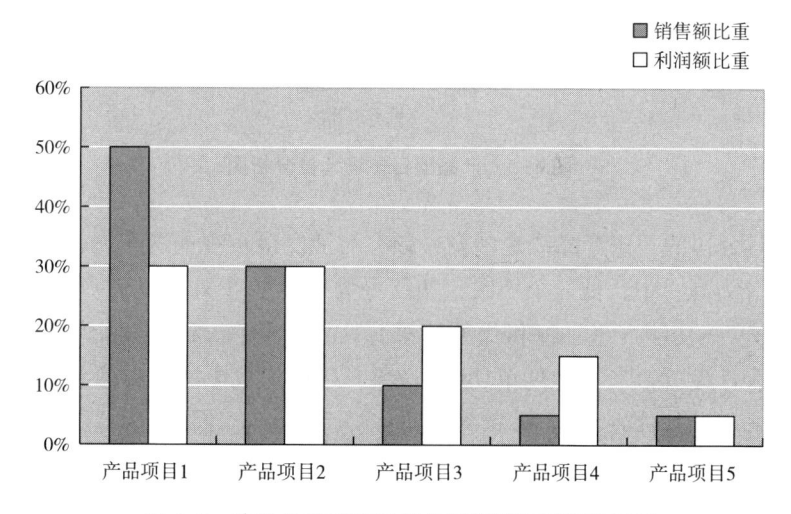

**图 6-2　产品品种对产品线总销售额和利润的贡献**

如图6-2所示，产品项目1的销售额、利润额分别占整个产品线总销售额和总利润额的50%和30%；产品项目2销售额与利润额占总销售额和总利润额的比重均为30%。这两个产品项目的销售额和利润额分别占总销售额和总利润额的80%和60%。如果这两个项目遇到强烈的竞争，整条产品线的销售额和利润额将急剧下降。为此，企业一方面应采取切实措施，巩固产品项目1、产品项目2的市场地位；另一方面，应根据市场环境变化加强对产品项目3、产品项目4的市场营销。产品项目5只占整个产品线销售额和利润额的5%，如发展前景不大，企业可考虑停止生产这种产品，以便集中力量加强其他产品项目的营销或新产品开发。

（二）产品项目市场定位分析法

产品项目市场定位分析法适用于分析各产品线的产品项目与竞争者同类产品的对比状况，全面衡量各产品项目与竞争产品的市场地位。现举例说明A家具公司某沙发项目的市场竞争地位分析，如图6-3所示。

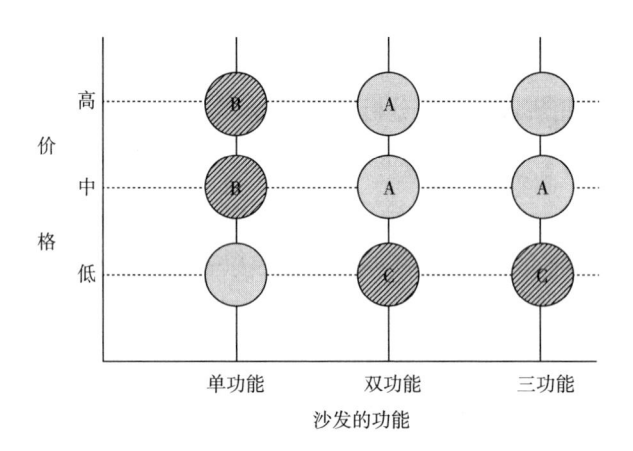

图6-3 产品项目市场地位分析图

A家具公司的一条产品线是沙发，顾客对沙发最重视的两个属性是价格和功能。价格分为高、中、低三个档次，功能分为单功能（只能坐）、双功能（既能坐也能睡）、三功能（坐、睡和代替箱子）。A公司有B和C两个竞争者，B公司生产两种沙发（高、中档的单功能沙发），C公司也生产两种沙发（低档的双功能沙发和三功能沙发）。A公司根据市场竞争情况，权衡利弊，决定生产三种沙发：高档的双功能沙发、中档的双功能沙发和三功能沙发，因为这三个市场没有竞争者。从图6-3可以看出，仍有两个市场空白点，各公司没有生产的原因可能是目前生产这种沙发的费用太高、需求不足或经济上暂无可行性等。

### 三、产品组合策略

对于优化产品组合,可依据不同情况采取以下策略。

**(一)扩大产品组合**

扩大产品组合包括拓展产品组合的宽度和加强产品组合的长度。前者指在原产品组合中增加产品线,扩大经营范围;后者指在原有产品线内增加新的产品项目。当企业预测现有产品线的销售额和盈利率在未来可能下降时,就须考虑在现有产品组合中增加新的产品线或加强其中有发展潜力的产品线。

**(二)缩减产品组合**

市场繁荣时期,较长、较宽的产品组合会为企业带来更多的盈利机会。但是在市场不景气或原料、能源供应紧张时期,缩减产品线反而能使总利润上升,因为剔除那些获利小甚至亏损的产品线或产品项目,企业可集中力量发展获利多的产品线和产品项目。

**(三)产品线延伸**

总体来看,每个企业的产品线只占所属行业整体范围的一部分,每个产品都有特定的市场定位。例如,华为公司所生产的华为手机初期在整个手机市场上属于中低档价格范围。随着企业技术能力的提高以及市场知名度的提升,该公司将生产手机的档次进一步向中高端延伸。一个企业把自己的产品线长度延伸超过现有范围时,我们称之为产品线延伸。具体有向下延伸、向上延伸和双向延伸三种实现方式。

1. 向下延伸

向下延伸是在高档产品线中增加低档产品项目。实行这一决策需要具备以下市场条件之一:利用高档名牌产品的声誉,吸引购买力水平较低的顾客慕名购买此产品线中的廉价产品;高档产品销量增长缓慢,企业的资源设备没有得到充分利用,为赢得更多的顾客,将产品线向下伸展;企业最初进入高档产品市场的目的是建立厂牌信誉,然后进入中、低档市场,以扩大市场占有率和销售增长率;补充企业的产品线空白。实行这种策略也有一定的风险。如处理不慎,会影响企业原有产品特别是名牌产品的市场形象,而且也有可能引发更激烈的竞争对抗。虽然新的低档产品项目可能会蚕食掉较高档的产品项目,但某些公司的重大失误之一就是始终不愿意填补市场上低档产品的空隙。哈利·戴维森公司的失败就在于忽视了轻型摩托车的市场。

2. 向上延伸

向上延伸是在原有的产品线内增加高档产品项目。实行这一策略的主要条件是：高档产品在市场上具有较高的潜在成长率和利润率；企业的技术设备和营销能力已具备加入高档产品市场的条件；企业要重新进行产品线定位。采用这一策略也要承担一定的风险：要改变产品在顾客心目中的地位是相当困难的，处理不慎，还会影响原有产品的市场声誉。

3. 双向延伸

双向延伸即原定位于中档产品市场的企业掌握了市场优势以后，向产品线的上下两个方向延伸。

**相关链接**

**品牌延伸的成功案例——娃哈哈的品牌延伸**

1990年娃哈哈集团从小朋友营养口服液开始，凭借"喝了娃哈哈，吃饭就是香"的广告语，产品一炮打响，使娃哈哈享誉大江南北。随后，娃哈哈进行产品线的延伸，先后向市场推出瓶装水、碳酸饮料、茶饮料、果汁饮料、罐头食品、医药保健品、休闲食品等八大类近100个品种的产品。在不到二十年的时间里，娃哈哈从一个校办工厂发展到年营业收入二百多亿元，资产规模、产量、销售收入、利润、利税等指标持续十年位居中国饮料行业首位，目前中国最大、效益最佳、最具发展潜力的食品饮料公司之一。纵观娃哈哈的发展历程，公司获得如今的成绩与品牌延伸策略的成功运用密切相关。

（资料来源：维普网，"企业品牌延伸策略探讨——以'娃哈哈'品牌延伸之路为例"）

（四）产品线现代化

现代社会科技发展突飞猛进，产品的现代化成为一种不可改变的大趋势，产品线也必然需要进行现代化改造。产品线现代化策略首先面临这样的问题：逐步实现技术改造，还是以更快的速度用全新设备更换原有产品线？逐步现代化可以节省资金耗费，但缺点是竞争者很快就会察觉，并有充足的时间重新设计他们的产品线；快速现代化虽然在短时期内耗费资金较多，却可以出其不意，击败竞争对手。

（五）产品线号召

有的企业在产品线中选择一个或少数几个产品项目加以精心打造，使之成为颇具特色的号召性产品以吸引顾客。有时候，企业以产品线上低档产品进行特别号召，使之充当开拓销路的廉价品。比如某空调器公司推出一种只卖999元的经济型号产品，而它的高档产品要卖 20 000 多元，从而在吸引顾客来看经济型空调时尽力设法影响他们购买更高档的空调。有时候，经理们以高档产品项目进行号召，以提高产品线的等级。有时候，公司发现产品线上有一端销售情况良好，而另一端却有问题。公司可以对销售不佳的那一端大力号召，以努力促进消费者对该产品的需要。

## 第三节　产品生命周期理论

### 一、产品生命周期的概念及阶段划分

（一）产品生命周期的概念

所谓产品生命周期（product life cycle），又称产品寿命周期（PLC），是指某产品从进入市场到被淘汰退出市场为止所经历的全部过程。就如同人的生命一样，由诞生、成长到成熟，最终走向衰亡，这就是产品的生命周期现象。

（二）产品生命周期的阶段划分

产品生命周期一般可分为四个阶段：导入期（introduction stage）、成长期（growth stage）、成熟期（maturity stage）和衰退期（decline stage），如图 6-4 所示。

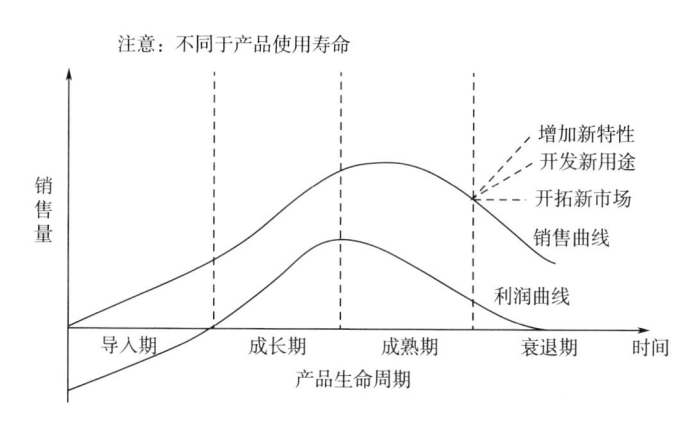

图 6-4　产品生命周期各阶段划分

1. 导入期

导入期指产品从设计投产直到投入市场进入测试阶段。新产品投入市场，便进入了导入期。此时产品品种少，顾客对产品还不了解，除少数追求新奇的顾客

外，几乎无人实际购买该产品。生产者为了扩大销路，不得不投入大量的促销费用，对产品进行宣传推广。该阶段由于生产技术方面的限制，产品生产批量小，制造成本高，广告费用大，产品销售价格偏高，销售量极为有限，企业通常不能获利，反而可能亏损。

2. 成长期

产品在导入期试销效果良好，购买者逐渐接受该产品，产品在市场上站住脚并且打开了销路，便进入成长期。这是需求增长阶段，产品需求量和销售额迅速上升。生产成本大幅度下降，利润迅速增长。与此同时，竞争者看到有利可图，将纷纷进入市场参与竞争，使同类产品供给量增加，价格随之下降，企业利润增长速度逐步减慢，最后达到生命周期利润的最高点。

3. 成熟期

成熟期指产品大批量生产并稳定地进入市场销售。经过成长期之后，随着购买产品的人数增多，市场需求趋于饱和。此时，产品普及并日趋标准化，成本低而产量大。销售增长速度缓慢直至转而下降。由于竞争的加剧，同类产品生产企业之间不得不在产品质量、花色、规格、包装服务等方面加大投入，在一定程度上增加了成本。

4. 衰退期

衰退期是指产品进入了淘汰阶段。科技的发展以及消费习惯的改变等原因，使得产品的销售量和利润持续下降，产品已经老化，不能适应市场需求，市场上已经有其他性能更好、价格更低的新产品，足以满足消费者的需求。此时成本较高的企业就会由于无利可图而陆续停止生产，该类产品的生命周期随即结束，完全撤出市场。

产品生命周期理论揭示了任何产品都和生物有机体一样，有一个"诞生—成长—成熟—衰亡"的过程，借助产品生命周期理论，可以分析判断产品处于生命周期的哪一阶段，推测产品今后发展的趋势，正确把握产品的市场寿命，并根据不同阶段的特点采取相应的市场营销组合策略，增强企业竞争力，提高企业的经济效益。

产品生命周期是一个很重要的概念，它与企业制定产品策略以及营销策略有着直接的联系。管理者要想使他的产品有一个较长的销售周期，以便赚取足够的利润来补偿前期投入成本以及承担的风险，就必须认真研究和运用产品的生命周期理论。

（三）产品生命周期各阶段的判断

在产品生命周期的变化过程中，正确分析、判断各阶段临界点，确定产品所处的生命周期阶段，是企业正确做出下阶段工作决策的基础。同时，由于产品生命周期各阶段的划分并无统一的方法与标准，这又是一件较困难的工作。根据经验总结，对产品生命周期各阶段的判断一般采取以下方法。

1. 销售增长率分析法

销售增长率分析法即以各个时期实际产品销售量的增长率来划分产品的生命周期的各阶段。

若以 $\Delta y$ 表示销售量的增长量，以 $\Delta x$ 表示时间上的增加量，则销售增长率为 $\eta = \Delta y / \Delta x$。由于产品所处的生命周期的各个阶段与产品销售量的增长率关系十分密切，通过分析销售量增长率的变化情况，就可以判断出产品处于生命周期的哪个阶段。

产品生命周期四个阶段划分的一般标准如下。

（1）若 $\eta<10\%$，则产品处于导入期。

（2）若 $\eta>10\%$，则产品处于成长期。

（3）若 $0.1\%<\eta<10\%$，则产品处于成熟期。

（4）若 $\eta<0$，亦即销售量逐年下降，则产品处于衰退期。

根据上面的内容可以看出，产品销售年增长率的变化特点在产品经济生命周期的不同阶段有着明显的区别。在导入期，销售的年增长率很低，但在不断提高；进入成长期后，年增长率迅速提高，到成长期后期达到最高增速；在成熟期到来的初期，销售的年增长率还暂时维持在高水平上，但很快达到顶峰并开始下降，下降的速率一般比成长期增长的速率快一些，最后达到零增长率；再往后，产品的销售进入了衰退期，年增长率不仅不再提高，而且开始出现负增长，这时，产品就要退出市场了。

2. 产品普及率分析法

产品普及率分析法，即根据产品在某一地区人口或家庭的平均普及率来判断该产品处于生命周期的哪个阶段。普及率越高，产品的市场潜力越小，产品的需求越趋于饱和。这是根据目前人口或家庭的平均普及率来对某一产品的生命周期进行判断的一种方法。此方法主要适用于高档耐用消费品。

产品普及率的计算方法主要有两种。一是用历年的销售量来计算。根据历年的生产量或销售量的资料来计算社会平均持有量，就可以求得普及率，计算公式如下。

社会持有量=历年生产累计量+历年进口累计量−历年出口累计量−历年集团购买累计量

按人口平均普及率=社会持有量/人口总数×100%

按家庭平均消费率=社会持有量/家庭户数×100%

根据经验数据，产品普及率小于5%时为导入期；普及率在5%~50%时为成长期；普及率在50%~90%时为成熟期；普及率在90%以上时为衰退期。采用此方法，需要掌握大量的统计资料，并且要注意排除各种假象。

计算产品普及率的另一种方法是用家计调查结果来推算。家计调查是抽样调查的一种形式。在某一地区抽取一定的家庭为样本进行调查，根据调查的结果可以推断出全地区的持有量，但是要注意抽取样本量的大小和代表性。

3. 同类产品类比判断法

同类产品类比判断法是指参照类似产品市场生命周期曲线划分企业产品市场生命周期的各个阶段。这种方法一般用于新产品的生命周期判断。

4. 经验判断法

经验判断法是一种定性分析和定量分析相结合的预测方法。它是企业各层次有关人员根据经验来判断进而确定销售预测数的一种方法。一般在缺乏历史资料的情况下，会依靠有关人员的经验和对市场形势发展的直觉判断进行预测。

### 相关链接

#### 对产品生命周期（PLC）的认识

产品的生命是有限的。一般而言，产品种类具有最长的生命周期，产品形式生命周期次之，产品品牌相对于前两者而言生命周期较短。产品销售经历的不同阶段都对销售者提出了不同的挑战。在产品生命周期不同的阶段，产品需要不同的营销、财务、制造、购买和人力资源战略。在产品生命周期不同的阶段，产品利润也有高有低。

（资料来源：科特勒. 营销管理：新千年版·第十版 [M]. 北京：中国人民大学出版社，2001：367）

## 二、产品生命周期的其他形态

特殊的产品生命周期包括风格型产品生命周期、时尚型产品生命周期、热潮型产品生命周期、扇贝形产品生命周期四种（如图6-5所示），它们的产品生命周期曲线并非通常的S型。

风格（style）型产品生命周期：是一种人类生活中基本的但特点突出的表现方式。风格一旦产生，可能会延续数代，根据人们对它的兴趣而呈现出一种不断循环的模式，一段时间内流行，下一段时间内可能并不流行。

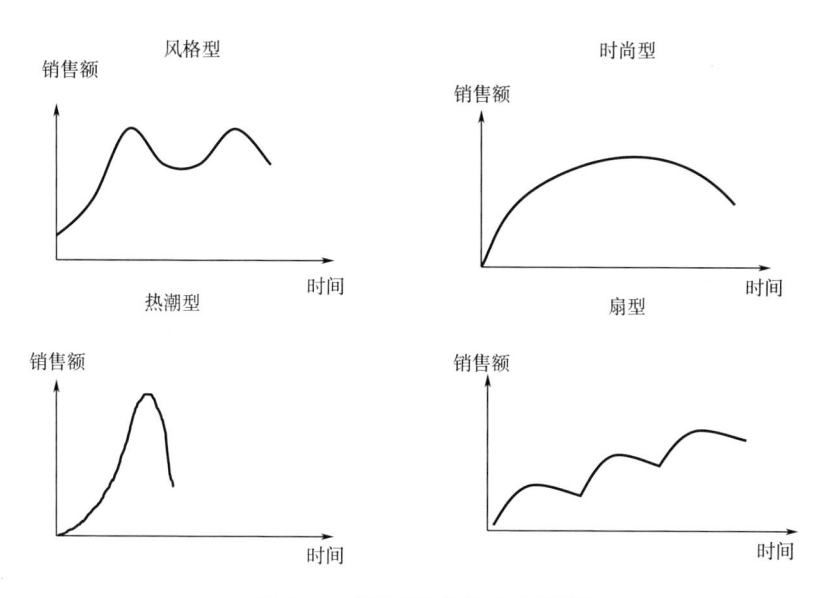

图 6-5 常见产品的生命周期形态

时尚（fashion）型产品生命周期：是指在某一领域里目前为大家所接受且欢迎的风格。时尚型产品生命周期的特点是：产品刚上市时很少有人接纳（称为独特阶段），但接纳人数随着时间慢慢增长（称为模仿阶段），产品终于被广泛接受（称为大量流行阶段），最后缓慢衰退（称为衰退阶段），消费者开始将注意力转向另一种更吸引他们的产品。

热潮（fad）型产品生命周期：该产品来势汹汹且很快就吸引大众注意，俗称时髦。热潮型产品往往快速成长又快速衰退，主要因为它只满足人类一时的好奇心或需求，所吸引的只限于少数寻求刺激、标新立异的人，通常无法满足更强烈的需求。

扇（scalloped）型产品生命周期：又称为多循环形态，主要指产品生命周期不断地延伸再延伸，这往往因为产品创新或被开发出新的用途。

### 三、产品生命周期各阶段的特点与营销策略

（一）导入期的特点与营销策略

1. 市场特点

（1）消费者对该产品不了解，大部分顾客不愿放弃或改变自己以往的消费行为，销售量小，相应地增加了单位产品成本。

（2）尚未建立理想的营销渠道和高效率的分配模式。

（3）价格决策难以确定，高价可能限制购买，低价可能难以收回成本。

（4）广告费用和其他营销费用开支较大。

（5）产品技术、性能还不够完善。

（6）利润较少甚至出现经营亏损，企业承担的市场风险较大。

（7）市场竞争者较少。

2. 营销策略

商品的导入期一般是指新产品试制成功到进入市场试销的阶段。在商品导入期，由于消费者对商品十分陌生，企业必须通过各种促销手段把商品引入市场，力争提高商品的市场知名度；导入期的生产成本和销售成本相对较高，企业在给新产品定价时不得不考虑这个因素。所以，在导入期，企业营销的重点主要集中在促销和价格方面。一般有四种可供选择的市场营销策略（见图6-6）。

|  | 促销费用 | |
| --- | --- | --- |
|  | 高 | 低 |
| 价格 高 | 快速掠夺策略 | 缓慢掠夺策略 |
| 价格 低 | 快速渗透策略 | 缓慢渗透策略 |

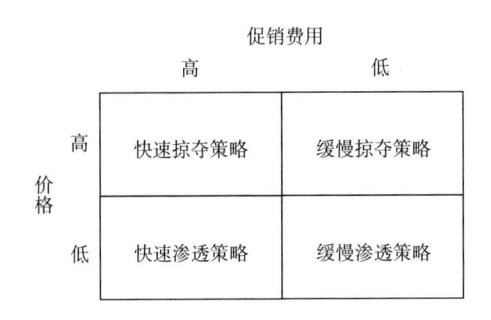

**图 6-6　从价格和促销费用考虑的导入期营销策略**

（1）快速掠夺策略。这种策略的形式是：采取高价格的同时，配合大量的宣传推销活动，把新产品推入市场。其目的在于先声夺人，抢先占领市场，并希望在竞争大量出现之前就能收回成本，获得利润。采用这种策略的条件是有很大的潜在市场需求量，这种商品的品质特别好，功效又比较特殊，很少有其他商品可以替代。消费者一旦了解这种商品，常常愿意出高价购买。企业面临着潜在的竞争对手，想快速地建立良好的品牌形象。

（2）缓慢掠夺策略。这种策略的特点是：在采用高价格的同时，只做出很少的促销努力。高价格的目的在于及时收回投资，获取利润；低促销的方法可以减少销售成本。这种策略主要适用于比较固定、明确的商品市场，大部分潜在的消费者已经熟悉该产品，他们愿意出高价购买，商品的生产和经营必须有相当大的难度，普通企业无法参加竞争，或由于其他原因潜在的竞争不迫切。

（3）快速渗透策略。这种策略的方法是：在采用低价格的同时做出巨大的促销努力。其特点是可以使商品迅速进入市场，有效地限制竞争对手的出现，为企业带来巨大的市场占有率。该策略的适应性很广泛。适合该策略的市场环境是商品有很大的市场容量，企业有望在大量销售的同时逐步降低成本，消费者对这种产品不太了解，对价格又十分敏感，潜在的竞争比较激烈。

（4）缓慢渗透策略。这种策略的方法是：在新产品进入市场时采取低价格，同时不做大的促销努力。低价格有助于市场快速地接受商品；低促销又能使企业减少费用开支，降低成本，以弥补低价格造成的低利润或者亏损。适合这种策略的市场环境是商品的市场容量大，消费者对商品有所了解，同时对价格十分敏感，存在某种程度的竞争。

（二）成长期的特点与营销策略

1. 市场特点

（1）消费者对新产品已经熟悉，销售量增长很快。

（2）由于大规模的生产和丰厚的利润机会，吸引大批竞争者加入，市场竞争加剧。

（3）产品已定型，技术工艺比较成熟。

（4）建立了比较理想的营销渠道。

（5）市场价格趋于下降。

（6）为了适应竞争和市场扩张的需要，企业的促销费用水平基本稳定或略有提高，但占销售额的比例下降。

（7）由于促销费用分摊到更多销量上，单位生产成本下降的速度快于价格下降的速度，由此，企业利润将逐步抵达最高峰。

2. 营销策略

商品的成长期是指新产品试销取得成功以后转入成批生产和扩大市场销售额的阶段。在商品进入成长期以后，有越来越多的消费者开始接受并使用，企业的销售额直线上升，利润增加。在此情况下，竞争对手也会纷至沓来，威胁企业的市场地位。因此，在成长期，企业的营销重点应该放在保持并且扩大自己的市场份额、提高销售额增长率方面。另外，企业还必须注意成长速度的变化，一旦发现成长的速度由递增变为递减时，必须适时调整策略。这一阶段可以适用的具体策略有以下几种。

（1）积极筹措和集中必要的人力、物力和财力，进行基本建设或者技术改造，以利于迅速增加或者扩大生产批量。

（2）提升商品的质量，增加商品的特色，在商标、包装、款式、规格和定

价方面做出改进。

（3）进一步开展市场细分，积极开拓新的市场，创造新的用户，以利于扩大销售。

（4）努力疏通并增加新的流通渠道，扩大产品的销售面。

（5）改变企业的促销重点。例如，在广告宣传上，从介绍产品转为建立形象，以利于进一步提高企业产品在社会上的声誉。

（6）充分利用价格手段。在成长期，虽然市场需求量较大，但在适当时机企业可以降低价格，以增加竞争力。当然，降价可能暂时减少企业的利润，但是随着市场份额的扩大，长期利润有望增加。

（三）成熟期的特点与营销策略

1. 市场特点

（1）成长中的成熟期：各销售渠道基本呈饱和状态，增长率开始下降，还有少数后续的购买者继续进入市场。

（2）稳定中的成熟期：由于市场饱和，消费水平平稳，销售增长率一般只与购买者人数成比例。

（3）衰退中的成熟期：销售水平显著下降，原有用户的兴趣已开始转向其他产品和替代品；全行业产品出现过剩，竞争加剧，销售增长率下降，一些缺乏竞争能力的企业将渐渐被淘汰；竞争者各有自己特定的目标顾客，市场份额变动不大，突破比较困难。

2. 营销策略

商品的成熟期是指商品进入大批量生产，而在市场上处于竞争最激烈的阶段。通常这一阶段比前两个阶段持续的时间更长，大多数商品均处在该阶段，因此管理层大多数也在处理成熟产品的问题。

在成熟期中，有的弱势产品应该放弃，以节省费用开发新产品；但是同时也要注意到原来的产品可能还有其发展潜力，有的产品就是由于开发了新用途或者新的功能而重新进入新的生命周期的。因此，企业不应该忽略或者仅仅消极地防卫产品的衰退。一种优越的攻击往往是最佳的防卫。企业应该系统地考虑市场、产品及营销组合的修正策略。

（1）市场修正策略，即通过努力开发新的市场，来保持和扩大自己的商品市场份额。

①通过努力寻找市场中未被开发的部分，例如使非使用者转变为使用者。

②通过宣传推广，促使顾客更频繁地使用或每一次使用更多的量，以增加现

有顾客的购买量。

③通过市场细分，努力打入新的市场区划，例如地理、人口、用途的细分。

④赢得竞争者的顾客。

（2）产品改良策略。企业可以通过产品特征的改良来提高销售量。

①品质改良，即增加产品的功能性效果，如耐用性、可靠性、速度及口味等。

②特性改良，即增加产品新的特性，如规格、重量、材料质量、添加物以及附属品等。

③式样改良，即增加产品美感。

（3）营销组合调整策略，即企业通过调整营销组合中的某一因素或者多个因素来刺激销售。例如：

①通过降低售价来加强竞争力。

②改变广告方式以引起消费者的兴趣。

③采用多种促销方式，如大型展销、附赠礼品等。

④扩展销售渠道，改进服务方式或者货款结算方式等。

（四）衰退期的特点与营销策略

1. 市场特点

衰退期是指商品逐渐老化，转入商品更新换代的时期。产品在这个阶段的特点是产品销售量由缓慢下降变为迅速下降，价格降到最低水平，企业无利可图、退出市场，留在市场上的企业减少产品附带服务，削减促销预算。

2. 营销策略

当商品进入衰退期时，企业不能简单地一弃了之，也不应该恋恋不舍，一味维持原有的生产和销售规模。企业必须研究商品在市场的真实地位，然后决定继续经营下去还是放弃经营。在该阶段企业通常选择的策略有以下三种。

（1）维持策略，即企业在目标市场、价格、销售渠道、促销等方面维持现状。由于这一阶段很多企业会先行退出市场，因此，对一些有条件的企业来说，并不一定会减少销售量和利润。使用这一策略的企业可配以商品延长寿命的策略，企业延长产品寿命的途径主要有以下几种：

①通过价值分析，降低产品成本，以利于进一步降低产品价格。

②通过科学研究，增加产品功能，开辟新的用途。

③加强市场调查研究，开拓新的市场，创造新的内容。

④改进产品设计，以提高产品性能、质量、包装、外观等，从而使产品生命

周期不断实现再循环。

（2）缩减策略，即企业仍然留在原来的目标上继续经营，但是根据市场变动的情况和行业退出障碍水平在规模上做出适当的收缩。如果把所有的营销力量集中到一个或者少数几个细分市场上，以加强这几个细分市场的营销力量，也可以大幅度地降低市场营销的费用，以增加当前的利润。

（3）撤退策略，即企业决定放弃经营某种商品以撤出目标市场。在撤出目标市场时，企业应该主动考虑以下几个问题。

①产品将进入哪一个新区域？要经营哪一种新产品，可以利用以前的那些资源？

②品牌及生产设备等残余资源如何转让或者出卖？

③保留多少零件存货和服务，以便在今后为过去的顾客服务？

产品生命周期各阶段的特点与营销目标简要说明见表 6-2。

表 6-2　产品生命周期各阶段的特点与营销目标

|  | 导入期 | 成长期 | 成熟期 | 衰退期 |
| --- | --- | --- | --- | --- |
| 销售量 | 低 | 剧增 | 最大 | 剧减 |
| 销售速度 | 缓慢 | 快速 | 减慢 | 负增长 |
| 成本 | 高 | 一般 | 低 | 回升 |
| 价格 | 高 | 回落 | 稳定 | 最低 |
| 利润 | 亏损 | 提升 | 最大 | 减少 |
| 顾客 | 创新者 | 早期使用者 | 中间多数 | 落伍者 |
| 竞争 | 很少 | 增多 | 稳中有降 | 减少 |
| 营销目标 | 打响知名度，鼓励试用 | 最大限度占有市场 | 保护市场，争取最大利润 | 压缩开支，榨取最后价值 |

## 第四节　新产品开发

### 一、新产品的概念及种类

什么是新产品？从不同的角度去理解，可以得出不同的概念。市场营销学中所说的新产品可以从市场和企业两个角度来认识。对市场而言，第一次出现的产品是新产品；对企业而言，第一次生产销售的产品也是新产品。所以市场营销学中所讲的新产品同科学技术发展意义上的新产品是不相同的。市场营销学上新产品的概念是：凡是消费者认为是新的、能从中获得新的满足的、可以接受的产品都属于新产品。

新产品从不同角度或按照不同的标准有多种分类方法。常见的分类方法有以下几种。

### （一）从市场角度和技术角度分类

从市场角度和技术角度可将新产品分为市场型和技术型两类。

#### 1. 市场型新产品

市场型新产品是指产品实体的主体和本质没有变化，只改变了色泽、形状、设计装潢等的产品，不需要使用新的技术。其中也包括因营销手段和要求的变化而引起消费者"新"的感觉的流行产品。如某种酒瓶的形状由圆形改为方形或其他异形，它们刚出现也被认为是市场型新产品。

#### 2. 技术型新产品

技术型新产品是指由于科学技术的进步和工程技术的突破而产生的新产品。不论是功能还是质量，它与原有的类似功能的产品相比都有了较大的变化，如不断翻新的手机或电视机都属于技术型新产品。

### （二）按新产品新颖程度分类

按新产品新颖程度，可分为全新新产品、换代新产品、改进新产品、仿制新产品和新牌子新产品。

#### 1. 全新新产品

全新新产品是指采用新原理、新材料及新技术制造出来的前所未有的产品。全新新产品是应用科学技术新成果的产物，它往往代表科学技术发展史上的一个新突破。从研制到大批量生产，往往需要耗费大量的人力、物力和财力，这不是一般企业所能做到的，因此它是企业在竞争中取胜的有力武器。

#### 2. 换代新产品

换代新产品是指在原有产品的基础上采用新材料、新工艺制造出的拥有新用途、满足新需求的产品。它的开发难度较全新新产品小，是企业进行新产品开发的重要形式。

#### 3. 改进新产品

改进新产品是指在材料、构造、性能和包装等某一个方面或几个方面对市场上现有产品进行改进，以提高质量或实现多样化，满足不同消费者需求的产品。它的开发难度不大，也是企业产品发展经常采用的形式。

#### 4. 仿制新产品

仿制新产品是指对市场上已有的新产品在局部进行改进和创新，但保持基本原理和结构不变而仿制出来的产品。落后国家对先进国家已经投入市场的产品进行仿制，有利于填补国家生产空白，提高企业的技术水平。在生产仿制新产品时，一定要注意知识产权的保护问题。

#### 5. 新牌子新产品

新牌子新产品是指在对产品实体新微调的基础上改换产品的品牌和包装，带给消费者新的消费利益，使消费者得到新的满足的产品。

### （三）按新产品的区域特征分类

按新产品的区域特征分类，可分为国际新产品、国内新产品、地区新产品和企业新产品。

#### 1. 国际新产品

国际新产品是指在世界范围内首次生产和销售的产品。

#### 2. 国内新产品

国内新产品是指在国外已经不是新产品，但在国内还是第一次生产和销售的产品。它一般为引进国外先进技术、填补国内空白的产品。

#### 3. 地区新产品和企业新产品

地区新产品和企业新产品是指国内已有但本地区或本企业第一次生产和销售的产品。它是企业经常采用的一种产品发展形式。

### 小资料

#### 大疆无人机创新之路

大疆，作为现今占据全球无人机市场 80% 份额的超级巨头，是令国民自豪的中国企业，无疑是中国科技企业中品牌出海最成功的公司之一。

大疆创始人汪滔在大学时做的直升机飞控项目成为后来大疆的主要核心技术。在那时汪滔就长期混迹于各种欧美无人机论坛，大疆早期的客户也是这些无人机论坛中的科技爱好者。

如果说早期的营销靠创始人线下跑展会、线上发邮件，在科技发烧友和硬核玩家圈子里热销，那么 2015 年之后大疆的营销举措可谓开疆拓土。

2015 年，3D Robotics 作为大疆在北美市场主导消费级无人机市场的最大威胁，推出了号称"幻影杀手"的 Solo 无人机。大疆同年也推出了 Phantom 3 与其抗衡。此时，拥有垂直整合能力的大疆因为拥有自己的工厂，开始调整价格策略。

在差不多的价格水平下,大疆的产品力过硬,而 3D Robotics 推出的 Solo 却频繁爆出产品问题。在大促期间,大疆的大降价直接将 3D Robotics 压得喘不过气来,直呼"没见过如此凶残的降价"。在这样的一场价格战中,大疆成功地通过产品品质和价格屠夫的手段迅速占领了市场。

2016 年,大疆发布了 Phantom 4,该产品一经发布引发无数热议。在向海外推广的过程中,大疆打出一套精心布局的组合拳:在国内外先后举行产品发布会,引发行业内外的舆论关注;1+5 的组合宣传片,宣传产品卖点足够吸睛的同时,为社交媒体讨论和关注提供素材;权威媒体测评传播,提前把控产品舆论,为产品宣传积累曝光度和可信度;完整的销售渠道,与苹果深度合作,建立独立零售关系,为提升品牌格调和品质背书。作为具有核心技术和强悍产品力的科技企业,一代代功能强大的无人机就是大疆最令人信服的品牌故事。

(资料来源:新国货,"大疆创新,一个风靡全球的硬核国货品牌")

## 二、新产品开发的方式

新产品开发的方式包括独立研制开发、技术引进、研制与技术引进相结合、协作研究、合同式新产品开发和购买专利等。

(一)独立研制开发

独立研制开发是指企业依靠自己的科研力量开发新产品。它包括三种具体的形式。

(1)从基础理论研究开始,经过应用研究和开发研究,最终开发出新产品。一般技术力量和资金雄厚的企业采用这种方式。

(2)利用已有的基础理论进行应用研究和开发研究,开发出新产品。

(3)利用现有的基础理论和应用理论的成果进行开发研究,开发出新产品。

(二)技术引进

技术引进是指企业通过购买别人的先进技术和研究成果,开发自己的新产品,既可以从国外引进技术,也可以从国内其他地区引进技术。这种方式不仅能节约研制费用,避免研制风险,而且还节约了研制的时间,保证了新产品在技术上的先进性。因此,这种方式被许多开发力量不强的企业采用,但难以在市场上形成绝对的优势,也难以拥有较高的市场占有率。

(三)研制与技术引进相结合

研制与技术引进相结合是指企业在开发新产品时既利用自己的科研力量研制

又引进先进的技术，并通过对引进技术的消化吸收与企业的技术相结合，开发出本企业的新产品。这种方式促进引进技术的消化吸收，使引进技术为研制提供条件，从而可以加快新产品的开发。

（四）协作研究

协作研究是指企业与企业、企业与科研单位、企业与高等院校之间协作开发新产品。这种方式有利于充分使用社会的科研力量，发挥各方面的长处，有利于把科技成果迅速转化为生产力。

（五）合同式新产品开发

合同式新产品开发是指企业雇用社会上的独立研究人员或新产品开发机构，为企业开发新产品。

（六）购买专利

购买专利是指企业通过向有关研究部门、开发企业或社会上其他机构购买某种新产品的专利权来开发新产品。这种方式可以大大节约新产品开发的时间。

### 三、新产品开发的程序

开发新产品是一项十分复杂而风险又很大的工作。为了减少新产品的开发成本，取得良好的经济效益，必须按照科学的程序来进行新产品开发。开发新产品的程序因企业的性质、产品的复杂程度、技术要求及企业的研究与开发能力的差别而有所不同。一般说来要经历寻找创意、筛选创意、概念形成和试验、初拟营销计划、商业分析、产品开发、市场试销和正式上市八个阶段。

（一）寻找创意

新产品开发过程的第一个阶段是寻找产品创意，即对新产品进行设想。一个好的新产品创意是新产品开发成功的关键，缺乏好的新产品创意已成为许多行业新产品开发的瓶颈。企业要开发新产品，就必须重视寻找创意。有调查统计资料显示，每100个新产品创意中，有39个能开始产品研发程序，17个能通过开发程序，8个能真正进入市场，只有1个能最终实现商业目标。对新产品创意的搜寻必须系统进行，而不能任意化。企业创意的来源很多，主要有以下六个方面。

（1）顾客：生产产品是为了满足消费者的需求，因此顾客的需求是新产品创意的重要来源。了解消费者对现有产品的意见和建议，掌握消费者对新产品有何期望，便于产生创意的灵感。

（2）企业职工：企业职工最了解产品的基本性能，也最容易发现产品的不足之处，他们的改进建议往往是企业新产品创意的有效来源。

（3）竞争对手：分析竞争对手的产品特点，可以知道哪些方面是成功的，哪些方面是不成功的，从而对其进行改进。

（4）科技人员：许多新产品都是科学技术发展的结果。科技人员的研究成果往往是新产品创意的一项重要来源。

（5）中间商：中间商直接与顾客打交道，最了解顾客的需求。收集中间商的意见是创意形成的有效途径。

（6）其他来源：可作为新产品创意来源的其他渠道还比较多，如大学、科研单位、专利机构、市场研究公司、广告公司、咨询公司、新闻媒体等。

企业创意的来源很多，企业的高层管理机构必须审慎地对待各种来源的新产品创意，筛选出与企业所在行业相对应的创意，用于后续新产品开发过程。

（二）筛选创意

将前一阶段收集的大量创意进行评估，研究其可行性，尽可能地发现和放弃错误的或不切实际的创意，以较早避免资金的浪费。一般分两步对创意进行筛选。第一步是初步筛选，首先根据企业目标和资源条件评价市场机会的大小，从而淘汰那些市场机会小或企业无力实现的创意；第二步是仔细筛选，即对剩下的创意利用加权平均评分等方法进行评价，筛选后得到企业所能接受的产品创意。

（三）概念形成和试验

产品概念是指企业从消费者角度对产品创意所做的详尽描述。企业必须根据消费者对产品的要求，将形成的产品创意开发成产品概念，即将新产品创意具体化，描述出产品的性能、具体用途、形状、优点、外形、价格、名称、提供给消费者的利益等，让消费者能一目了然地识别出新产品的特征。通常，一种产品创意可以转化为许多种产品概念。企业对每一个产品概念都需要进行市场定位，分析它可能与现有的哪些产品产生竞争，以便从中挑选出最好的产品概念。新产品创意是企业希望提供给市场的一些可能的新产品设想，新产品设想只为新产品开发指明方向，必须把新产品创意转化为产品概念，才能真正指导新产品的开发。

（四）初拟营销计划

产品概念确定后，企业就要拟订一个初步的市场营销计划，并在以后阶段不断发展完善。营销计划一般包括三个部分。

第一部分：描述目标市场的规模、结构和消费者行为，新产品在目标市场上的定位，市场占有率及前几年的销售额和利润目标等。

第二部分：对新产品的价格策略、分销策略和第一年的营销预算进行规划。

第三部分：描述预期的长期销售量和利润目标以及不同时期的营销组合。

（五）营业分析

企业市场营销管理者要复查新产品将来的销售额、成本和利润的估计，看看它们是否符合企业的目标。如果符合，就可以进行新产品开发。

（六）产品开发

如果产品概念通过了营业分析，研究与开发部门及工程技术部门就可以把这种产品概念转变成为产品，进入试制阶段。只有在这一阶段，文字、图表及模型等描述的产品设计才变为确实的物质产品。这一阶段应当搞清楚的问题是产品概念能否变为技术上和商业上可行的产品。如果不能，除在全过程中取得一些有用的副产品即信息情报外，所耗费的资金则全部付诸东流。

（七）市场试销

新产品开发出来后，一般要选择一定的市场进行试销，注意收集产品本身、消费者及中间商的有关信息，以便有针对性地改进产品，调整市场营销组合，并及早判断新产品的成效。值得注意的是，并不是所有新产品都必须经过试销，通常选择性大的新产品需要进行试销，选择性小的新产品不一定试销。

（八）正式上市

经过市场试验，企业高层管理者已经占有了足够的信息资料来决定是否将这种新产品投放市场。如果决定向市场推出，企业须再次付出巨额资金：一是建设或租用全面投产所需要的设备。确定工厂规模大小是至关重要的决策，很多公司为了慎重起见都把生产能力限制在所预测的销售额内，以免新产品的盈利不足，收不回成本。二是大量市场营销费用。

### 小资料

#### 10年投入1.11万亿元，华为做了什么？

华为是全球领先的信息与通信解决方案供应商。其主要营业范围是交换、传输、无线和数据通信类电信产品，在电信领域为世界各地的客户提供网络设备、服务和解决方案。2023年华为业务遍及170多个国家和地区，服务全球30多亿人口。华为致力于把数字世界带入每个人、每个家庭、每个组织，构建万物互联的智能世界：让无处不在的连接成为人人平等的权利，成为智能世界的前提和基础；为世界提供多样性算力，让云无处不在，让智能无所不及；所有的行业和组织因强大的数字平台而变得敏捷、高效、生机勃勃；通过 AI 重新定义体验，让消费者在家居、出行、办公、影音娱乐、运动健康等全场景获得极致的个性化智慧体验。一家企业创始人的格局往往决定了这家企业能够走多远。华为能有现在的成就，和总裁任正非当初的选择密不可分。在他看来，"未来的世界，是知识的世界"，实体经济是国民经济的根本。后来，他把公司大部分的利润投进了产品研发，搞技术攻关。

一、1.11 万亿元，霸榜世界专利榜

华为发布的 2023 年年度报告显示：2023 年华为实现全球销售收入 7 042 亿元人民币，同比增长 9.64%；净利润为 870 亿元，同比增长 144.4%。其中，汽车 BU 增幅最大，达到 128.1%，其次是云业务和终端业务，也都实现了两位数增长。终端业务，也就是我们熟悉的华为手机，同比增长 17.3%，重新回归快速增长的轨道。从财报看，华为的业务在经历几年外界的挤压后，不仅活了下来，而且越活越好。掌握核心科技的企业，其生命力就是这么顽强。而华为之所以能够做到这一点，和重视研发密不可分。我们先来看一组数据：2023 年华为研发投入为 1 647 亿元，是销售收入的 23.4%。过去 10 年，华为累计投入的研发费用已经超过了 1.11 万亿元，相当于 5 个世界 500 强企业的营收总和。从数据上看，2021 年至 2023 年，华为的研发投入占公司收入的比例均超过 20%，2023 年华为的研发投入总额排名居全球前五，研发员工约有 11.4 万名，占总员工数量的 55%。在成绩上，截至 2023 年底，华为在全球共持有有效授权专利超过 14 万件。另据世界知识产权组织最新公布的信息，华为 2023 年共申请 6 494 件国际专利，连续 7 年保持全球第一。

二、对战美国十巨头，撑起中国智能时代

要了解华为的研发布局，就必须先知道一个部门，就是承载华为研发重任的"2012 实验室"。其实，华为的"2012 实验室"就是华为总的研究组织，像我们熟悉的华为中央研究院、中央硬件工程院、中央软件院、诺亚方舟实验室、海思半导体、研发能力中心等，都是它的二级部门。"2012 实验室"并不是一个机构，而是华为所有研发力量的总称。而要系统了解华为的研发布局，就必须了解华为的"端、管、云"战略。华为万亿研发投入的成绩单主要体现在这个大战略的布局上。

首先说终端。手机是终端，手表、水表、电表、智能汽车、平板电脑、机器人、工业设备等都是智能时代的终端。终端是海量数据产生的源泉，这是物联网和智能时代最重要的基础设施。在这个领域，华为手机知名度最高，一度超越苹

果、三星登顶全球出货量第一。即便受到打压，随着 Mate 60 的横空出世，目前华为手机正在上演王者归来。华为汽车业务，自从华为车 BU 从 2019 年成立以来，累计研发投入超过 300 亿元，研发团队规模达到 7 000 人，目前，华为车 BU 业务已进入高速增长期。

终端后面就是网络管道，主要就是指提供信息传输服务的通信网络，目前最受关注的就是 5G 和 5.5G。华为是全球排名第一的 ICT（信息与通信）基础设施和智能终端提供商，而之所以能一路逆袭，靠的还是长期的研发投入。目前，华为的运营商业务 2023 年销售收入达到 3 620 亿元。同赛道中，爱立信、诺基亚这样的国外老牌巨头仍然不是对手。

终端、管道之后，华为在云计算领域同样在快速发展。目前，在云计算领域，华为云继续保持中国大陆第二大云厂商的地位，市场份额达到 19%。而且，2023 年第四季度，华为云实现了 23% 的同比增长率。在整个 2023 年，华为云的收入增长 17%。按照这个发展速度，华为云早晚要挑战阿里云国内老大的位子地位。而在国际市场，甲骨文、思科也在密切关注华为云在技术领域的突破。

此外，从更细分的赛道上，华为的麒麟芯片、鸿蒙系统、盘古大模型、AI 芯片等都显示出了超强的竞争力。

如果用华为来对标美国高科技企业，你会发现，华为几乎等同于苹果、高通、英伟达、思科、谷歌、微软、特斯拉、甲骨文、OpenAI、伊顿等十家高科技公司所负责的业务。这些公司都将华为视作其在全球市场的强劲对手。

华为凭一己之力，几乎串联起了一条前所未有的信息产业链，而且是一条完全独立于美国的全球信息产业链。华为的成功揭示了中国在科技创新方面同样具备巨大潜力，重新塑造了全球科技分工的版图。

### 三、把自主研发刻进基因

可以说，重视研发已经刻进了华为的基因。

成立之初，华为做的是代理销售小型程控交换机的生意，门槛不高，也就注定了这条路走不远。为了华为的长远发展，任正非当时就下定决心要搞自主研发，而且他根本没给自己留退路。近 30 年前，华为确立了一项影响未来的战略纲领，即将每年不低于销售收入的 10% 投入研发。后来这条被写入了《华为基本法》。而在中国的著名企业中，这样大手笔、高比例的长期投入，无人可及。可以说，华为对自主研发的重视已经达到了"偏执狂"的程度。

华为在研发上有几个特点：首先，华为有很强的团队组建能力，可以快速形成战斗力；其次，华为有很强的快速攻关能力，比如 EMUI 开发、HMS、鸿蒙系统等紧急攻关；最后，华为在确定目标后，经常"杀鸡用牛刀"，集中兵力攻击一个缺口，搞中间突破。

目前，无论在5G、云计算、人工智能等前沿领域，还是智能手机、自动驾驶、物联网、智能家居等消费电子产品领域，华为都展现出了强大的技术实力和创新能力。究其根本，华为对技术创新和研发投入的执着，是华为在暴风骤雨中屹立不倒的真正压舱石。华为的格局、勇气和坚持，值得所有科技企业关注和学习。

（资料来源：澎湃新闻·澎湃号·湃客，有增减）

## 第五节　品牌和包装

### 一、品牌和商标

（一）品牌和商标的含义

品牌俗称商品的牌子，是企业对某类产品以文字、符号、图案或者这些的组合进行设计，用来区别其他企业的同类产品或本企业其他产品。品牌一般分为两部分：一部分是牌名，也称为品牌名称，以能够发音的文字或数字表示，如"华为"手机、"统一"方便面、"海尔"洗衣机、"冷酸灵"牙膏；另一部分是牌记，即品牌标志，往往是一种图案或符号或特殊字体，是无法发音的部分。使用品牌可以标识产品，吸引品牌忠诚者，便于创名牌，是市场竞争的有力武器。

品牌经过注册成为商标，属法律名词。商标具有专用权特点，即商标的独占性不容他人侵犯。商标的财产权是一项重要的无形资产资源，商标的地域、时间权使它在注册的地域和时间范围内受到法律保护。

从归属上来说，商标掌握在注册人手中，而品牌植根于消费者心里。商标的所有权是掌握在注册人手中的，商标注册人可以转让、许可自己的商标，可以通过法律手段打击别人侵权使用自己的商标。因此商标受到工商企业界的广泛重视。企业市场经营中，商标可以标识商品来源，促进产品销售；可以代表产品质量、维护消费者的权益；可以树立企业信誉，维护企业权益。品牌巨大的价值及市场感召力来源于消费者对品牌的信任、偏好和忠诚，一个品牌如果失去信誉，失去消费者的信任，会一文不值。

### （二）品牌的特征

#### 1. 品牌是专有的

品牌是用以识别生产或销售者的产品或服务的。品牌拥有者经过法律程序的认定，享有品牌的专有权，有权要求其他企业或个人不能仿冒和伪造。这一点也是指品牌的排他性，然而中国企业在国际竞争中没有很好地利用法律武器，没有发挥品牌的专有权作用。进入21世纪以来不断有国内的金字招牌在国际市场上遭遇尴尬：100多个品牌在日本被抢注，180多个品牌在澳大利亚被抢注。

#### 2. 品牌是企业的无形资源

品牌拥有者可以凭借品牌的优势不断获取利益，可以利用品牌的市场开拓力、形象扩张力、资本内蓄力不断发展，这是品牌的价值所在。这种价值并不能像物质资产那样用实物的形式表述，但它能使企业的无形资产迅速增加，并且可以作为商品在市场上进行交易。

中国的品牌创造虽起步较晚，但发展较为迅速，很多品牌的价值不菲。

#### 3. 品牌转化具有一定的风险及不确定性

品牌成长过程中，由于市场的不断变化、需求不断提高，企业的品牌资本可能壮大导致品牌身价倍增，也可能萎缩导致品牌在竞争中退出市场。品牌的成长由此存在一定风险，对其评估也存在难度。企业的产品质量出现意外、服务不过关、品牌资本盲目扩张、运作不佳，这些都给企业品牌的维护带来难度，给企业品牌效益的评估带来不确定性。

#### 4. 品牌具有表象性

品牌是企业的无形资产，不具有独立的实体，不占有空间，但它最原始的目的就是让人们通过一个比较容易记忆的形式来记住某类产品或企业，因此，品牌必须有物质载体，需要通过一系列的物质载体来表现自己，使自身形式化。品牌的直接载体主要是文字、图案和符号，间接载体主要有产品的质量、服务、知名度、美誉度、市场占有率。没有物质载体，品牌就无法表现出来，更不可能达到品牌的整体传播效果。优秀的品牌在载体方面表现较为突出，如"可口可乐"的文字使人们联想到其饮料的饮后效果，其红色图案及相应包装能起到独特的效果；再如"麦当劳"黄色拱形结构的"M"会给人们醒目的视觉效果。

#### 5. 品牌具有扩张性

品牌具有识别功能，代表一种产品、一个企业，企业可以利用这一优点展示品牌对市场的开拓能力，利用品牌资本进行扩张。

（三）品牌的种类

品牌可以依据不同的标准划分为不同的种类。

1. 根据品牌知名度的辐射区域划分

按品牌知名度的辐射区域划分，可以将品牌分为地区品牌、国内品牌、国际品牌。

地区品牌是指在一个较小的区域之内生产销售的品牌，例如地区性生产和销售的特色产品。这些产品一般在一定范围内生产、销售，产品辐射范围不大，主要受产品特性、地理条件及某些文化特性影响。这有点像地方戏种，如秦腔主要在陕西、晋剧主要在山西、豫剧主要在河南等。

国内品牌是指国内知名度较高、产品辐射全国、在全国销售的产品。

国际品牌是指在国际市场上知名度、美誉度较高，产品辐射全球的品牌。

2. 根据产品生产经营的不同环节划分

根据产品生产经营的不同环节，可以将品牌分为制造商品牌和经营商品牌。制造商品牌是指制造商为自己生产制造的产品设计的品牌。经销商品牌是经销商根据自身的需求和对市场的了解，结合企业发展需要创立的品牌。

3. 根据品牌来源划分

依据品牌来源，可以将品牌分为自有品牌、外来品牌和嫁接品牌。自有品牌是企业依据自身需要创立的。外来品牌是指企业通过经营、兼并、收购或其他形式而取得的品牌。嫁接品牌主要指通过合资、合作方式形成的具有双方身份的品牌。

4. 根据品牌的生命周期长短划分

根据品牌的生命周期长短来划分，可以分为短期品牌、长期品牌。

短期品牌是指品牌生命周期较短的品牌，由于某种原因在市场竞争中昙花一现或持续一时。

长期品牌是指随着产品生命周期的更替仍能经久不衰、永葆青春的品牌。也有些是在国际上长久发展而来的。

5. 根据产品内销或外销划分

依据产品内销或外销，可以将品牌划分为内销品牌和外销品牌。由于世界各国在法律、文化、科技等宏观环境方面存在巨大差异，一种产品在不同的国家市场上有不同的品牌，在国内市场上也有单独的品牌。品牌划分为内销品牌和外销品牌对企业形象整体传播不利，但由于历史、文化等原因不得不采用，而对于新的品牌命名应考虑到国际化的影响。

6. 根据品牌的行业划分

根据品牌的行业，可将品牌划分为家电业品牌、食用饮料业品牌、日用化工业品牌、汽车机械业品牌、商业品牌、服务业品牌、服装品牌、女装品牌、网络信息业品牌等几大类。

除了上述几种分类外，品牌还可依据产品或服务在市场上的态势划分为强势和弱势品牌；依据品牌用途不同，还有生产资料品牌等。

(四) 品牌的作用

1. 产品或企业核心价值的体现

品牌是消费者或用户记忆商品的工具。企业不仅要将商品销售给目标消费者或用户，而且要使消费者或用户通过使用对商品产生好感，从而重复购买，不断口碑相传，形成品牌忠诚。消费者或用户通过对品牌产品的使用，获得满意的体验，就会围绕品牌形成消费经验，存贮在记忆中，成为将来消费决策的依据。一些企业更为自己的品牌树立了良好的形象，赋予了美好的情感，或使品牌代表一定的文化，使品牌及品牌产品在消费者或用户心目中形成了美好的记忆。人们接触这个品牌就会联想到质量、标准和环保。

2. 识别商品的分辨器

品牌是由于竞争的需要，用来识别某个销售者的产品或服务的。品牌设计应具有独特性。品牌的图案、文字等与竞争对手的区别代表该企业的特点。同时，互不相同的品牌各自代表着不同形式、不同质量、不同服务的产品，可为消费者或用户购买、使用提供借鉴。通过品牌人们可以认知产品，并依据品牌选择购买。每种品牌代表了不同的产品特性、不同的文化背景、不同的设计理念、不同的心理目标，消费者和用户便可根据自身的需要进行选择。

3. 质量和信誉的保证

树品牌、创名牌是企业在市场竞争的条件下逐渐形成的共识，人们希望通过品牌对产品、企业进一步区别，通过品牌形成品牌追随，通过品牌扩展市场。品牌的创立、名牌的形成正好能帮助企业实现上述目的，使品牌成为企业的有力的竞争武器。品牌特别是名牌的出现，使用户形成了一定程度的忠诚度、信任度、追随度，由此使企业在与对手竞争中拥有了基础。品牌还可以利用其市场扩展的能力，带动企业进入新市场；可以利用品牌资本运营的能力，通过一定的形式如经营、合同管理等形式带动企业的扩张。

4. 企业的"摇钱树"

品牌以质量取胜，品牌常附有文化、情感内涵，所以品牌给产品增加了附加值。同时，消费者对品牌有一定的信任度、追随度，企业可以为品牌制定相对较高的价格，获得较高的利润。品牌中的知名品牌在这一方面表现最为突出。由此可见，品牌特别是名牌会给企业带来较大的收益，品牌作为无形资产，已为人们所认可。

5. 卖得更贵+卖得更多，驱动生意

即"生意导向的品牌管理"，也就是要从提升产品价值到提升品牌价值。通过建立品牌、提升品牌知名度来提升用户忠诚度，使高价值产品市场占有率持续增大，进而给企业带来更大的利润。高价值产品定位决策旨在和用户建立起一种长期关系，使得产品满足消费者的期望值，与消费者建立相同价值观，这样消费者很可能在未来的生活中持续购买相同品牌的商品，甚至会主动关注品牌的新产品，对该品牌产生强烈信任感和忠诚度。一个有效的产品开发程序必须将公司的宗旨和品牌与用户和产品联系在一起。

6. 区分对手

制造商利用品牌将自己的产品与竞争对手的产品相区别。早期的企业对品牌的认识就是这么简单。它们相信只要给自己的产品或服务起一个名称，就足以将自己与对手区分开。所以许多品牌的名字直接采用企业创办者的姓氏或名字，以便客户识别。但一个品牌要在竞争对手林立的市场中脱颖而出，还需要通过产品提供给消费者特殊的利益，满足消费者的额外实际需求，才能获得成功。品牌产品如果不能给消费者带来与众不同的感受，消费者就无法真正将其与其他品牌产品区别开来。

综上所述，一般来说，使用品牌能起到以下几方面的积极作用。

第一，品牌经注册登记，即可得到法律的保护，防止别人模仿、抄袭或假冒，保护了企业的正当权益。

第二，使用品牌，则产品的特色和质量特征被所使用的品牌简明地加以代表，既便利卖主管理订货，又方便顾客选购。

第三，品牌起着监督企业产品、保证其质量特征的作用。

第四，品牌可以促进销售。

第五，良好的品牌有助于树立企业形象。

(五) 品牌设计

从市场营销学的角度出发，一个良好的品牌设计应符合以下原则：造型美观，构思新颖，简单明了，符合传统文化，为公众所喜闻乐见。

(1) 造型美观，构思新颖。这样的品牌不仅能够给人一种美的享受，表现出企业或产品特色，而且能使顾客产生信任感。

（2）简单明了。品牌所使用的文字、图案、符号都不应该冗长、繁复，应力求简洁，给人以集中的印象。

（3）符合传统文化，为公众所喜闻乐见。设计品牌名称和标志都特别注意各地区、各民族的风俗习惯、心理特征，尊重当地传统文化，切勿触犯禁忌，尤其涉外商品的品牌设计更要注意。

### （六）品牌营销策略

品牌不仅是企业产品的"姓名"，而且代表产品的功能与服务水平，是提高企业声誉、扩大产品认知度的关键。因此，企业在市场营销活动中都要对品牌进行运用。企业特别是生产制造型企业，由于市场竞争的压力和消费者消费需求的变化或生产力带来的产业革命，必须不停地开发新品并进行上市推广。一如为新生的婴儿取名一样，企业也要对推出的新品进行冠名和品牌定位，我们称之为"品牌运作"。

企业在进行品牌策略选择时一般面临以下几种选择。

#### 1. 统一品牌延伸策略

所谓统一品牌延伸策略，是指企业原有的品牌在某一市场取得成功、获得消费者认可后，企业在开发的所有新品进入市场或老品进入新市场时均使用原品牌，也就是企业的所有产品均采取统一品牌进行对外输出。

例如，强生婴儿洗发液利用自身"温和细腻，不伤发质，可重复多洗"的特性，延伸进入少女市场，正好符合少女天天洗发又怕伤发质的心理需求。再如，国内著名家电企业长虹在彩电市场取得成功之后，利用长虹品牌进军空调市场，取得了阶段性的成功。统一品牌延伸策略的优势是为企业节省了巨额市场开拓费用。由于既有品牌的消费者认知度较高，因此，新品推出后或进入新行业后仍沿用原品牌更易为消费者接受，从而省去市场推广"提高知名度"所需的广告费。统一品牌延伸策略的劣势是如企业原有品牌知名度较低或消费者评价较差，推广效果不明显。同时，如果企业的产品线较宽、产品品类多，万一其中一种产品市场开拓失败，易对统一品牌形成负面效应，从而伤及其他产品线。因此，企业在考虑统一品牌延伸策略时应在既有品牌知名度、评价较高且新市场和原有市场有较高的关联度的情况下实施。

#### 2. 多品多牌策略

所谓多品多牌策略，是指企业对所开发的新品进行单独命名和推广的策略。宝洁公司使用的就是典型的多品多牌策略，宝洁公司所有行业的所有产品均被单独命名，如宝洁公司洗发液品牌有"海飞丝""飘柔""潘婷""沙宣"等，洗衣粉品牌有"汰渍""碧浪"等。多品多牌策略的优势有三：一是在企业原品牌认知度不高、评价不佳或"夕阳无限好，只是近黄昏"的情况下，新的品牌可以给消费者一个全新的感受；二是当某一领域细分市场过多而企业的原有品牌"内涵"不宜做无限制延伸时，利用新品牌可以占有较多的细分市场；三是即使单个品牌市场失败，也不会对其他品牌造成影响。多品多牌的劣势是市场开拓成本较高，不利于在消费者心目中形成统一的品牌形象，除非新市场利润较高，市场开拓成本完全可以抵消。因此，多品多牌策略应在行业内细分市场多、利润丰厚、企业原品牌定位及属性不宜延伸的情况下实施。

3. 一品多牌策略

一品多牌策略是指一个企业的一种产品使用两个或两个以上的品牌。在竞争较为激烈而又相对稳定的市场中，企业为了打击竞争对手同时介入新的细分市场，而又不愿做新的技术开发，可采用一品多牌策略。这种做法在家电业较为常见。如科龙集团下属容声品牌直冷抽屉式 185B 冰箱，经改型后换成康拜恩品牌 185E 冰箱，直接介入低端市场，以打击竞争对手。一品多牌的优势是可以节省新品技术开发的费用，可以低成本介入新的细分市场，可以不影响原品牌的定位（在消费者心目中的印象），即使新品牌失败，其他品牌亦能正常运作。一品多牌的劣势同"一品一牌"品牌策略，且由于"换汤不换药"，所以产品结构无质的变化，加上如果运用到新品牌上，对消费者的吸引力可能不大。因此，企业如果实施一品多牌策略，最好在行业及技术均较为成熟、竞争较为激烈的市场进行，且新品牌和旧有品牌在定位上一定要有差别。

4. 副品牌策略

所谓副品牌策略，是指企业为新开发产品树立新品牌，但由于新品牌和原品牌在同一产品线，且原品牌认知度较高，因此，新品牌作为原品牌下属的一个副品牌来投放市场，和原品牌同时输出。

副品牌策略的优势是结合了统一品牌策略和多品多牌策略的长处，因此，这种方式现在被越来越多地采用。副品牌策略的劣势有三：一是副品牌一般和主品牌同时出现，因此品牌输出名字可能较长，消费者可能只记住了主品牌，导致副品牌的认知度不高；二是副品牌多为阶段推广的产物，企业的广告费用不可能重点用在副品牌上，一旦该产品系列被淘汰，副品牌也可能跟着消亡；三是如果副品牌过于成功，一旦突然由盛转衰，必将殃及主品牌。因此，企业实施副品牌策略的前提是主品牌认知度较高且副品牌隶属于主品牌。

5. 分类统一品牌策略

所谓分类统一品牌策略，是指企业经营的各项产品市场占有率虽然相对较稳

定,但是产品品类差别较大或跨行业,原有品牌定位及属性不宜作延伸,此时企业往往把经营的产品按类别、属性分为几个大的类别,然后冠之以几个统一的品牌。假设某公司拥有四条生产线,但按产品线分主要有"雪龙"冰箱、"飞龙"地产、"美博士"化妆品等行业,由于各行业差别较大,任何一品牌均不宜延伸至其他行业。

分类统一品牌策略的优势是避免了产品线过宽时,使用统一品牌而带来的品牌属性及概念的模糊,且避免了一品一牌策略带来的品牌过多导致营销及传播费用无法整合的缺点。分类统一品牌策略无明显的劣势,但是相对于统一品牌策略而言,如果目标市场利润低,企业营销成本又高,分类统一品牌策略营销传播费用分散,无法起到整合的效果。因此,如果企业要实施分类统一品牌策略,应考虑行业差别较大、现有品牌不宜延伸的领域。

6. 贴牌策略

所谓贴牌策略,是指某企业生产的产品被冠以其他企业的产品品牌。贴牌策略本质上是一种资源整合,优势互补。如体育用品业第一品牌耐克,所有产品均为贴牌产品,耐克公司只负责营销。全国家电零售连锁企业国美电器也贴牌"国美"小家电。国内家电业巨头海信原来并无冰箱产品,海信公司利用自身的品牌优势,将业务延伸至冰箱业,但投资冰箱生产线动辄几千万元,成本过高,短期内无法收益。因此,海信集团根据市场情况,向各个专业厂家如科龙定向采购,统一冠之以"海信"之名。

贴牌策略的最大优势是,贴牌企业(采购方)省去了生产、制造和技术研发的成本,被贴牌企业(被采购方)则省去了营销、传播、运输、仓储成本,结果是双赢。贴牌策略的劣势是,贴牌的双方一般是竞争对手,如果同一产品在同一渠道出现,双方不可避免地会产生竞争。因此,实施贴牌策略的双方最好避免在同一渠道出现,同时,双方的品牌定位应避免是同一消费层级,这样,双方或可减少直接冲突的可能。

7. 联合品牌策略

联合品牌策略一般是指两个不同企业在战略重组、并购、控股背景下,出于品牌战略的考虑(新品牌市场认知度不如旧品牌,旧品牌虽有一定的认知度但品牌趋于老化),采取的临时性品牌输出策略。如国内家电业巨头 TCL 彩电刚进入河南某市场时,兼并河南某厂"美乐"牌彩电品牌,由于"美乐"在该地具有较好的知名度,因此兼并后对外输出的品牌名(过渡品牌)便是"TCL-美乐"。

联合品牌策略的优势是既可保留原有品牌的较高市场认知度,又可避免新品牌鲜为人知的现实，使品牌的对外输出保持一个临时性的平衡，同时一定程度上减少了重新塑造品牌带来的资源投入和风险。联合品牌策略的劣势是品牌名输出过长，品牌个性及品牌战略要求重新定位，被购并的品牌也只临时性借用空壳，同时，联合品牌终将过渡到购并方为主导的新品牌。因此，企业在实施联合品牌策略时注意因势利导，适时地起用联合品牌之中的一个品牌作为新品牌。

8. 本土化品牌策略

本土化品牌策略是指企业开拓新的区域市场或国际市场时，迫于当地环境压力（如商标被抢注或现有品牌不适合当地文化等），不得已改品牌以适应本地文化的行为。如国药第一品牌"同仁堂"在很多国家被抢注，所以"同仁堂"药业要想进军海外市场，必须另起新名。可口可乐进入中国市场，为了适应中国文化，也起了一个非常中国化的名字——"可口可乐"，和原英文商标同时使用。业界认为"可口可乐"这一中文译名音形义俱佳，为可口可乐开拓中国市场立下了汗马功劳。

本土化品牌策略优势是，由于新品牌名能融入本地文化，所以易被当地消费者接受。其劣势是放弃了原品牌的号召力。因此，本土化品牌策略作为非常规手段不宜常用，除非面临较大的文化差异等不可抗拒因素。最好的办法还是"国际化品牌，本土化沟通"。

9. 无品牌策略

无品牌策略是指企业对自身生产的产品不使用任何品牌名。我们所熟知的杜邦公司就是一例。杜邦公司在能源、化工方面一直是高技术的拥有者，更是著名品牌公司如可口可乐公司、阿迪达斯体育公司的原材料供应者。杜邦公司在这些原材料上均隐去企业名，更无商品名。

无品牌策略主要优势是可以减少经营管理费用。其劣势是因为不为消费者所知，产品推广时销售渠道阻力较大，渠道公关成本可能较高。因此，无品牌策略的产品主要见于一些原材料生产商或生产技术简单、消费者选购时重质量轻品牌的小商品生产企业。

企业在进行商品品牌、商标定位策略选择时，还应注意研究以下问题：一是随着高科技的应用，消费者生活方式多样化、个性化发展，商品实行品牌化策略是基本方向；二是无论选择多品多牌策略还是统一品牌策略，都应注意创造名（品）牌和驰名商标；三是在实行多品牌策略时注意品牌定位，使之有清晰的消费群体；四是选择品牌策略要与目标市场、竞争策略、管理难易、效益高低协调一致。

## 二、包装

我国国家标准（GB4122—83）《包装通用术语》对现代商品包装作了明确定义："为了在流通过程中保护产品，方便储存，促进销售，按一定技术方法而采用的容器、材料及辅助等的总体名称。"也指"为了达到上述目的采用的容器、材料和辅助物的过程中施加一定技术方法等的操作活动"。

商品包装的含义包括两方面的意思：一方面是指盛装商品的容器，通常称作包装物，如箱、袋、筐、桶、瓶等；另一方面是指包扎商品的过程，如装箱、打包等。商品包装具有从属性和商品性等两种特性。包装是其内装物的附属品。商品包装是附属于内装物的特殊商品，具有价值和使用价值，同时又是实现内装商品价值和使用价值的重要手段。

狭义的商品包装就是指盛装产品的容器和包扎物。商品包装与装潢是实现商品使用价值、激发消费者欲望、树立产品和企业形象、促进市场竞争、增加商品价值的重要手段，被誉为"不说话的推销员"。据专家研究，优良的包装能够在1/15秒内完成传达"购买我"的信息。

在现代市场经济下，商品包装是一种"视觉语言"，它通过一定的形（状）、色（泽）、质（地），用理想方式快捷、准确、有效地传达商品信息，建立消费者、生产者、经销者之间的联系，达成商品交换的目的。因此，应改变传统的商品包装重视装潢（即重视物之外表的装饰美化）而不重视功能性表现的设计思想，重视采取商业摄影、高度写真为包装的主要形式，再现商品特性，辅以绘画、高度简化、巧妙夸张的艺术手法，使商品包装获得千差万别的视觉效果。

（一）包装的构成及其作用

产品从生产者到消费者手中，必须经过一定的包装。

1. 包装的构成

营销学中的包装是其静态的概念，通常指产品的包装物或容器及其设计装潢。市场营销学认为，产品包装由内包装、销售包装和装运包装三部分构成。

2. 包装的作用

（1）保护商品，这是包装最原始和最基本的功能。

（2）便于运输、携带、贮存和使用。

（3）美化商品，促进销售。

（4）提高商品价值，增加企业盈利。

## （二）包装的特点

商品包装具有从属性和商品性等两种特性。商品包装是附属于内装商品的特殊商品，具有价值和使用价值；同时又是实现内装商品价值和使用价值的重要手段。

包装的四大要素如下。

(1) 包装材料：是包装的物质基础，是包装功能的物质承担者。

(2) 包装技术：是实现包装保护功能、保证内装商品质量的关键。

(3) 包装结构造型：是包装材料和包装技术的具体形式。

(4) 表面装潢：是通过画面和文字美化、宣传和介绍商品的主要手段。

## （三）包装的基本分类

商品包装种类繁多，常见的商品包装的分类和包装种类如下。

按商业经营习惯分类，包装种类有三种。①内销包装：是为适应商品在国内的销售所采用的包装，具有简单、经济、实用的特点。②出口包装：是为了适应商品在国外的销售，针对商品的国际长途运输所采用的包装。在保护性、装饰性、竞争性、适应性上要求更高。③特殊包装：是为工艺品、美术品、文物、精密贵重仪器、军需品等所采用的包装，一般成本较高。

按流通领域中的环节分类，包装分三类。①小包装：是直接接触商品，与商品同时装配出厂，构成商品组成部分的包装。商品的小包装上多有图案或文字标识，具有保护商品、方便销售、指导消费的作用。②中包装：是商品的内层包装，通称为商品销售包装，多为具有一定形状的容器等。它具有防止商品受外力挤压、撞击而发生损坏或受外界环境影响而发生受潮、发霉、腐蚀等变质变化的作用。③外包装：是商品最外部的包装，又称运输包装，多是若干个商品集中的包装。商品的外包装上都有明显的标记。外包装具有保护商品在流通中安全的作用。

以包装材料为分类标志，商品包装可分为纸类、塑料类、玻璃类、金属类、木材类、复合材料类、陶瓷类、纺织品类、其他材料类等包装。

以包装技法为分类标志，商品包装可分为贴体、透明、托盘、开窗、收缩、提袋、易开、喷雾、蒸煮、真空、充气、防潮、防锈、防霉、防虫、无菌、防震、遮光、礼品、集合包装等。

## （四）包装的要求

通常，商品包装的设计应符合下列要求：

(1) 造型美观大方，图案生动形象。

(2) 包装应与商品的价值或质量水平相配合。

(3)包装要能显示商品的特点或独特风格。

(4)包装的造型和结构应考虑使用、保管和携带的方便。

(5)包装上文字能增加顾客的信任感并能指导消费。

(6)包装装潢上所采用的色彩、图案要符合消费者的心理要求,并且不和民族习惯、宗教信仰发生冲突。

(五)包装策略

符合设计要求的包装固然是良好的包装,但良好的包装只有同包装策略结合起来才能发挥应有的作用。常用的包装策略主要包括以下几种。

1. 类似包装策略

类似包装策略又称产品种类包装策略,是指企业在所生产的各种产品的包装外形上采用相同的图案、近似的色彩及其他共存的特征,使消费者或用户极易联想到这是同一家企业生产的产品。

类似包装策略的优点是:①可以壮大企业声势,扩大企业影响,特别是新产品初次上市时,可以用企业的信誉消除用户对新产品的不信任感,使产品尽快打开销路;②可以节省包装设计费用;③有利于介绍新产品。

但是,类似包装策略只适用于同一质量水平的产品。如果质量相差悬殊,再使用这一包装策略就会增加低档产品的包装费用,或使优质产品蒙受不利的影响,故要区别对待。

2. 等级包装策略

等级包装策略是指企业将产品分成若干等级,对高档优质产品采用优质包装,一般产品则采用普通包装,使包装与产品的价值和质量相称,以方便购买力不同的消费者或用户选购。

3. 双重用途包装策略

双重用途包装策略是指原包装的产品用完后,空的包装容器还可以作其他用途。例如:果酱、酱菜采用杯形包装,空的包装瓶可以作旅行杯;糖果包装盒可以用作文具盒;等等。这种包装策略一方面可以引起用户的购买兴趣,另一方面还能使刻有商标的容器发挥广告宣传作用,吸引用户重复购买。但是,这类包装成本一般较高,实际上包装已成为一种产品。

4. 配套包装策略

配套包装策略是指使用时将有关联的多种产品纳入一个包装容器内,同时出售。这种包装策略的好处是:便于用户购买,也有利于新产品推销,如将新产品与其他旧产品放在一起出售,可以使用户在不知不觉中接受新观念、新设计,从而习惯于新产品的使用。例如：化妆品盒内同时装入几种化妆品。

5. 附赠品包装策略

附赠品包装策略是目前国外市场上比较流行的包装策略。例如：儿童市场上玩具、糖果等商品附赠连环画、认字图；化妆品包装中附有赠券，消费者将其积累到一定数量，可以得到不同的赠品。

6. 改变包装策略

商品包装上的改变正如产品本身的改进一样，对于扩展销路同样具有重要的意义。当企业的某种产品在同类产品中质量相近而销路不畅时，就应注意改进这种包装设计。如果一种产品的包装已使用较长时间，也应考虑推陈出新，变换花样。当然，这种通过改变包装办法来达到扩大销路目的的策略是有条件的，即产品的内在质量必须达到使用要求。

## 要点索引

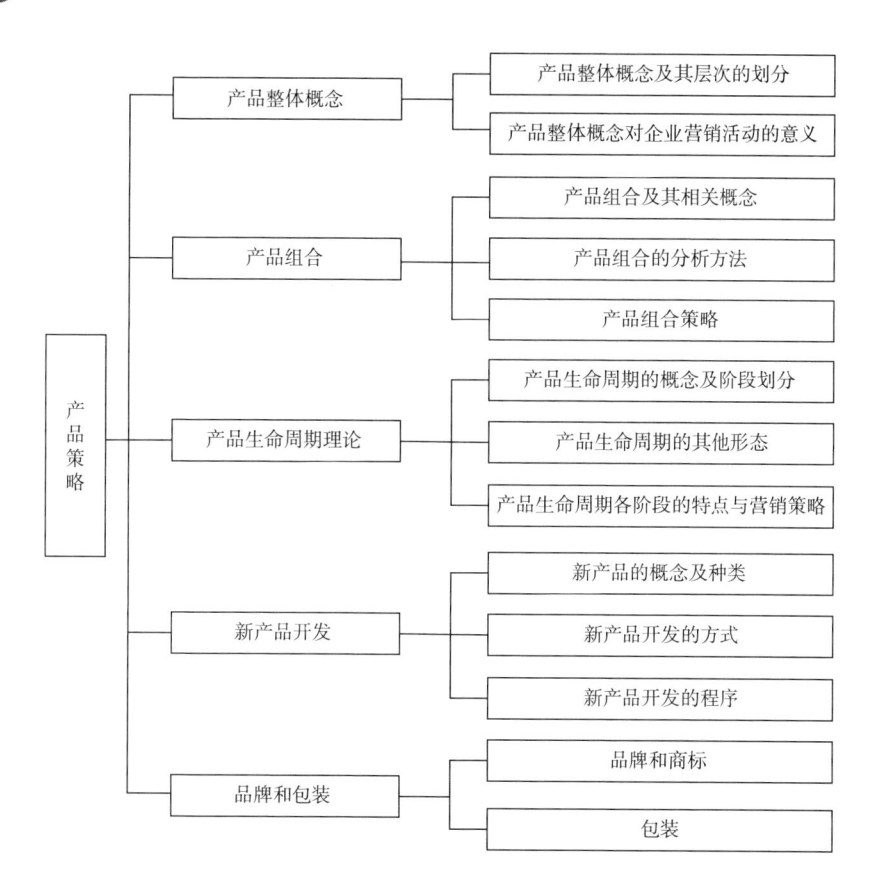

```
                ┌─ 产品整体概念 ─┬─ 产品整体概念及其层次的划分
                │               └─ 产品整体概念对企业营销活动的意义
                │
                │               ┌─ 产品组合及其相关概念
                ├─ 产品组合 ────┼─ 产品组合的分析方法
                │               └─ 产品组合策略
                │
产品策略 ───────┤               ┌─ 产品生命周期的概念及阶段划分
                ├─ 产品生命周期理论 ─┼─ 产品生命周期的其他形态
                │               └─ 产品生命周期各阶段的特点与营销策略
                │
                │               ┌─ 新产品的概念及种类
                ├─ 新产品开发 ──┼─ 新产品开发的方式
                │               └─ 新产品开发的程序
                │
                └─ 品牌和包装 ──┬─ 品牌和商标
                                └─ 包装
```

## 知识巩固

（一）名词解释

1. 产品组合　　2. 产品生命周期

（二）单项选择题

1. 人们购买制冷用的空调主要是为了在夏天获得凉爽。这属于空调产品整体概念中的（　　）。

　　A. 核心产品　　B. 有形产品　　C. 附加产品　　D. 直接产品

2. 下列各项中，（　　）不属于产品整体范畴。

　　A. 品牌　　B. 包装　　C. 价格　　D. 运送

3. 属于附加产品的有（　　）。

　　A. 产品基本效用　　B. 质量　　C. 包装　　D. 售后服务

4. 某个家电企业生产4种电冰箱产品、8种洗衣机产品、5种空调产品，那么这个企业的产品线有（　　）。

　　A. 1条　　B. 3条　　C. 17条　　D. 8条

5. 吉列公司在剃须刀产品系列的基础上，又开发了电吹风、香水等产品系列，这是从（　　）上来扩大产品组合。

　　A. 长度　　B. 深度　　C. 关联度　　D. 宽度

6. 某企业有5条产品线，它们的产品项目数分别是4、7、6、5、2，那么该企业的产品组合的宽度和长度分别为（　　）。

　　A. 5，7　　B. 11，13　　C. 5，11　　D. 5，24

7. 产品生命周期指的是（　　）。

　　A. 产品使用寿命　　B. 产品物理寿命　　C. 产品合理寿命　　D. 产品市场寿命

8. 市场寿命很长、使用寿命很短的产品是（　　）。

　　A. 风靡一时的呼啦圈　　B. 拨号电话

　　C. 香烟　　D. 汽车

9. 品牌中可以用语言称呼、表达的部分是（　　）。

　　A. 品牌　　B. 商标　　C. 品牌标志　　D. 品牌名称

10. 可口可乐公司的老板说，假若他的公司一夜之间被付之一炬，他第二天就可以从国际银行贷款数十亿美元重新开始。他凭借的是（　　）。

　　A. 企业形象　　B. 商标　　C. 标准色　　D. 品牌

（三）多项选择题

1. 包装的作用主要表现在（　　）。

A. 保护商品　　　B. 便于储运　　　C. 增加使用价值　　　D. 促进销售

E. 提供方便

2. 下列中的（　　）属于形式产品。

A. 使用价值　　　B. 造型　　　C. 款式　　　D. 包装

E. 售后服务

3. 新产品构想的来源主要有（　　）等方面。

A. 企业内部的技术人员和业务人员　　　B. 购买者

C. 竞争者　　　　　　　　　　　　　　D. 报纸杂志、高校和科研机构

E. 营销咨询公司

4. 品牌是一个集合概念，包括（　　）。

A. 品牌名称　　　B. 品牌标志　　　C. 商标　　　D. 厂牌

E. 包装

5. 产品整体概念分为五个层次，其中有（　　）。

A. 核心产品　　　B. 形式产品　　　C. 劳动产品　　　D. 附加产品

E. 使用产品

6. 产品生命周期各阶段根据产品的（　　）来划分。

A. 市场增长率　　　B. 成本　　　C. 销售量　　　D. 利润额

E. 竞争对手的策略

(四) 判断题

1. 儿童"六一"礼品袋将不同的玩具、学习用品放在其中，这就是附赠品包装。（　　）

2. 产品组合的深度是指企业产品线的数量。（　　）

3. 单位产品价格越高，越能实现企业利润最大化。（　　）

4. 大多数商品的市场属于异质市场。（　　）

5. 产品的市场寿命与产品的使用寿命之间有必然的、直接的关系。（　　）

(五) 简答题

1. 如何理解产品整体概念？

2. 简述产品导入期的特点及采取的营销策略。

## 能力培养

### 思维训练

#### 周大福演绎产品策略成功经典

香港的周大福及其系列珠宝首饰,对业界及消费者来说可谓耳熟能详。周大福以自己沧桑而富有传奇色彩的发展历程,见证了中国几十年来珠宝首饰业的历史巨变,用自己独特而个性张扬的营销策略演绎了周大福珠宝首饰成功拓展的经典。

周大福创立于1929年,后辗转迁移并正式在香港成立,历经70余年的风雨历程,于20世纪90年代开始进军内地市场,在短短几年时间里,在内地发展分行已近二百家,围绕时尚、新潮等消费心理,周大福推出了适合中国国情的5款系列产品组合,成为内地珠宝饰品领域里跃出的一匹"黑马"。

(1)"绝泽"珍珠系列。所有的美丽都离不开水,珍珠正是水的化身,水的结晶是品格高贵的象征。"绝泽"珍珠系列将颗颗富有灵性与生命力的珍珠置于流畅、唯美的线条之中,增添了女性喜爱的清新风格,含蓄却耀目,是热爱自然、追求意境的女性之首选。

(2)"绝色"红蓝宝石系列。该系列将性感魅惑、甜蜜动人与浪漫鲜明、前卫个性的元素完美结合,将女性妩媚动人的气质演绎到极致,打造出了一款款古典浪漫又兼具现代时尚气息的饰物,是摩登女郎心中至爱。

(3)铂金"水中花"系列。该系列的设计概念源于"铂金如水"。该系列主打吊坠和指环,以女性"心湖中的涟漪"为主题,设计时尚优雅,将清雅与灿烂完美协调,灵巧地勾勒出盛放的花儿在平静心湖中泛起的丝丝涟漪,虽然含蓄,却是心湖中真实而恒久的灿烂回忆。其清新、高雅的格调让人浮想联翩。

(4)"DISNEY公主"首饰系列。该系列设计主要以六个深受欢迎的迪士尼童话公主故事为主题,整个系列均围绕着公主的华丽、优雅及纯洁等特质设计,包括钻石系列、18K金、铂金及纯银系列,其中钻石系列中更首推限量版"公主方钻石首饰",增添一份尊贵非凡的气派,给首饰增添了灵性与神秘。

(5)"惹火"系列。"惹火"单颗美钻系列吊坠和戒指借助层次空间与柔美线条的完美结合,诠释极度的女性化风潮,在动感与和谐中运用奇妙的层次空间,令钻石展现无与伦比的折射光芒,而撩人的曲线更喻示了无限舒展的女性魅力,让新潮的女性叹为观止。

此外，周大福开创了金饰制造新工艺的先河，率先推出的999.9纯金饰品已经成为香港的黄金成色标准与典范。周大福在75周年纪念庆典之际还隆重推出"绝配"组合套配，该套配可以随意变换不同戴法，成为市场追逐的新宠。

（资料来源：上海通和咨询有限公司网站，http://blog.vsharing.com/tonghe/）

**问题讨论：**

1. 周大福为什么能够成功？
2. 周大福是怎样建立它的产品策略的？

**温馨提示：** 在激烈的市场竞争中，消费者是企业赖以生存的基础，企业只有勇于创新，生产并提供符合消费者审美、受消费者青睐的产品，最大化地占领市场，才能在市场竞争中得以生存和发展。周大福品牌产品的成功得益于其全面而彰显个性的产品策略以及准确的产品定位与市场细分，这些做法使其拥有了最大化的消费群，而其不断创新、与时俱进的研发风格使其品牌含金量不断积淀，并焕发出恒久的张扬的个性魅力。

### 实战演练

假设你正经营一家小型中式快餐店，请分析你的快餐店产品组合中的产品线以及每一产品线中的产品项目，并分析几种具体产品项目大致处于生命周期的哪一阶段。

### 案例分析

#### 上海冠生园的品牌之争

早在新中国成立前，上海有一家著名的糖果厂——ABC糖果厂。该厂的老板冯伯镛是一位通晓经营之道的生意人。他看到当时"米老鼠"卡通片在上海滩特别是在儿童中风靡一时、备受观众喜爱，就灵机一动设计了一种米老鼠包装，并命名为"ABC米老鼠"奶糖，从此，"ABC米老鼠"奶糖就在上海滩走俏了，并且成为国内最畅销的奶糖。而此时，"米老鼠"的"亲生父亲"沃特·迪斯尼还未开始利用他所创造的这一卡通形象来做生意。

新中国成立以后，ABC奶糖厂进行了公私合营和改造，更名为"爱民糖果厂"，之后又并入上海冠生园，其主要产品仍是"米老鼠"奶糖。到了20世纪50年代，批判崇洋媚外思想盛行，"米老鼠"毕竟"产生"在国外，难免有媚外嫌疑。加之当时的爱国卫生运动兴起了"除四害"，而老鼠作为四害之首，人人喊打，冠生园不得不担心"米老鼠"的形象会影响产品销售。他们决定选

择另一种卡通形象作为产品的品牌。这时他们想到了兔子,形象活泼、幽默风趣、天真善良的兔子无疑是一种"正面形象",于是就请上海美术设计公司设计了一种以大白兔为核心的包装。1956年,"大白兔"奶糖作为上海冠生园的一个新品牌问世了,立刻就受到了消费者的青睐。1959年,"大白兔"奶糖作为自力更生的成果向国庆10周年献礼,接着开始组织产品出口,受到国外消费者的一致好评。当时在国外有一种说法——"把2块大白兔奶糖放到水中就可以泡成1杯牛奶",可见"大白兔"质量之优、信誉之佳。在此后几十年里,"大白兔"奶糖不断改进质量和包装,形成了独特的配方和稳定保质的工艺流程,产品一直盛销不衰,成为中国的一大特色产品。1979年,"大白兔"荣获国家银质奖,1992年又被评为中国14大驰名商标中唯一的食品类品牌。

一、痛失"米老鼠"

由于没有产品整体观念和品牌意识,冠生园一直没有对"大白兔"和"米老鼠"进行商标注册。有一段时间国内外有不少厂家假冒"大白兔"和"米老鼠",争夺冠生园的市场,这也未能引起该厂的觉醒。1983年,一家来自广州的只会生产硬糖的糖果厂到上海冠生园来取经,善良的老师傅们手把手地把生产奶糖的技术教给他们,而徒弟回去后就开始生产奶糖,并且还从师傅那里顺手牵走了一个品牌形象——一只牵着3只气球的米老鼠。2年后,当冠生园想要去注册"米老鼠奶糖"时,却意外地收到一张驳回通知书,原来南方的"徒弟"已经抢先一步,在几个月前把师傅的商标注册了。没过多久又传来一个消息,美国的沃特·迪斯尼公司为了夺得"米老鼠"形象在中国的垄断权,以4万美元从广州那家小厂买下了"米老鼠"商标,冠生园这时才痛惜万分。区区4万美元,按当时的汇率只值十几万元人民币,但冠生园损失的何止4万美元?从ABC糖果厂到冠生园,半个世纪为这个品牌付出的心血一下子付之东流了。

二、拯救"大白兔"

美国的沃特·迪斯尼公司在买到"米老鼠"商标控制权以后又找到了上海冠生园,表示允许冠生园继续使用该商标,但是要求每年坐享利润的8%作为商标特许使用费。实实在在而又冷冰冰的数字似一记重锤,使冠生园震惊、痛心。痛定思痛,他们终于从梦中觉醒。值得庆幸的是,当年的"除四害"使冠生园设立了"大白兔"品牌,而不至于倾家荡产。更幸运的是,当时的国家工商行政管理局出于深远考虑,为获得质量奖的国优产品保留了注册商标的权利,才使得"大白兔"商标幸运地得到了注册。

大梦初醒的冠生园在"米老鼠"的风波中学到了不少东西,他们开始考虑如何保护自己仅存的"大白兔"品牌。当时,对"大白兔"奶糖的假冒侵权行为十分严重,假冒产品遍及全国多地,甚至在泰国和菲律宾也出现了假冒的"大白兔"奶糖。另外,还出现"影射侵权",即把"大白兔"注册商标相同或相似文字、图形作为自己产品的名称和包装装潢,以混淆视听,愚弄消费者。

针对以上情况,冠生园开始苦苦钻研商标战术,决定把"大白兔"奶糖的整个包装分别作为8种商标注册,使一张糖纸和包装袋的人和部位都得到法律保护。同时围绕主商标,他们又设计出十几种近似商标,包括大白兔、大灰狼、大黑兔、大花兔、小白兔、金兔和银兔等,并对其都进行了商标注册,组成"立体防卫体系",使"大白兔"商标成为一个"家族商标群"。鉴于包装装潢并不受商标保护,但可以申请外观设计专利,冠生园又决定建立商标注册与申请专利相结合的一个互补系统,这样就形成了一个开阔的防御体系,防止任何假冒品牌向主商标靠拢。

冠生园进一步认识到,"大白兔"是一个公认的含金量极高的商标,如果仅仅把它局限在糖果行业而且还是特定的"奶糖"这一品种上,未免显得眼光过于狭窄。从长远利益出发,冠生园开始把自己的"大白兔"商标在与企业发展有关的所有领域进行超前注册,现在,不仅在食品、服装、家具、自行车等行业,就连餐饮、通信、银行和保险等服务性行业,"大白兔"商标都拥有了一席之地。

冠生园的全面出击并不是到此为止,当年沃特·迪斯尼公司对"米老鼠"的垄断也教会了"大白兔"到境外去"抢滩"占领国际市场。从痛失"米老鼠"的1985年起,他们就拿出大量的外汇在境外注册了"大白兔"商标,先是在华人聚集区,后来企业的决策者又提出"凡是地图上有的国家,'大白兔'都要蹦到那里去"。也就是说要向一切现实的和潜在的出口国家和地区超前注册"大白兔"商标,谋求对"大白兔"的法律保护。今天冠生园已在工业知识产权"马德里协定"的20多个成员国和另外70多个国家和地区拿到了"大白兔"的注册证。

三、结束语

一只惹人喜爱的小兔乖乖静卧在草丛中一动不动——这就是"大白兔"奶糖几十年不变的俏模样,而同样超级稳定的是"大白兔"奶糖的高品质,以至于有人说"大白兔"奶糖创造了一个商业"神话","兔踪"遍及40多个国家及地区。市场营销要紧跟消费需求走,这个需求也包括情感需求。而今天,人们越来越喜欢健康、活泼、充满朝气的"大白兔"了。一只跳跃的兔子形象不仅加深了中国人对品牌的印象,也受到世界消费者的欢迎。美国人就把"大白兔"

奶糖上那只活泼可爱的兔子当成复活节的象征。接着，冠生园又创造了20多种卡通大白兔的形象，有唱歌的、跳舞的、划船的、钓鱼的、开摩托车的、打球的、射箭的等，多姿多彩，"大白兔"终于"活"起来了。"大白兔"的决策者们的思考远不止这些。他们认为，"大白兔"品牌应逐步向"大白兔文化"过渡，给"大白兔"注入新鲜的精神活力，"大白兔"要走进青少年朋友的生活，成为他们形影不离的好朋友。

（资料来源：www.docin.com/p-670912.html）

**案例思考：**

（1）如何理解市场营销学中产品的整体概念？

（2）生产企业尤其是名牌产品生产企业应该如何保护自己的品牌？

（3）案例中提到"大白兔"建立起自己未来的空间，如果冠生园将其业务真的扩展到其注册的众多领域，你认为有何利弊？

（4）冠生园不愿花钱买"米老鼠"使用权，而宁愿花钱把"大白兔"注册到全世界，你认为此举是否明智？有何利弊？

（5）在竞争激烈的糖果市场中，怡口莲、徐福记等品牌已经后来居上。如果你是冠生园决策人，怎样使"大白兔"这个往日的名牌真正走进青少年朋友的生活，进一步形成"大白兔文化"？

## 菜鸟的发展

菜鸟是菜鸟智能物流控股有限公司注册的品牌。该品牌成立于2013年，是全球最大的跨境电商物流企业，孵化于阿里巴巴的电子商务生态系统，构建起了一张全球智慧物流网络，通过不断创新来满足高速增长的复杂电商物流需求。

经过近十年的发展，菜鸟已拓展出如下核心业务。

一、国际物流

菜鸟是全球最大的跨境电商物流企业，拥有全球最大的物流网络。2023财政年度跨境包裹总量超过15亿件，服务超过10万个商家及品牌。

二、国内物流

菜鸟是中国领先的电子商务供应链解决方案提供商和中国最大的逆向物流解决方案提供商。

三、科技与其他

作为一家智慧物流企业，菜鸟以先进的技术支撑其智能物流网络，并在数字化技术的研发和应用方面持续创新，其科技及其他服务主要包括菜鸟驿站、菜鸟App、物流科技和物流资产服务。通过提供技术解决方案，菜鸟已经建成全球最大的数字化驿站网络，拥有全球使用最广泛的物流App。

四、ESG

菜鸟已围绕五个重点领域考虑ESG工作：绿色物流、客户体验、服务社区、应急物流及高质量就业。

菜鸟的企业使命是"让天下没有难做的生意"。菜鸟的企业愿景是"加速推动物流行业变革，在世界各地提供顺畅的电商体验；实现全国24小时，全球72小时必达"。

作为电商综合供应链解决方案提供商，菜鸟帮助品牌和商家应对全渠道的供应链复杂难题。菜鸟持续投入全球物流基础设施和底层能力建设，全球运营地网设施面积超过1 000万平方米，日均服务跨境包裹量已超过500万件，可助商家用"一杯咖啡钱"实现全球TOP20城市5日达。菜鸟数智物流设施和供应链已服务商家品牌数万个，80%从菜鸟产地仓库发出的包裹可隔日达。菜鸟驿站已覆盖全国200多个城市、3 000所高校和4万多个乡村，菜鸟裹裹为3亿多个消费者带来寄件服务。

菜鸟在全球战略位置运营关键物流设施，服务范围覆盖200多个国家和地区。

菜鸟已在社区服务、全球物流、智慧供应链等领域建立了新赛道，在为消费者和商家提供普惠服务的同时，也在服务实体经济，助力双循环、乡村振兴、碳达峰、碳中和方面发挥作用。

**案例思考：**

（1）以身边的菜鸟驿站为例子解释产品整体概念的5个层次内容。

（2）分析该目标地区的宏观和微观环境。

（3）该产品的主要竞争对手有哪些？

（4）结合实际，为身边的菜鸟驿站做2024年度的市场定位战略设计。

# 第七章 价格策略

## 学习目标

**知识目标：**（1）了解影响定价的因素。
（2）掌握基本的定价方法。
（3）掌握各种定价策略及技巧。
（4）理解企业价格调整策略。

**能力目标：**（1）能够客观分析影响企业定价因素。
（2）能够灵活运用定价方法和定价策略进行定价。

## 先导案例

### 格兰仕微波炉的定价

十几年前，微波炉在国人眼中还是奢侈品，数千元的价格把消费者挡在了厨房现代化的门外。1996年8月，格兰仕为了扩大自己的市场占有率，率先在全国宣布大幅度降价，降幅达45%。但是一些国外品牌在华经销商及国内竞争对手没有意识到这是格兰仕抢先一步争夺市场份额的举措，反而错误而自负地认为格兰仕降价销售是在清理积压品。等到他们醒悟过来时，格兰仕已远远地冲在前面，与他们拉开了距离，使那些国内外品牌再也无力追赶。通过降价，该月格兰仕创造了超过50%的市场占有率，全年的占有率也达到了35%。格兰仕的绝对低价不仅令消费者争相购买，同时又对竞争对手产生强大的威慑力，最终成就了它在微波炉市场上的霸主地位，为格兰仕进一步实施总成本领先战略奠定了基础。

格兰仕大刀阔斧地降低微波炉的价格，不仅使越来越多的老百姓买得起微波炉，改善了生活，而且使格兰仕成功完成了第二次创业，在国内微波炉市场占得半壁江山，获得了大把的利润。我们不得不佩服格兰仕领军人物的战略眼光，它的定价策略更值得我们去研究总结。

价格策略是指企业通过对顾客需求的估量和成本分析，选择一种能吸引顾客、实现市场营销组合的策略。价格策略是市场营销组合中一个十分关键的组成部分。价格通常是影响交易成败的重要因素，同时又是市场营销组合中最难以确定的因素。企业定价的目标是促进销售、获取利润。任何价格行为不但会直接影响到厂商的利益，还会涉及经销商、消费者和竞争者等各方面的利益。20世纪60年代，哈佛商学院的雷蒙德·科里（Raymond Corey）曾精辟地指出，定价是真理的时刻——定价决策是所有营销活动的焦点。因此，企业必须对价格问题给予高度的重视。

## 第一节 影响定价的因素

决策者根据自身的考虑而提出决策后，还必须顾及可能对其制约或促成的各种客观条件。因此，一个企业的价格决策要受到许多因素的影响，具体分析如下。

### 一、定价目标

定价决策和任何决策一样，都是在一定决策目标的导向下进行的。在市场经济体制下，企业作为自主经营、自负盈亏的独立经济主体，其总体经营目标是获取最大利润。企业的定价决策必然受这一总体目标的支配，并为实现这一总体目标服务。因此，价格权限运用得好坏，产品价格制定得恰当与否，直接影响着企业市场占有率的高低、企业生命力的强弱以及企业成长、发展、壮大的可能性。正如世界著名价格学家和经济学家亚瑟·马歇尔所说，"一个企业将定价权委托给谁，即意味着企业命运维系于谁"。可见，企业产品的价格不是轻而易举就能制定的，必须首先确定定价目标。它是定价决策的基本前提和首要内容，是实现企业总体目标的保证和手段，也是定价策略和定价方法的依据。企业的定价目标主要有以下几个方面。

（一）以维持生存为目标

如果企业产量过剩，或面临激烈竞争，或试图改变消费者需求，则需要把维持生存作为主要目标。为了确保工厂继续开工和使存货出手，企业必须制定较低的价格，并希望市场是价格敏感型的。许多企业通过大规模的价格折扣来保持企

业活力。

（二）以利润为目标

1. 以获取最大利润为目标

当目前利润最大化不会影响长远利润时，企业就会追求当前利润的最大化。企业在综合分析市场竞争、消费需求量、各种费用开支等因素后，以总收入和总成本差额最大化为定价基点，确定单位商品价格，争取最大利润。当然也可以直接为产品定一个较高的价格。追求当前利润最大化必须具备一定条件，即产品声誉卓著，在目标市场上占有竞争优势。

2. 以获取合理利润为目标

企业在激烈的市场竞争压力下，为了保全自己，减少风险，或限于力量不足，只能在补偿正常情况下的社会平均成本的基础上，加上适度利润作为商品价格，这被称为合理利润定价目标。这一定价目标能够稳定市场，避免不必要的竞争，而使企业获得长期利润；同时价格适中，消费者愿意接受，又符合政府的价格指导方针。这是一种兼顾企业利益和社会利益的定价目标。

### 相关链接

**钢铁产品定价目标探讨**

追求收入与利润最大化是大多数企业价格决策所追求的目标。然而从企业发展生命周期的视角来看，稳定并扩大客户资源才是企业价格行为所要实现的最直接目标。钢铁的生产运行是一个连续的过程，吞吐量巨大，产销不平衡将给生产的组织运作带来极大的困难，严重影响产品的成本。因此，保证产销平衡、实现顺畅销售是钢铁企业营销过程中的首要任务，而价格策略应在稳定客户资源的基础上追求利润最大化。

鉴于此，钢铁产品的定价目标体系可分为三个层次，如图7-1所示。

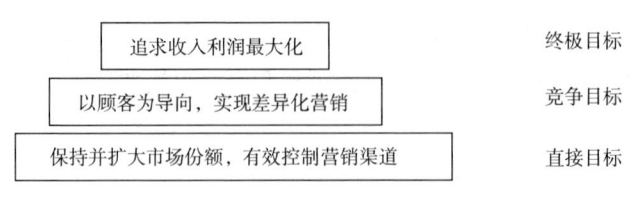

| | |
|---|---|
| 追求收入利润最大化 | 终极目标 |
| 以顾客为导向，实现差异化营销 | 竞争目标 |
| 保持并扩大市场份额，有效控制营销渠道 | 直接目标 |

图7-1　钢铁产品的定价目标体系

（资料来源：钱丽丽. 钢铁产品差异化价格策略研究［J］. 价格理论与实践，2009（11），有删减）

### (三)以保持和提高市场占有率为目标

保持和提高市场占有率是为企业利润最大化目标服务的。任何一个企业为了保证其生存和发展,都必须使其产品在市场上占有优势。市场份额的大小直接关系到企业的产销量和利润额,因此它也是企业定价目标的内容之一。有些企业想通过定价来取得控制市场的地位,即使市场占有率最大化。因为企业确信赢得最高的市场占有率之后将享有最低的成本和最高的长期利润,所以会制定尽可能低的价格来追求市场占有率领先地位。企业也可能追求某一特定的市场占有率。例如,企业计划在一年内将其市场占有率从10%提高到15%,为实现这一目标,企业就要制定相应的市场营销计划和价格策略。

### (四)以产品质量最优化为目标

企业可以考虑产品质量领先这样的目标,并在生产和市场营销过程中始终贯彻产品质量最优化的指导思想。这通常要求用高价格来弥补高质量和研究开发的高成本。在保证产品优质优价的同时,还应辅以相应的优质服务。信誉是企业的生命,一般存在于消费者的心目中。一个企业信誉的好坏直接影响着产品的销量、市场占有率、利润的高低及竞争能力的强弱。一个有着良好信誉的企业往往对企业产品价格的制定也有其特定的要求,比如对其名贵商品的价格要求制定得高一些,而对其一般商品的价格则要求制定得低一些。只有这样,才能显示出名贵商品与一般商品的区别,也才能获取消费者的认可。可见,价格是树立企业信誉的一种有力手段,而信誉又反过来为企业制定价格提供依据,它能为企业带来丰厚的利润,是企业的一项无形财富。

### (五)以应付或防止竞争为目标

竞争是市场的核心,它无情地执行着优胜劣汰的原则。企业在市场中凭自己产品的优劣及价格是否合理来展开竞争。这既为企业提供了种种机会,也对企业造成种种威胁。这就要求企业经营者一方面善于抓住机遇,具有应付挑战的能力;另一方面在激烈的竞争中通过扬长避短、趋利避害来在市场上确立优势的目的。可见,从长远考虑,企业在竞争中不是靠开展短暂的价格战获胜的,而是凭优质的产品和合理的价格取胜的。

企业为了阻止新的竞争者进入同一市场,往往可以采取定低价的方法,使竞争者意识到,如进入此市场,所得将非常微薄,而且会被卷入价格战而不能自拔,这样就可以尽量减少竞争者的数目。但企业必须有承担收入相对不高的能力及思想上的足够认识。

## 二、产品成本

一般来讲,在产品的价格构成中,成本所占比重最大,可以说是定价的基础。任何企业都不能随心所欲地制定价格,企业定价必须首先使总成本得到补偿。某种产品的最高价格取决于市场需求,最低价格则取决于这种产品的成本费用。

在产品价格决策中,首先需要掌握几个重要的成本概念。

(1) 总成本(TC):指企业生产一定数量的某种产品所发生的成本总额,是总固定成本和总可变成本之和。

(2) 固定成本(FC):指一定时期内产品固定投入的总和,如厂房费用、机器折旧费、一般管理费用、生产者工资等。在一定的生产规模内,产品固定投入的总量是不变的。

(3) 变动成本(VC):指一定时期内产品可变投入成本的总和,如原材料、辅助材料、燃料和动力、销售佣金等。变动成本一般随产量增减而按比例增减,产量越大,变动成本也越大。

(4) 边际成本(MC):指增加一个单位产量相应增加的单位成本。

一般地说,边际成本的变化取决于产量的大小。在产量增加的初期,由于固定的生产要素使用效率逐渐提高,边际成本从而递减。而在产量达到一定规模后,增加的可变生产要素短期内无法获得足够的固定生产要素的配合,此时,边际成本将巨额递增。

例如,某集团建立了一间工厂,计划生产手机。如果每天生产的手机数量很少,则单位成本就会很高。当每天的产量提高到 1 000 部时,平均成本就会大降,这是因为固定成本分摊的手机数量较多,因此每部手机应分摊的固定成本就较少。但如果该厂努力使每天的产量超过 1 000 部,成本就会增加。这是因为这时工厂的效率降低了,即工人必须排队等待机器操作,机器发生故障增多,工人们互相干扰。如果该公司认为它每天能销售 2 000 部,它就应考虑建造更大的工厂、使用效率更高的机器和做更有效的工作安排。

## 三、市场需求

成本是制定价格的下限,反过来,市场需求是制定价格的上限。无论是个人消费者还是生产消费者,都会将一项产品和服务的价格与拥有他们所得的利益进行对照,权衡得失。因此在制定价格时,市场营销人员必须了解价格与其产品需求之间的关系。

（一）价格与需求

价格与需求直接相关，通常价格越高，需求越小；价格越低，需求越大。因此，每个企业都需要预测各种价格水平下的市场需求状况。根据市场需求大小，选择合理价格水平，以便产品不仅能销售出去，而且可以获取尽可能大的利润。例如，某一时期，市场上企业的产品需求量增加，那么企业可以采取适当的提价措施；反之，则适当降价。但有些产品则相反，价格越高，需求也越高。例如，某香水公司发现，当把价格提高时，它销售的香水增加而不是减少。因为消费者认为，更高的价格说明该香水更好或更符合要求。

（二）需求弹性

现实中有的市场需求对价格变化的反应比较敏感，有的则相对迟钝。因此，市场营销人员还必须了解需求的价格弹性。需求的价格弹性是指需求量（$Q$）的变化的百分比与价格（$P$）的变化的百分比的比值，其计算公式为：

$$需求的价格弹性 = 需求量变化的百分比 \div 价格变化的百分比$$

即：
$$E = (\Delta Q/Q)/(\Delta P/P)$$

式中：$\Delta Q$ 为需求的变动量，$\Delta P$ 为价格的变动量。它们分别除以需求量本身以及价格本身，就是分别的变动百分比。然后两个百分比相除，得到弹性。

从上面的计算公式可以看出，需求的价格弹性的结果有三种情况。

（1）价格弹性（$E$）大于1时，说明该产品的需求价格弹性比较大，如果价格有比较小的变化，其需求数量就会发生比较大的变化，一般把这种情况下的产品称为富有弹性产品。

（2）当价格弹性（$E$）小于1时，说明该产品的需求价格弹性比较小，即使价格发生很大的变化，其需求数量的变化也不会很大，一般我们把这种情况称为需求对价格缺乏弹性，把这种产品称为缺乏弹性产品。

（3）当价格弹性（$E$）等于1时，说明该产品的需求数量的变动与其价格的变化相同，这种情况称为单一弹性，把这种产品称为单一弹性产品。

对于需求对价格富有弹性的产品，价格是调整需求数量的主要因素，在适当的时候可以采取降价的方法增加需求数量，也可以提高产品的价格以减少市场对产品的需求。这类产品主要是指非生活必需品。对于需求对价格缺乏弹性的产品，由于市场对这类产品的需求数量不主要取决于产品价格的高低，企业可以采取提高价格的方法增加企业的利润。这类产品主要是指生活必需品。对于需求对价格的弹性等于1的产品，因其需求数量变化与价格变化相同，在制定价格政策

时可根据企业的具体情况来确定。

产品的需求弹性不同，价格的变化对企业的销售收入就会有不同的影响。一般来说，如果需求是富有弹性的，销售者将考虑降低其价格，因为较低的价格可带来更多的总收入。只要生产和销售更多产品的额外费用不超过额外的收入，这种做法就是合理的。相反，如果需求是缺乏弹性的，适当调高价格对增加销售收入是有利的。三种需求弹性与销售收入的关系如表7-1所示。

表7-1 需求弹性与销售收入的相互关系

| 需求弹性 | 价格上涨 | 价格下跌 | 企业价格策略 |
| --- | --- | --- | --- |
| $E>1$（富有弹性） | 销售收入减少 | 销售收入增加 | 适当降低价格 |
| $E<1$（缺乏弹性） | 销售收入增加 | 销售收入下降 | 适当调高价格 |
| $E=1$（单一弹性） | 销售收入不变 | 销售收入不变 | 根据实际情况 |

一般来说，当购买者打算购买的产品是珍稀的产品、生活必需品或表示威望和独有的产品时，消费者的价格意识就较淡薄。在不易找到替代品或不容易对替代品的质量进行比较时，购买者的价格意识也较淡薄。此外，当某一产品的总花费相对收入来说较低或其所花费用由他人承担时，购买者的价格意识也较淡薄。

### 四、竞争因素

竞争是影响公司价格决策的另一个重要因素，又可进一步区分为竞争者和竞争环境两方面。

#### （一）竞争者

企业在作价格决策时，必须考虑竞争者的成本、价格及其对企业本身价格变动可能作出的反应。一个消费者想购买一台海尔冰箱时，往往会把海尔冰箱的价格和价值与美的、伊莱克斯等相近产品做对比来进行评估。此外，企业的价格策略还可能影响到它所面对的竞争性质。如果海尔奉行高价格、高利润策略，就可能吸引更多的竞争者；而低价格、低利润策略则可阻止竞争者进入市场或将它们赶出市场。企业必须对照竞争者的成本来检查自己的成本，以此决定自己按有利的成本进行经营还是按不利的成本经营。企业还必须了解各个竞争者产品的价格和质量，利用它们作为自己定价的出发点。

#### （二）竞争环境

企业所处的价格竞争环境不同，其可能对价格的控制程度也不同。

1. 市场控制价格环境

市场控制价格环境的特点是存在高度竞争，供应的产品和服务类似，各个公司对价格的控制力甚微。公司想制定一个高于现行价格的价格将不会吸引太多的顾客。同样，如果一个公司想以低于其竞争者的价格销售产品，其所得也会减少，因为本来按市场价格它就可以卖掉其产品。

2. 企业控制价格环境

企业控制价格环境的特点是存在适度竞争，产品和服务有较大差异，各个企业对价格的控制力较强。在这种环境中，企业定高价可以获得成功，因为消费者认为它们的供应与众不同，有独特性。这种差异化可通过品牌形象、特色、售后服务、花色品种和其他因素来达成。在这种环境中，廉价商店也可通过定低价吸引消费者的办法来开辟一个小环境市场。

3. 政府控制价格环境

政府控制价格环境的特点是价格由政府制定。如公用事业、公共汽车、出租车、公立大学等的收费标准均由政府制定。在这种情况下，企业对价格几乎没有控制力。进行价格竞争的可能性很小，要竞争只有另辟路径，多在质量差异化、服务差异化方面下功夫。

### 五、政府

政府对价格决策的影响主要体现在各种有关价格禁止的法规上。有关政府禁止的价格行为可分为四大类。

（一）禁止价格垄断

《中华人民共和国价格法》（以下简称《价格法》）第十四条规定，经营者不得"相互串通，操纵市场价格，损害其他经营者或消费者的合法权益"。

（二）禁止价格欺诈

《价格法》第十四条规定，经营者不得"利用虚假或者使人误解的价格手段，诱骗消费者或其他经营者与其进行交易"。简言之，就是禁止价格欺诈。价格欺诈行为主要有虚假降价、模糊标价和两套价格等。

（三）禁止价格歧视

《价格法》第十四条规定，经营者"提供相同商品或者服务"，不得"对具有同等交易条件的其他经营者实行价格歧视"。所谓价格歧视，通常是指商品或服务的提供者提供相同等级、相同质量的商品或服务时，使同等交易条件的接受

者在价格上处于不平等地位。例如对具备同等条件的甲、乙企业,对甲实行批量作价,对乙则不实行批量作价;或因甲是本地企业、乙是外地企业就实行不同价格待遇等,从而构成价格歧视行为。

(四)禁止低价倾销

《中华人民共和国反不正当竞争法》和《价格法》都规定在依法降价处理鲜活商品、季节性商品、积压商品等商品外,不得以排挤竞争对手或者独占市场为目的,以低于成本的价格销售商品。判断是否构成低价倾销行为,一看目的(是否为了排挤竞争对手),二看行为(是否低于自身成本销售),三看后果(是否造成市场秩序的混乱,损害了其他经营者的利益)。

### 相关链接

#### 《价格法》若干规定

《价格法》于1998年5月1日正式生效实施。《价格法》首次以法律形式明确了价格改革的方向,明确规定"国家实行并逐步完善宏观经济调控下主要由市场形成价格的机制"。

目前,我国价格法律体系不断完善,已经形成了以《价格法》为基础,以《中华人民共和国反垄断法》《中华人民共和国反不正当竞争法》以及其他法律涉及的价格条款为重要支撑,以《价格违法行为行政处罚规定》《政府制定价格行为规则》《政府制定价格听证办法》《政府制定价格成本监审办法》等行政法规、部门规章和地方性法规、规章为配套的一整套较为完善的法律制度。

整体来看,大部分商品的定价权限已经交给市场,但《价格法》依然对政府定价和政府价格调控的商品范围进行了限定。

其中,第十八条规定,"下列商品和服务价格,政府在必要时可以实行政府指导价或者政府定价:

(1)与国民经济发展和人民生活关系重大的极少数商品价格;

(2)资源稀缺的少数商品价格;

(3)自然垄断经营的商品价格;

(4)重要的公用事业价格;

(5)重要的公益性服务价格。"

第三十条规定,"当重要商品和服务价格显著上涨或者有可能显著上涨,国务院和省、自治区、直辖市人民政府可以对部分价格采取限定差价率或者利润率、规定限价、实行提价申报制度和调价备案制度等干预措施"。

第三十一条规定,"当市场价格总水平出现剧烈波动等异常状态时,国务院可以在全国范围内或者部分区域内采取临时集中定价权限、部分或者全面冻结价格的紧急措施"。

(资料来源：ttps://www.360kuai.com/pc/9acd60989f14d3920?cota)

## 第二节　定价方法

实际工作中,企业的定价方法很多,一般来说,定价方法的具体运用不受定价目标的直接制约。不同类型的企业、不同市场竞争能力的企业以及不同营销环境中的企业所采用的定价方法是不同的,即使在同一类定价方法中,不同企业选择的具体计算方法也会有所不同。从价格制定的不同依据出发,可以把定价方法分为三大类。

### 一、成本导向定价法

成本导向定价法是企业定价首先需要考虑的方法。成本是企业生产经营过程中所发生的实际耗费,客观上要求通过商品的销售而得到补偿,并且要获得大于其支出的收入,超出的部分表现为企业利润。这种方法是最常用、最基础的定价方法。成本导向定价就是以产品的单位成本为基本依据,再加上预期利润来确定价格。采用这种定价方法,一要准确核算商品的成本,二要确定恰当的利润百分比(即加成率)。比如,某大型超市的商品价格是以成本价加上一个固定的毛利率来计算的。其商品的一般毛利率是：食品、饮料、日用品为3%~5%,鲜活类为17%,服装类为30%,玩具类为20%,家具类为20%~30%,家电类为7%,文化用品为20%。成本导向定价法又衍生出了总成本加成定价法、目标收益定价法、边际成本定价法、盈亏平衡定价法等具体的定价方法。本节仅介绍前两种方法。

#### (一)总成本加成定价法

总成本加成定价法是一种最简单的定价方法。总成本是企业在生产产品时花费的全部成本,包括固定成本和变动成本两部分。在单位产品总成本上加一定比例的利润,就得到单位产品的价格。由于利润的多少是有一定比例的,这种比例人们习惯上叫"几成",所以这种方法就叫成本加成定价法。公式表示如下：

$$价格 = 单位产品总成本 \times (1 + 目标利润率)$$

例如：某电视机厂生产2 000台彩色电视机,总固定成本为600万元,每台

彩电的变动成本为1 000元，确定目标利润率为25%。则用总成本加成定价法确定价格如下。

已知单位变动成本为1 000元，单位固定成本分摊为6 000 000/2 000 = 3 000元，目标利润率为25%。所以：

$$单位产品价格 = (3\ 000+1\ 000) \times (1+25\%) = 5\ 000\ （元）$$

由此，电视机厂将产品的出厂单价定为5 000元。

这种方法有三个主要优点。首先，这种方法简化了定价工作，便于企业开展经济核算。其次，若某个行业的所有企业都使用这种定价方法，它们的价格就会趋于相似，因而价格竞争就会减到最少。最后，在成本加成的基础上制定出来的价格对买方和卖方来说都比较公平，卖方能得到正常的利润，买方也不会觉得受到了额外的剥削。成本加成定价法一般在租赁业、建筑业、服务业、科研项目投资以及批发零售企业中得到广泛的应用。即使不用这种方法定价，许多企业也多把用此法制定的价格作为参考价格。

采用这种定价方式，必须做好两项工作：一是准确核算成本，一般以平均成本为准；二是根据产品的市场需求弹性及不同产品确定恰当的利润百分比（成数）。因此，如果企业的营销产品组合比较复杂，具体产品平均成本不易准确核算或者企业缺乏一定的市场控制能力，该方法就不宜采用。

（二）目标收益定价法

目标收益定价法又称投资收益率定价法，是根据企业的投资总额、预期销量和投资回收期等因素来确定价格。

假设上面例子中电视机厂的总投资额为800万元，投资回收期为5年，则采用目标收益定价法确定价格的基本步骤如下。

1. **确定目标收益率**

$$目标收益率 = 1/投资回收期 \times 100\% = 1/5 \times 100\% = 20\%$$

2. **确定单位产品目标利润额**

$$单位产品目标利润额 = 总投资额 \times 目标收益率 \div 预期销量$$
$$= 8\ 000\ 000 \times 20\% \div 2\ 000 = 800\ （元）$$

3. **计算单位产品价格**

$$单位产品价格 = 企业固定成本 \div 预期销量 + 单位变动成本 + 单位产品目标利润额$$
$$= 6\ 000\ 000 \div 2\ 000 + 1\ 000 + 800 = 4\ 800\ （元）$$

由此，电视机厂将产品的出厂单价定为4 800元。

与成本加成定价法相类似，目标收益定价法也是一种生产者导向的产物，很少考虑到市场竞争和需求的实际情况,只从保证生产者的利益出发制定价格。另外,先确定产品销量再计算产品价格的做法颠倒了价格与销量的因果关系,把销量看成价格的决定因素,在实际上很难行得通。不过,对于需求比较稳定的大型制造业;供不应求且价格弹性小的商品;市场占有率高、具有垄断性的商品,以及大型的公用事业、劳务工程和服务项目等,在科学预测价格、销量、成本和利润四要素的基础上,目标收益定价法仍不失为一种有效的定价方法。

**二、需求导向定价法**

现代市场营销观念要求企业的一切生产经营以消费者需求为中心,并在产品、价格、分销和促销等方面予以充分体现。所谓需求导向定价法,是指根据市场需求状况和消费者对产品的感觉差异来确定价格的定价方法。这种定价方法主要考虑的是顾客可以接受的价格以及在这一价格水平上的需求数量,而不是产品的成本。按照这种方法,一般先以该产品的历史价格为基础,根据市场需求变化情况,在一定的幅度内变动价格,使同一商品可以按两种或两种以上价格销售。需求导向定价法主要包括理解价值定价法、需求差异定价法和逆向定价法。

(一)理解价值定价法

所谓"理解价值",也称"感受价值""认知价值",是指消费者对某种商品价值的主观评判。理解价值定价法是指企业以消费者对商品价值的理解度为定价依据,运用各种营销策略和手段影响消费者对商品价值的认知,形成对企业有利的价值观念,再根据商品在消费者心目中的价值来制定价格。例如,对于同样的精酿啤酒,酒吧的价格往往能达到网购的 5 倍。

理解价值定价法的关键和难点是获得消费者对有关商品价值理解的准确资料。企业如果过高估计消费者的理解价值,其价格就可能过高,难以达到应有的销量;反之,若企业低估了消费者的理解价值,其定价就可能低于应有水平,使企业收入减少。因此,企业必须通过广泛的市场调研了解消费者的需求偏好,根据产品的性能、用途、质量、品牌、服务等要素判定消费者对商品的理解价值,制定商品的初始价格。然后,在初始价格条件下预测可能的销量,分析目标成本和销售收入,在比较成本与收入、销量与价格的基础上确定该定价方案的可行性,并制定最终价格。

(二)需求差异定价法

所谓需求差异定价法,是指产品价格的确定以需求为依据,强调适应消费者需求的不同特性,而将成本补偿放在次要地位。运用这种定价方法,要对同一商

品在同一市场上制定两个或两个以上的价格，或使不同商品价格之间的差额大于其成本之间的差额。其好处是可以使企业定价最大限度地符合市场需求，促进商品销售，有利于企业获取最佳的经济效益。

根据需求特性的不同，需求差异定价法通常可以分为以用户为基础、以地点为基础、以时间为基础、以产品为基础、以流转环节为基础和以交易形式为基础等多种形式的差别定价法，具体内容在本章第三节详细介绍。

需求差异定价法针对不同需求而采用不同的价格，实现顾客的不同满足感，能够为企业谋取更多的利润，因此在实践中得到广泛的运用。例如，我国有的高端白酒企业采取的是需求差别定价法。定价跟它自身的成本关系不大，而是依据消费者的消费能力和市场调研的结果。假如有5%的消费者能接受每瓶1 000元的价格，它就拿出5%产能生产1 000元档次的酒，有20%的消费者能接受每瓶500元的价格，它就拿出20%产能生产500元档次的酒，依此类推，确保利益最大化。但是也应该看到，实行需求差异定价必须具备一定的条件，否则，不仅达不到差别定价的目的，甚至会产生副作用。这些条件如下。

（1）从购买者方面来说，购买者对产品的需求有明显的差异，需求弹性不同，市场能够细分，不会因差别价格而导致顾客的反感。

（2）从企业方面来说，实行不同价格的总收入要高于同一价格的收入。因为差别定价不是目的，而是一种获取更高利润的手段，所以企业必须进行供求、成本和盈利分析。

（3）从产品方面来说，各个市场之间是分割的，低价市场的产品无法向高价市场转移。这种现象可能是交通运输状况造成的，也可能是产品本身特点造成的。如劳务项目难以通过市场转卖而获取差额利润，所以适宜采用差别定价方法。

（4）从竞争状况来说，无法在高价市场上进行价格竞争。这可能是因为本企业已垄断市场，竞争者极难进入，也可能是产品需求弹性小，低价不会对消费者需求产生较大的影响；还可能是因为消费者对本企业产品已产生偏好。

（三）逆向定价法

逆向定价法不主要考虑产品成本，而重点考虑需求状况。依据消费者能够接受的最终销售价格，逆向推算出中间商的批发价和生产企业的出厂价格。逆向定价的特点是：价格能反映市场需求状况，有利于加强与中间商的良好关系，保证中间商的正常利润，使产品迅速向市场渗透，并可根据市场供求情况及时调整，定价比较灵活。计算公式如下：

出厂价格=市场可销零售价格×（1-批零差价率）×（1-进销差价率）

例如：消费者对某牌号电视机可接受价格为5 000元，电视机零售商的经营毛利为20%，电视机批发商的批发毛利为5%。

计算电视机的出厂价格如下：

出厂价格=5 000×（1-20%）×（1-5%）=3 800（元）

随着互联网技术的不断发展，市场营销理念的深入人心，逆向定价法已被广泛使用。

### 小资料

**宜家的逆向定价法**

瑞典宜家是一家具有世界声誉的家居用品零售商，其业务遍布世界30多个国家，销售额以每年20%的速度增长。取得这样的成绩与宜家独特的定价策略是密不可分的。

宜家的定价口号是"有意义的低价格"，目标是使顾客觉得产品不那么贵，而不是让顾客觉得廉价。具体来说，宜家的定价策略包括以下四个步骤。

一、制定产品价格

通常，企业会在产品设计好以后再为其制定一个合适的价格。而宜家不是这样，它往往在新产品设计出来以前便给其设定一个价格。换句话说，宜家以某一价格水平为标准去设计新产品。宜家有一套完善的价格矩阵，它可以帮助产品经理们给新产品制定一个合理的价格。这套价格矩阵包括3个价格等级（高、中、低）和4种基本款式（北欧、现代、乡村和年轻瑞典）。产品经理们可把现在的产品线和价格填入价格矩阵相应的格子里，然后寻找空格，空格即为市场机会。然后，他们针对这一市场机会调查竞争对手的情况，以确定新产品的成本，目标是要比竞争对手的价格低30%~50%，于是宜家产品的价格点便这样产生了。

二、挑选低成本的制造商

产品价格确定以后，宜家便需选择生产材料及做组装工作的制造商。目前宜家与55个国家的大约1 800个供应商有联系。为了最大限度地降低生产成本，宜家在过去数年中把发展中国家的采购额由32%提高到了48%。为加强与各地供应商的关系，宜家在33个国家建立了43个贸易办事处。这些办事处还兼有监控产品质量和促进供应商之间的良性竞争的责任，从而帮助宜家公司保持较低的产品成本。

三、挑选产品设计者

有了目标价格和合适的厂商之后，接下来便要开始产品设计工作。宜家采取

内部招聘的方式来选择设计师和设计方案。宜家的设计师们不仅要关心产品的造型和功能，还必须尽可能地关心产品所使用的材料。他们会仔细研究产品部件表面的功能，从而决定在使用资金最低的情况下使用何种原料、表面漆和组装技术，力求在每一个细节都做到成本最低化。

四、运输

在运输方面，宜家公司有这样的理念：我们不希望为所运输的空气支付费用。为最大限度地利用集装箱的空间，宜家采用了平板式的包装方式，采用这一包装方式能够将每一集装箱的运输效率提高数倍。而今，宜家在运输中的平均填充率为75%左右，但他们仍不满足，希望未来进一步提高这一比率。为此，他们不断优化产品设计，有时甚至会把产品中的空气排挤出去，比如宜家生产的压缩包装枕头等。

（资料来源：https：//www.toutiao.com/article/6591357819696448007/）

### 三、竞争导向定价法

在竞争十分激烈的市场上，企业通过研究竞争对手的生产条件、服务状况、价格水平等因素，依据自身的竞争实力，参考成本和供求状况来确定商品价格。这种定价方法就是通常所说的竞争导向定价法。其特点是价格与商品成本和需求不发生直接关系。商品成本或市场需求变化了，但竞争者的价格未变，就应维持原价；反之，虽然成本或需求都没有变动，但竞争者的价格变动了，则相应地调整其商品价格。当然，为实现企业的定价目标和总体经营战略目标，谋求企业的生存或发展，企业可以在其他营销手段的配合下将价格定得高于或低于竞争者的价格，并不一定要求和竞争对手的产品价格完全保持一致。竞争导向定价法主要包括三种方法。

（一）随行就市定价法

随行就市定价法是根据行业的平均价格水平或竞争对手的价格来制定价格的方法，也称为通行价格定价法。

在有许多同行相互竞争的情况下，每个企业都经营着类似的产品。价格高于别人，就可能失去大量销售额，从而造成利润的降低，而这样做又可能迫使竞争者随之降低价格，从而失去价格优势。在现实的营销活动中，由于"平均价格水平"常被认为是合理价格，易为消费者接受，而且也能保证企业获得与竞争对手相对一致的利润，因此许多企业倾向于与竞争者价格保持一致。尤其在少数实力雄厚的企业控制市场的情况下，对于大多数中小企业而言，由于其市场竞争能力有限，更不愿与生产经营同类产品的大企业发生"面对面"的价格竞争，因此会采取价格尾随，根据大企业的产销价来确定自己的实际价格。

（二）产品差别定价法

从根本上来说，随行就市定价法是一种防御性的定价方法，它在避免价格竞争的同时也抛弃了价格这一竞争的"利器"。产品差别定价法则反其道而行之，它是指企业通过不同的营销方法，使同种同质的产品在消费者心目中树立起不同的产品形象，进而根据自身特点选取低于或高于竞争者的价格作为本企业产品价格。因此，产品差别定价法是一种进攻性的定价方法。

产品差别定价法要求企业具备一定的实力，在某一行业或某一区域市场占有较大的市场份额，消费者能够将企业产品与企业本身联系起来。另外，在产品质量大体相同的条件下实行差别定价是有限的，尤其对于定位为"质优价高"形象的企业来说，必须支付较大的广告、包装和售后服务方面的费用。因此，从长远来看，企业只有通过提高产品质量，才能真正赢得消费者的信任，才能在竞争中立于不败之地。

（三）密封投标定价法

密封投标定价法是指在招标竞标的情况下，企业在对其竞争对手了解的基础上定价。这种价格是企业根据对其竞争对手报价的估计确定的，其目的在于签订合同，所以它的报价应低于竞争对手的报价。在国内外，许多大宗商品、原材料、成套设备和建筑工程项目的买卖和承包以及出售小型企业等，往往采用发包人招标、承包人投标的方式来选择承包者，确定最终承包价格。一般来说，招标方只有一个，处于相对垄断地位，而投标方有多个，处于相互竞争地位。标的物的价格由参与投标的各个企业在相互独立的条件下来确定。一般情况下，在同类同质产品之间，价格相对低的产品更具有竞争力。在市场营销活动中，投标竞争是一种营销竞争常用的方式，投标竞争的过程往往就是价格竞争的过程，竞争的结果产生实际的成交价格。

企业参加竞标总希望中标，而能否中标在很大程度上取决于企业与竞争者投标报价水平的比较。因此，投标报价时要尽可能准确地预测竞争者的价格意向，然后在正确估算完成招标任务所耗成本的基础上定出最佳报价。

一般说，报价高则利润大，但中标机会小，如果因价高而招致败标，则利润为零；反之，报价低，虽中标机会大，但利润低，其机会成本可能大于其他投资方向。因此，报价时既要考虑实现企业的目标利润，也要结合竞争状况考虑中标概率（中标概率的测算取决于企业对竞争对手的了解程度以及对本企业能力的掌

握程度)。最佳报价应该是预期收益达到尽可能高的价格。

预期收益=(报价-直接成本)×中标概率-失标损失×(1-中标概率)

表 7-2 为某企业参加某工程的竞标分析。

表 7-2　某工程的最佳报价分析

| 标函 | 报价<br>(万元) | 直接成本<br>(万元) | 毛利<br>(万元) | 报价占直接<br>成本比例(%) | 中标概率<br>(%) | 失标损失<br>(万元) | 预期收益<br>(万元) |
|---|---|---|---|---|---|---|---|
| (1) | 25 | 25 | 0 | 100 | 100 | 3 | 0 |
| (2) | 28 | 25 | 3 | 112 | 80 | 3 | 1.8 |
| (3) | 30 | 25 | 5 | 120 | 65 | 3 | 2.2 |
| (4) | 32 | 25 | 7 | 128 | 40 | 3 | 1.0 |

分析：标函(3)的报价较高，预期收益最大，为最佳报价。但企业还必须结合自己的经营能力全面考虑。如果企业目前的经营能力尚未充分发挥，那为了强调标函的竞争力，可以选择标函(2)甚至更低价投标，这样的中标率就大，如果中标，标函(2)有3万元毛利。

前面介绍了一些企业在实际营销活动中可能选择采用的定价方法。每一种定价方法不仅各自有特点和要求，而且相互补充。所以要全面考虑成本、需求及竞争状况而结合使用。

## 第三节　定价策略

前述定价方法是依据成本、需求和竞争等因素决定产品基础价格的方法。基础价格是单位产品在生产地点或者经销地点的价格，尚未计入折扣、运费等对价格的影响。但在市场营销实践中，企业还需考虑或利用灵活多变的定价策略，修正或调整产品的基础价格。

### 小资料

#### "美佳"西服店的折扣策略

日本东京有个银座绅士西装店。该店首创了"打1折"定价方案，曾经轰动了东京。当时销售的商品是"日本GOOD"。该店是这么实行的。首先定出打折销售的时间：第一天打9折，第二天打8折，第三天、第四天打7折，第五天、第六天打 6 折，第七天、第八天打 5 折，第九天、第十天打 4 折，第十一天、第十二天打 3 折，第十三天、第十四天打 2 折，最后两天打 1 折。看起来好像最后两天买东西是最优惠的，是吗？商家的预测是：由于是让人吃惊的定价策略，所以，前期的舆论宣传效果会很好。抱着猎奇的心态，顾客们将蜂拥而至。当然，顾客可以在打折销售期间随意选定购物的日子，如果你想要以最便宜的价钱购买，那么你在最后的那两天去买就行了，但是，你想买的东西不一定会留到最后那两天。实际情况是：第一、二天顾客不多，来者多半是来探听虚实和看热闹的。第三、四天人渐渐多起来。第五、六天打 6 折时，顾客像洪水般地拥向柜台争购。以后连日爆满，没到 1 折的售货日期，商品早已售缺。这是一则成功的折扣定价策略。商家运用独特的创意，准确地抓住顾客购买心理，把自己的商品在打 5 折、6 折时就已经全部推销出去。"打 1 折"只是一种心理战术而已。

（资料来源：http://www.gongguanzhijia.com/article/76.html）

## 一、折扣定价策略

企业为了鼓励顾客及早付清货款、大量购买、淡季购买，可以酌情降低其基本价格。这种价格调整叫作价格折扣。价格折扣主要包含五种类型。

（一）数量折扣

数量折扣是指根据购买者购买数量来决定价格折扣程度，即按照购买数量的多少分别给予不同的折扣，购买数量越多，折扣越大。例如：购买 10 件，销售价格折扣 10%；购买 20 件，折扣 20%。其目的是鼓励大量购买或集中向本企业购买。其促销作用非常明显，企业因单位产品利润减少而产生的损失完全可以从销量的增加中得到补偿。

数量折扣具体分为累计性数量折扣和一次性数量折扣两种类型。

累计性数量折扣：若顾客在一定时间内购买商品累积到一定数量或金额，则按其总量给予一定折扣。其目的在于稳定顾客，建立与顾客的长期联系，鼓励顾客经常向本企业购买，成为可信赖的长期客户。

一次性数量折扣：若顾客一次购买某种产品达到一定数量或购买多种产品达到一定金额，则给予折扣优惠。其目的是鼓励顾客加大一次性购买数量，促进产品多销、快销。

（二）现金折扣

现金折扣是指给予在规定的时间内提前付款或用现金付款者的一种价格折扣，其目的是鼓励顾客尽早付款，加速资金周转，降低销售费用，减少财务风

险。在西方国家,典型的付款期限折扣表示为"3/20,Net60",即"顾客在60天内必须付清货款,如果20天内付清货款,则给予3%的折扣"。

### (三)功能折扣

功能折扣是根据各类中间商在产品分销过程中所处的环节不同,其所承担的功能、责任和风险也不同,企业也相应地给予不同的价格折扣。例如,给批发商的折扣大于给零售商的折扣。其目的在于调动中间商为本企业推销产品的积极性,与企业建立长期、稳定、良好的合作关系,从而占领更广阔的市场。

在设定功能折扣的比例时,主要考虑中间商在分销渠道中的地位、对生产企业产品销售的重要性、购买批量、完成的促销功能、承担的风险、服务水平、履行的商业责任以及产品在分销中所经历的层次和在市场上的最终售价等。

### (四)季节折扣

季节折扣是对常年生产而季节性消费的产品,对在消费淡季购买商品的顾客给予一定的优惠,使企业的生产和销售在一年四季能保持相对稳定。例如,啤酒生产厂家对在冬季进货的商业单位给予大幅度让利,羽绒服生产企业则为夏季购买其产品的客户提供一定的折扣。

在设定季节折扣的比例时,应考虑成本、储存费用、基价和资金利息等因素。季节折扣有利于减轻库存,加速商品流通,迅速收回资金,促进企业均衡生产,充分发挥生产和销售潜力,避免季节需求变化带来的市场风险。

### (五)价格折让

价格折让包括以旧换新折让和促销折让。

以旧换新折让是在顾客购买新产品的同时交回旧产品的一种折让。将旧货折算成一定的价格,在新产品的价格中扣除,顾客只支付差额,以刺激消费需求,促进产品的更新换代。例如,一辆小汽车标价为80 000元,顾客以旧车折价8 000元购买,只需付给企业72 000元。

促销折让是制造商向同意参加其促销活动的经销商提供的付款减价。例如,当中间商为企业产品提供了包括刊登地方性广告、设置样品陈列窗等在内的各种促销活动时,生产企业给予中间商一定数额的资助或补贴。

## 二、地区定价策略

地区定价策略是指根据产品销售地理位置的不同而制定差别价格的策略。地区定价策略的关键在于运费的负担问题。运费如果由企业支付会有利于吸引顾客的购买，但也意味着企业利润的减少；运费如果由顾客支付则意味着企业利润的增加，但会不利于吸引顾客。地区定价策略考虑的是企业与顾客运费负担的平衡问题。

### （一）原产地定价（FOB）

原产地定价卖方只负责将这种产品运到产地某种运输工具（如卡车、火车、船舶、飞机等）上，按照出厂价格交货。交货后，从产地到目的地的一切风险和费用概由顾客承担。如果按原产地定价，那么每一位顾客都各自负担从产地到目的地的运费，这是很合理的。但是这样定价对企业也有不利之处，即距离较远的顾客就可能不愿购买这个企业的产品，而购买其附近企业的产品。

### （二）统一交货定价

统一交货定价，是指卖方将产品送到买方所在地，不分路途远近，统一制定同样的价格。统一交货定价的运费按照平均运输成本核算，减轻较远地区顾客的价格负担，使买方认为运送产品是一项免费的附加服务，从而乐意购买，有利于扩大市场占有率。同时，能使企业维持一个全国性的广告价格，易于管理。该策略适用于体积小、重量轻、运费低或运费占成本比例较小的产品。

### （三）分区定价

所谓分区定价，就是企业把全国（或某些地区）分为若干价格区，对于售给不同价格区域的顾客的某种产品分别制定不同的地区价格：在距离企业远的价格区，价格定得较高；在距离企业近的价格区，价格定得较低，在各个价格区范围内实行同一个价格。

### （四）基点定价

基点定价即企业选定一些城市作为基点，然后按一定的出厂价加上从基点城市到顾客所在地的运费来定价（不管货物实际上是从哪个城市起运的）。有些公司为了提高灵活性，选定多个基点城市，按照顾客最近的基点计算运费。

### （五）运费免收定价

有些企业因为急于和某些地区做生意，负担全部或部分实际运费。这些卖主认为，如果生意扩大，其平均成本就会降低，因此足以抵偿这些费用开支。采取运费免收定价，可以使企业加深市场渗透，并且能在竞争日益激烈的市场上站稳脚跟。

### 三、心理定价策略

企业在定价时可以利用消费者不同的心理因素，有意识地为产品制定不同的价格，以满足消费者生理的和心理的、物质的和精神的等多方面的需求，通过消费者对企业产品的偏爱或忠诚扩大市场销量，获得最大效益。常用的心理定价策略有整数定价、尾数定价、声望定价和招徕定价。

#### （一）整数定价

整数定价策略是把商品的价格定为整数，不带零头，一般适用于比较贵重的商品。例如，精品店的服装可以定价为 5 000 元，而不一定为 4 998 元。消费者购买这类商品时常把价格看作质量的标志，因此企业把基础价格定为整数，不仅能在消费者心目中树立高价高质的形象，而且能使消费者产生高档消费的满足感。这种定价策略适用于高档耐用消费品、贵重商品、时髦商品和消费者不大了解的商品。

#### （二）尾数定价

尾数定价是指利用消费者数字认知的某种心理，尽可能在价格数字上不进位而保留零头，使消费者产生价格低廉和卖主经过认真的成本核算才定价的感觉，从而使消费者对企业产品及其定价产生信任感。例如本应定价 200 元的商品，现定价 199 元，虽只低 1 元，但感觉上便宜了很多。这种定价策略适用于单位价值较低而使用频率较高的产品。近年来，国内市场上常采用 8 作为尾数定价。由于"8"与"发财"的"发"近音，在定价心理上讨个吉利。

#### （三）声望定价

声望定价是根据企业或品牌在消费者心目中所享有的声誉和威望，制定高于其他同类产品的价格。消费者购买名牌产品不仅是为了消费，还要显示他们的身份和地位，因此，名牌产品如果价格定得过低，反而不能满足消费者心理的需要。例如微软公司的 Windows 98（中文版）进入中国市场时，一开始就定价 1 998 元人民币；德国的奔驰轿车售价二十万马克；瑞士莱克司手表价格为五位数以上；我国的一些国产精品也多采用这种定价方式。当然，这种高价格必须以高质量的产品或周到的服务为基础。如金利来领带，一上市就以优质、高价定位，对有质量问题的金利来领带他们绝不上市销售，更不会降价处理，从而传递给消费者这样的信息：金利来领带绝不会有质量问题，低价销售的金利来领带绝非真正的金利来产品。这种做法极好地维护了金利来的形象和地位。

为了使声望价格得以维持，需要适当控制市场拥有量。英国名车劳斯莱斯的价格在所有汽车中雄踞榜首，除了其优越的性能、精细的做工外，严格控制产量也是一个重要因素。在过去的50多年里，该公司只生产了15 000辆轿车，美国艾森豪威尔总统视未能拥有一辆金黄色的劳斯莱斯车为终生憾事。

### （四）招徕定价

招徕定价通常是指将某几种商品的价格定得非常之低，吸引顾客在购买低价产品的同时连带购买其他正常价格的商品。这一定价策略经常用于综合性百货商店、超级市场甚至高档商品的专卖店。

值得企业注意的是，用于招徕定价的降价品应该与低劣、过时商品明显地区别开来。招徕定价的降价品必须是品种新、质量优的适销产品，而不能是处理品。否则，不仅达不到招徕顾客的目的，反而可能使企业声誉受到影响。

## 四、差别定价策略

差别定价也称价格歧视，是指企业按照两种或两种以上不反映成本费用的比例差异的价格销售某种产品或服务。差别定价主要有四种形式。

### （一）顾客差别定价

顾客差别定价，即企业按照不同的价格把同一种产品或服务卖给不同的顾客。例如，某汽车经销商按照价目表价格把某种型号的汽车卖给顾客A，同时按照较低价格把同一种型号汽车卖给顾客B。这种价格歧视表明，顾客的需求强度和商品知识有所不同。

### （二）产品形式差别定价

不同外观、花色、型号、规格、用途的产品，也许成本有所不同，但它们在价格上的差异并不完全反映成本之间的差异，主要区别在于需求的不同。例如，棉纺织品卖给纺织厂和卖给医院的价格不一样，工业用水、灌溉用水和居民用水的收费往往有别，对于同一型号而颜色不同的产品，由于消费者偏好的不同，也可以制定不同的价格。

### （三）产品部位差别定价

产品部位差别定价，即企业对于处在不同位置的产品或服务分别制定不同的价格，即使这些产品或服务的成本费用没有任何差异。比较典型的例子是影剧院、体育场、飞机等，其座位不同，票价也不一样。例如，体育场的前排可能收费较高，旅馆客房因楼层、朝向、方位的不同而收取不同的费用。这样做的目的

是调节客户不同的需求和偏好，平衡市场供求。

（四）销售时间差异定价

销售时间差异定价，即企业对于不同季节、不同时期甚至不同钟点的产品或服务分别制定不同的价格。例如：中国联通的电话资费在一天中某些时间、周末和平常日子的收费标准有所不同；供电局在用电高峰期和闲暇期制定不同的电费标准；电影院在白天和晚上的票价有别；等等。对于某些时令商品，在销售旺季，人们愿意以稍高的价格购买；而一到淡季，则购买意愿明显减弱，所以这类商品在定价之初就应考虑到淡、旺季的价格差别。

### 相关链接

**上海出台酒店行业自律公约 对"天价房"说"不"**

目前上海有6 000多家宾馆酒店，全球知名酒店品牌云集。不过，部分平台或平台内经营者为了追求暴利过度加价，以及个别酒店大幅提高客房尾单销售价格，让消费者并不能享受与高价相匹配的旅游服务体验。上海市旅游行业协会负责人介绍，酒店客房除酒店自有系统销售外，往往通过在线旅游平台、旅行社等同步销售，不同经营主体价格差异的确存在。但个别经营者为了追求暴利过度加价，出现"天价房"。当消费者对酒店价格存疑时，一些不诚信的酒店企业、在线旅游平台等相互推诿，增添消费者维权难度。专家同时介绍，酒店行业市场化程度高、定价随行就市，依据已有的相关法律规定，酒店价格出现波动并不一定违法。根据价格法相关规定，除了与国民经济发展和人民生活关系重大的极少数商品、资源稀缺的少数商品、自然垄断经营的商品、重要的公用事业及公益性服务等的价格外，商品价格和服务价格实行市场调节价，由经营者依照法规自主制定。经营者应当努力改进生产经营管理，降低生产经营成本，为消费者提供价格合理的商品和服务，并在市场竞争中获取合法利润。

最新生效的行业公约对酒店市场"天价房"、游客投诉维权困难等问题提出针对性的解决方案。

一是对不同经营主体提出自律要求。公约要求酒店企业严格履行明码标价，坚决抵制利用虚假的或者使人误解的价格手段诱骗旅游消费者的行为。

二是对价格异常波动提出具体措施。公约要求在线旅游平台健全完善酒店客房价格异常波动预警机制，及时提醒相关经营者为旅游消费者提供价格合理的客房，在市场竞争中获取合法利润。

三是对价格争议处置提出指导意见。公约要求对消费者提出的酒店价格问题投诉，酒店企业、在线旅游平台、旅行社等经营主体做到迅速响应、及时处置，不推诿扯皮、不拖沓敷衍，并鼓励在线旅游平台逐步试点完善先行赔付制度，从机制上杜绝"踢皮球"问题。

（资料来源：http://zjnews.china.com.cn/yuanchuan/2021-09-01/298685.html，有删减）

### 五、新产品定价策略

新产品上市之初，产品的市场定价没有可借鉴的依据。定价高了，难以被消费者接受，市场开拓受阻；定价低了，则将影响企业的效益。所以新产品定价在市场营销管理中显得更加棘手。一般来讲，新产品定价有撇脂定价和渗透定价两种策略可供选择。

#### （一）撇脂定价

撇脂定价是指企业以高价将新产品投入市场，以便在产品市场生命周期的开始阶段取得较大利润，尽快收回成本，然后逐渐降低价格的策略。这种先高后低的定价策略就像从鲜奶中撇去奶油一样，从厚到薄，从精华到一般，故称为撇脂定价策略。这一策略利用了早期使用型消费者的求新、求奇心理和对价格不太敏感的特点，采用高价将新产品导入市场。撇脂定价策略在现实中有许多成功应用的案例，其中最为著名的是美国雷诺公司的圆珠笔定价。圆珠笔在1945年发明时，一支成本仅0.5美元，该公司利用消费者求新求异心理，以20美元销售。当竞争者出现以后，该企业将价格降到每支0.5美元，而这时其成本随着生产规模的扩大已下降到0.07美元。

采用撇脂定价策略对企业的积极意义是：①提高产品身价，树立高质量形象，刺激顾客购买；②能尽快收回成本，获取最大利润；③掌握调价的主动权，为以后实施降价留有余地。但撇脂定价也有其不利的一面，主要表现在：①高价令人望而生畏，抑制顾客购买；②高价会吸引竞争者进入，从而加剧竞争。

撇脂定价策略有一定的适用条件，具体包括：①市场有足够的购买者，他们对价格敏感度低，需求价格弹性小；②产品的价格定得很高，能使人们产生这种产品是高档产品的印象；③产品技术独特，竞争者难以效仿；④小规模生产能实现盈利。因而，该定价策略主要适用于化妆品、流行的服装鞋帽、特殊品及高档品。

#### （二）渗透定价

渗透定价策略是指企业将其新产品的价格定得相对较低，尽可能地快速打开销路，获得较大的市场占有率，待产品在市场站稳脚跟以后，再将价格提高的一种定价策略。这一策略主要利用消费者的选价心理，以低价刺激消费者购买，在

消费者心目中树立价廉物美的形象。比如，美国柯达公司就采用了渗透定价策略与宝丽来公司竞争。柯达公司将两种新型快照相机的价格分别定为 53.50 美元和 69.50 美元，而宝丽来公司同类产品的价格则为 66 美元和 83 美元。柯达公司通过采用渗透定价，成功地阻止了宝丽来公司进一步扩大市场。

渗透定价策略的优点是：低价易为消费者接受，有利于迅速打开销路，提高市场占有率，同时低价的薄利不会吸引竞争者大量进入，诱发恶性竞争行为，便于企业长期占领市场。但该策略的投资回收期长、价格调整空间较小和低价易使消费者产生不信任等不足也限制了该策略的应用。

从市场营销实践看，企业采取渗透定价需具备一些条件：①市场需求弹性大，消费者对价格极为敏感；②产品生产具有规模经济特征，即大批量的生产能显著降低成本；③低价不会引起实际和潜在的竞争；④企业的经营目标是追求长期利益而不是短期利益。该定价策略一般适用于一些低档商品、易耗商品、专用性不太强的商品和生活必需品。

### 六、产品组合定价策略

产品组合是指企业所生产或经营的全部产品线和产品项目的总和。由于产品组合中各种产品之间存在需求和成本的相互联系，会带来不同程度的竞争，所以企业要制定出一系列价格，使整个产品组合的利润实现最大化。常见的产品组合定价策略如下。

#### （一）产品线定价

产品线定价是指根据产品线内不同规格、型号、质量，顾客的不同需求以及竞争者产品的情况，确定不同的价格。例如，长虹对 21 英寸、20 英寸、29 英寸、34 英寸的彩电分别定价为 980 元、1 280 元、2 060 元和 7 980 元。再如，某服装公司将男式西服划分为三种档次，其价格依次为 580 元、980 元和 1 580 元。一般来说，不同的档次代表不同的质量，给予不同的价格以满足不同消费者的需求。因此，企业在采用产品线价格策略时，首先应确认产品之间的质量差异，然后通过价格差别表现出来。

#### （二）选择品定价

许多企业在提供主要产品的同时，还提供某些与主要产品密切关联的选择品。例如，汽车经销商除销售汽车外，还提供电动窗户控制器、去雾装置和灯光调节器等选择品。这些选择品的定价合理与否也会直接影响到主要产品的销售。选择品定价有两种方式：一是将选择品的价格定得较高，靠它来盈利；二是以低价的选择品来招徕生意。例如,餐馆里的饭菜是主要产品,酒水是选择品。有的餐馆将酒水的价格定得高,饭菜价格定得低,以饭菜的收入来弥补经营费用的开支,而靠酒水赚钱。也有的餐馆将酒水价格定得低而饭菜价格定得高,吸引顾客光顾,以饭菜的高价获利。

### (三)互补产品定价

互补产品指需要配套使用的产品,如剃须刀架和刀片、照相机与胶卷、计算机的硬件和软件等。企业对互补产品定价,常常把主要产品的价格定低一些,将与其互补使用的产品定价高一些,借此获取利润。例如,吉列公司把刀架和刀片分开销售,刀架可以用低价甚至免费的方式送给客户,刀片需要客户持续不断的购买才能使用,这样刀架付出的成本能够通过刀片来收回。企业通过采用剃须刀架低价、刀片高价的互补产品定价策略获得市场的成功。这里应注意的是,互补产品的定价不能过高,否则互补产品可能会被仿造,利润就会被其他厂商侵吞。

### (四)副产品定价

某些行业,如肉类加工、石油化工等,在企业生产过程中会生成副产品。副产品价值的高低和处理费用的多少直接影响到主要产品的定价。若副产品价值高,能为企业带来收入,则主要产品价格在必要的时候可定得低一些,以提高产品的竞争力。若副产品价值低、处理费用高,则主要产品的定价必须考虑副产品的处理费用。

### (五)产品系列定价

企业经常将其生产和经营的产品组合在一起,制定一个成套产品的价格。成套产品的价格低于分别购买每件产品的价格总和。这种定价策略就是产品系列定价策略。常见的有化妆品组合、学生用具组合、名贵药材组合和旅游套餐组合等成套产品定价。该价格策略通过以畅带滞提高了每一次交易的交易量,减少了库存积压。在应用该策略时应注意:一是成套产品的价格必须具有吸引力;二是成套产品的销售一定要有单件产品的配合销售,以便消费者进行比较。

> **小资料**
>
> **拼多多平台商品的定价策略**
>
> 在给拼多多平台的产品定价时,不要一味地追求低价,只要整体上能够按照一般的定价要求,即"市场价>单买价>拼团价"来给产品定价,产品的价格基本是可行的。具体定价策略如下。

一、市场价

首先大家需要了解什么是市场价。拼多多官网规定，拼多多买单的价格不得高于商品市场定价。比如，团购价是39元，单买价是59元，市场价是79元，市场价可以理解为标签价格。

二、定价策略

有三种常规定价方式：第一种是成本定价，第二种是根据竞争者定价，第三种是数字定价（根据消费者心理定价）。

（1）成本定价。以成本方式进行定价，基本以低价跑量为主，成本价包含产品出厂价、快递费、包装费等，再加上一定的利润额，就是商品的客单价。

（2）根据竞争者定价。参考竞争对手的定价，主要作用是跟上对手的定价策略，设定合适的价格。但前提是对竞争对手要有一定的研究和了解。例如，要查找出竞争对手的客单价、活动内容、价格设置和优惠等信息。

（3）数字定价。数字定价是传统定价模式与公众的心理特点相一致的定价方法，比如大家都知道价格定位以9结尾看起来比较便宜。9.9元套餐优于10元套餐。

然而，还有一些定价技巧同样可以带动不同情形下的产品转化。

第一，组合定价，做好产品规划。

组合定价就是在店铺中引入三种不同款式的产品进行定价，分别是引流款、利润款、形象款。引流款在店铺中的占比一般是20%左右，它的主要作用是为店铺引流，带动其他商品转化；利润款在店铺中的占比一般是70%左右，它的主要作用是给店铺带来利润；形象款在店铺中的占比是10%左右，它的主要作用是提升店铺整体的气质。

店铺在使用这种组合定价做产品规划时，要对每一款产品做好设定，让每一款产品发挥出自身的优势，使店铺整体的转化率能够实现提升。特别是对利润款产品进行设定时，要更加注重对使用人群的考虑和定位。只有对使用人群的需求进行分析，才能更好地突出产品卖点，实现产品转化。

第二，因时制宜，确定不同商品的价格。

拼多多卖家要明确的是，在拼多多店铺的不同发展阶段，产品价格会有所变化，所以在给不同的产品定价时，要考虑得比较长远。比如，对于常规的商品，可以参考其他店铺的同款爆款产品进行定价，在保证利润的基础上，让店铺商品的价格稍微比爆款的价格低一些，能更好地吸引买家下单。

第三，根据活动计划确定活动商品的定价区间。

店铺在运营的过程中会时不时地推出一些活动，活动商品主要是为了冲销量、抢排名，这时卖家可以根据活动的位置与频道、活动的期望、活动要实现的销量等来确定活动商品的价格区间。

拼多多平台上聚集着诸多的电商卖家，这些卖家之间存在激烈的竞争，依据价格抢用户是很多商家的运营策略。所以作为新入驻拼多多平台的卖家，要了解该平台的价格策略，合理地确定商品的价格。

（资料来源：https://www.kaitao.cn/article/20210406095005.htm）

## 第四节　企业应对价格变动的策略

企业处在一个不断变化的环境之中，为了生存和发展，有时候需要主动削价或提价，有时候又需对竞争者的变价作出适当的反应。

### 一、削价与提价策略

企业为某种产品制定出价格以后，并不意味着大功告成。随着市场营销环境的变化，企业必须对现行价格予以适当的调整。若企业利用自身的产品或成本优势，主动地对价格予以调整，将价格作为竞争的利器，这称为主动调整价格。有时，价格的调整出于应付竞争的需要，即竞争对手主动调整价格，而企业也相应地被动调整价格。无论是主动调整还是被动调整，其形式不外乎削价和提价两种。

（一）削价策略

削价策略是定价者面临的最严峻且具有持续威胁的问题之一。企业削价的原因很多，具体有以下几类。

（1）企业急需回笼大量现金。对现金产生迫切需求可能是因为其他产品销售不畅，也可能是为了筹集资金进行某些新活动，而资金借贷来源中断。此时，企业可以通过对某些价格需求弹性大的产品予以大幅度削价，从而增加销售额，获取资金。

（2）企业通过削价来开拓新市场。一种产品的潜在顾客往往由于其消费水平的限制而缺乏转为现实顾客的可能性。在削价不会对原顾客产生影响的前提下，企业可以通过削价方式来扩大市场份额。

（3）企业决策者决定排斥现有市场的边际生产者。对于某些产品来说，各个企业的生产条件、生产成本不同，最低价格也会有所差异。那些以目前产品价

格仅能保本的企业，在别的企业主动削价以后，会因为价格的被迫降低而得不到利润，只好停止生产。

（4）企业生产能力过剩，产品供过于求，但是企业又无法通过产品改进和加强促销等工作来扩大销售。在这种情况下，企业必须考虑削价。

（5）由于成本降低，费用减少，企业削价成为可能。随着科学技术的进步和企业经营管理水平的提高，许多产品的单位成本和费用都在不断下降，因此，企业拥有条件适当削价。

（6）政治法律环境及经济形势变化，迫使企业降价。

削价最直截了当的方式是将企业产品的目录价格或标价绝对下降，但企业更多地采用各种折扣形式来降低价格。变相的削价形式还有赠送样品和优惠券、实行有奖销售、给中间商提供推销奖金、允许顾客分期付款、赊销、免费送货上门、技术培训、提高产品质量、改进产品性能、增加产品用途。由于这些方式具有较强的灵活性，在市场环境变化的时候，即使取消也不会引起消费者太大的反感，同时又是一种促销策略，因此，在现代经营活动中运用越来越广泛。

确定何时削价是调价策略的一个难点，通常要综合考虑企业实力、产品市场生命周期所处的阶段、销售季节、消费者对产品的态度等因素。由于影响削价的因素较多，企业决策者必须审慎分析和判断，并根据削价的原因选择适当的方式和时机，制定最优的削价策略。

（二）提价策略

提价确实能够增加企业的利润率，但会引起竞争力下降、消费者不满、经销商抱怨，甚至还会受到政府的干预和同行的指责，从而对企业产生不利影响。虽然如此，在现实中仍然存在着较多的提价现象。其主要原因如下。

（1）应付产品成本增加，减少成本压力。这是所有产品价格上涨的主要原因。成本的增加或者由原材料价格上涨引起，或者由生产或管理费用提高引起。企业为了保证利润率不因此而降低，便采取提价策略。

（2）为了应对通货膨胀，减少企业损失。在通货膨胀条件下，即使企业仍能维持原价，但随着时间的推移，其利润的实际价值也呈下降趋势。为了减少损失，企业只好提价，将通货膨胀的压力转嫁给中间商和消费者。

（3）产品供不应求，遏制过度消费。对于某些产品来说，在需求旺盛而生产规模又不能及时扩大而出现供不应求的情况下，可以通过提价来遏制需求，又可以取得高额利润，在缓解市场压力、使供求趋于平衡的同时，为扩大生产提供条件。

（4）利用顾客心理，创造优质效应。作为一种策略，企业可以利用涨价营造名牌形象，使消费者产生价高质优的心理定势，以提高企业知名度和产品声望。对于那些革新产品、贵重商品、生产规模受到限制而难以扩大的产品，这种效应表现得尤为明显。

为了保证提价策略的顺利实现，提价时机可选择在以下几种情况下：①产品在市场上处于优势地位；②产品进入成长期；③季节性商品处于销售旺季；④竞争对手产品提价。

此外，在方式选择上，企业应尽可能多地采用间接提价，把提价的不利因素减到最低程度，使提价不影响销量和利润，而且能被潜在消费者普遍接受。同时，企业提价时应采取各种渠道向顾客说明提价的原因，配以产品策略和促销策略，并帮助顾客寻找节约途径，以减少顾客不满，维护企业形象，提高消费者信心，刺激消费者的需求和购买行为。

至于价格调整的幅度，最重要的考虑因素是消费者的反应。因为调整产品价格是为了促进销售，忽视了消费者反应，销售就会受挫，只有根据消费者的反应调价，才能收到好的效果。

### 二、消费者对价格变动的反应

不同市场的消费者对价格变动的反应是不同的，即使是处在同一市场的消费者，其对价格变动的反应也可能不同。实践中，研究消费者对调价的反应，多是注重分析消费者的价格意识。研究表明，价格意识和收入成负相关关系，即收入越低，价格意识越强，价格的变化直接影响购买量；收入越高，价格意识越弱，价格的一般调整不会对需求产生较大的影响。此外，由于广告常使消费者更加注意价格的合理性，同时也给价格对比提供了方便，因而广告对消费者的价格意识也起着促进作用，使他们对价格高低更为敏感。

消费者可接受的产品价格界限是由价格意识决定的。在一定范围内的价格变动是可以被消费者接受的。提价幅度超过可接受的价格上限，则会引起消费者不满，产生抵触情绪，而不愿购买企业产品；降价幅度低于下限，会导致消费者的种种疑虑，也会对实际购买行为产生抑制作用。

在一定条件下，价格界限是相对稳定的，若条件发生变化，则价格心理界限也会相应改变。在产品知名度因广告而提高、收入增加、通货膨胀等条件下，消费者可接受的价格上限会提高；在消费者对产品质量有明确认识、收入减少、价

格连续下跌等条件下,价格下限会降低。消费者价格心理界限的改变将影响企业的调价幅度。

消费者对某种产品削价的反应可能是:产品将马上因式样陈旧、质量低劣而被淘汰;企业遇到财务困难,很快将会停产或转产;价格还要进一步下降;产品成本降低了。而对某种产品的提价则可能这样理解:很多人购买这种产品,我也应赶快购买,以免价格继续上涨;提价意味着产品质量的改进;企业将高价作为一种策略,以树立名牌形象;卖主想尽量取得更多利润;各种商品价格都在上涨,提价很正常。

### 三、竞争者对价格变动的反应

虽然要透彻地了解竞争者对价格变动的反应几乎是不可能的,但为了保证调价策略的成功,主动调价的企业就必须考虑竞争者的价格反应。没有估计竞争者反应的调价往往难以成功,至少不会取得预期效果。

如果所有的竞争者行为相似,只要对一个典型竞争者作出分析就可以了。如果竞争者在规模、市场份额或政策及经营风格方面有关键性的差异,则各个竞争者将会作出不同的反应,这时,就应该对各个竞争者分别予以分析。分析的方法是尽可能地获得竞争者的决策程序及反应形式等重要情报,模仿竞争者的立场、观点、方法思考问题。最关键的问题是要弄清楚竞争者的营销目标,如果竞争者的目标是实现企业的长期最大利润,那么,本企业的商品价格降低,竞争者往往不会在价格上作出相应反应,而在其他方面做出努力,如加强广告宣传、提高产品质量和服务水平等;如果竞争者的目标是提高市场占有率,它就可能跟随本企业的价格变动相应调整价格。

### 四、企业对竞争者价格变动的反应

竞争对手在实施价格调整策略之前一般都要经过长时间的深思熟虑,仔细权衡调价的利弊。但是,一旦调价成为现实,则这个过程相当迅速,并且在调价之前大多采取保密措施,以保证发动价格竞争的突然性。企业在这种情况下,贸然跟进或无动于衷都是不对的,正确的做法是尽快对以下问题进行调查研究:①竞争者调价的目的是什么?②竞争者调价是长期的还是短期的?③竞争者调价将对本企业的市场占有率、销售量、利润、声誉等方面有何影响?④同行业的其他企业对竞争者调价行动有何反应?⑤企业有几种反应方案?竞争者对企业每一个可能的反应又会有何反应?

在回答以上问题的基础上,企业还必须结合所经营产品的特性确定对策。一般来说,在同质产品市场上,如果竞争者削价,企业必须随之削价,否则大部分顾客将转向价格较低的竞争者。但是,面对竞争者的提价,本企业既可以跟进,也可以暂且观望。如果大多数企业维持原价,最终将迫使竞争者重新把价格降低,使竞争者涨价失败。

在异质产品市场上,由于每个企业的产品在质量、品牌、服务、包装、消费者偏好等方面有着明显的不同,所以面对竞争者的调价策略,企业有着较大的选择余地。第一,价格不变,任其自然,靠顾客对产品的偏爱和忠诚来抵御竞争者的价格进攻,待市场环境发生变化或出现某种有利时机时,企业再行动。第二,价格不变,加强非价格竞争。例如,企业加强广告攻势,增加销售网点,强化售后服务,提高产品质量,或者在包装、功能、用途等方面对产品进行改进。第三,部分或完全跟随竞争者的价格变动,采取较稳妥的策略,维持原来的市场格局,巩固取得的市场地位,在价格上与竞争对手一较高低。第四,以优于竞争者的价格跟进,并结合非价格手段进行反击。比竞争者更大幅度地削价,比竞争者更小幅度地提价,强化非价格竞争,形成产品差异,利用较强的经济实力或优越的市场地位,给竞争者以打击。企业对竞争者降低可能的反应见图7-2。

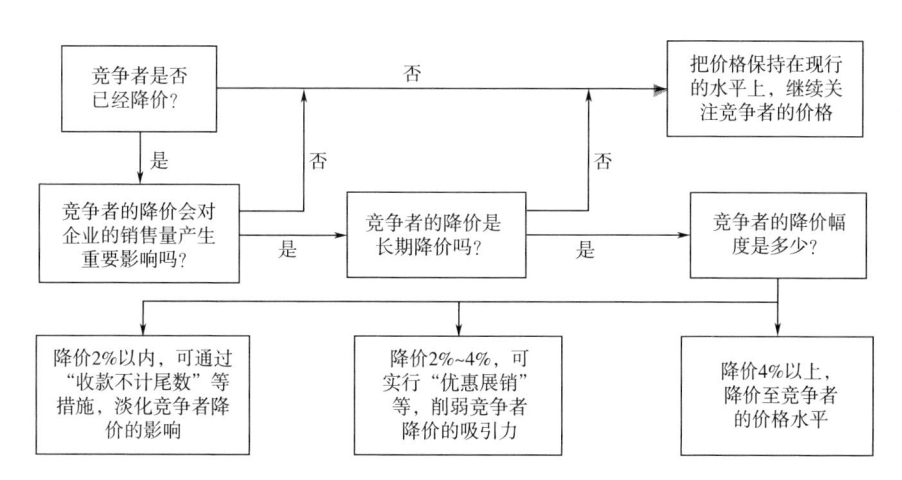

图7-2 企业对竞争者降价可能的反应

## 要点索引

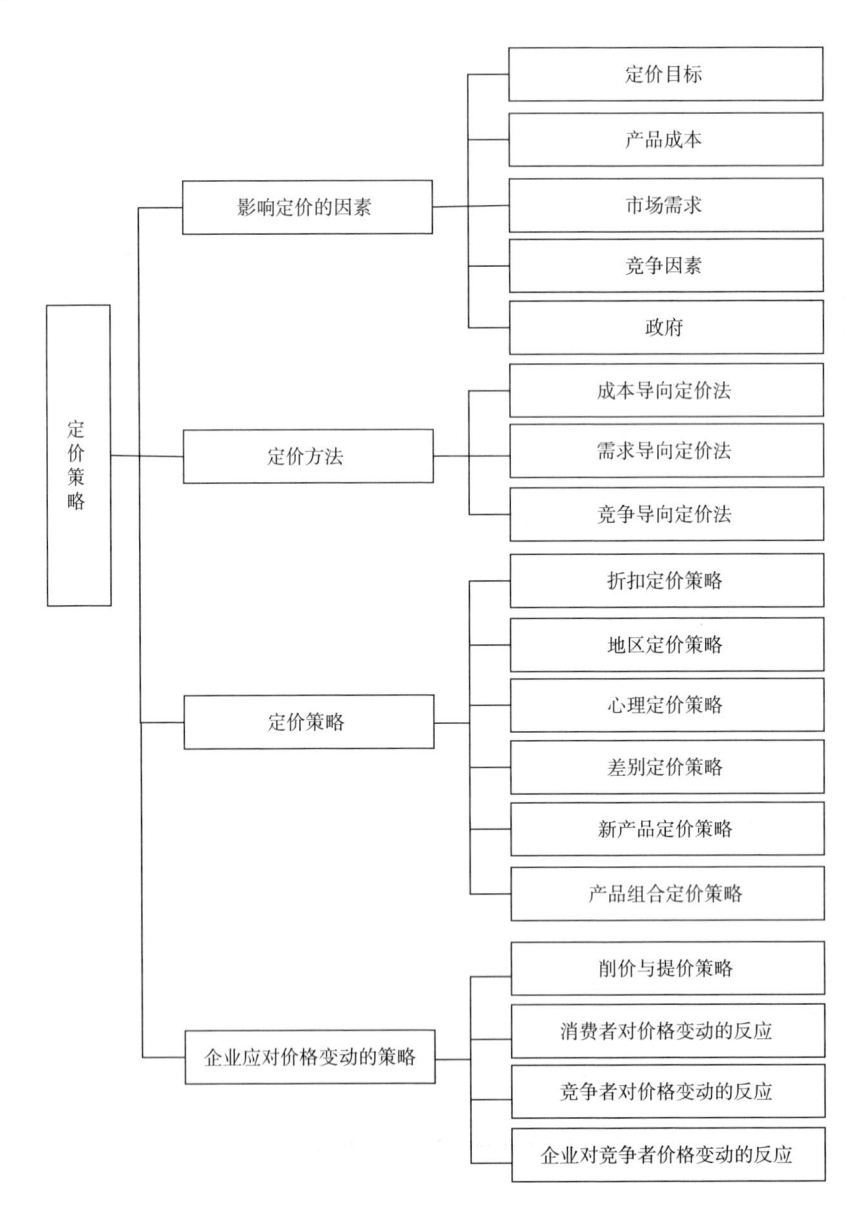

```
定价策略
├── 影响定价的因素
│   ├── 定价目标
│   ├── 产品成本
│   ├── 市场需求
│   ├── 竞争因素
│   └── 政府
├── 定价方法
│   ├── 成本导向定价法
│   ├── 需求导向定价法
│   └── 竞争导向定价法
├── 定价策略
│   ├── 折扣定价策略
│   ├── 地区定价策略
│   ├── 心理定价策略
│   ├── 差别定价策略
│   ├── 新产品定价策略
│   └── 产品组合定价策略
└── 企业应对价格变动的策略
    ├── 削价与提价策略
    ├── 消费者对价格变动的反应
    ├── 竞争者对价格变动的反应
    └── 企业对竞争者价格变动的反应
```

## 知识巩固

（一）名词解释

1. 声望定价　　2. 招徕定价

(二) 单项选择题

1. 某服装店售货员把相同的服装以 800 元卖给顾客 A，以 600 元卖给顾客 B，该服装店的定价属于（　　）。

　　A. 顾客差别定价　　　　　　　　B. 产品形式差别定价
　　C. 产品部位差别定价　　　　　　D. 销售时间差别定价

2. 为鼓励顾客购买更多物品，企业给那些大量购买产品的顾客一种减价优惠，被称为（　　）。

　　A. 功能折扣　　B. 数量折扣　　C. 季节折扣　　D. 现金折扣

3. 企业利用消费者仰慕名牌商品或名店声望的心理，对质量不易鉴别的商品的定价最适宜用（　　）法。

　　A. 尾数定价　　B. 招徕定价　　C. 声望定价　　D. 反向定价

4. 当产品市场需求富有弹性且生产成本和经营费用随着生产经营经验的增加而下降时，企业便具备了（　　）的可能性。

　　A. 渗透定价　　B. 撇脂定价　　C. 尾数定价　　D. 招徕定价

5. 按照单位成本加上一定百分比的加成来制定产品销售价格的定价方法被称为（　　）定价法。

　　A. 成本加成　　B. 目标　　C. 认知价值　　D. 诊断

6. 招徕定价指（　　）利用部分顾客求廉的心理，特意将某几种商品的价格定得较低以吸引顾客。

　　A. 生产者　　B. 竞争者　　C. 批发商　　D. 零售商

7. 企业的产品供不应求，不能满足所有顾客的需要。在这种情况下，企业就必须（　　）。

　　A. 降价　　B. 提价　　C. 维持价格不变　　D. 降低产品质量

8. 在强大竞争者的压力之下，企业的市场占有率（　　），在这种情况下，企业就需考虑降价。

　　A. 下降　　B. 上升　　C. 波动　　D. 不变

9. 人的需求是无限的，但是有限的（　　）限制了人们的大部分需求。

　　A. 场所　　B. 商品交换关系　　C. 人口　　D. 购买力

10. 超市经常会推出一些低于成本价格出售的商品，以带动其他产品的销售，这种定价方法属于（　　）。

　　A. 尾数定价法　　B. 整数定价法　　C. 声望定价法　　D. 招徕定价法

11. 中国服装设计师李艳萍设计的女士服装以典雅、高贵享誉中外，在国际市场上，一件"李艳萍"牌中式旗袍售价高达 1 千美元，这种定价策略属于（　　）。

A. 声望定价　　　B. 基点定价　　　C. 招徕定价　　　D. 需求导向定价

12. "中国青年旅行社"的海南双飞六日游旅游项目在暑假定价为 1 050 元/人，春节期间定价为 1 850 元/人，这种定价方法属于（　　）。

A. 季节折扣　　　B. 数量折扣　　　C. 功能折扣　　　D. 现金折扣

(三) 多项选择题

1. 成本导向定价法主要有（　　）。

A. 总成本加成定价法　　　　　B. 随行就市定价法

C. 投标定价法　　　　　　　　D. 目标收益定价法

E. 拍卖定价法

2. 竞争导向定价法主要有（　　）。

A. 成本加成定价法　　　　　　B. 随行就市定价法

C. 密封投标定价法　　　　　　D. 目标利润定价法

E. 竞争价格定价法

3. 差别定价策略的主要形式是（　　）。

A. 地理差别定价　　　　　　　B. 顾客差别定价

C. 产品差别定价　　　　　　　D. 用途差别定价

E. 销售时间差别定价

4. 企业的定价导向主要有（　　）。

A. 成本导向　　　B. 需求导向　　　C. 竞争导向　　　D. 利润导向

E. 时间导向

5. 一般来说，（　　）会导致高价格。

A. 新产品撇脂定价策略

B. 新产品渗透定价策略

C. 心理声望定价策略

D. 以获得较高市场占有率作为目标

E. 以维持营业作为目标

(四) 判断题

1. 尾数定价法通常适用于高级的奢侈商品。（　　）

2. 尾数定价法就是要使购买者感到产品价格低廉和企业对定价工作的认真。（　　）

3. 若某商品的需求富有弹性，此时适当地降低价格能够增加销售量，同时也可能使利润增加。（　　）

4. 面对激烈的竞争，企业为了生存和发展，在任何时候都应始终坚持只降价不提价的原则。（　　）

5. 数量折扣作为一种定价策略，不仅是为了鼓励顾客大量购买，而且是为了争取顾客再次购买。（　　）

6. 竞争对手降价时企业要针锋相对地对相同产品实施降价才能稳固市场地位。（　　）

7. 一个企业在停止生产或经营期间是没有成本开支的。（　　）

8. 企业定价总的要求是追求利润的最大化。（　　）

（五）计算题

1. 某企业生产 A 产品，该产品的单位变动成本为 10 元，所需固定成本为 10 万元，产量为 4 万件，利润率为 20%，计算 A 产品的价格。

（六）简答题

1. 简述差别定价策略的主要形式及适用条件。

2. 简述撇脂定价策略和渗透定价策略的含义、优缺点及适用条件。

# 能力培养

## 思维训练

### 橘子皮 33 元一斤

某罐头厂生产橘子罐头，剩下的橘子皮 9 分钱一斤送往药品收购站，销售依然困难。他们思考：难道橘子皮只能入中药做成陈皮才有用？研究后，他们开发出"珍珠陈皮"这一新用途，可作小食品，具有养颜、保持身材苗条等功能。以何种价格出售这一产品？经市场调查，他们发现妇女、儿童尤其喜欢吃零食，在此方面不吝花钱，但惧怕吃零食导致肥胖，而珍珠陈皮正好可解除其后顾之忧，且市场上尚无同类产品。于是他们果断决定，每 15 克袋装产品售价 1 元，合 33 元一斤。投放市场后，该产品销售火爆。

问题分析：

1. 该企业采用了何种定价策略？为何要采用这种策略？

2. 若低价销售，是否能获得与高价销售同样多甚至更多的利润？

**温馨提示：**

1. 该企业采用的是撇脂定价策略。撇脂定价策略是指在产品生命周期的最初阶段把产品价格定得很高，以攫取最大利润。因为珍珠陈皮这种小食品生命周期短，生产技术一般比较简单易被模仿，故尽快弥补研制费用和收回投资。珍珠陈皮采取撇脂定价策略，有以下保证：市场需求较大，产品质量较高，又迎合消费者追求健美的心理（既能防止肥胖又可养颜）。

2. 该企业不能制定低价策略，否则将导致利润大量损失，原因有两个：一方面，该产品无法与其他廉价小食品区别开来；另一方面该食品生产工艺并不复杂，很快就会有竞争者进入，采取低价无法收回投资。

### 实战演练

1. 实地调研当前市场上最常见的促销定价种类。分析哪些较规范，哪些存在问题。

2. 如果你是一家大型家电专卖店的决策者，在给平板电视、数码相机、家用电冰箱这几类产品定价时，你将分别采用什么定价方法？为什么采用这些方法？

### 案例分析

#### SilVerad 珠宝店：一个定价的悖论

位于亚利桑那州的 SilVerad 珠宝店，专门经营由印第安人手工制成的珠宝首饰。

几个月前，珠宝店进了一批由珍珠和银制成的手镯、耳环和项链的精选品。与绿松石的青绿色调不同的是，珍珠质宝石是粉红色的，略带大理石花纹。就大小和样式而言，这一系列珠宝包括很多种类。

希拉以合理的进价购入了这批珍珠质宝石制成的首饰。她十分满意这批独特的珠宝，认为对普通消费者来说，这类珠宝特别适合用来替换他们在其他珠宝店买到的绿松石首饰。为了让顾客能够觉得物超所值，她为这些珠宝定了合理的价格。当然，这其中包括足能收回成本的加价和平均的利润。这些珠宝在店中摆了一个月，销售情况却令她十分失望。于是，她决定试试她在内华达州大学里学到的几种销售策略。比如，令店中某种商品的位置有形化往往可使顾客产生更浓厚的兴趣。因此，她把这些珍珠宝石装入玻璃展示箱，并将其摆放在该店入口的右手侧。可是，位置改变之后，这些珠宝的销售情况仍然没有什么起色。她又建议职员们花更多的精力来推销这一独特的产品系列。她不仅给职员们详尽描述了珍珠宝石，还给他们发了一篇简短的介绍性文章，以便他们能记住并讲给顾客听。不幸的是，这个方法也失败了。

就在此时，希拉准备外出选购产品。因为对珍珠宝石首饰销量下降感到十分失望，她急于减少库存以便给最新的首饰腾出位置。她决心采取一项重大行动：将这一系列珠宝半价出售。在店的出口处，她给玛丽匆忙留下一张字条。字条的内容是："这种款式的所有珠宝×1/2。"

希拉回来的时候，惊喜地发现该系列所有珠宝已销售一空。"我不明白这是为什么？"她对玛丽说，"这种珠宝首饰不合顾客的胃口，下一次我在新添宝石的时候一定要谨慎。"而玛丽对希拉说，她虽然不懂希拉为什么要对滞销产品进行提价，但她诧异于高价之下商品出售的惊人速度。希拉不解地问："什么高价？我留的字条上说价格减半。""减半？"玛丽吃惊地问，"我认为你的字条写的是这一系列的所有商品的价格一律按双倍执行。"结果玛丽将价格提高了一倍而不是减半。

（资料来源：http://219.222.208.239/yingxiao/web/jxnr/knwsj/dijiacelve.htm）

**案例思考：**

1. 希拉对这批珠宝采取了哪些营销策略？销售失败的关键原因是什么？
2. 为什么提高售价反而畅销？
3. 结合案例，说明影响定价的主要因素、基本的定价方法。

# 第八章 渠道策略

## 学习目标

知识目标：(1) 掌握分销渠道的概念及特征。
　　　　　(2) 理解分销渠道在市场营销中的作用。
　　　　　(3) 熟悉分销渠道的类型。
　　　　　(4) 掌握影响分销渠道设计的因素。
　　　　　(5) 了解各种类型的中间商及其特点。
能力目标：(1) 初步具备在实际工作中进行分销渠道设计与管理的能力。
　　　　　(2) 提高对中间商的认识，试着解决渠道管理出现的问题。

## 先导案例

**"互联网+"时代，未来发展贵在网络——苏宁与京东的竞争分析**

2012年8月14日10时21分，京东在微博中放出豪言：京东所有家电将在未来三年内保持"零毛利"，大家电比国美、苏宁至少便宜10%。紧接着苏宁回应："不赚钱，也要堵截京东。"随着苏宁电器副董事长孙为民"一声令下"，一场"中国电商史上规模最大、最惨烈、最全面的价格战"在苏宁与京东商城之间展开。

京东商城是中国较大的综合网络零售商，是中国电子商务领域深受消费者欢迎和颇具影响力的网站，在线销售家电、数码通信、电脑、家居百货、服装服饰、母婴用品、图书、食品、在线旅游等十二大类数万个品牌近百万种优质商品。

苏宁易购是苏宁电器旗下新一代B2C综合网上购物平台，现已覆盖传统家电、3C 电器、日用百货等品类。苏宁电器高层表示，力争使苏宁易购占据中国家电网购市场超过 20% 的份额，将其打造成为中国最大的 3C 家电 B2C 网站，强化与实体门店"陆军"协同作战的虚拟网络"空军"，全面创新连锁模式。

京东商城和苏宁电器在各方面都有着自己的优势：京东商城是典型的网上商城模式，而苏宁电器是"实体+网销"的模式。

这场竞争涉及实体渠道和网络渠道的利与弊。实体渠道就是集中大卖场，它能够满足有限区域的客户的大部分需求，同时它将产品直观地面向消费者。消费者可以触摸到产品，买卖双方的信息交流比较充分。而缺点也一样明显，它面向的消费者是有限制的。很多消费者距离卖场太远，当然如果卖场能像便利店一样就好了，但是成本太高。

网络销售渠道主要通过在网络上公布商品信息，以物流支持将货物送达给消费者。优点就是几乎面向所有消费者；缺点是网络的信息交流是有障碍的，消费者只能通过有限的图片和文字等信息去了解商品，消费者不满意就会退货。另外，它需要强大的物流支持。

在这场竞争中，苏宁电器和京东商城纷纷争夺网络消费者，虽然它们说打折，但是打折商品只占一小部分。网络销售是未来的发展方向，所以苏宁电器不遗余力地开拓这个市场。鉴于当时的市场局限，网络销售还不能成为大宗商品销售的主流，但是铺好路也是必要的。苏宁电器依托实体大卖场去发展网络销售，这样的渠道使其能覆盖更广阔的市场空间。但当时，苏宁电器一方面还欠缺网络销售的经验，另一方面其物流网络也有待完善。而且，要完善这种模式并不是一朝一夕的事情。

思考：你从苏宁和京东的这场竞争中得到的启示是什么？

## 第一节 分销渠道概述

### 一、分销渠道的含义与功能

（一）分销渠道的含义

大多数制造商都通过中间商将产品推向市场，很少直接向终端顾客销售。他们力图打造一个分销渠道（distribution channel），分销渠道也称为销售渠道（marketing channel）。所谓分销渠道，是指某种商品或服务从生产者向消费者转移的过程中，取得这种商品和服务的所有权或帮助所有权转移的所有企业和个人

所联结起来的整个通道。这一定义有以下几层含义。

首先,分销渠道是产品从起点到终点的一个整体通路。不管是否经过中间环节,也不管经过几道中间环节,分销渠道的起点是生产者,终点是最终实现产品价值的消费者或用户。通过分销渠道,生产者可以使所提供的产品或服务源源不断地流向消费者,分销渠道反映的是完整的商品流通过程,而非商品流通过程中的某一阶段。

其次,分销渠道是一系列相互依存的企业或个人按一定目标结合起来的网络系统。其参与者不仅包括批发商、零售商等商人中间商(取得所有权),也包括代理商(帮助转移所有权),它们共同协作将产品或服务提供给最终消费者或用户。在商品流通过程中,各种类型的中间商为解决产品流通问题发挥各自不同的营销功能,形成合作关系;同时也会因不同的利益和其他原因发生矛盾和冲突,需要协调和管理。

最后,分销渠道是一个由产品流转环节衔接的多功能系统。在分销渠道中,生产者与消费者之间存在着五种物质或非物质形态的"流",即商流、物流、资金流、信息流和促销流,它们相辅相成,但在时间和空间上并非完全一致。通过这五种"流",分销渠道不仅要发挥购销功能,而且要担负调研、融资、储运、营销等多种职能。通过各渠道成员的努力,市场需求得到满足,新市场不断开拓。

分销渠道流程见图 8-1。

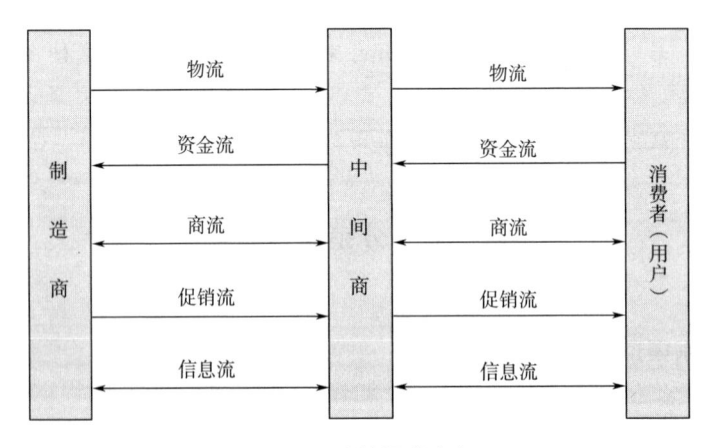

**图 8-1 分销渠道流程**

(二)分销渠道的功能

分销渠道对产品从生产者转移到消费者所必须完成的工作加以组织,其目的在于消除产品或服务与使用者之间的分离。分销渠道的主要功能如下。

（1）信息功能：收集制订计划和进行交换所必需的信息。

（2）促销功能：针对所供应的产品或服务进行说服性沟通。

（3）接洽功能：寻找可能的购买者并与之进行沟通。

（4）谈判功能：为了转移所供产品的所有权，而就其价格及有关条件达成最后协议。

（5）调节功能：按顾客要求调整供应物，对商品在分类、分等、装配、包装等方面进行组合搭配，以符合购买者需要。

（6）物流功能：组织产品的运输、储存。

（7）融资功能：为补偿渠道工作的成本费用而取得与支出资金。

（8）风险承担功能：承担与渠道工作有关的全部风险。

（9）服务功能：渠道提供的附加服务支持，如信用、交货、安装、修理等。

上述功能对于分销渠道来说是非常重要的，必须由渠道成员共同努力执行。由谁来执行分销渠道的功能是企业分销决策中的一个重要问题。在制定具体的决策时，企业要优先考虑效率和效益原则，使企业能够获得较高的效益和效率。

### 小资料

#### 娃哈哈的分销渠道

杭州娃哈哈集团有限公司是目前中国最大的食品饮料生产企业，在全国23个省（自治区、直辖市）建有60多家合资控股、参股企业，在全国除台湾地区外的所有省（自治区、直辖市）均建立了销售分支机构，拥有员工2万多人，总资产达100亿元。娃哈哈的产品并没有很高的技术含量，其市场业绩的取得和它对渠道的有效管理密不可分。

娃哈哈在全国31个省（自治区、直辖市）选择了1 000多家能控制一方的经销商，组成了几乎覆盖全国每一个乡镇的联合销售体系，形成了强大的销售网络。

娃哈哈非常注重对经销商的促销支持，企业会根据一定阶段内的市场变动、竞争对手的行动以及自身产品的配备而推出各种各样的促销政策。针对经销商的促销政策既可以激发其积极性，又能保证各层销售商的利润，因而可以做到促进销售而不扰乱整个市场的价格体系。

娃哈哈对经销商采取返利激励和间接激励相结合的全面激励政策。娃哈哈通过帮助经销商进行销售管理，提高销售效率来激发经销商的积极性。娃哈哈各区

域的分企业都有专业人员指导经销商，参与具体销售工作；各分企业派人帮助经销商管理铺货、理货以及广告促销等业务。

有学者将娃哈哈的成功模式归结为"三个一"，即"一点、一网、一力"。"一点"指的是它的广告促销点，"一网"指的是娃哈哈精心打造的销售网，"一力"指的是经销商的经销能力。"三个一"的运作流程是：先通过强力广告推新产品，形成销售预期；接着通过严格的价格差体系铺设销售网，通过明确的价差使经销商获得第一层利润；最后常年推出各种各样的促销政策，将企业的一部分利润通过日常促销与年终返利让渡给经销商。

（资料来源：夏德森.市场营销学［M］.北京：北京理工大学出版社，2016：188）

## 二、分销渠道的结构与类型

对于分销渠道的划分，首先要区分分销的对象是消费品还是工业用品，因为这两类商品的分销渠道具有明显的差异，如图8-2、图8-3所示。

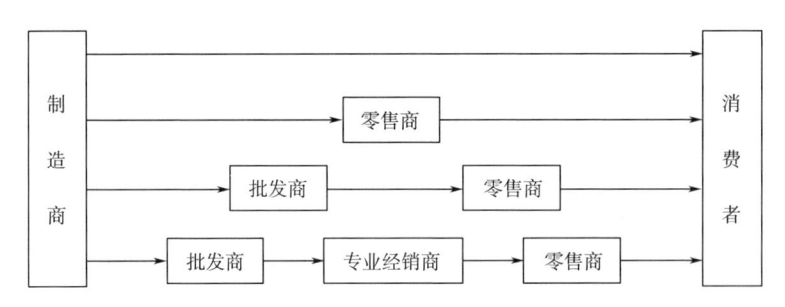

图8-2 消费品分销渠道

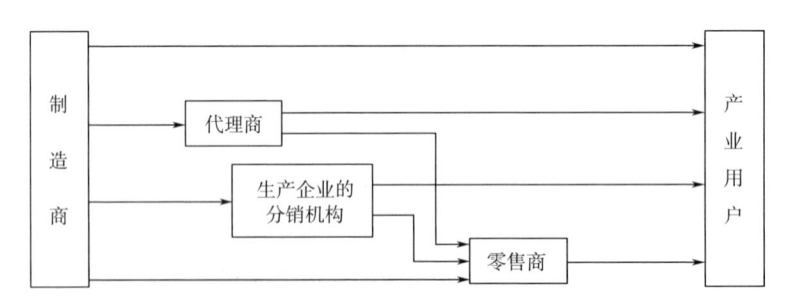

图8-3 工业用品分销渠道

### （一）直接渠道与间接渠道

分销渠道可根据其渠道层级的数目分类。在产品从生产者转移到消费者的过程中，任何一个将产品或服务的所有权向最终使用者推进一步的中间商都是一个渠道层级（channel level）。市场营销学以渠道层级的数量表述一个渠道的长度。

按照有无中间商参与交换活动，分销渠道可以分为两种最基本的分销渠道类型：直接渠道和间接渠道。

1. 直接渠道

如果制造商直接将产品销售给消费者或用户，中间不经过任何中间商，这种分销渠道即为直接渠道，也称为零级渠道。直接渠道的形式是：生产者—消费者或用户。直接渠道是工业品分销的主要类型，如大型设备、专用工具及技术复杂需要提供专门服务的产品等。消费品中也有一些商品会采用直接渠道的形式，如生鲜商品等。从形式上来看，直接渠道主要有自营机构销售（如直销中心）、无店铺销售（如邮购、电话销售、上门推销等）、电子商务销售等。

2. 间接渠道

如果制造商通过中间商将产品销售给消费者或用户，那么这类渠道就是间接渠道。间接渠道是消费品分销的主要类型。消费品的制造商往往不是直接把产品销售给消费者，而是将产品销售给批发商或零售商，再由批发商或零售商销售给消费者。按照中间商类型的多少即渠道层级的数目，间接渠道又可以分为一级渠道、二级渠道、三级渠道等。

（二）长渠道与短渠道

按照渠道层级数量的多少，分销渠道可以区分为长渠道与短渠道。分销渠道长短的划分是相对的，其长度与渠道层级的数量相关。一般来说，主要有以下四种类型。

1. 零级渠道

零级渠道是指渠道层级的数量为零，即制造商直接将产品销售给消费者或用户。零级渠道就是直接渠道，表现为制造商—消费者或用户。

### 小资料

**苹果直营店进驻中国**

2008 年 7 月 19 日，苹果的第 219 家全球直营店在北京三里屯开业。

苹果在世界范围内有四种渠道模式，分别是直营店、店中店、优质经销商及经销商。直营店是苹果于 2001 年 5 月开发的一种渠道模式。与其他模式不同，直营店除了提供产品外，还会提供一系列的服务，比如：The Genius Bar——为顾客提供面对面的技术支持和建议；Personal Shopping——用户可以免费和专门的 Mac 专员一起分析和测试产品；One to One——会员可以在一年内每周参加一

次由苹果明星创意讲师讲授的个性化培训；Workshop——每个苹果零售店每周均举办各种免费 Workshop，内容涉及从 Mac 入门到数码摄影、播客等的一切内容；Youth Program；等等。

除了提供新的服务之外，苹果直营店还担负起理顺当地苹果服务市场的工作。由于以前的模式都是分销模式，服务模式没有一个统一的规定，因此苹果产品在当地的服务体系较为混乱，而苹果直营店正好起到了规范作用。

（资料来源：钱旭潮，王龙，韩翔. 市场营销管理［M］. 2 版. 北京：机械工业出版社，2008：249-250）

2. 一级渠道

一级渠道是指制造商通过一个环节的中间商将产品销售给消费者或用户，即渠道层级数量为一。在消费品市场，一级渠道通常表现为制造商—零售商—消费者。在工业品市场，一级渠道通常表现为制造商—代理商—工业用户。

3. 二级渠道

二级渠道是指制造商通过两个环节的中间商将产品销售给消费者或用户，即渠道层级数量为二。二级渠道在消费品市场比较常见，通常表现为制造商—批发商—零售商—消费者。

4. 三级渠道

三级渠道是指制造商通过三个环节的中间商将产品销售给消费者或用户，即渠道层级数量为三。在消费品市场，三级渠道通常表现为在批发商和零售商之间增加了一个专业经销商环节，即制造商—批发商—专业经销商—零售商—消费者。

可见，渠道层级数量越多，分销渠道越长，控制的难度也越大。

（三）宽渠道与窄渠道

分销渠道的宽度是指分销渠道中每个层级中使用的同类型中间商的数目。分销渠道的宽度与分销策略密切相关。根据分销渠道的宽度可以将分销渠道分为宽渠道与窄渠道。

1. 宽渠道

企业使用的同种类型的中间商数量多，产品在市场上的分销面广，即为宽渠道。如一般的日用消费品，如牙刷、饮料等，由多家批发商经销，再转卖给更多的零售商，能大量接触消费者，大批量地销售产品。

2. 窄渠道

企业使用的同种类型的中间商数量少，产品在市场上的分销面较窄，即为窄渠道。窄渠道一般适用于专业性较强的产品或贵重消费品，如汽车的销售点对顾客来说显得就比较少。窄渠道更有利于制造商对分销渠道的控制，但市场分销面受到限制。

根据分销渠道的宽窄，企业的分销策略通常有三种，即密集分销、选择分销、独家分销。

> **小资料**
>
> **打火机的分销渠道**
>
> 打火机一般在百货商店或卖香烟的便利店售卖。可是，日本丸万公司（Maruman）在推出瓦斯打火机时却把它交给钟表店销售。丸万公司的瓦斯打火机销量在其推出 10 年内一直高居世界首位，成为日本的世界性特级品。丸万公司的打火机之所以能称霸世界，具备优良的性能是其中原因之一，但先发制人、比别人抢先一步在钟表店销售，才是其成功的最大原因。
>
> 钟表店一向被认为是销售贵重物品的高级场所，在这里卖的打火机会被视为高级品。和以往放在光线暗淡的杂货店、商场角落，上面蒙着一层灰尘的打火机相比，两者给人的印象截然不同。丸万公司采取在钟表店销售打火机的独特方式获得了惊人效果。由于采取的是反传统的分销渠道，其生产的打火机出尽风头，成为风行世界的知名品牌。
>
> 由此可见，销售渠道并不是一成不变的。
>
> （资料来源：夏德森. 市场营销学 [M]. 北京：北京理工大学出版社，2016：188）

## 第二节　分销渠道设计

分销渠道设计（distribution channel design）是指建立新的分销渠道或对已经存在的渠道进行变更的营销活动。企业为了开拓市场，实现营销目标，必须在了解营销环境的前提下，结合自身的实际确定渠道结构，选择和决定具体的渠道策略。企业进行渠道设计需要两个前提：一是要有清晰的产品或服务概念；二是产品或服务必须有明确的目标市场。因此，分销渠道的设计不是简单的决策，而是一个系统的、科学的战略规划和战术设计。

### 一、分销渠道设计的原则

在设计具体的分销渠道模式时，无论出于何种考虑、从何处着手，一般都要

遵循以下原则。

### （一）畅通高效原则

畅通高效是渠道设计的首要原则。任何正确的渠道决策都应符合物畅其流、经济高效的要求。商品的流通时间、流通速度、流通费用是衡量分销效率的重要标志。

畅通的分销渠道应以消费者需求为导向，将产品尽快、尽好、尽早地通过最短的路线，以尽可能优惠的价格送达消费者方便购买的地点。畅通高效的分销渠道不仅要让消费者在适当的地点、时间以合理的价格买到满意的商品，而且应努力提高企业的分销效率，争取降低分销费用，以尽可能低的分销成本获得最大的经济效益，赢得竞争的时间和价格优势。

### （二）覆盖适度原则

企业在设计分销渠道时仅仅考虑加快速度、降低费用是不够的，还应考虑及时、准确送达的商品能不能销售出去，是否有较高的市场占有率足以覆盖目标市场。因此，不能一味强调降低分销成本，这样可能会导致销售量下降、市场覆盖率不足。成本的降低应是规模效应和速度效应的结果，在分销渠道模式的选择中，应避免扩张过度、分布范围过宽过广，以免造成沟通和服务的困难，导致无法控制和管理目标市场。

### （三）稳定可控原则

企业的分销渠道模式一经确定，便需花费相当大的人力、物力、财力去建立和巩固，整个过程往往是复杂而缓慢的。所以，企业一般不会轻易更换渠道成员，更不会随意转换渠道模式，只有保持渠道的相对稳定，才能进一步提高渠道的效益。畅通高效、覆盖适度是分销渠道稳固的基础。

由于影响分销渠道的各个因素在不断变化，一些原来固有的分销渠道难免会出现某些问题，这时就需要分销渠道具有一定的调整功能，以适应市场的新情况、新变化，保持渠道的适应力和生命力。调整时应综合考虑各个因素的协调，使分销渠道始终都在可控制的范围内保持基本的稳定。

### （四）协调平衡原则

企业在选择、管理分销渠道时，不能只追求自身效益的最大化而忽略其他渠道成员的利益，应合理分配各个成员间的利益。

渠道成员之间合作、冲突、竞争的关系，要求渠道的领导者对此要有一定的控制能力：统一、协调、有效地引导渠道成员充分合作，鼓励渠道成员之间有益的竞争，减少冲突发生的可能性，解决矛盾，确保总体目标的实现。

（五）发挥优势原则

企业在设计分销渠道时，为了争取在竞争中处于优势地位，要注意发挥自己各个方面的优势，将分销渠道模式的设计与企业的产品策略、定价策略、促销策略结合起来，增强营销组合的整体优势。

**二、影响分销渠道设计的因素**

分销渠道的设计要受到顾客、产品、中间商、竞争者、企业、环境等各方面因素的影响。

（一）顾客特性

渠道设计受顾客人数、地理分布、购买频率、平均购买数量以及对不同促销方式的敏感性等因素影响。当顾客人数较多时，制造商倾向于利用每一层次都有许多中间商的长渠道。购买者人数固然重要，人口的地理分布特征也不容忽视。例如，生产者直接销售给集中于同一地区的 500 个顾客所花的费用，远比给分散在 500 个地区的 500 个顾客要少。消费者的购买方式也在一定程度上修正购买人数及地理分布的影响。如果顾客经常小批量购买，则需较长的分销渠道供货。因此，购买者少量而频繁的订货常使得制造商依赖于批发商为其销货。同时，这些制造商也可能越过批发商，直接向订货量大且订货次数少的大客户供货。购买者对不同促销方式的敏感性也影响渠道选择。例如，越来越多的家具零售商喜欢在展销会选购，从而使得这种渠道迅速发展。

（二）产品特性

产品本身的特性会影响渠道的设计。产品的单位价格、自然属性、体积与重量、技术性质以及产品所处的生命周期阶段等，都是影响渠道设计的变量。

1. 产品的单位价格

一般来讲，产品的单价越低，销售渠道越长；反之，产品单价越高，考虑其经济性和安全性等因素，销售渠道则应越短。例如，普通的日用消费品和工业用品当中的标准配件的销售一般经过一个或者一个以上的中间商，比如转到批发商，再经由零售商，最后转至消费者或用户手中。一些价格较高的耐用消费品和工业品中的专业设备则不宜经过较多的中间转卖，那样会造成流通费用的增加，产品价格上升，影响市场销售。

2. 产品的自然属性

一般来讲，对于自然属性比较稳定的产品可以考虑使用中间商或相对较长的

渠道，否则则应尽可能采用直接渠道或相对较短的渠道。例如：办公用品这类产品可以采用较长渠道供给用户；时尚产品应尽可能减少中间环节，以免产品过时而积压；牛奶、蔬菜等不宜长时间保存的新鲜食品应采取较短的分销渠道，以求尽快地把产品送到消费者手中；各种玻璃制品、陶瓷器物等易毁坏产品也应尽可能采用短渠道。

3. 产品的体积与重量

对于体积过大或过重的产品，搬运会直接影响运输和存储等销售费用，应选择短渠道，如重型机械设备、建筑材料等。相反，体积小或轻的产品一般数量较多，可以根据需要采取长渠道。

4. 产品的技术性质

对于技术性较强的耐用消费品，一般不可能直接卖给消费者，往往需要通过中间商出售。需要安装、维修的产品，常由企业自己或授权独家特许商负责销售、保养，如汽车、家具等。而对于技术性很强的工业品，制造商宜采取直接渠道销售，如非标准化产品（顾客定制的机器等）通常由推销员直接销售，而不经过中间商。这主要是由于不易找到具有该类知识的中间商，采用直销的方式有利于加强销售服务工作。

5. 产品生命周期

不同生命周期阶段的产品对于分销渠道的要求也不尽相同。产品处于导入期，企业为了尽快打开新产品的销路、取得市场占有率，往往不惜花费大量资金，组成推销队伍直接向消费者出售产品。在成长期和成熟期，产品在市场上已经形成一定的知名度，在开拓市场的基础上，可以逐步考虑扩展渠道以分销产品。在产品的衰退期，通常采用缩减分销渠道的策略以减少损失。

（三）中间商特性

设计渠道时必须考虑执行不同任务的中间机构的优缺点，并在成本、可获得性以及提供的服务三方面对中间商进行评估。其中，可获得性是指制造商寻找联系中间商并与之合作的难易程度。例如，当制造商代表与顾客接触时，花在每个顾客身上的成本较低，因为总成本由若干顾客分摊。但制造商代表对顾客所付出的努力不如中间商的推销员。一般来讲，中间商在执行运输、广告、储存及接纳顾客等方面以及信用条件、退货特权、人员训练和送货频率方面，都有不同的特点和要求。

（四）竞争特性

制造商的渠道设计受竞争者所使用渠道的影响。某些行业的生产者希望在与竞争者相同或相近的经销处与竞争者的产品抗衡。例如，食品行业竞争品牌的产品经常摆在一起销售。一个典型的案例就是，麦当劳和肯德基总会选择在相邻的地段开设店铺。而有些时候，竞争者使用的分销渠道又成为其他企业避免使用的渠道。

## 小资料

### 舒蕾为什么能在激烈的竞争环境中脱颖而出？

中国洗发水市场逐步成熟，产品同质化日益严重，竞争空前激烈。对于舒蕾而言，对手异常强大，如占据了中国洗发水市场半壁江山的宝洁、联合利华等。而舒蕾相对而言是那么弱小，与强大的竞争对手正面对抗，无论从资源上、实力上还是市场地位上都可以说毫无胜算可言，因此，舒蕾必须集中精力发掘对手的脆弱之处，然后将自己的全部进攻力量集中于该点，才能克敌制胜。然而，万一判断错误或者错失时机，舒蕾面临的很可能就是被市场淘汰的结局。

经过研究，舒蕾采取了完全不同于宝洁的终端战术，采取迂回策略，避开与宝洁的正面交锋。避实就虚，从二线城市起家，力求在宝洁影响偏弱的地区率先打开突破口，然后走"农村包围城市"的道路。舒蕾绕开了直接与大品牌竞争的市场漩涡，直接从大品牌力量相对薄弱的市场入手，进行大规模的促销活动，为产品上市奠定了成功的基础。

一、终端建设工程

舒蕾并没有像一般的品牌推广一样从高端的广告做起，而是选择了地面战，从卖场做起。它跳出了宝洁设下的高端轰炸的游戏陷阱，不在广告、派发方面比拼，而是省下这些费用，设立合作经营基金，直接让利给零售商，还在商场安排了很多促销人员、导购人员。舒蕾拥有很大的机会与消费者接触，然后通过良好的品质形成良好的口碑，让消费者产生对产品的需求，再以这种终端力量拉动上级的渠道去销售舒蕾的产品。结果很快就产生铺天盖地的影响力。

不仅如此，在各大卖场，舒蕾总是想方设法、不惜成本地去抢占最耀眼的滩头。人们经常会发现，在某某商场的洗发水专区，半个场地都是红色的世界，红色的横幅、红色的产品以及身穿红色衣服的舒蕾小姐，耀眼得不得了。

另外，为了对终端实施有效控制，舒蕾改变了以经销商为主的分销模式，在各地设立分公司（联络处），对主要的零售点实现直接供货与管理，建立起强有力的由厂商控制的垂直营销系统，更有效地控制渠道与终端资源，有利于更多自有品牌的销售。

## 二、迅速收割，维持生存

中国洗发水市场的众多大军为了竞争不惜巨额投入，诸如广告费等各项的支出大得吓人，因此，及时的现金回笼、利润的收割对于洗发水新军来说生死攸关。舒蕾以终端为核心的机制顺应了这一要求，经营一处，成功一处，收获一处，得以迅速复制，实现盈利拓展。

## 三、进攻就是最好的防守

一般品牌尽可能避免与竞争对手发生正面冲突，舒蕾却认为，强大的对手会带来巨大的客流。在这种情况下，它通常以进攻方式来保卫阵地，争夺客源：在各卖场紧靠竞争对手，争取比竞争对手更多的陈列空间，最大限度发挥终端沟通的优势，促进购买竞争品牌的消费者实现品牌转换，从而有效地遏制竞争对手。

（资料来源：彭代武. 市场营销学 [M]. 武汉：武汉大学出版社，2009：221-222）

### （五）企业特性

企业特性在分销渠道设计中也十分重要，体现在以下五个方面。

1. 总体规模

企业总体规模的大小决定了其市场范围、客户规模及强制中间商合作的能力。

2. 资金实力

资金实力的强弱决定了哪些市场营销职能可由自己执行，哪些应给中间商执行。财力薄弱的企业一般采用"佣金制"的分销方法，尽量利用愿意并能吸收部分储存、运输及融资等成本费用的中间商。

3. 产品组合

企业的产品组合宽度越宽，与顾客直接交易的能力越大；产品组合的深度越大，使用独家专售或选择性代理商就越有利；产品组合的关联性越强，越应使用性质相同或相似的渠道。

4. 渠道经验

企业过去的渠道经验也会影响渠道设计。曾经通过某种特定类型中间商销售产品的企业会形成渠道依赖和偏好。

5. 营销政策

营销政策也会影响渠道设计。例如，对最终购买者提供快速交货服务，会影响制造商对中间商执行的职能、最终经销商的数目与存货水平以及采用的运输系统的要求。

### (六)环境特性

分销渠道的设计还要考虑到环境的影响,如经济发展状况、社会文化变革、技术发展以及政府管理方式等。

1. 经济发展状况

社会经济形势好,市场需求激增,分销渠道模式的选择余地就大。反之,经济萧条时,市场需求下降,消费者对价格比较敏感,制造商应尽量减少中间流通环节和一些不必要的服务,利用较短的渠道。例如,席卷全球的新冠疫情导致一些产品的市场需求剧减,迫使制造商缩减分销渠道。

2. 社会文化变革

社会文化变革也会影响分销渠道的设计。例如,随着互联网技术和移动终端的普及,越来越多的消费者习惯于通过网络平台进行购物,消费者购物习惯的转变会对企业的分销渠道设计产生重要影响。

3. 技术发展

技术发展也会影响分销渠道的设计。例如,伴随着信息技术的不断发展,电子商务已经成为商业领域里最为重要的创新和进步之一。电子商务可以让消费者在任何时间、任何地点购买或者销售商品。电子商务的普及程度对分销渠道的影响是巨大的。同传统的分销渠道相比,电子商务平台拥有无限的销售空间和更少的进入障碍,不需要增加额外的店面租金和经营成本;通过网络平台完成整个供应链和商业流程,还可以缩短生产、配送和收款等环节的时间,降低了分销成本和风险。随着越来越多的企业选择同时开设线上和线下销售渠道,电子商务正逐步成为实现多渠道发展的必要选项。

4. 政府管理方式

政府管理方式主要是指政府的政策、法令和法律因素对渠道的影响。我国的反不正当竞争法、反垄断法、税法等限制企业进行多层传销的规定、进出口的有关规定等,都会影响渠道策略。我国对烟酒、鞭炮、汽油、食盐等产品的销售有专门的法规,这些产品的分销渠道策略就要依法设计。

### 三、分销渠道设计的流程

分销渠道设计的本质是寻求一种适应环境变化、节约交易成本的制度安排,通过获取合作伙伴的互补性资源,聚合彼此在不同价值链环节中的核心能力,创造更大的顾客价值。分销渠道的复杂性和渠道战略的长期性决定了分销渠道设计的难度。设计一个渠道系统包括分析顾客需要、确定渠道目标及限制条件、评估

和明确各种渠道备选方案等环节。

（一）分析顾客需要

同大多数的营销决策一样，分销渠道的设计也要始于顾客。掌握目标市场上消费者的购买时间、空间便利条件等是设计分销渠道的第一步。市场营销者必须弄清目标消费者需要的服务产出水平，做到心中有数。同时，制造商还要意识到虽然消费者可能喜欢企业能提供最快的送货服务、最多的商品种类，但这可能是企业难以做到的或根本就不切合实际的，企业必须在顾客的服务需求与满足这些需求的可行性和成本费用之间进行平衡，还要考虑到顾客能否接受由于增加服务所提高的价格等。比如，在现实中的折扣商店中，许多消费者更愿意接受服务品类单一和服务水平偏低带来的价格实惠。

（二）确定渠道目标及限制条件

分销渠道设计的核心是确定到达目标市场的最佳途径。每一生产者都必须在顾客、产品、中间商、竞争者、企业政策和环境的限制条件下确定渠道目标。渠道目标是企业预期达到的顾客服务水平（如何、何时、何处为目标顾客提供产品或实现服务），以及中间商应执行的职能等。渠道目标的总体要求是使渠道系统能以最低成本有效地传递目标市场要求的服务产出，形成较强的竞争力。目标设计的关键是确定渠道系统合理的服务产出水平。为此，设计人员要研究预测目标市场消费者对渠道服务产出的需求水平，然后根据客观条件测算渠道系统可能达到的服务产出供给水平，并依据对渠道竞争力的预期在两者之间进行平衡，设定服务产出水平。

**小资料**

### 可口可乐玻璃瓶和"小红帽"配送

"小红帽"是北京青年报社下属的发行站。在北京地区，可口可乐玻璃瓶装已不是主要的销售包装，即饮包装产品逐渐被 500~600ml 的塑胶瓶装产品取代。由于玻璃瓶装可口可乐系列产品进入市场较早，拥有一定的消费人群，很少有经销商愿意将玻璃瓶装产品与塑胶瓶装产品放在一起销售与配送，但可口可乐仍想保留该产品而又不想花费太多的精力自己做直销或者协销。怎么办？

玻璃瓶装可口可乐系列产品的消费者主要是较早消费该包装产品的"老"消费者和当场即饮的社区便利型消费者。很明显，这与可口可乐公司其他产品的消费人群有差别。定位不同，渠道肯定不同，可口可乐公司需要重新选择渠道。

可口可乐公司分析后发现，这些消费者聚集在成熟的"老"社区，他们习惯在这些"老"社区里消费，而这些"老"社区里的居民的特点就是通过看报纸获取外界信息，通过自办的报纸配送体系，能建立消费者与企业产品的情感联系。

于是，可口可乐公司通过与"小红帽"建立合作关系，针对可口可乐玻璃瓶装产品的主要消费人群开发了一个独特的销售渠道。

（资料来源：https://www.guayunfan.com/baike/256526.html）

（三）明确各种渠道备选方案

当企业确定渠道目标及限制条件之后，下一步工作就是明确各主要渠道的备选方案。渠道选择方案由三个方面的要素确定：中间商的类型、中间商的数量、渠道成员的权利和义务。

1. 中间商的类型

中间商是指在制造商与最终顾客（消费者或用户）之间参与交易业务，促使买卖行为发生和实现的组织和个人。按照是否获得产品的所有权，中间商分为商人中间商和代理中间商。

（1）商人中间商：商人中间商也称为经销商，是指从事商品交易业务、在商品买卖过程中拥有产品所有权的中间商。由于拥有商品所有权，在买卖过程中，商人中间商要承担经营风险。商人中间商又可分为批发商和零售商。

批发商是指从制造商或经销单位购进商品，供应其他单位（如零售商）进行转卖或供给制造商进行加工制造产品的中间商。批发商出售的商品一般供给零售商转卖或用于再生产。批发商在工商企业之间进行交易活动，批发交易结束后，商品仍留在流通领域。批发商销售的商品数量一般比较多，销售的频率相对较低，设点较少。

按照服务范围，批发商又可分为完全服务批发商和有限服务批发商。

完全服务批发商执行批发商的全部功能，提供诸如存货、推销、顾客信贷、送货以及协助管理等服务。它包括批发企业和工业分销商两种。批发企业主要向零售商销售，并提供全面服务；工业分销商向制造商提供生产性消费的商品或服务。

有限服务批发商是指批发商为了减少费用、降低批发价格，只对其顾客提供有限的几项服务，如现货自运批发商、直运批发商、卡车批发商、货架批发商、邮购批发商等。

零售商是指把商品直接销售给最终消费者，以供消费者个人或家庭消费的中

间商。零售商处在商品流通的最终环节,直接为广大消费者服务。零售商的交易对象是最终消费者,交易结束后,商品脱离流通领域,进入消费领域。零售商销售产品的数量比较少,但销售频率高,零售商数量多,分布广。零售商类型千变万化,新组织形式层出不穷,一般可以分为有店铺零售和无店铺零售两种。

有店铺零售是指具有相对固定的、进行商品陈列、展示和销售的场所和设施,并且消费者的购买行为主要在这一场所内完成的零售活动。有店铺零售主要包括便利店、超市、折扣店、仓储会员店、百货店、购物中心、专业店、品牌专卖店、集合店、无人值守商店等。

无店铺零售是指通过互联网、电视/广播、邮寄、无人售货设备、流动售货车或直销等,将自营或合作经营的商品通过物流配送、消费者自提或面对面销售等方式送达消费者的零售活动,主要的方式有网络零售、电视/广播零售、邮寄零售、无人售货设备零售、直销、电话零售、流动货摊零售等。随着信息技术的发展,无店铺零售比有店铺零售发展得更快。

## 小资料

**美团推出新零售品牌"美团闪购"　生鲜、鲜花、服饰啥都送**

美团上线美团闪购业务,这一业务涵盖超市便利、生鲜果蔬、鲜花绿植等众多品类的配送服务,主打"30 分钟配送上门,24 小时无间断配送"。

目前,美团闪购在全国 2 500 多个市县上线。实际上,闪购频道这个新增的单独入口整合了原本外卖上的超市、生鲜、鲜花、送药、服饰等品类。关于配送时效的问题,美团相关负责人回应称,全国有 53 万骑手待命,采用与美团外卖一致的配送系统,商户根据自身的业务情况选择最适合的方式进行配送,平均 30 分钟送达。水果、超市类的配送基本时间为 30~50 分钟,鲜花绿植类的配送则基本在 1.5 小时以上,标有"美团专送"字样的全职骑手配送商家并不在多数。

美团闪购的第一入口是美团应用而不是美团外卖。美团点评高级副总裁王莆中在发布会上表示,美团外卖在过去三年多的时间里,建立的"每天 50 多万活跃小哥、每天配送 2 000 万订单"的配送网络,是美团闪购很重要的一个基础。

在之前美团公布的招股书显示,2017 年,3.1 亿用户与 440 万商家在美团上产生了 3 570 亿元的交易,美团通过向商家收取佣金、提供营销广告服务、外卖配送费等方式,获得了 339 亿元的收入,其中餐饮外卖收入贡献了 210.3 亿元。在占营收近 60% 的餐饮外卖业务上,美团点评的市场份额从 2015 年的 31.7% 增长到 2018 年第一季度的 59.1%，毛利率则从 2015 年的 -124% 增长到 8%。在这个时间点上，美团将餐饮之外的配送业务整合成一个新的品牌"闪购"，闪购与外卖共享同一个配送网络，这将是一个"满足消费者需求的新平台"。

（资料来源：http://www.1shi.com.cn/alzx/2990.html）

（2）代理中间商：代理中间商是指接受生产者委托从事销售业务但不拥有商品所有权的中间商。代理商的收益主要是从委托方获得的佣金或者按销售收入一定比例的提成。代理商一般不承担经营风险。

按其和生产者业务联系的特点，代理商可分为企业代理商、销售代理商、寄售商、经纪商和采购代理商等。

企业代理商是指受生产企业委托签订销货协议，在一定区域内负责代理销售生产企业产品的中间商。

销售代理商是和生产企业签订长期合同，替生产企业代销产品的中间商。销售代理商与企业代理商的区别在于：每一个生产企业只能使用一个销售代理商，而且生产企业将其全部销售工作委托给某一个销售代理商以后，不得再委托其他代理商代理其产品，甚至不再派推销员去推销产品。销售代理商替委托人代销全部商品，而且不限定在一定的地区内代销。在规定销售价格和其他销售条件方面，销售代理商也有较大权力。销售代理商实际上是委托人的独家全权企业代理商。

寄售商是经营现货代销业务的中间商。生产企业根据协议向寄售商交付产品，寄售商将销售后所得货款扣除佣金及有关销售费用后支付给生产企业。

经纪商俗称掮客，是指既不拥有产品所有权又不控制产品实物价格以及销售条件，只在买卖双方交易洽谈中起媒介作用的中间商。

采购代理商是指与买主建有较长期的关系，为买主采购商品，并提供收货、验货、储存、送货等服务的机构。

不同类型的中间商具有不同的特点。企业选择什么类型的中间商，要视企业自身条件、产品特点、目标市场状况以及中间商状况等综合决定。

2. 中间商的数量

确定中间商的数量，即决定分销渠道的宽度。企业在确定每个渠道层级上成员数量时有三种策略可供选择。

密集分销（intensive distribution）是指制造商尽可能地通过许多负责任的、适当的批发商与零售商推销其产品。消费品中的便利品和产业用品中的供应品通常采取密集分销，以使广大消费者（或产业用户）能随时随地买到该产品。

选择分销（selective distribution）是指制造商在某一地区仅仅通过少数几个精心挑选、最合适的中间商推销其产品。选择分销适用于所有产品。相对而言，消费品中的选购品和特殊品较宜于采取选择分销。

独家分销（exclusive distribution）是指制造商在某一地区仅选择一家中间商推销产品。通常双方协商签订独家经销合同，规定中间商不得经营竞争者的产品，以便控制中间商的业务经营，调动其经营积极性，占领市场。

三种分销渠道策略的比较如表 8-1 所示。

表 8-1　三种分销渠道策略的比较

| 渠道策略类型 | 中间商数量 | 优点 | 缺点 |
| --- | --- | --- | --- |
| 密集分销 | 尽可能多 | 市场覆盖面广、速度快 | 管理失控 |
| 选择分销 | 少数几家 | 易控制、成本低 | 相互竞争 |
| 独家分销 | 一家 | 控制力强 | 风险大 |

3. 渠道成员的权利和义务

为了确保分销渠道的畅通，制造商必须就价格政策、销售条件、市场区域划分、各方执行的服务项目等方面与渠道的每个成员达成协议，明确各渠道成员的权利和义务。制造商应当为中间商制定价格目录和折扣明细表，提供供货保证、质量保证、退换货保证，明确应执行的特定服务。中间商应向制造商提供市场信息和各种业务资料，保证实行价格策略，达到服务标准，等等。尤其是对那些采取特许经营和独家分销渠道的情况，更应该明确权利义务问题。双方权利义务的划分通常以合同的形式来约定。

（四）评估各种可能的渠道备选方案

每一种渠道备选方案都是产品送达最终顾客的可能路线。生产者所要解决的问题就是从那些似乎很合理但又相互排斥的备选方案中选择一种最能满足企业长期目标的方案。因此，生产者必须对各种可能的渠道备选方案进行评估。评估标准有三个，即经济性、控制性和适应性。

1. 经济性标准

三项标准中，经济性标准最为重要，因为企业追求的是利润而不是渠道的控制性与适应性。这可用许多企业经常遇到的一个决策问题来说明：使用自己的销售人员还是销售代理商？假设某企业希望其产品在某一地区取得大批零售商的支持，现有两种方案可供选择：一是向该地区营业处派出 10 名销售人员，除了付给基本工资外，还根据销售业绩付给佣金；二是利用该地区的销售代理商，假设该代理商已和零售店建立密切联系，并可派出30名销售人员（销售人员的报酬按佣金制支付）。两种方案可能导致不同的销售收入和成本。判别一个方案好坏的标准不应是其能否导致较高销售额或较低成本费用，而是能否取得最大利润。

2. 控制性标准

一般来说，采用中间商可控性小些，企业直接销售可控性大。分销渠道长，可控性差；分销渠道短，可控性较强。企业必须进行全面比较、权衡，选择最优方案。

3. 适应性标准

生产者评估各种渠道备选方案时，还要考虑中间商是否具有适应外部环境变化和生产企业营销战略的能力。每个渠道方案都会有规定期限，某一制造商决定利用销售代理商推销产品时，可能要签订长期合同。在合约期内，即使其他销售方式更有效，制造商却因不能随意解除合同而不能调整已有的分销渠道。所以，一个涉及长期承诺的渠道方案，只有在经济性和控制性方面都很优越的条件下才可予以考虑。

**四、渠道策略的新发展**

随着信息时代的到来，互联网渗透到经济生活的方方面面，也给企业的渠道策略创新带来机会。一些不同于传统渠道的新分销渠道形式开始出现。

（一）通路"直销"

传统意义上的直销是生产厂家直接将产品销售给消费者，但目前的通路"直销"是生产厂家或经销商绕过一些中间环节，直接供货给零售终端，并非直接向最终消费者销售。直接控制零售终端是厂家提高市场辐射力和控制力的关键。可以说，拥有终端网络就拥有消费者，从而最终拥有市场。企业一方面通过授权严格界定销售区域和范围，另一方面通过销售队伍加强对市场终端的服务与控制，既可避免市场价格混乱、窜货现象，又可牢牢控制终端网络，从而赢得市场。

（二）垂直渠道网络

垂直渠道网络是指将厂商由松散的利益关系变为紧密型战略伙伴型关系，由平行关系变为垂直、利益一体化关系，由简单的无序放射状分布变为真正的网络分布，由简单的契约型变为管理型、合作型、公司型关系。这样，厂商之间就容易达成信息共享、风险共担、利益共享、物流畅通的理想状态，有利于厂商强力合作。

在实际操作中，垂直渠道网络形成方式有以下几种。

（1）非常紧密型：由厂商双方相互投资组成销售公司或营销配送中心，直接向零售终端供货。

（2）较紧密型：以独家代理、独家经销的方式，适当持有双方股份。

（3）管理型：由双方共同组建管理营销配送中心，双方人员参与管理，以管理契约加强合作。

（4）松散的联盟型：由企业组织"联盟会"，选择"渠道领袖"管理。

（5）较松散的捆绑型：厂家和一级经销商形成明确的利益捆绑关系，共同管理二级批发商与终端零售商。

（三）水平渠道系统

水平渠道系统是指由两家或两家以上的企业横向联合，共同开拓新的营销机会的渠道系统。这些企业或因资本、人力、生产技术、营销资源不足无力单独开发市场机会，或因惧怕承担风险，或因与其他公司联合可实现最佳协同效益而组成共生联合的渠道系统。例如，日本共同网络股份有限公司就是由大中型旅游公司、票务公司、体育娱乐服务公司等27家企业出资组建的，其成员企业共享信息资源，齐心协力开拓旅游市场。

（四）多渠道系统

多渠道系统是指对同一或不同细分市场采用多渠道分销体系。多渠道系统大致有两种形式：一种是制造商通过两条以上的竞争性渠道销售同一商标产品，另一种是制造商通过多条渠道销售不同商标的差异性产品。此外，还有一些公司通过同一产品在销售过程中服务内容与方式的差异，形成多渠道以满足不同顾客。多渠道系统为制造商提供了三方面利益：扩大产品的市场覆盖面、降低渠道成本和更好地适应顾客要求。当然，多渠道系统也容易造成渠道之间的冲突，给渠道控制和管理带来更多困难。

（五）基于互联网的分销渠道

基于互联网的分销渠道是指应用互联网提供产品或服务、使用计算机或其他技术手段的目标客户通过电子手段进行并完成交易。在互联网环境下，分销渠道不再仅仅是实体的，而是虚实结合的甚至完全虚拟的。电商平台在线销售、网上零售、网上拍卖、网上采购、网上配送、"网红"带货等新的分销形式使分销渠道多元化，由宽变窄，由实变虚，由单向静止变互动。在互联网渠道中，中间商的地位动摇，即使最小的制造商也能在互联网上向广大消费者提供信息；数以百万计的消费者通过互联网搜索与制造商直接联系，进行电子化购买。

### 小资料

**"互联网+"环境下的酒业分销**

从国台酒业与酒仙网的花椒直播，到茅台戏剧性地与第三方酒类电商平台渠道商1919的从相杀到相爱，贵州酒业的"互联网+"活动精彩不断。而贵州国台酒业推出"千商工程，百日大战"暨全国招商计划的落地启动，却好像是在白酒行业纷纷喊出"拥抱新变化，拥抱互联网+"形势下的"反其道而行之"，引起业界众多议论，人们对于这个茅台镇第二大酿酒企业的一招一式充满着疑问与困惑，同时又夹杂着希望与期待。而贵州茅台与第三方酒类电子商务平台渠道商1919签约达成战略合作协议的消息铺天盖地，业内大呼"重磅"！因为双方从"封杀"到"合作"，仅仅不过半年的时间。国酒茅台威风凛凛，在行业深度调整期依旧独占鳌头，成绩喜人，这次和电子商务平台渠道商的合作，更令甚嚣尘上的"线上线下论"给这个炎热的夏季添了一把火。

贵州国台酒业线上的布局早已初具规模，其在渠道电商、平台电商、微电商以及自建电商方面的"丰功伟绩"已成为行业标杆与美谈。从某个角度来讲，在白酒行业固有格局开始有所变化的那一刻，国台酒业已敏锐地嗅到了风吹草动，并积极主动地做出了调整，这也使得其在互联网渠道上傲然屹立、独树一帜，近两年与酒仙网推出的互联网产品也是成绩骄人，尤其是与酒仙网通过花椒直播推出新品、超过32万人的在线收看的模式更成为行业典范，获得一致好评。在移动互联时代的今天，这种"小而美"的形式令其大放异彩。由此可见，其对于线上的营销模式已轻车熟路，将"触角"与发力点移至线下也是必然趋势与选择。

国台酒业总经理提出，全面的线下战略将是企业未来很长时间不会动摇的基本政策，国台酒业的宗旨就是为商家创造财富，为消费者创造价值，为员工创造未来。核心终端商、县区总经销商、团购特约商是国台酒业产品的重要渠道。如果说线上营销是以扁平化模式吸引用户的重要因素，那么对于国台酒业来说，"扁平化低门槛聚商"的线下招商形式取缔了传统的层层利润层级，让核心终端商升级为直接与厂家合作的经销商，减少中间环节，放大经销商利润和运作空间，提高产品性价比。"达到经销商愿意卖，消费者乐意买"——这是白酒行业的命题，也是国台酒业的命题。

一个企业的担当不仅是勇气的体现，更是格局的体现。国台酒业打造的是

"多渠道、少环节、低利润、重体验、类直销、比服务、生态圈、平台化"的创新营销组合:"一体两翼"营销模式——以超终端服务营销为体,以移动互联微直销为一翼,以常规渠道创新运营为另一翼。简单来说,两翼一个在线上,一个在线下。而茅台集团则现场演示"茅台云商"战略平台"线上下单、线下取货"即时消费体验活动,更将此次推介活动推向高潮。

无论是国台酒业的"打造国台特色营销网络生态圈"还是茅台云商的"打造新和谐商业生态圈",都映射出了不同阶段的酒业发展特征。相比于之前的针对性、局部性调整,"生态"意味着全新的生存环境与发展方式。而打造共赢的营销生态圈需要五个维度:合理的产品规划提升共赢空间;稳定高效的共赢渠道;精准的价格策略促进共赢;强大的促销攻势实现共赢;快速的应对打造共赢供应链。这五个维度如同拳头的五个手指,彼此连接,缺一不可,构成了"共赢营销生态圈"的五级助推器。

2020年3月28日,贵州茅台与京东签署了经销合同,消费者将能在京东买到正宗放心的茅台酒。此前,双方在大数据物流和智能供应链等方面已持续合作多年,尤其是京东物流为茅台集团产业链中下游协同提供了高效率的仓、运、配等物流服务。

(资料来源:京东茅台达成全新战略合作. 同花顺财经网:2020-03-28,有改动)

## 第三节　分销渠道管理

一旦经过评估,确定了最佳的分销渠道设计方案,企业就必须实施渠道决策并对选定的渠道进行管理。分销渠道管理决策包括选择渠道成员、管理与激励渠道成员,并随着时间的推移评估渠道成员,如图8-4所示。

选择渠道成员 → 管理与激励渠道成员 → 评估渠道成员

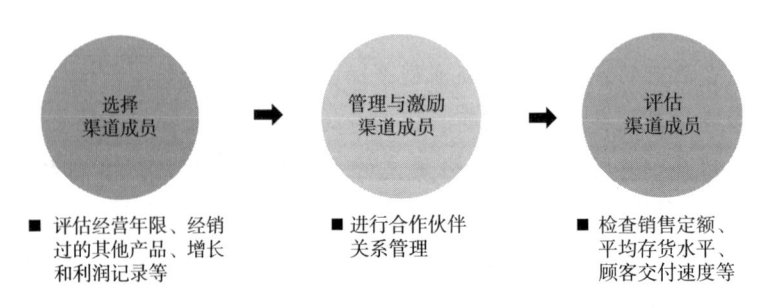

- 评估经营年限、经销过的其他产品、增长和利润记录等
- 进行合作伙伴关系管理
- 检查销售定额、平均存货水平、顾客交付速度等

图8-4　分销渠道管理决策

### 一、选择渠道成员

根据渠道设计方案要求招募合适的中间商是渠道管理的重要环节。通常，企业需要具体框定可供选择的中间商的类型和范围，综合考察、比较其开业年限、经营商品的特征、盈利、发展状况、财务、信誉、协作愿望与能力等。对于代理商，还要进一步考核其经营产品的数量与特征、销售人员的规模、素质和业务水平等。对于零售商则要重点评估其店址位置、布局、经营商品结构、顾客类型和发展潜力等。

渠道成员的选择是双向互动行为，不同企业对中间商的吸引力有很大差异，在不同区域，市场的选择难度也不尽相同。渠道管理者应当根据本企业及当地市场的具体情况，把握和考核选择伙伴的标准，做出最合理的选择。

制造商对中间商的吸引力取决于制造商自身的声誉好坏和产品销路的多少。有些企业可以轻松地与所选定的中间商签约，而有一些企业则要通过努力才能找到足够符合要求的中间商。但不管招募中间商难易与否，企业都应明确较理想的中间商应具备的条件。

#### （一）中间商的经营资格

必须对中间商的各种合法证件认真审核，检查其是否具有国家（或该地区）准许的经营范围和项目，对食品、药品、烟酒等限制条件较多的中间商则更要谨慎，将中间商持有的经销登记等证件复印以备案。

#### （二）中间商的市场范围

市场范围是选择中间商关键的因素，选择中间商首先要考虑预定的中间商的经营范围与产品预定的目标市场是否一致，这是最根本的条件。

#### （三）中间商的产品组合

中间商承销的产品种类及其组合情况是中间商产品政策的具体体现。选择时，一要看中间商的产品线，拟交付中间商的产品是否与该企业现有产品线相匹配，产品的质量、规格、型号是否相近；二要看各种经销产品的组合关系，是竞争产品还是促销产品，如果要将其产品交与经营竞争品的中间商销售，则产品不应与竞争品的品质、价格过于悬殊。

#### （四）中间商的地理区位优势

选择零售商最理想的区位应该是顾客流量较大的地点，批发商的选择则要考虑其所处位置是否有利于产品的储存与运输。

### （五）中间商的产品知识

许多中间商被具有名牌产品的企业选中，往往因为他们对销售某种产品有专门的经验和知识。选择对产品销售有专门经验的中间商能很快地打开销路。

### （六）中间商的财务状况及管理水平

中间商能按时结算，对生产企业业务正常有序运作极为重要，而这一点取决于中间商的财务状况及企业管理状况。

### （七）中间商的促销政策和技术

采用何种方式推销商品及运用什么样的促销策略，将直接影响中间商的销售规模和销售速度。在促销方面，有些产品较合适广告促销，有些产品则适合人员销售；有些产品需要经过一定的储存，有些则应快速运输。选择中间商时应该考虑中间商是否愿意承担一定的促销费用以及有没有必要的物质、技术基础和相应人才。

### （八）中间商的运输与储存能力

储运能力的大小直接关系到中间商的业务量大小，关系到能否对制造商的产品起到稳定、发展和延伸的作用并调节产品生产销售的淡旺季。制造商要求中间商具有能更多地担负产品实体的储藏、运输任务的能力，这也是选择中间商的重要条件。

### （九）中间商的综合服务能力

现代商业经营服务项目甚多，选择中间商要看其综合服务能力如何，如售后服务、技术指导、财务援助等。合适的中间商所提供的服务项目和服务能力应与企业产品销售要求一致。

除以上各个方面外，还应考虑中间商的经营素质、声望和信誉、经营历史及经销绩效、与制造商的合作态度及其经营的积极性、未来发展状况估计等。

## 二、管理与激励渠道成员

渠道成员一旦确定，企业就应该进行持续的管理与激励，以保证他们处于最佳的工作状态。一些企业通过与渠道成员建立长期的合作伙伴关系，从而建立起一种同时满足企业和其伙伴需要的营销系统。

### （一）建立合作

在管理渠道的过程中，企业必须使其中间商相信，作为联系紧密的价值传递网络的一部分，大家的通力合作可以取得更大的成功。宝洁和亚马逊携手合作，实现了在网上销售包装消费品并盈利的共同目标。亚马逊使用宝洁的仓库可以降低配送成本加快配送速度，这对合作企业及它们共同服务的顾客都有好处。与之相似，三星信息技术部门通过行业领先的三星动力伙伴计划（Power Partner Program，P3）与价值附加分销商密切合作。

> **小资料**
>
> **三星动力伙伴计划**
>
> 三星的 P3 与其主要价值附加零售商（VAR）建立了密切的合作关系——渠道成员在为自己的顾客提供 IT 解决方案时会使用三星及其他厂商的产品。通过这一项目计划，三星为北美 17 255 家注册合作 VAR 合作伙伴提供了独家预售、销售及售后工具和支持，并将其分为三个层级：银、金和白金。比如，白金合作伙伴，即每年出售三星电子产品并获得 50 万美元及以上收入的店家，可以拥有搜索网上产品和定价数据库及下载营销材料的权利。它们可以享受三星专为合作伙伴提供的培训计划、参加特殊的研讨会等。一个专门的三星 P3 团队可以帮助合作伙伴找到最好的销售理念并帮助其开始销售。随后，三星地区销售代表与每位合作伙伴密切交谈，提供内部信息和技术支持。最后，P3 会以折扣、优惠、红利和销售奖励的方式奖励表现好的合作伙伴。总之，P3 通过帮助重要的 VAR 在销售三星产品方面获取更高利润而将其转变为强大的、积极的营销伙伴。
>
> （资料来源：科特勒. 市场营销原理：亚洲版第 4 版 [M]. 北京：机械工业出版社，2022：272）

**（二）成为伙伴**

企业要着眼于与经销商或代理商建立长期的伙伴关系，要仔细研究并明确在销售区域、产品供应、市场开发、财务要求、技术指导、售后服务等方面与中间商的相互要求，双方共同商定在这些方面的有关政策，并根据中间商遵守相关政策的实际情况给予激励。企业可以积极协助中间商改善经营管理水平，如做好进销存管理、零售终端管理、客户管理等服务，以此扶持中间商，降低其经营风险。

**（三）分销规划**

分销规划是制造商和中间商之间可能进一步发展的一种更为密切的关系。所谓分销规划，是指建立一个有计划的、实行专业化管理的垂直营销系统，将制造

商与中间商的需要结合起来。制造商在市场营销部门内部设立一个分销关系规划处,其任务是探求分销商的各种需要,制定推销方案,以帮助每个分销商的经营尽可能达到最佳水平。该部门和分销商合作确定交易目标、存货水平、商品陈列计划、销售训练要求、广告与销售促进计划等。借助这些计划,可以转变分销商固有的一些想法。比如在过去,分销商认为他们主要在赚买方的钱。而现在分销商们则会转变态度,认为他们作为垂直营销系统的一员,也能够从卖方那里赚到钱。

分销规划是一个系统的决策过程,需要考虑产品或服务从制造商到消费者的实际运动以及与之有关的所有权(或租赁)关系的转移,它包括多种不同的职能,比如运输、库存管理和客户事务。

在与中间商建立合作关系的过程中,企业还要采取一定的激励措施,鼓励中间商积极销售自己的产品,并且与其保持长期稳定的合作关系。企业激励中间商的方法多种多样,主要包括以下几个方面:向中间商提供适销对路的优质产品;给予中间商尽可能丰厚的利益;协助中间商进行人员培训;授予中间商独家经营权;双方共同开展广告宣传;对成绩突出的中间商在价格上给予较大的优惠;等等。

在对中间商激励的过程中,要注意激励过分和激励不足的情况。当制造商给予中间商的优惠条件超过所取得的合作所需提供的条件时,就会出现激励过分的情况,其结果是销售量提高而利润下降。当生产者给予中间商的条件过于苛刻以致不能激励中间商努力时,就会出现激励不足的情况,其结果是销售降低、利润减少。所以,生产者必须确定应花费多少资源以及如何激励中间商。

### 小资料

#### 百事可乐公司的返利政策

百事可乐公司将返利政策的规定细分为季度奖励、年扣、年度奖励、专卖奖励和下年度支持奖励五个部分,除年扣为"明返"外(在合同上明确规定为1%),其余四项奖励均为"暗返",事前无约定的执行标准,事后才告知经销商。

季度奖励在每一季度结束后的两个月内按一定的进货比例以产品形式给予。这既是对经销商上季度工作的肯定,也是对下季度销售工作的支持。这就促使厂家和经销商在每季度末对合作情况进行反省和总结,以便相互沟通,共同研究市场情况。同时,百事可乐公司在每季度末还派销售主管对经销商的业务代表进行培训指导,帮助落实下季度销售量及实施办法,以增强相互之间的信任。

年扣和年度奖励是对经销商当年完成销售情况的肯定和奖励。年扣和年度奖励在次年的第一季度内按进货数的一定比例以产品形式给予。

专卖奖励是经销商在合同期内专卖某品牌系列产品，在合同期结束后，厂方根据经销商的销量、市场占有情况及与厂家合作情况给予的奖励。专卖约定由经销商自愿确定，并以文字形式填写在合同文本中。在合同执行过程中，厂家将检查经销商是否执行专卖约定。

下年度支持奖励是对当年完成销量目标、继续和制造商合作且已续签销售合同的经销商的次年销售活动的支持。此奖励在经销商完成次年第一季度销量的前提下，在第二季度的第一个月以产品形式给予。

因为以上奖励政策事前的"杀价"空间太小，经销商如果低价抛售造成了损失和风险，厂家是不会考虑补偿的。百事可乐公司在合同中规定每季度对经销商进行一系列考评，如实际销售量、区域销售市场的占有率、是否维护百事产品销售市场及销售价格的稳定、是否执行厂家的销售政策及策略等。

为防止销售部门弄虚作假，百事可乐公司还规定考评由市场部、计划部抽调人员组成联合小组不定期进行检查，以确保评分结果的准确性、真实性，做到真正奖励与厂家共同维护、拓展市场的经销商。

（资料来源：http://finance.sina.com.cn/jygl/20021223/1200293501.shtml）

### 三、评估渠道成员

企业要对中间商的分销绩效进行定期评估。评估标准一般包括销售指标完成情况、平均库存水平、向顾客交货快慢程度、对损坏和损失商品的处理、宣传培训计划的合作情况以及对顾客的服务表现等。

一定时期内各中间商实现的销售额是一项重要的评估指标。企业应与中间商签订有关业绩标准与奖惩条件的契约，在协议期内定期公布销售业绩，以确定中间商分销工作的完成情况，并依销售业绩排出名次，以促使中间商为了自己的荣誉而力争上游。评价中间商销售业绩的方法主要有两种。

（一）纵向比较法

将每一中间商的销售额与上期的绩效进行比较，并以整个中间商群体在某一地区市场业绩的升降百分比作为评价标准。对低于该群体平均水平的中间商，找出业绩低的主要原因，帮助其整改。

（二）横向比较法

将各个中间商的实际销售额与其潜在销售额的比率进行对比分析，并把他们

按先后名次进行排列,对于那些比率极低的中间商,分析其绩效不佳的原因,必要时要终止合作。

正确评估渠道成员的目的在于及时了解情况,发现问题,保证营销活动顺利而有效地进行。

**四、分销渠道的调整**

由于受到市场各种不可控因素的影响,在经过一段时期运作后企业必须对渠道按照市场的变化进行相应调整,一般包括以下几个方面。

**(一)增减某一渠道成员**

企业在增减渠道成员时,要考虑增加或减少这个中间商对企业的盈利有何影响,调整后其成员有何反应。例如,一家电器制造商在某地区另设代理商,不仅要考虑这样做将有多大的直接利益(如销售量的增加额),还要考虑对其他代理商的销售量、成本和情绪会带来什么影响。

**(二)增减某一分销渠道**

当企业在某一目标市场只通过增减个别中间商不能解决根本问题时,就要考虑增减某一分销渠道。例如,某化妆品公司发现分销商只注重成人市场而忽视了儿童市场,导致儿童护肤品销路不畅。为了改变这一现状,促进儿童市场的开发,该企业就有可能需要增加一条新的分销渠道。

**(三)调整分销渠道模式**

调整分销渠道模式是对企业以往的分销渠道做通盘的调整,而非对原有渠道进行修修补补,难度也最大,一般要由最高管理层来做出决策。例如,企业由密集性分销改为独家分销,或由独家分销改为企业直销,等等。

**五、渠道冲突管理**

无论渠道设计与管理如何完善,由于渠道成员的目标不同、利益不同,对经济前景的感知不同,渠道成员之间难免会发生冲突,这时就需要协调和解决。所谓渠道冲突,是指在渠道内部或渠道之间,某一成员发现其他成员的活动阻碍或不利于自身利益最大化或自身目标的实现而导致的矛盾和冲突现象。渠道冲突并不一定是消极的。例如,渠道成员之间的适度竞争不仅不会产生消极影响,而且还可能有利于整个渠道绩效的提高和彼此角色分工关系的明晰。但是,激烈的、极端的渠道冲突会破坏合作关系,影响渠道效率和效益。

(一)渠道冲突的类型

渠道冲突有以下三种类型。

1. 水平渠道冲突

水平渠道冲突是指同一渠道模式中同一层次的成员之间的冲突。例如,特许经销商之间的区域市场冲突,零售商层次上经营同一品牌的不同超级市场之间、百货店与特许商店之间的冲突,等等。产生水平渠道冲突的原因大多是生产企业没有对目标市场的中间商数量、分管区域作出合理的规划,使中间商为各自的利益互相倾轧。例如,某一地区经营 A 企业产品的中间商可能认为同一地区经营 A 企业产品的另一家中间商在定价、促销和售后服务等方面过于进取,抢了他们的生意。如果发生这类矛盾,生产企业应及时采取有效措施缓和并协调这些矛盾,否则就会影响渠道成员的合作及产品的销售。另外,生产企业应未雨绸缪,采取相应措施防止这些情况的出现。

2. 垂直渠道冲突

垂直渠道冲突是指同一条渠道中不同层次渠道成员之间的冲突。例如,某些批发商可能会抱怨制造商在价格方面控制太紧,留给自己的利润空间太小,而提供的服务(如广告、推销等)太少;零售商对批发商和生产企业也可能会存在类似的不满。

垂直渠道冲突也称作上下游冲突。一方面,越来越多的分销商从自身利益出发,采取直销与分销相结合的方式销售产品,这就不可避免地要同下游分销商争夺客户,大大挫伤了下游渠道的积极性;另一方面,下游分销商的实力增强以后就有可能不满足目前所处的地位,希望在渠道系统中有更大的权力,向上游渠道成员发起挑战。在某些情况下,生产企业也可能会为了推广自己的产品越过一级分销商直接向二级分销商供货,从而使上下游渠道成员间产生矛盾。因此,生产企业必须从全局着手,妥善解决垂直渠道冲突,促进渠道成员间更好地合作。

3. 不同渠道间的冲突

不同渠道间的冲突是指企业建立了两条或两条以上的渠道向同一市场出售其产品而产生的冲突,其本质是几种分销渠道在同一个市场内争夺同一种客户群而引起的利益冲突。例如,美国的李维牛仔裤原来通过特约经销店销售,当它决定将西尔斯百货公司和彭尼公司也纳为自己的分销伙伴时,特约经销店表示了强烈的不满。

(二)渠道冲突的解决方法

要解决渠道冲突,首先,从渠道选择和设计上要根据市场环境和自身资源情

况，确立适合自己的分销体系和管理原则；其次，要根据标准严格挑选中间商，以减少不必要的冲突。此外，应该加强渠道成员之间的沟通，对相关人员进行定期培训，增强渠道成员对企业产品和文化的认同。具体来说，解决渠道冲突的方法有以下几种。

1. 目标管理

当企业面临对手竞争时，树立超级目标是团结渠道各成员的根本。超级目标是指渠道成员共同努力以达到单个渠道成员所不能实现的目标，其内容包括渠道生存、市场份额、产品质量和顾客满意度。从根本上讲，超级目标是单个渠道成员不能实现、只能通过合作实现的目标。一般只有当渠道一直受到威胁时，共同实现超级目标才会有助于冲突的解决，才有建立超级目标的必要。

对于垂直渠道冲突，一种有效的处理方法是在两个或两个以上的渠道层次上实行人员互换。比如，让制造商的一些销售主管去经销商处工作一段时间，经销商负责人可以在制造商制定有关经销商政策的领域内工作。这种方法提供了一个设身处地为对方考虑问题的机会，便于在确定共同目标的基础上处理一些垂直渠道冲突。

2. 劝说

通过劝说来解决冲突其实就是在利用领导力。从本质上说，劝说为存在冲突的渠道成员提供了沟通机会，强调通过劝说来影响其行为而非信息共享，这也是为了减少有关职能分工引起的冲突。既然大家已通过超级目标结成利益共同体，劝说可帮助成员解决有关各自的领域、功能和对顾客的不同理解的问题。劝说的重要性在于使各成员履行自己曾经作出的关于超级目标的承诺。

3. 谈判

谈判的目标在于终止成员间的冲突。妥协也许会避免冲突爆发，但不能解决导致冲突的相本原因。只要压力继续存在，终究会导致冲突产生。谈判是渠道成员讨价还价的一个方法。在谈判过程中，每个成员会放弃一些东西，从而避免冲突发生，但利用谈判或劝说解决冲突要看成员的沟通能力。事实上，用上述方法解决冲突时，需要每一位成员掌握一个独立的策略方法以确保解决问题。

4. 诉讼

冲突有时要通过政府来解决，诉诸法律也是借助外力来解决问题的方法。这种方法的采用意味着渠道中的领导力已不起作用，即通过谈判、劝说等途径解决冲突已没有效果。

5. 退出

如果渠道冲突不能通过上述方法预防和调和，退出是一种可取的办法。从现有渠道中退出可能意味着中断与某个或某些渠道成员的合同关系，这也意味着对整个分销体系进行反思并重新设计。

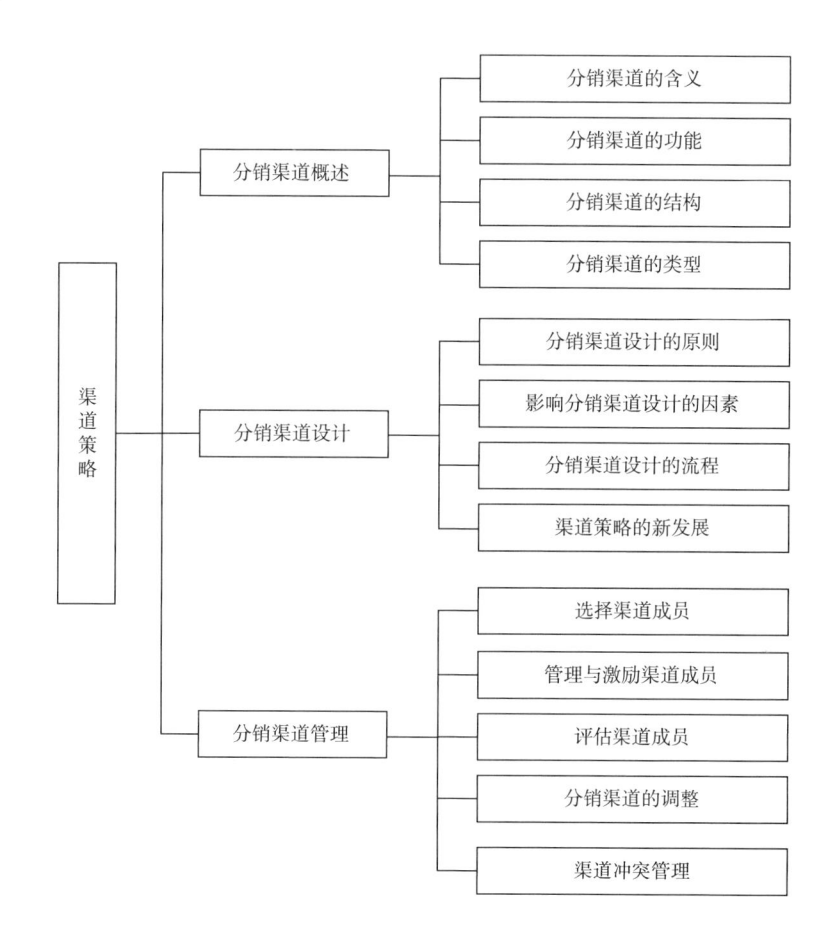

## 要点索引

渠道策略
- 分销渠道概述
  - 分销渠道的含义
  - 分销渠道的功能
  - 分销渠道的结构
  - 分销渠道的类型
- 分销渠道设计
  - 分销渠道设计的原则
  - 影响分销渠道设计的因素
  - 分销渠道设计的流程
  - 渠道策略的新发展
- 分销渠道管理
  - 选择渠道成员
  - 管理与激励渠道成员
  - 评估渠道成员
  - 分销渠道的调整
  - 渠道冲突管理

## 知识巩固

（一）名词解释

1. 分销渠道　　2. 直接渠道　　3. 密集分销　　4. 独家分销
5. 分销规划

（二）单项选择题

1. 分销渠道不包括（　　）。

A. 生产者和用户　　B. 代理中间商　　C. 储运商　　D. 商人中间商

2. 生产者通过两个或两个以上的同类中间商来销售自己产品的渠道是（　　）。

　　A. 长渠道　　　　B. 短渠道　　　　C. 宽渠道　　　　D. 窄渠道

3. "统一"方便面通过大小批发商、零售商销售给消费者，其销售渠道属于（　　）。

　　A. 窄渠道　　　　B. 直接渠道　　　C. 短渠道　　　　D. 宽渠道

4. 产品价格低，其营销渠道就应（　　）。

　　A. 长而窄　　　　B. 长而宽　　　　C. 短而窄　　　　D. 短而宽

5. 除了那些财力雄厚的企业以外，一般中小企业适宜（　　）。

　　A. 自己投资建立分销渠道　　　　B. 直接将产品销售给最终用户
　　C. 将产品交给政府去销售　　　　D. 利用中间商来销售商品

6. 中间环节较多的渠道称作（　　）。

　　A. 宽渠道　　　　B. 长渠道　　　　C. 直接渠道　　　D. 多渠道

7. 对保存期短、易于腐烂变质的商品和易碎商品，应尽可能采用（　　）。

　　A. 长渠道　　　　B. 短渠道　　　　C. 宽渠道　　　　D. 窄渠道

8. 以下商品适宜采用密集分销的是（　　）。

　　A. 金利来领带　　B. 海尔冰箱　　　C. 汇源果汁　　　D. 星海钢琴

9. 制造商在某一地区通过选择一家中间商为其经销产品的策略，称为（　　）

　　A. 密集分销　　　B. 选择分销　　　C. 独家分销　　　D. 区域分销

10. 一个快餐公司的某些特许专卖店指控其他专卖店用料不实、分量不足、服务低劣，损害公众对该快餐公司的总体印象，这种情形属于（　　）。

　　A. 水平渠道冲突　　　　　　　　　B. 垂直渠道冲突
　　C. 不同渠道间的冲突　　　　　　　D. 上下游渠道冲突

11. 经销商和代理商的区别在于（　　）。

　　A. 批发还是零售　　　　　　　　　B. 是否拥有商品所有权
　　C. 是否运送商品　　　　　　　　　D. 是否储存商品

12. 代理商的最大特点是（　　）。

　　A. 直接从事产品购销活动　　　　　B. 不具有独立法人资格
　　C. 不拥有产品所有权　　　　　　　D. 以购销差价为回报

(三) 多项选择题

1. 以下产品中适用于较短的分销渠道的有（　　）。

　　A. 鲜活易腐产品　　　　　　　　　B. 技术性强的产品

C. 体大沉重的产品　　　　　　　D. 导入期的产品

E. 成熟期的产品

2. 短渠道的好处有（　　）。

A. 产品上市速度快　　　　　　　B. 节省流通费用

C. 市场信息反馈快　　　　　　　D. 产品市场渗透能力强

E. 产品市场覆盖面广

3. 直接分销渠道的销售形式包括（　　）。

A. 前店后厂　　B. 邮购　　　C. 电话营销　　　D. 展销会

E. 零售商

4. 具备下列哪些条件时，企业可选择直接渠道？（　　）

A. 市场集中　　　　　　　　　　B. 消费者或用户一次需求量大

C. 中间商实力强信誉好　　　　　D. 产品易腐易损，需求实效性强

E. 产品技术性强

5. 以下哪些情况适宜采取密集分销？（　　）

A. 产品潜在的消费者或用户分布面广　B. 产品价值低

C. 产品技术性强　　　　　　　　D. 产品易腐易损，需求实效性强

E. 产品体积大

6. 零售业一般分为有门市的销售形式和无门市的销售形式，属于有门市的销售形式有（　　）

A. 百货商店　　B. 邮寄　　　C. 连锁店　　　　D. 访问销售

E. 超级市场

7. 批发商和零售商的根本区别在于（　　）。

A. 在流通中所处的位置不同　　　B. 都属于中间环节

C. 服务对象不同　　　　　　　　D. 交易数量不同

E. 地区分布不同

（四）简答题

1. 阐述分销渠道的定义和目的。

2. 分销渠道中的中间商有哪些角色和功能？

3. 分销渠道主要有哪些类型？

4. 选择分销渠道要考虑哪些因素？

5. 中间商可以分为哪些类型？具体都包括哪些？

6. 如何正确处理渠道成员之间的利益冲突？

## 能力培养

### 思维训练

#### 宝洁和沃尔玛：对手变盟友

一份战略联盟协议让沃尔玛和宝洁化干戈为玉帛，成为供应链中的合作伙伴，从而结束了二者长期敌对的局面。

宝洁是消费型产品的全球领导者，零售巨擘沃尔玛是它最大的客户之一。在20世纪80年代中期，这两家巨型企业之间的关系变得剑拔弩张。宝洁的促销力度很大，给零售商很大的折扣优惠。沃尔玛趁机以超出常规的购买量大量吃进并囤积宝洁的产品。

这就给宝洁造成了很多麻烦，它生产太多，伤害了现金流。为了提高现金流，宝洁提供更多的推广优惠，而沃尔玛的反应是买得更多，于是这两家公司之间的恶性循环就这样持续下去。

凯梅尼（Kemeny）和亚诺威茨（Yanowitz）在《反省》（*Reflections*）一书中对此的描述是："两家公司所采取的应对措施都在尽力破坏对方成功的可能性。"

于是，宝洁下决心要化敌为友，向沃尔玛抛出了成立战略联盟的橄榄枝。

"第一个难题是如何组建一支由双方的管理人员所组成的运作团队，"凯梅尼和亚诺威茨说，"他们举行了数天的研讨会，通过运用系统思维工具，在共同的商业活动将会给双方带来的结果方面达成了共识。来自宝洁和沃尔玛的管理者们发现，彼此的举措原来可以是合理的，而不是自利的行为。"

充分理解对方的需要之后，这两家公司在双赢战略的基础上开始合作，而宝洁也无需再向沃尔玛提供折扣。"这个战略实施非常成功，于是被推而广之。宝洁甚至几乎停止了所有的降价推广活动，为此它几乎得罪了整个零售业。但是这样做的结果却是宝洁的盈利大幅攀升。"

为了使合作可以运转，这两家公司把软件系统连接到一起，很多信息都实现了共享。据报道，现在，当沃尔玛的分销中心里宝洁的产品存货量低时，它们的整合信息系统会自动提醒宝洁要补货了。该系统还允许宝洁通过人造卫星和网络技术远程监控沃尔玛每个分店的宝洁产品专区的销售情况，而网络会把这些信息实时反映给宝洁的工厂。宝洁的产品无论何时在收银台扫描，这些工厂都可以知道。这些实时信息使宝洁能够更准确地安排生产、运输以及为沃尔玛制订产品推广计划。节省下来的库存费用使宝洁可以向沃尔玛提供更加低价的产品，这样沃尔玛就能继续它的"每日低价"策略了。

**问题讨论**：宝洁和沃尔玛是怎样从制造商和零售商的敌对关系转化为双赢的合作关系的？

**温馨提示**：要改变敌对关系，制造商和零售商必须摒弃"冷战思维"，在建立充分信任关系的基础上，把对渠道资源的抢夺和攫取转移到对供应链的再造和价值的增值上。宝洁和沃尔玛避开了导致战略联盟失败的常见陷阱，建立了健康的合作关系，是因为做到了以下四个方面。一是避免利益冲突，两家企业都尽力消除相互之间的利益冲突。战略联盟失败的原因通常是一方认为整个联盟所从事的业务与其自身的业务存在竞争关系或者不能使其获得最大利益。二是确立治理体系。没有确立战略联盟的内部治理机制是最常见的失败原因。宝洁和沃尔玛通过让它们的管理团队的看法达成一致，克服了这个难题。它们推行系统思维原则并举行共同研讨会，运用这些原则使双方都受益。它们各自派出一批管理者，共同组成一支团队。三是为战略联盟配备专用资源。战略联盟一个需要考虑的重点是合作方的资源是否专门用于联盟所进行的业务。如果联盟中的某一方单独使用或各方各自使用关键资源，而不是把关键资源专门用于联盟所进行的业务，就会导致失败。宝洁和沃尔玛的战略联盟使用专门的一个信息系统，共享重要信息。四是建立组织的联盟。这两家公司建立起组织层面的结盟，它们就像一个完整的团队一样运作并且保持沟通。

## 实战演练

假设你正经营一家食品饮料有限公司，运用本章知识，为其设计分销渠道。

## 案例分析

### 爱普生公司如何选择中间商

爱普生公司（Epson）是日本制造电脑打印机的一家大型企业。在公司准备扩大其产品线时，公司总经理杰克·沃伦对现有的中间商有些不满意，对他们向零售商店销售其新型产品的能力有一些怀疑。他准备秘密招募新的中间商以取代现有的中间商。为了找到更合适的中间商，杰克·沃伦雇用了一家招募公司，并为选择中间商开出具体条件。

1. 中间商在经营褐色商品（如电视机等）和白色商品（如冰箱等）方面有两层次分销（从工厂到分销商再到零售商）经验。

2. 中间商必须具有领袖风格，他们愿意并有能力建立自己的分销系统。

3. 他们每年的薪水是8万美元底薪加奖金，公司提供375万美元帮助其拓展业务，他们每人再出资2.5万美元并获得相应的股份。

4. 他们将只经营爱普生公司的产品，但是可以经销其他公司的软件。

5. 每个中间商都配备一名培训经理并经营一个维修中心。

招募公司在寻找候选人时遇到了很大的困难。虽然他们在《华尔街日报》上刊登广告（没有提及爱普生公司）后收到了近1700封申请书，但其中绝大多数不符合爱普生公司的要求。于是，招募公司通过黄页得到了一份中间商的名单，再通过电话联系安排与有关人员见面。在做了大量的工作之后，招募公司列出了一份最具资格的人员名单，杰克·沃伦与这些人员一一见面，为其12个配销区域选择了12名最合格的候选者，替换了现有的中间商，并支付了招募公司25万美元的酬金。

招募是秘密进行的，因此原有中间商对此事一无所知。当杰克·沃伦通知他们须在90天内完成交接工作时，中间商感到非常震惊。他们与爱普生公司共事多年，只是没有订立合同。但是，沃伦必须更换中间商，因为他认为现在的中间商虽然干了很多年，但是缺少经营爱普生新产品和拓展新渠道的能力。

**案例思考：**

1. 爱普生公司选择中间商的标准是什么？你认为对其标准是否可以进行补充和完善？

2. 你认为招募公司在操作程序和方法方面有哪些成功经验值得借鉴？

# 第九章 促销策略

## 学习目标

知识目标：(1) 理解促销的含义，促销组合的概念及其影响因素。
(2) 了解广告的概念、类型，广告活动的过程。
(3) 掌握人员推销的基本形式和流程。
(4) 掌握销售促进的方式及其控制。
(5) 明确公共关系的特点和活动方式。
(6) 了解互联网营销的主要形式。
(7) 理解整合营销传播的内涵。

能力目标：(1) 认识促销策略涉及的知识内容。
(2) 能够灵活运用各种促销工具开展企业营销工作。

## 先导案例

### 雅客客诉风波

2014年9月20日，家乐福上海虹口店内一顾客拿着一袋雅客生产的肉松饼来柜台投诉：店内促销的肉松饼虽在保质期，但拆除外包装后发现存在霉变现象。这位顾客气愤不已，要求赔偿本人当天工资、车费、精神损失费及按购买金额十倍赔付。前台接待员聆听后认真查看了有问题的肉松饼，确认属于产品质量问题，随即通知了值班主管。

雅客在上海地区使用直营渠道，卖场无权处理关于公司的客诉。公司在上海设有专门的客服部门，于是门店主管第一时间电话通知了厂家促销人员，但促销人员权力有限，在对顾客安抚后，顾客同意第二天解决。第二天，负责门店促销的业务员联系客户于门店见面，客户开始喋喋不休，脾气有些暴躁，在对话中情绪越来越激动，双方就赔付问题一直争执不下。业务员同意按购买金额加倍赔付的解决方法，其他赔偿无法应允，也不愿继续谈下去，最后顾客在门店大吵，声称如果不按他的要求赔偿就把霉变的产品给任何一个进店的顾客看，看门店要不要做生意。一时之间，业务员手足无措，只得电话请示销售经理。接到电话后，经理大致了解了经过，要求业务员回公司面谈，并在第一时间跟客户通了电话，电话中已然听出客户有气愤情绪，这样的情况下，通话是解决不了问题的，最终跟客户约定，本次客诉由经理亲自处理，并约好时间见面。

处理客诉的过程中，经理秉持以下理念。

（1）投诉是客户给我们一个改善的机会，从未到期却霉变的肉松饼可以看出，企业在生产过程仍然存在卫生问题。

（2）我们要衷心感谢客户为我们找出问题，不能认为顾客是小事化大。

（3）投诉处理得当便是建立口碑的好机会。

（4）不投诉并非代表客户满意。

（5）投诉的客户不是我们的敌人。

（6）投诉未尝不是好事。

在相关请示后，公司领导同意用最高赔偿办法与客户谈判，最终通过沟通，顾客同意按购买金额的十倍赔偿，这也符合公司对客诉赔偿的规定。

促销策略是市场营销组合的基本策略之一，在企业产品推广和销售中发挥着举足轻重的作用。促销的方法有很多，如何选择有效的促销手段是摆在营销者面前的一道难题。

# 第一节 促销与促销组合策略

## 一、促销的概念

促销（promotion）即促进销售，是指企业通过人员和非人员的方式与消费者沟通，提升品牌形象，引发、刺激消费者的消费欲望和兴趣，使其产生购买行为的活动。促销具有以下几层含义。

（一）促销的实质与核心是信息沟通

企业与消费者之间达成交易的基本条件是信息沟通。若企业未将自己生产或经营的产品或服务等有关信息传递给消费者，那么消费者对此一无所知，自然谈不上认购。只有将企业提供的产品或服务等信息传递给消费者，才能引起消费者注意，才有可能使消费者产生购买欲望。

（二）促销的目的是引发、刺激消费者产生购买行为

在可支配收入一定的条件下，消费者的购买行为主要取决于其购买欲望，而消费者的购买欲望又与外界的刺激、诱导密不可分。促销正基于这一点，通过各种方式把相关信息传递给消费者，以激发其购买欲望，使其产生购买行为。促销的作用机理如图9-1所示。

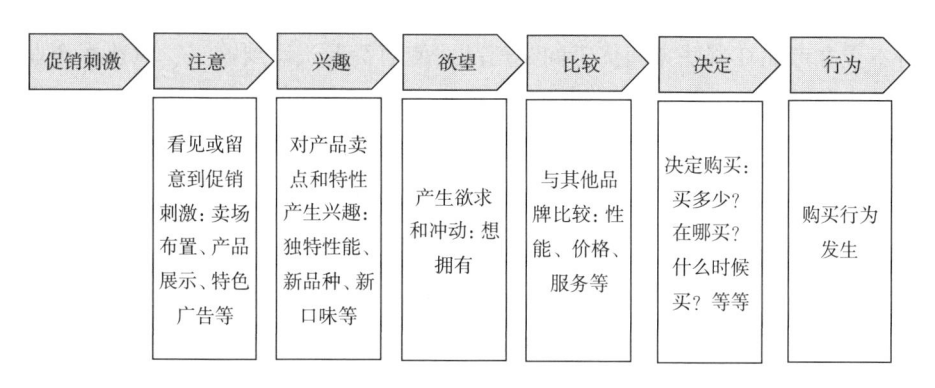

| 促销刺激 | 注意 | 兴趣 | 欲望 | 比较 | 决定 | 行为 |
|---|---|---|---|---|---|---|
| | 看见或留意到促销刺激：卖场布置、产品展示、特色广告等 | 对产品卖点和特性产生兴趣：独特性能、新品种、新口味等 | 产生欲求和冲动：想拥有 | 与其他品牌比较：性能、价格、服务等 | 决定购买：买多少？在哪买？什么时候买？等等 | 购买行为发生 |

**图9-1 促销的作用机理**

（三）促销的方式有人员促销和非人员促销两类

人员促销也称直接促销或人员推销，是企业通过推销人员向消费者推销商品或服务的一种促销活动，主要适用于消费者数量少、比较集中的情况。非人员促销又称间接促销或非人员推销，是企业通过一定的媒介传递产品或服务等有关信息，促使消费者产生购买欲望、发生购买行为的一系列促销活动，包括广告、公共关系、销售促进、网络销售等。一般来说，非人员促销适用于消费者数量多、比较分散的情况。通常，企业在促销活动中将人员促销与非人员促销结合运用。

二、促销的作用

促销作为市场营销的一个重要环节，有着不可替代的作用，其作用主要表现在以下四个方面。

（一）传递信息，突出特点

销售产品是市场营销活动的中心任务，信息传递是产品顺利销售的保证。在现代市场经济社会里，一方面企业需要及时地向经营者和消费者提供有关商品的信息，希望通过经营者和消费者的信息反馈来引导和促使生产者改进产品，以适

应市场需求，扩大商品销路。另一方面，面对琳琅满目的商品，消费者往往会不知所措，他们非常希望获得有关商品的信息以帮助自己进行购买决策，使自己在这方面获得满足。促销通过人员和非人员的方式进行信息的单向或双向沟通，增进消费者对企业及其商品的了解，扩大企业的社会影响。

（二）突出特点，诱导需求

在市场竞争激烈的情况下，同类商品很多，并且有些商品差别微小，消费者往往不易分辨。企业通过促销活动，宣传、说明本企业产品的特色，便于消费者了解本企业产品在哪些方面优于同类产品，使消费者认识到购买、消费本企业产品所带来的利益较大，促使消费者乐于认购本企业产品。生产者作为卖方向买方提供有关信息，突出产品特点的信息，能激发消费者的需求欲望，变潜在需求为现实需求。

（三）指导消费，扩大销售

在同类商品销售竞争激烈的情况下，许多产品在价格、质量等方面大体相当，此时消费者更愿意选择那些能带来特殊利益的商品。市场上不同生产者生产的同类商品通常在客观上存在种种差别，消费者往往不易觉察。企业着眼于满足消费者的特殊需求，通过促销活动宣传自己商品的特点，使消费者认识到本企业商品将给他们带来特殊利益，从而使消费者在众多同类商品中乐于选择本企业的商品。

（四）培育偏好，稳定销售

在激烈的市场竞争中，企业产品的市场地位常不稳定，致使有些企业的产品销售起伏波动较大。企业运用适当的促销方式开展促销活动，可使较多的消费者对本企业的产品产生偏好，进而巩固已占领的市场，达到稳定销售的目的。对于消费者偏爱的品牌，即使该类产品需求下降，也可以通过一定形式的促销活动促使消费者对该品牌产品的需求得到一定程度的恢复和提高。一些专家认为，促销的重要使命就是稳定企业产品的市场地位。事实上，企业如果长期不进行促销活动，其产品就会渐渐被人遗忘，甚至有可能退出市场。

### 📋 小资料

#### 多种方式推广，破除淡季魔咒

九寨沟喜来登坐落在"童话世界"九寨沟的碧水青山之间，是中国风景区第一家五星级酒店。九寨沟喜来登注重凸显其独特的地域风格，从酒店的建筑风格到装饰风格都有着浓郁的藏羌文化色彩。在竞争对手面前突出的则是集团的理念、系统和管理。

每年的9月和10月是九寨沟喜来登酒店和当地其他大酒店的旺季，游客络绎不绝。此后，各酒店将面临长达大半年的淡季和平季。九寨沟喜来登与旅行社合作，提升淡季营业额。旅行社在淡季给酒店带来多少生意，旺季就可以得到相应的配额。这样，旅行社会配合酒店，通过促销手段将7月、8月等销售平季变成销售旺季。由此，九寨沟喜来登能够在大多数五星级酒店关门歇业的淡季坚持开业。喜来登所属的喜达屋集团在全球95个国家拥有850家酒店及度假村，这无形中帮助九寨沟喜来登在95个国家建立了销售渠道和宣传平台，这是独体酒店无法比拟的优势。如"喜达屋顾客优先计划"就使九寨沟喜来登获益良多。该计划确保喜达屋的全球会员能够在人满为患的旺季顺利入住。更让人心动的是，消费者通过该计划中的"积分兑奖"可以获得度假与私人旅行或直接兑换房费的机会。

（资料来源：黎开莉，徐大佑. 市场营销学[M]. 大连：东北财经大学出版社，2009：166）

### 三、促销组合与促销组合策略

（一）促销组合的概念

企业的促销方式和工具有很多，传统的促销工具主要有人员推销、广告、销售促进和公共关系。实践中，各种促销工具或方式都有其优点和缺点，起到的作用也不尽相同，如表9-1所示。因此，在促销过程中，企业常常将各种促销方式搭配起来，综合运用形成一种组合策略，即促销组合。

表9-1 四种促销方式的优点和缺点

| 促销方式 | 优点 | 缺点 |
| --- | --- | --- |
| 人员推销 | 直接沟通，反馈及时，针对性强，可当面达成交易，互动性强，有利于与顾客形成长期关系 | 费用比较高，影响面小，人才缺乏 |
| 广告 | 传播面广，传递信息快，节省人力，形象生动 | 单向传播，只针对一般消费者，效果不能立即体现 |
| 销售促进 | 吸引力大，能收到立竿见影的效果，易于成交 | 接触面窄，适用于短期促销，有时会降低价格 |
| 公共关系 | 可以取信于社会公众，影响力大，作用持久 | 活动牵涉面广，花费较多，效果难以控制 |

促销组合，就是企业根据产品的特点和营销目标，综合各种影响因素，对各种促销方式的选择、编配和运用。促销组合是促销策略的前提，在促销组合的基础上，才能制定相应的促销策略，而促销策略又是促销组合的结果。因此，促销策略也称促销组合策略。

从指导思想上看，促销策略可以分为推式策略和拉式策略。

推式策略，是指企业运用人员推销的方式把产品推向市场，即从生产企业推向中间商，再由中间商推向消费者或最终用户（如图9-2所示）。推式策略一般适用于单位价值较高的产品，性能复杂、需要做示范的产品，根据用户需求特点设计的产品，流通环节较少、流通渠道较短的产品，市场比较集中、集团性购买的产品，等等。

制造商 →推动→ 批发商 →推动→ 零售商 →推动→ 消费者

图 9-2　推式策略

拉式策略，是指企业运用非人员推销的方式，以最终消费者为主要促销对象，设法激发消费者对产品的兴趣和需求，促使消费者通过中间商、中间商向制造企业购买该产品（如图9-3所示）。单位价值较低的日常用品，流通环节较多、流通渠道较长的产品，市场范围较广、单次购买量少、市场需求较大的产品，常采用拉式策略。

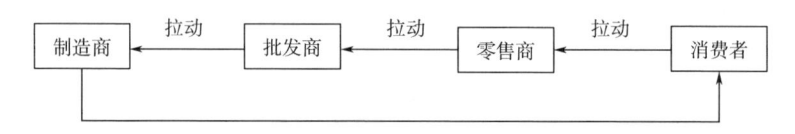

制造商 ←拉动← 批发商 ←拉动← 零售商 ←拉动← 消费者

图 9-3　拉式策略

推式策略和拉式策略各有特点，在市场营销的实践活动中，更多采用的是推、拉式结合的混合策略。

（二）影响促销组合策略的因素

影响促销组合策略的因素很多，概括起来主要有以下几个方面。

1. 促销目标

促销目标是企业促销活动所要达到的目的。促销目标可以是对市场或财务等经济效益性质目标的描述，如扩大市场份额、提高产品接受程度、增加销售额；

也可以是对企业形象等目标的描述，如树立企业形象、提高品牌忠诚度等。在不同时期或不同地区，企业经营的目标不同，促销目标也不尽相同。无目标的促销活动收不到理想的效果。促销组合策略的制定要符合企业的促销目标，要根据不同的促销目标进行各种促销方式的组合。

2. 产品因素

（1）产品性质：对于不同类型的产品，消费者在信息的需求、购买方面的要求是不相同的，需要采用不同的促销手段。一般来说，工业用品技术性强、构造复杂，需要由专人示范操作及讲解，因此适宜用人员推销的形式；日用消费品销售面广、性能简单，用广告和销售促进的方式进行促销更经济。此外，价格低、适用性强的商品宜采用广告促销；而价格高、利润大的产品更适合用人员推销的方式。

（2）产品生命周期：在产品不同的生命周期阶段，企业的营销目标及重点各不相同，因此促销手段也不相同。在导入期，促销目标主要是宣传介绍产品，以使顾客了解、认识产品，产生购买欲望，可通过广告宣传介绍产品的功效，同时配合使用人员推销，鼓励消费者使用新产品。在成长期，产品打开销路，销量上升，同时也出现了竞争者，这时仍需广告宣传以增进顾客的购买兴趣，同时辅以销售促进和公共关系的促销方式，尽可能扩大销售渠道。在成熟期，竞争者增多，可通过销售促进的促销方式来增加产品的销售量，同时利用广告及时介绍产品的改进情况，辅以公共关系方式强化产品形象。在衰退期，由于更新换代产品和新产品的出现，产品的销量大幅度下降，这时销售促进方式的作用更为重要，同时配以少量的广告来保持消费者的记忆。在衰退期，为减少损失，促销费用不宜过大。

3. 市场条件

目标市场的不同特征会影响企业促销组合策略的选择。从市场范围看，对小规模的本地市场，应以人员推销为主；对广泛的全国市场和国际市场，广告有着重要的作用。从市场集中程度看，如果消费对象相对集中，可采用人员推销；反之，宜选择广告、销售促进等非人员促销形式。此外，在有竞争者的市场条件下，制定促销组合策略还要考虑竞争对手的促销形式和策略，有针对性地适时调整自己的促销组合策略。

4. 促销预算

企业开展促销活动必然要支付一定的费用。费用是企业经营十分关心的问题，并且企业能够用于促销活动的费用总是有限的。因此，在满足促销目标的前

提下，要做到效果好而费用省。企业确定的促销预算额应该是企业有能力负担的，同时是能够适应竞争需要的。对不同的行业和企业，促销费用的支出也不相同。企业在确定促销预算时，除了考虑营业额的多少外，也要考虑到促销目标的要求、产品生命周期等其他影响促销的因素。

影响促销组合策略的因素是复杂的，除了上述因素外，企业的营销风格、销售人员素质、整体发展战略、社会和竞争环境等都不同程度地影响着促销组合策略。企业应根据需要有所侧重地选择不同的促销方式，实现各种促销工具的整体协调，在此基础上，综合考虑各类因素，审时度势，才能制定出有效的促销组合策略。

### 小资料

#### 《阿凡达》何以成功？

《阿凡达》着实让国际电影市场火了一把，2009年12月18日至2010年1月25日，《阿凡达》在全球以18.43亿美元的总入账打破了《泰坦尼克号》的纪录。诚然，《阿凡达》的成功首先归功于高科技的助力，超一流的身临其境影视体验是《阿凡达》成功的基础，然而好莱坞式的营销推广与公关传播才是该影片红遍全球的关键原因。

通过《阿凡达》的成功，我们看到更多的是整合营销与传播。尤其在金融危机席卷之下，网络成为此次《阿凡达》传播推广的主要力量。"吊胃口、推悬念"在网络上做得非常突出。

首先，大导演卡梅隆亲自到中国进行宣传，其曾经执导《泰坦尼克号》经典影片夺得票房冠军，为唤起人们对《阿凡达》的期待铺设了一个很好的口碑传播开端。

其次，除了在不同的网络社区推出介绍性的故事情节和幕后花絮外，还特别设置了大量3D图片和3D视频的试看，让更多网友直观了解特效，使人们意识到，要真正欣赏这部电影必须去电影院而非在家看碟片，悬念设置得恰到好处。

再次，在网络社区中启动互动营销，例如网友集体拼画、网友抢票、互动游戏等活动，前期宣传从不同角度诠释《阿凡达》，让网友尽可能多地了解故事，感受技术。

最后，抛出大量的话题进行传播，诸如3D和IMAX的视觉效果类话题、剧情话题、大牌导演与演员的话题，以及后来的黄牛倒票、影院涨价、排长龙买票等，此时的《阿凡达》被迅速引爆，甚至不经常看电影的老年人都有了想看一看的冲动。

"阿凡达"已经从一部单纯的影片上升为一种社会文化现象,成为当时最热门的文化词汇之一。关于《阿凡达》的各种讨论也从影片延伸到了对时尚、人文、科技甚至医学等各个领域。《阿凡达》已经不再是一部纯粹的商业电影,它已被运作成一个社会事件。

这一手法的运用更加诠释了网络公关在企业品牌及产品推广中的作用。企业借助各种社会化媒体平台,如论坛、博客、视频、电子商务、SNS等,将企业的文化、服务理念、产品信息告知公众,以多角度、多板块、多手法来开展营销与服务,以此获得公众的反馈,并制造口碑,获得潜在客户的支持。

(资料来源:杨耀丽,杨秀丽.市场营销学[M].上海:上海财经大学出版社,2013:231)

## 第二节　广告与人员推销

### 一、广告

广告作为一种促销方式或促销手段,是一门带有浓郁商业性的综合艺术。成功的广告可使默默无闻的企业和产品名声大振,家喻户晓。

(一)广告的基本概念

广告一词源于拉丁语 advertere,有"注意""诱导""广而告之"之意。作为一种传递信息的活动,广告是企业在促销中普遍重视、应用最广的促销方式。广告是由明确的广告主(发布者)以促进销售为目的,付出一定的费用,通过特定的媒体传播商品或服务等有关经济信息的大众传播活动。

广告是一种非人员性的促销活动,由广告主、广告经营者与发布者、广告媒体、广告信息、广告受众、广告费用等要素构成。

1. 广告主

广告主是广告系统的主体要素,也称为广告客户,是指为推销商品或提供服务,自行或委托他人设计、制作、发布广告的法人、其他经济组织或个人。广告主对广告的发布拥有委托权和决策权,也是广告费用的承担者。

2. 广告经营者与发布者

广告经营者是指受委托提供广告设计、制作、代理服务的法人、其他经济组织或者个人。广告经营者是受广告主的委托,为其提供各种广告服务,与广告主之间是委托—代理关系。广告发布者是指为广告主或广告主委托的广告经营者发

布广告的法人或者其他经济组织。一般来说，取得经营广告业务资格并以经营广告业务为盈利手段的经营单位和发布单位统称为广告经营单位。

3. 广告媒体

广告媒体是指传播广告信息的中介物，是广告主和消费者信息沟通的桥梁。广播、电视、报纸、杂志等都是常见的广告媒体。随着移动互联网的快速发展，移动设备（如手机、平板电脑等）成为现代社会中广告的重要载体。不同媒体传播信息的能力往往不同，对目标市场的吸引力和影响力也不一样。

4. 广告信息

广告信息是广告主通过广告形式所要传递的信息，主要是指企业产品或服务信息，如产品的性能、质量、用途、价格、购买地点等有关信息。有些广告超越了产品广告和服务广告，目的在于树立良好的公众形象。

5. 广告受众

广告受众是指广告信息的接收者。市场营销中，广告受众是指广告信息的目标受众，即广告劝说的主要对象，包括一般消费者、组织市场中的机构代表、商品经销中的采购决策人等。

6. 广告费用

广告费用是指广告主通过媒体发布信息来扩大产品销售所支付的费用。广告代理费用和媒体费用构成了广告费用的主要部分。广告费用的多少由媒体的性质和效果决定，并摊入产品成本。

（二）广告的类型

根据不同的划分标准，广告有不同的种类。

1. 根据内容和目的分类

根据内容和目的，可将广告分为商品广告、企业广告、公益广告。

（1）商品广告。商品广告是向消费者介绍产品特征，直接推销产品，目的是打开销量、提高市场占有率的广告。商品广告又可分为三种类型。①告知性广告，又称创牌广告或开拓性广告，常在产品的导入期用来介绍新产品、开拓新市场，其目的是激发顾客对产品的初始需求。②竞争性广告，一般用于处在成长期和成熟期的产品的宣传。市场上的大多数广告是这类广告，其诉求的重点是宣传本产品同其他产品相比的优异之处，使消费者能认知本产品并能指名购买。③提示性广告，其目的是使顾客保持对某品牌产品的记忆，巩固已有的市场阵地，并在此基础上深入开发潜在市场和刺激购买需求，其诉求重点是着重保持消费者对广告产品的好感、偏爱和信心，因此又被称为保牌广告。

（2）企业广告，又称商誉广告，着重宣传、介绍企业的名称、企业精神、品牌、商标、企业概况（包括厂史、生产能力、服务项目）等有关情况，目的是提高企业的声望、名誉和形象，以利于销售产品。

（3）公益广告，是用来宣传公益事业或公共道德的广告，它的出现是广告观念的一次革命。公益广告能够实现企业自身目标与社会目标的融合，有利于树立并强化企业形象。

2. 根据广告传播的区域分类

根据传播区域和范围，广告分为国际性广告、全国性广告、地方性广告和区域性广告。

3. 根据广告媒体分类

根据广告媒体的不同，广告可分为报纸广告、杂志广告、广播广告、电视广告、互联网广告、邮寄广告、基于地点的广告、附着在产品和赠品上的广告等。随着新媒体的不断增加，依据媒体划分的广告种类也越来越多。

4. 根据广告的表现形式分类

根据广告的表现形式，广告可分为图片广告、文字广告、声像广告等。广告的表现形式和广告媒体的类型有重要关系。

### 小资料

#### VR 技术+广告营销，营销形式趋于多样化

VR 是指 virtual reality，即虚拟现实的简称，是指用电脑合成或实景拍摄的手法，形成一个接近于现实的三维虚拟环境，给用户一种身临其境的感觉。VR 诞生在 1957 年，由美国人莫顿·海利希创造。1989 年，VPL 公司的杰伦·拉尼尔正式赋予其"virtual reality"的名字。

VR 内容比较容易引诱出用户体内的多巴胺，再加上 VR 带来的独特沉浸感，可以有效促进广告主的营销效果，并为品牌宣传加分。事实上，不少大品牌自 2015 年起都对 VR 营销进行了不同程度的尝试，包括可口可乐、麦当劳、Dior、丰田、迪士尼、LV 等。消费者对大品牌本就熟悉，而 VR 广告片普遍时间较短、制作精良、画面优美或者情节有趣，是完成度较高的轻度内容，能够受到消费者与广告主的欢迎。

2016 年，全球著名的移动广告公司和 VR 广告的先锋 Airpush 公司发布了世界上首份 VR 广告效果研究调查。为了获得有效数据，研究人员量化了虚拟现实和传统数字视频格式的广告效果指标。这项研究的目的是更好地了解 VirtualSKY

的体验广告（一个独特的插页式360度广告内容，时长为20~45秒）对消费者的影响。该研究的重点是评估VirtyalSKY的体验广告与"传统的广告"（例如在线视频和广播电视）在内容参与、品牌认知、品牌行为和品牌整合观念四个方面产生的品牌提升作用的效果对比。研究结果表明：VR广告的效果比传统视频广告的效果提升了1.5~1.8倍，尤其是群众对于广告产品的记忆。使用沉浸式VR广告时，品牌的宣传效果至少提升了8倍。此外也增加了观众的分享意愿，分享率至少是传统广告的2倍。

随着VR市场变得越来越主流，VR技术也开始进入传统的广告营销领域。诸如360度全景广告、App内置广告、VR直播广告、品牌体验活动等层出不穷，VR营销市场呈现出形式多样化的特点。

VR广告营销无疑是有着巨大的发展前景的，但是否可以在国内各行各业普及呢？除了要考虑国家监管政策和VR环境中实现各种功能的安全性问题外，还要考虑以下两点因素。

首先，VR广告覆盖的群体还只是营销市场中的一小部分。

NewZoo抽取了将近三万名来自12个国家的受访者，对他们的VR设备购买意愿、购买预算和人群特点进行了分析，并得到了一份调查报告。Newzoo的报告显示，约有11%的受访人（10~65岁）打算在6个月内购买VR设备，同时超过80%的受访者对VR并不感冒，这之中半数的受访者并不知道VR是什么。由此可见，VR的消费群体在市场中只是小众，相应VR广告的传播范围也相应比较狭窄，不能进行很好地传播。

其次，广告主还处于观望状态。

根据社交网站Facebook的创始人兼首席执行官扎克伯格预计，待VR用户量发展到500万~1 000万时，VR才会从生态系统开发层面带来较大规模的广告收入。虚拟内容逐渐通过广告实现货币化，但毕竟这项技术还处于应用的初期，也就是说在此之前VR的广告市场都未能成形，这也使得大量的广告主还处于观望状态而没有急于出手。

VR技术的确能够为人们带来独特的用户体验，但VR广告营销目前尚不成熟，VR广告营销到底能否在不久的将来遍地开花，我们拭目以待。

（根据网络资料整理：http://www.icdo.com.cn/821.html，VR《广告营销现状及前景分析》）

（三）广告活动的过程

在制定广告方案时，营销管理人员必须做出四个重要决策：设定广告目标、确定广告预算、制定广告策略（信息决策和媒体决策）和评价广告效果（如

图 9-4 所示)。

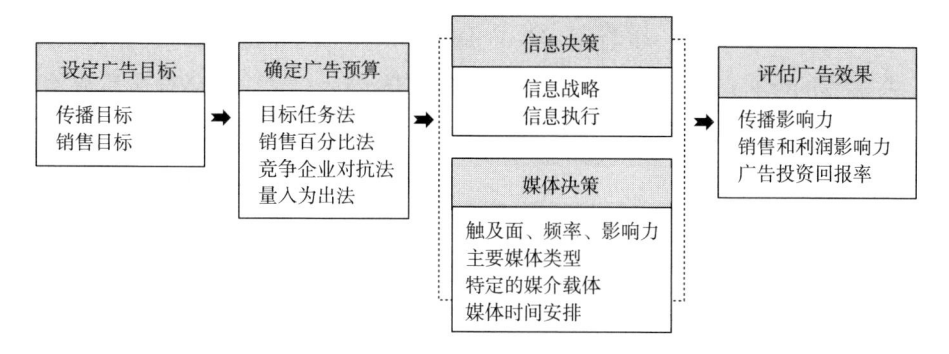

**图 9-4 广告活动过程**

设定广告目标
- 传播目标
- 销售目标

确定广告预算
- 目标任务法
- 销售百分比法
- 竞争企业对抗法
- 量入为出法

信息决策
- 信息战略
- 信息执行

媒体决策
- 触及面、频率、影响力
- 主要媒体类型
- 特定的媒介载体
- 媒体时间安排

评估广告效果
- 传播影响力
- 销售和利润影响力
- 广告投资回报率

1. 设定广告目标

广告活动的过程始于广告目标。广告目标（advertising objective）是指在特定的时间内与特定的目标群体交流并向其传播信息。广告目标可以基于主要作用来进行分类，如通知性广告、说服性广告和提醒性广告。表 9-2 列出了每一种类型的广告目标的例子。

**表 9-2 可能的广告目标**

| 通知性广告 | |
|---|---|
| 传播顾客价值 | 通知市场有关价格变化的情况 |
| 向市场告知新产品信息 | 描述提供的各种服务 |
| 说明新产品如何使用 | 纠正错误的印象 |
| 说明某种产品的若干新用途 | 树立企业或品牌形象 |
| **说服性广告** | |
| 建立品牌偏好 | 说服顾客马上购买 |
| 鼓励消费者转向你的品牌 | 说服顾客接受一次推销访问 |
| 改变消费者对产品属性的感知 | 让已经信服的顾客将该品牌告知他人 |
| **提醒性广告** | |
| 保持顾客关系 | 提醒消费者在何处购买该产品 |
| 让顾客在淡季也能记住这种产品 | 提醒消费者可能在不久的将来需要这个产品 |

通知性广告主要用于新产品的导入阶段，其目的在于建立初级需求。随着竞争的加剧，说服性广告变得越来越重要，此时，企业的目的在于建立选择性需求。提醒性广告在产品的成熟阶段十分重要，它能帮助企业维持顾客关系并让顾

客记住这种产品。

广告的目标是促使消费者向购买准备阶段的下一个阶段移动。有些广告是为了推动消费者立即购买，也有很多广告是为了建立或巩固长期的顾客关系。例如，在耐克的电视广告中，知名运动员说的"Just Do It"并不会直接促成销售，相反，广告的目的是改变消费者对品牌的感知。

2. 确定广告预算

广告预算是企业为广告活动预先拟订的开支计划。通常在新的年度开始时，根据往年的情况，结合当年的生产销售计划，企业要制定全年所需要的广告费用的总额和使用范围。企业在确定广告预算时需要考虑一些特定的因素，如产品生命周期、销售目标、市场范围、广告媒体、竞争状况、企业财力等。根据影响广告预算的因素，确定广告预算的方法主要有以下几种。

（1）目标任务法。在设定销售目标的前提下，为了达到销售目标，根据广告活动的费用需要来确定广告预算。

（2）销售百分比法或利润百分比法。销售百分比法是按照销售额的一定比例确定广告预算；利润百分比法则是根据企业利润的大小来确定提取广告费用的比率。

（3）竞争企业对抗法。根据竞争对手的广告活动来制定广告活动的经费预算。

（4）量入为出法。根据企业的财力状况来确定广告预算的方法。

3. 制定广告策略

广告策略包括两个主要部分：创建广告信息和选择广告媒体。

（1）创建广告信息。无论预算有多少，广告只有在赢得消费者的关注和兴趣并获得良好传播的情况下才会取得成功。由此，广告内容的设计尤为重要。

制作有效的广告内容的第一步是决定大体上要向消费者传播什么样的信息。广告向消费者传递的信息应该能清楚、重点概括广告主想要强调的利益和定位，还要保证广告信息与企业的战略定位和顾客价值战略保持一致。

下一步则需要广告人员想出一个令人信服的创意概念或好主意，以差异化或难忘的方式展示广告信息。在当今费用昂贵而又秩序混乱的广告环境中，一个好的广告创意能够让产品脱颖而出。

广告创意将指导广告活动选择具体的诉求点。广告诉求点应该具备三个特征：第一，它应该是有意义的，能够使消费者更愿意购买或者体现产品的优点；第二，诉求点应该是可信的，使消费者相信产品或服务能够兑现企业所承诺的利益；第三，诉求点必须做到差异化，能告诉消费者这个品牌是如何优于其他竞争品牌的。例如，腕表有意义的诉求点是它能保持准确的时间，但很少有手表广告强调这一好处。相反，基于腕表所能提供的差异化优势，手表厂商可能会选择任一广告主题。多年来，天美时一直是一款价格适当的手表，相比之下，斯沃琪突出了风格和时尚，而劳力士则强调奢华与地位。

有效的广告内容通过何种形式表现，与广告所选择的媒体息息相关。

（2）选择广告媒体。一般来讲，要从企业商品特点和促销目标出发，选择覆盖面广、传播速度快，直接接触目标市场、节省广告成本，能获得最佳促销效益的媒体作为广告媒体。不同的媒体有不同的特点，选择时需考虑以下几点。

①目标市场。广告的目的就是对目标市场的潜在顾客发生影响，从而促进购买。因而，选择广告媒体要考虑消费者易于接触并乐于接受的媒体，并且要根据目标市场范围选择覆盖面与之适应的媒体。例如：开拓区域市场，可选择地方报纸、电台、电视台；如果想提高在全国的知名度，则宜选择全国性的媒体。

②广告商品的特性。由于商品的性质、性能、用途不同，宜选择不同的广告媒体。例如：对于生活用品，可用电视、广播等大众传播媒介；对于专业技术性强的工业设备，则宜选择专业性的报纸、杂志或邮寄广告的形式，以便更直接地接触广告对象。

③媒体性质。不同的媒体在覆盖面、表现力、时间性、费用等方面具有不同的特点，都有其适应性和局限性。企业要正确选择广告媒体，首先必须清楚各种广告媒体的特点。常见的广告媒体的特点如表9-3所示。

表9-3 常见的广告媒体的优缺点分析

| 广告媒体 | 优点 | 缺点 |
| --- | --- | --- |
| 电视 | 直观、真实、生动，能激发兴趣，覆盖面广，地域选择性强 | 制作费用高，有难度，驻留时间短，干扰大，受众选择性差 |
| 广播 | 传播及时、灵活，覆盖面广，地域、人口选择性强，费用低 | 缺乏视觉冲击，表现力差，不易保存 |
| 报纸 | 可信度高，选择性强，发行频率高，文字表达能力强，费用相对较低 | 形式单调，缺乏感染力，有效时间短 |
| 杂志 | 受众的人口类别选择性、针对性强，印刷精美，表现力强，有利于长期保存 | 广告周期长，版面受限 |
| 户外广告 | 醒目，保存时间长，机动灵活 | 传播信息有限，覆盖范围窄 |

续表

| 广告媒体 | 优点 | 缺点 |
| --- | --- | --- |
| 直邮广告 | 针对性强、灵活多样，不受时空限制 | 费用高，范围窄，费时费力，使用不当会使收件人反感 |
| POP（购买点）广告 | 对冲动型顾客效果好，将产品和广告紧密联系，形式不受限制，成本伸缩性大 | 使用范围小 |
| 新媒体（互联网、手机终端等） | 传递信息迅速、准确，信息量大，反应灵活，某些工具可打破时空限制，互动性强，信息反馈及时 | 设备要求高，基础投入高，缺乏监管，安全性差 |

④媒体费用。不同媒体费用差别很大，即使对于同一媒体，不同时间、不同位置等费用也会不同。企业在选择媒体时要根据自身财力和广告效果预期选择适宜的媒体。

4. 评估广告效果

为了及时改进广告策略，降低广告成本，提高广告效益，需要对广告效果进行评估。

广告效果是指广告信息通过广告媒体传播对消费者产生的所有直接和间接影响的总和。广告效果主要包括以下几个方面。

（1）传播效果。广告的传播效果是指社会公众接受广告的层次和深度，它是广告作品本身的效果，反映了消费者接触和接受广告作品的一般情况，如广告主题是否准确、广告创意是否新颖、广告语言是否生动、广告媒体是否选用得当等。广告的传播效果体现的是广告作品水平的高低，是测定广告效果的一个重要内容。

（2）经济效果。广告的经济效果是企业在广告活动中所获得的经济利益，是广告主做广告的内在动力，直接反映出广告所引起的产品销售状况，如销售量的增加、利润的大幅度提高等一切同经济活动有关的指标。广告的经济效果是测定广告效果的最重要的指标。

（3）心理效果。广告的心理效果是广告对社会公众的各种心理活动的影响程度，是广告活动对消费者内心世界的影响，反映消费者对广告的注意度、记忆度、兴趣以及购买行为等。心理效果主要测定消费者对广告的态度变化。广告的心理效果是广告效果测定不可缺少的指标。

（4）社会效果。广告的社会效果是广告构思、广告语言及广告表现所反映出的道德、艺术、审美、尊严等方面对社会的经济、教育、环境等的影响程度。广告的社会效果是广告作品的高层次追求，反映一个社会的文明程度。

广告效果具有滞后性、复合性、积累性、两重性等特点，导致广告效果的测定难度较大。因此，广告效果的测定要遵循科学的程序。广告效果测定的过程包括三个相互衔接、协调进行的步骤，即调查准备、调查实施、分析总结。

企业要根据广告效果的测定结果对广告策略进行调整，以使下一步的策划更为完善。

**二、人员推销**

人员推销是促销组合中一种最古老、最传统、最富有技巧的促销方式，它在现代市场经济中仍占有相当重要的地位。

*（一）人员推销的基本形式*

人员推销是指企业运用推销人员直接向推销对象推销商品或服务的一种促销活动。人员推销包括三个基本要素，即推销人员、推销对象、推销客体。推销人员是人员推销活动的主体，是指从事商品或服务推销工作的人员。推销对象是推销人员所面对的群体或人员，是产品或服务的目标购买者。推销客体是推销人员向推销对象推销的产品或服务。通过推销人员与推销对象之间的接触、洽谈，将产品或服务推给推销对象，从而达成交易。可见，人员推销是一种非常典型的促销策略。

人员推销主要有三种基本形式。

1. 上门推销

上门推销是最常见的人员推销形式。它是由推销人员携带产品样品、说明书和订单等走访顾客、推销商品的推销形式。这种推销形式可以针对顾客的需要提供有效的服务，方便顾客，故为顾客所广泛认可和接受。上门推销是一种积极主动的、名副其实的正宗"推销"形式。

2. 柜台推销

柜台推销又称门市推销，是指企业在适当地点设置固定的门市，由营业员接待进入门市的顾客并推销产品。柜台推销与上门推销正好相反，它是等客上门的推销方式。柜台推销适用于零星小商品、贵重商品和容易损坏的商品。

3. 会议推销

会议推销指的是企业利用各种会议向与会人员宣传和介绍产品、集中推销商品的推销形式。例如，在订货会、交易会、展览会、物资交流会等会议上推销产

品均属会议推销。这种推销形式接触面广，推销集中，可以同时向多个推销对象推销产品，成交额较大，推销效果较好。

（二）人员推销的特点

1. 人员推销的优势

同其他促销方式相比，人员推销有着不可比拟的优势，具体表现在以下三方面。

（1）双向信息传递：与目标顾客的直接沟通是人员推销的主要特征。不同于其他促销方式，人员推销作为一种信息传递方式，具有双向沟通的特点。一方面，推销人员通过向目标顾客介绍商品的有关信息，如质量、功能、使用、安装、维修、技术服务、价格以及同类产品竞争者的有关情况等，达到招徕顾客、促进产品销售的目的。另一方面，推销人员通过与目标顾客的直接接触，还能及时了解顾客对本企业产品以及竞争产品的评价情况，针对服务内容、付款方式、交货地点等双方关注的问题及时沟通与洽商，在沟通的过程中及时发现、答复和解决顾客提出的问题。通过观察和有意识地调查研究，把市场信息、目标顾客的要求及建议直接反馈给企业，为企业调整营销方针和政策提供依据。

（2）推销方式灵活：与目标顾客直接沟通、当面洽谈，使得推销人员能够根据推销进展情况及时调整推销策略。在推销的过程中，推销人员可根据不同顾客的特点和反应，有针对性地调整自己的工作方法和营销策略，以适应顾客并诱导顾客购买。在推销的过程中，推销人员还可以提供产品实证，通过展示产品，解答质疑，指导产品使用方法，使目标顾客能实际接触产品，从而确信产品的性能和特点，更易于引发消费者购买行为。

（3）促进长期关系的建立：推销人员与目标顾客直接打交道，交往中顾客会逐渐产生信任和理解，能促进买卖双方建立起良好的关系，有利于顾客对企业产品产生偏好。在长期保持友谊的基础上开展推销活动，有助于建立长期的买卖协作关系，稳定地销售产品。

2. 人员推销的缺点

人员推销也有一定的局限性，具体表现在以下两个方面。

（1）市场范围有限，成本高：每个推销人员直接接触的目标顾客有限，人员推销的市场范围有限，销售面比较窄。在市场范围较大的情况下，人员推销的开支较多，这就增大了产品销售成本，一定程度地减弱了产品的竞争力。

（2）对推销人员的要求较高：人员推销的效果直接取决于推销人员素质的高低。随着科学技术的发展，新产品层出不穷，对推销人员的素质要求越来高。推销人员除了具备与客户沟通的能力以外,还必须熟悉产品的特点、功能、使用、保养和维修等知识与技能。因此,对于很多企业来说,甄选和培育出理想的胜任其职的推销人员比较困难,而且耗费的成本也大。

(三)人员推销的策略

1. 试探性策略

试探性策略,也称"刺激—反应"策略。这种策略是在不了解顾客的情况下,推销人员运用刺激性手段引发顾客产生购买行为的策略。推销人员事先设计好能引起顾客兴趣、刺激顾客购买欲望的推销语言,通过渗透性交谈进行刺激,在交谈中观察顾客的反应;然后根据其反应采取相应的对策,并选用得体的语言再对顾客进行刺激,进一步观察顾客的反应,以了解顾客的真实需要,诱发其购买动机,引导其产生购买行为。

2. 针对性策略

针对性策略是指推销人员在基本了解顾客某些情况的前提下,有针对性地对顾客进行宣传、介绍,以引起顾客的兴趣和好感,从而达到成交的目的。因推销人员常常在事前已根据顾客的有关情况设计好推销语言,这与医生对患者诊断后开处方类似,故又称针对性策略为"配方—成交"策略。

3. 诱导性策略

诱导性策略是指推销人员运用能激起顾客某种需求的说服方法,诱发引导顾客产生购买行为。这种策略是一种创造性推销策略,它对推销人员要求较高,要求推销人员因势利导,诱发、唤起顾客的需求,并不失时机地宣传介绍和推荐所推销的产品,以满足顾客对产品的需求。因此,从这个意义上说,诱导性策略也可称"诱发—满足"策略。

(四)人员推销的流程

为达到预定的推销目标,推销人员需要对推销的工作程序进行设计。人员推销的工作程序一般包括以下几个步骤。

1. 寻找顾客

推销工作的第一步是寻找产品或服务的潜在购买者,这是最基础和最关键的一步。作为潜在购买者,应该对企业产品有需要、有购买能力和购买决策权,并且推销人员有与其接近的可能性。寻找顾客的方法很多,大体可分为两类:一类是直接寻找,即推销人员通过个人观察、访问、查阅资料等方法寻找潜在顾客;另一类是间接寻找,通过广告开拓、朋友的介绍或社会团体与推销人员间的协作等方式寻找。因推销环境与商品不同,推销人员寻找顾客的方式也不尽一致。推

销的成功与失败在于推销人员对推销策略的具体运用是否得当。成功的推销员都有其独特的方法。因此,推销人员要有效地寻找顾客,只有在实践中去体会和摸索,寻找一条适合行业、企业和个人的行之有效的方法。

2. 推销准备

潜在的目标顾客确定后,推销人员就要着手与顾客接触进行推销。在正式约见顾客之前,推销人员必须做好推销准备工作,这有助于推销人员制订面谈计划并开展积极主动的推销活动。这一阶段的工作包括以下两个方面。

(1) 充分掌握信息。了解目标顾客的具体情况,例如:姓名、年龄、文化程度、工作单位、居住地、家庭、需求情况等,团体组织的一般情况、组织情况、经营情况、决策者情况等,推销产品的特征、优点及其性能重点,竞争对手产品的相关信息等内容。

(2) 拟定推销计划。包括拟定拜访顾客的步骤和议题、准备洽谈的内容、发言的提纲,对推销过程中可能出现的意外情况做出预测,准备好推销所用的资料、有关样品、演示工具等。

3. 约见顾客

约见是指推销人员事先征得顾客同意接见的行动过程。约见顾客是正式接近顾客的起点,应约定推销访问的对象、时间、地点等。采用合适的约见方式既有利于接近顾客,又可以引起顾客重视,为双方进入实际洽谈铺平道路。常见的约见方式有当面约见、信函约见、电话约见、委托约见等。

4. 推销面谈

推销面谈是推销人员运用各种方法说服顾客购买的过程。推销过程中,面谈是关键环节,而面谈的关键是说服。推销说服的策略一般有两种。

(1) 提示说服。通过直接或间接、积极或消极的提示,将顾客的购买欲望与商品联系起来,由此促使顾客做出购买决策。

(2) 演示说服。通过产品、文字、图片、音响、视频、证明等样本或资料劝导顾客购买商品。

在面谈过程中,顾客往往会提出各种各样的异议,如需求异议、财力异议、权利异议、产品异议、价格异议等。处理顾客异议是推销面谈的重要组成部分。推销人员首先要分析顾客异议的类型及其主要的根源,然后有针对性地施用处理策略。常用的处理策略如下。

第一,肯定与否定法。推销人员首先附和对方的意见,承认其见解,然后抓住时机表明自己的看法,否定顾客的异议,说服顾客购买。

第二，询问处理法。推销人员通过直接追问顾客找出异议根源，并做出相应的答复与处理意见。

第三，预防处理法。推销人员为了防止顾客提出异议而主动抢先提出顾客可能的异议并解释异议，从而预先解除顾客疑虑，促成交易。

第四，补偿处理法。推销人员利用顾客异议以外的商品其他优点来补偿或抵消有关异议，从而否定无效异议。

第五，延期处理法。推销人员不直接回答顾客异议，而先通过示范表演加以解答，从而消除顾客异议。

5. 达成交易

达成交易是顾客购买的行动过程。推销人员应该把握时机促成顾客的购买行为。达成交易的常用策略如下。

（1）优点汇集成交法。把顾客最感兴趣的商品优点或从中可得到的利益汇集起来，在推销结束前将其集中再现，促进购买。

（2）假定成交法。假定顾客已准备购买，然后问其所关心的问题或谈及其使用某商品的计划，以此促进成交。

（3）优惠成交法。通过提供成交保证，如包修包换、定期检查等，消除顾客使用的心理障碍，促成购买。

成交是推销面谈的一种结果，也是推销人员所希望的结果，是整个推销工作的最终目标。顾客的成交意向通常会通过各种方式，如语言、行为、表情等信号表露出来。一个优秀的推销人员应该善于捕捉这些信号，以防错过成交的机会。

### 相关链接

#### 推销人员 5S 原则

5S 原则可谓推销员与顾客快速达成满意交易的黄金定律。

微笑（smile）：可体现感恩的心与心灵上的宽容。笑容可表现开朗、健康和体贴。

迅速（speed）：以迅速的动作表现活力。不让顾客等待是服务的重要衡量标准。

诚恳（sincerity）：真诚的工作态度是推销人员自信心态和为人处世基本原则的反映。

灵活（smart）：以灵巧、敏捷、优雅的语言和动作等来获得顾客的信赖。

研究（study）：时刻学习和更新商品知识，研究顾客心理和接待应对的

技巧。

6. 跟踪服务

跟踪服务是指推销人员为已达成交易的顾客提供各种售后服务，如收取货款、及时交货、安装、维修、退换货、处理顾客的购后不满等。跟踪服务是人员推销的最后环节，也是新推销工作的起始点。跟踪服务能加深顾客对企业商品的依赖，促使重复购买。同时，通过跟踪服务可获得各种反馈信息，为企业决策提供依据，也为推销员积累推销经验，从而为开展新的推销提供广泛有效的途径。

## 小资料

### 世界上最伟大的推销员——乔·吉拉德

乔·吉拉德是吉尼斯世界纪录大全认可的世界上最成功的推销员。他从1963年至1978年共推销出13 001辆雪佛兰汽车，连续12年荣登吉尼斯世界纪录大全世界销售第一的宝座，他所保持的世界汽车销售纪录——连续12年平均每天销售6辆车，至今无人能破。

每位推销员都有自己独特的成功秘诀。那么，乔·吉拉德的秘诀是什么呢？

一、250定律：不得罪一个顾客

在每位顾客的背后都大约站着250个人，这些人是与他关系比较亲近的人：同事、邻居、亲戚、朋友。如果一个推销员在年初的一个星期里见到50个人，其中只要有两个顾客对他的态度感到不愉快，到了年底，由于连锁影响就可能有5 000个人不愿意和这个推销员打交道。所以，在任何情况下，都不要得罪哪怕一个顾客。

二、名片满天飞：向每一个人推销

每一个人都使用名片，但乔的做法与众不同，他到处递送名片：在餐馆就餐付账时，他要把名片夹在账单中；在运动场上，他把名片大把大把地抛向空中。名片漫天飞舞，就像雪花一样，飘散在运动场的每一个角落。

每一位推销员都应设法让更多的人知道自己是干什么的，销售的是什么商品。这样，当他们需要你的商品时，就会想到你。有人就有顾客，如果你让他们知道你在哪里，你卖的是什么，你就有可能得到更多生意。

三、建立顾客档案：更多地了解顾客

"不论你推销的是任何东西，最有效的办法就是让顾客真心相信你喜欢他，关心他。"如果顾客对你抱有好感，你成交的希望就增加了。要使顾客相信你喜欢他、关心他，那你就必须了解顾客，搜集顾客的各种有关资料。

"如果你想要把东西卖给某人，你就应该尽自己的力量去收集他与你生意有关的情报……不论你推销的是什么东西。"推销员应该像一台机器，具有录音机和电脑的功能，在和顾客交往过程中，将顾客所说的有用情况都记录下来，从中把握一些有用的材料。

四、猎犬计划：让顾客帮助你寻找顾客

乔的很多生意都是"猎犬"（那些会让别人到他那里买东西的顾客）帮助的结果。乔的一句名言就是"买过我汽车的顾客都会帮我推销"。在生意成交之后，乔总是把一叠名片和猎犬计划的说明书交给顾客。说明书告诉顾客，如果他介绍别人来买车，每成交一辆，他会得到25美元的酬劳。以后至少每年顾客会收到乔的一封附有猎犬计划的信件，提醒他乔的承诺仍然有效。实施猎犬计划的关键是守信用——一定要付给顾客25美元。乔的原则是：宁可错付50个人，也不要漏掉一个该付的人。

五、推销产品的味道：让产品吸引顾客

与"请勿触摸"的做法不同，乔在和顾客接触时总想方设法让顾客先"闻一闻"新车的味道。他让顾客坐进驾驶室，握住方向盘，自己触摸操作一番。如果顾客住在附近，乔还会建议他把车开回家，让他在自己的太太、孩子和领导面前炫耀一番，顾客会很快地陶醉于新车的"味道"。凡是坐进驾驶室把车开上一段距离的顾客，没有不买他的车的。即使当时不买，不久后也会来买。新车的"味道"已深深地烙印在他们的脑海中，使他们难以忘怀。

人们都喜欢自己来尝试、接触、操作，人们都有好奇心。不论你推销的是什么，都要想方设法展示你的商品，而且要记住让顾客亲身参与，如果你能吸引住他们的感官，那么你就能掌握住他们的感情了。

六、诚实：推销的最佳策略

诚实是推销的最佳策略，而且是唯一的策略。但绝对的诚实是愚蠢的。推销容许谎言，这就是推销中的"善意谎言"原则。

诚为上策，这是你所能遵循的最佳策略。推销过程中有时需要说实话，一是一，二是二。说实话往往对推销员有好处，尤其是推销员所说的顾客事后可以查证的事。"任何一个头脑清醒的人都不会卖给顾客一辆六汽缸的车，而告诉对方他买的车有八个汽缸，顾客只要一掀开车盖，数数配电线，你就死定了。"

推销员要善于把握诚实与奉承的关系。几句赞美可以使气氛变得更愉快。没有敌意，推销也就更容易成交。

七、每月一卡：真正的销售始于售后

"我相信推销活动真正的开始在成交之后，而不是之前。"推销是一个连续的过程，成交既是本次推销活动的结束，又是下次推销活动的开始。推销员在成交之后继续关心顾客，将会既赢得老顾客，又吸引新顾客，使生意越做越大，客户越来越多。

八、学会自信：自信让人成功

乔·吉拉德有一个伟大的母亲，她常常告诉乔·吉拉德："乔，你应该去证明给你爸爸看，你应该向所有人证明，你能够成为一个了不起的人。你要相信这一点：人都是一样的，机会在每个人面前。你不能消沉、不能气馁。"母亲的鼓励重新坚定了他的信心，燃起了他想要获得成功的欲望，他变成了一个自信的人！

自信可以说是英雄人物诞生的孵化器，略带征服性的自信造就了一批批传奇式人物。自信不仅仅造就英雄，也成为平常人人生的必需，缺乏自信的人生必是不完整的人生。

（资料来源：根据互联网资料整理）

## 第三节 销售促进与公共关系

### 一、销售促进

（一）销售促进的概念与特点

销售促进（sales promotion）即狭义的促销，是指企业运用各种短期诱因鼓励消费者迅速购买和吸引中间商购买、经销（或代理）企业产品或服务的促销活动。

销售促进旨在激发消费者购买和提高经销商的效率，与广告、公共关系和人员推销相比，具有明显的特点。

1. 方式灵活，即期促销效果显著

在开展销售促进活动中，可选用的方式多种多样。一般来说，只要选择合理的销售促进方式，就会很快地收到明显的增销效果，而不像广告和公共关系那样需要一个较长的时期才能见效。因此，销售促进适合在一定时期、一定任务的短期性的促销活动中使用。

2. 属于辅助性促销方式

销售促进是企业运用各种短期诱因鼓励购买或销售企业产品或服务的促销活动。如果说广告的主要目的是使消费者对产品或服务产生兴趣，公关的作用是使消费者对企业产品或服务产生良好印象，销售促进则侧重于使消费者将兴趣和印象转化为行动。所以，在多数情况下，企业会把销售促进和广告宣传、公共关系活动结合在一起运用，其作为一种辅助和补充，达到促进销售的目的。

3. 可能会引起顾客反感，损害品牌形象

销售促进活动总是伴随着各种优惠条件和强大的宣传攻势，这虽有利于企业尽快地批量推销商品，获得短期经济效益，但攻势过强易使顾客产生逆反心理，往往会使顾客对产品质量、价格产生怀疑，从而有损产品和企业形象。因此，企业在开展销售促进活动时要注意选择恰当的方式和时机。

（二）销售促进的方式

销售促进的方式多种多样，企业不可能全部使用。这就需要企业根据各种方式的特点、促销目标、目标市场的类型及市场环境等因素选择适合本企业的销售促进方式。整体上看，销售促进包括三大类。

1. 向消费者推广的方式

向消费者推广是为了鼓励老顾客继续购买、激发新顾客购买本企业产品。其方法主要有以下几种。

（1）赠送样品：向消费者免费赠送样品，可以鼓励消费者认购，也可以获取消费者对产品的反应。样品可以有选择地赠送，也可在商店或闹市地区或附在其他商品或广告中无选择地赠送。这是介绍、推销新产品的一种方式，但费用较高，对高价值商品不宜采用。

（2）赠送代金券：代金券作为对某种商品免付一部分价款的证明，使持有者在购买本企业产品时可以免付一部分货款。代金券可以邮寄，也可附在商品或广告之中赠送，还可以对购买商品达到一定的数量或数额的顾客赠送。这种形式有利于刺激消费者使用老产品，也可以鼓励消费者认购新产品。

（3）包装兑现：包装兑现即采用商品包装来兑换现金。如收集到若干个某种饮料瓶盖，可兑换一定数量的现金或实物，借以鼓励消费者购买该种饮料等。这种方式的有效运用也体现了企业的绿色营销观念，有利于树立良好的企业形象。

（4）廉价包装：廉价包装又叫折价包装，即在商品包装上注明折价数额或比例。廉价包装可以是对一件商品单独包装，也可以是对若干件商品或几种用途

相关的商品批量包装。这种形式能诱发经济型消费者的需求，对刺激短期销售比较有效。

（5）赠品印花：赠品印花亦称交易印花，即在消费者购买商品时向其赠送印花。当购买者的印花积累到一定数量时，可以兑换现金或商品。

此外，还有有奖销售、现金折扣、免费试用、联合促销、游戏促销、节日促销等方式。

### 小资料

#### "双十一"——电商的狂欢

"双十一"购物狂欢节是每年 11 月 11 日的网络促销日，源于天猫 2009 年 11 月 11 日举办的网络促销活动，当时参与的商家数量和促销力度有限，但营业额远超出预想的效果。自此，11 月 11 日成为天猫举办大规模促销活动的固定日期。如今，"双十一"已成为中国电子商务行业的年度盛事，并且逐渐影响到国际电子商务行业。

一、天猫

2021 年 11 月 11 日零时 45 分，在天猫已有 411 个 2020 年成交额过百万的中小品牌，2021 年销售额突破千万元；更有 40 个 2020 年"双十一"成交额千万级的品牌，在 2021 年"双十一"成交额突破了 1 亿元大关。从 11 月 1 日到 11 日零时 45 分，有 382 个品牌在天猫"双十一"的成交额超过 1 亿元。其中不仅有华为、鸿星尔克等一大批人气国货品牌，也有苹果、欧莱雅等国际品牌。百雀羚、回力这样的老字号，蕉内、添可等新品牌，也跻身成交额过亿之列。

截至 2021 年 11 月 12 日零时，天猫"双十一"总交易额定格在 5 403 亿元。开售第一小时，超过 2 600 个品牌成交额超过去年首日全天；截至 11 月 11 日 23 时，698 个中小品牌的成交额实现从百万级到千万级的跨越；78 个 2020 年"双十一"成交额千万级的品牌，2021 年"双十一"成交额突破了 1 亿元大关。

二、京东

2021 年 11 月 10 日 20 时，京东"双十一"活动率先打响。来自京东的统计数据显示，该平台家电成交额在当天 20 时 5 分突破了 20 亿元。华为智慧屏系列电视开售 10 分钟成交额超去年 3 倍，大屏冰箱成交额同比增长超 4.5 倍，蒸烤一体集成灶销量同比增长 3.5 倍。

截至 2021 年 11 月 11 日 23 时 59 分，京东累计下单金额超 3 491 亿元，创造了新的纪录。其中，31 个品牌销售破 10 亿元，苹果破百亿元；43 276 个商家成交额同比增长超200%，中小品牌新增数量同比增长超4倍。

三、苏宁易购

2021年11月11日凌晨，苏宁易购发布的"双十一"消费数据显示，11日前30分钟，苏宁易购中高端家电销售同比增长43%，手机一站式以旧换新同比增长186%，智能家装同比增长88%，"双十一"消费双线购、品质购、一站购、提前购趋势显著，打响"一城一天一店"活动第一枪。

11月11日零时，"一城一天一店"活动在全国69个城市的91家苏宁易购门店开启，为期一天，大牌家电最低6折，用户在苏宁易购App或者到店都可参与。活动的商品涵盖当下智能、节能和时尚的大屏电视、冰箱、空调以及厨房卫浴电器。

"一城一天一店"活动将苏宁易购双线场景进行融合，打通线上线下多场景服务体验，既迎合了消费升级的行业大趋势，也满足了家电家装消费者到店体验的需求。苏宁易购依托双线场景体验和全链路服务能力，为消费者打造了一个看得见、摸得着的"双十一"，助力"双十一"品质消费升级。

"双十一"购物狂欢节的汹涌客流和极为庞大的单日成交量显示了老百姓较强的消费意愿和较高的消费能力。电子商务需求的逆势"井喷"透露出中国网上消费的巨大潜力，是传统零售业态与新零售业态的交锋。有媒体引用第三方机构数据分析称，"双十一"每年创造的经济效益已成为一个提升社会生产能力的巨大发动机，而这也是消费观念转换促进经济发展的直观体现。

(资料来源：根据互联网资料整理)

2. 向中间商推广的方式

向中间商推广，其目的是促使中间商积极经销本企业产品，同时通过有效协助中间商加强与中间商的关系，达到共存共赢的目的。其主要推广方式如下。

(1) 购买折扣：为刺激、鼓励中间商大批量地购买本企业产品，对第一次购买或购买数量较多的中间商给予一定的折扣优惠，购买数量越大，折扣越多。折扣可以直接支付，也可以从付款金额中扣除，还可以赠送商品作为折扣。

(2) 津贴补助：生产者为中间商提供陈列商品、支付部分广告费用和部分运费等补贴或津贴。在这种方式下，中间商陈列本企业产品，企业可免费或低价提供陈列商品；中间商为本企业产品做广告，生产者可资助一定比例的广告费用；为刺激距离较远的中间商经销本企业产品，可给予一定比例的运费补贴。

(3) 经销奖励：对经销本企业产品有突出成绩的中间商给予奖励。这种方式能刺激经销业绩突出者加倍努力，更加积极主动地经销本企业产品，同时，也

有利于诱使其他中间商为多经销本企业产品而努力，从而促进产品销售。

此外，向中间商推广的方式还有经销商销售竞赛、免费咨询服务、为经销商培训销售人员及展览会、联合促销等。

3. 向推销人员推广的方式

为了鼓励销售人员积极推销产品、建立良好的顾客关系和做好市场调研等工作，企业可以采用以下的几种方式。

（1）销售红利：即事先规定销售人员的销售指标，对超指标的销售人员提成一定比例的红利，以鼓励销售人员多销售产品。这种奖励更偏重于物质方面的激励。

（2）销售竞赛：即在销售人员之间发动销售竞赛，对销售额领先的销售人员给予奖励，以此调动销售人员的积极性。此类奖励可以有更多的选择，有时偏重于物质，有时则偏重于精神方面，视激励对象的需要而定。

（3）推销回扣：回扣是从销售额中提取出来的作为销售人员推销产品的奖励或酬劳。利用回扣方式把推销成效与推销报酬结合起来，有利于销售人员积极工作，努力推销。

（三）销售促进的控制

销售促进是一种促销效果比较显著的促销方式，但倘若使用不当，不仅达不到促销的目的，反而会影响产品销售甚至损害企业形象。因此，企业在运用销售促进方式促销时必须予以控制。具体的控制方法有以下几种。

1. 选择适当的方式

销售促进的方式很多，且各种方式都有其各自的适用性。选择适当的销售促进方式是促销获得成功的关键。一个特定的销售目标可以采用多种促销工具来实现，所以应对多种销售促进工具进行比较选择和优化组合，以实现最优的促销效果。

2. 确定合理的期限

控制好销售促进的时间长短也是取得预期促销效果的重要一环。推广的期限既不能过长，也不宜过短。这是因为，时间过长会使消费者、中间商、推广人员感到习以为常，甚至会产生疑问或不信任感，失去了刺激需求或销售的作用；时间过短会使部分消费者、中间商、推广人员来不及接受销售促进的好处，收不到最佳的促销效果。

3. 禁止弄虚作假

销售促进的主要对象是企业的潜在顾客，因此，企业在销售促进全过程中一定要坚决杜绝徇私舞弊的短视行为发生。在市场竞争日益激烈的条件下，企业信誉是十分重要的竞争优势，企业没有理由自毁商誉。本来销售促进这种促销方式就有贬低商品或品牌之意，如果再不严格约束，那将会产生失去企业长期利益的巨大风险。因此，弄虚作假是销售促进中的最大禁忌。

4. 注重推广中后期的宣传

开展销售促进活动的企业比较注重推广前期的宣传，这非常有必要。在此还需提及的是，不应忽视推广中后期的宣传。在销售促进活动的中后期，对销售促进活动中的企业兑现行为的宣传是十分重要的。这是消费者验证企业推广行为是否具有可信性的重要信息源。令消费者感到可信的企业兑现行为一方面有利于唤起消费者的购买欲望，另一方面可以换来社会公众对企业良好的口碑，增强企业良好形象。当然，还应注意确定合理的推广预算，科学测算销售促进活动的投入产出比。

**二、公共关系**

（一）公共关系的含义

公共关系又称公众关系，源自英文 public relations，简称公关，是指一个社会组织遵循一定的原则，通过双向的信息沟通，为组织树立良好形象和声誉，旨在谋求组织内部的凝聚力与社会公众的理解和支持，从而形成一种组织和公众之间良好互动的沟通与传播关系。作为促销组合的一部分，公共关系的含义包含以下具体的内容。

1. 公共关系是企业和与其相关的社会公众的相互关系

企业的社会公众主要包括供应商、中间商、消费者、竞争者、信贷机构、保险机构、政府部门、新闻传媒等。企业不是孤立的经济组织，而是相互联系的社会大家庭中的一分子，每时每刻都在和与其相关的社会公众发生着经济联系和社会联系。所谓企业公关，就是指要同这些社会公众建立良好的社会联系，"银客户，金邻居"就是这个道理。

2. 树立企业形象是公共关系的核心

企业公共关系的一切措施都是围绕着建立良好的企业形象来进行的。企业形象一般是指社会公众对企业的综合评价，表明企业在社会公众心目中的印象和价值。在激烈的市场竞争中，企业一旦建立了良好的形象，就会拥有不凡的商誉，供应商愿意提供货源，中间商和消费者愿意购买产品，信贷机构和投资者愿意提供资金，企业也容易寻求合作伙伴以开拓市场，从而使企业在竞争中占据有利地

位；反之，一旦企业在公众中建立不良形象，则会逐步被市场淘汰。

3. 促进商品销售、提高市场占有率是企业公共关系的最终目的

从表面上看，企业维护公共关系仅是为了建立良好的形象，与其他促销方式相比，企业公共关系活动的促销性似乎不存在。但从本质看，企业作为社会经济生活基本的经济组织形式，营利性是其基本特性。公共关系的最终目的无疑仍然是促进商品的销售。正因为如此，公共关系才成为促销的一种重要方式，只不过它是一种特殊的促销方式。通过企业公共关系达到促销目的，首先要经历一个树立企业形象的环节。企业首先推销自身，从而促进自身产品的销售。

（二）公共关系的特点

公共关系作为一种独特的促销方式，其特点如下。

1. 公共关系的目标是注重长期效应

公共关系的基本性质是一种现代管理职能，它是适应现代社会的需要而出现的，是一种有计划、有秩序地发挥着特定功能的管理职能行为。公共关系要达到的目标是树立企业良好的社会形象，创造良好的社会关系环境。而企业的良好形象在社会公众的理解和支持下才能形成，所以，公共关系被认为是一种"塑造形象的艺术"。实现这一目标并不强调即刻见效，而是注重长期效应。企业只有经过不断努力，通过各种公关策略的运用，注重长期积累，才能树立良好的产品形象和企业形象，从而能长时间地促进销售，占领市场。

2. 公共关系的基本方式是双向信息沟通

公共关系的工作对象是各种社会关系，包括企业内部和外部公众两个方面，它是全方位、立体化的关系网络。通过公共关系，企业一方面将企业各方面的信息传播给公众，使其了解企业及企业产品，另一方面又运用各种手段和技术收集信息，为不断健全、完善企业形象与产品形象提供依据，因此，公共关系不是单向的宣传和灌输，而是信息的双向沟通。

3. 公共关系的手段是间接促销

公共关系是一种信息传播，这种信息传播并不是直接介绍和推销商品，而是通过积极参与各种社会活动，宣传企业营销宗旨以联络感情、扩大知名度，从而加深社会各界对企业的了解和信任，达到促进销售的目的。因此，公共关系强调企业与公众之间的传播与沟通时并不以直接介绍和推销产品为方式，而是通过一种间接宣传，达到消费者"爱屋及乌"的目的，实现间接促销。

4. 公共关系的基本原则是平等互利

公共关系是以一定的利益关系为基础的，是在对双方有利并通过相互往来满

足双方需要的前提下，维护和发展相互之间的关系。公共关系的平等互利是指企业向社会不断提供其社会产出，促进社会繁荣，同时得到社会和公众的认可以及支持和帮助。企业和公众之间只有奉行平等互利的原则，才能长久合作。在交往中，社会组织要将自己的利益置于公众利益之下，视公众利益为最高利益，在此基础上获得自身的利益，才能谋求长远的支持和发展。

（三）公共关系的活动方式

公共关系是一门"内求团结，外求发展"的营销管理艺术，是一项与企业生存发展休戚相关的事业。公共关系的活动方式是指以一定的公关目标任务为核心，将若干种公关媒介与方法有机地结合起来，形成一套具有特定公关职能的工作方法系统。按照公共关系的功能不同，公共关系的活动方式主要有五种。

1. 宣传性公关

宣传性公关是指运用各种媒介向社会各界传播企业有关信息，以形成有利于企业形象的社会舆论，创造良好气氛的各种活动，如发布新闻报道、召开记者招待会、发放各种宣传资料、策划新闻事件等。这种方式传播面广，推广企业形象效果较好。因此，企业应积极主动、经常地与新闻界保持联系，增加新闻正面报道的频率，从而扩大企业及其产品的影响和知名度。

2. 征询性公关

征询性公关主要通过开办各种咨询业务、制定调查问卷、进行民意测验、设立热线电话、聘请兼职信息人员、举办信息交流会等各种形式，连续不断地努力，逐步形成效果良好的信息网络，再将获取的信息进行分析研究，为经营管理决策提供依据，为社会公众服务。

3. 交际性公关

交际性公关通过语言、文字的沟通，为企业广结良缘，巩固传播效果，可采用宴会、座谈会、招待会、谈判、专访、慰问、电话、信函等形式。交际性公共关系具有直接、灵活、亲密、富有人情味等特点，能深化交往层次。

4. 服务性公关

服务性公关就是通过各种实惠性服务，以行动去获取公众的了解、信任和好评，以实现既有利于促销又有利于树立和维护企业形象与声誉的活动。企业可以以各种方式为公众提供服务，如消费指导、消费培训、免费修理等。事实上，只有把服务提到公关这一层面上来，才能真正做好服务工作，也才能真正把公共关系转化为企业全员行为。

### 5. 社会性公关

社会性公关是通过赞助文化、教育、体育、卫生等事业，支持社区福利事业，参与国家、社区重大社会活动等形式来塑造企业品牌及企业社会形象，提高品牌及企业的社会知名度和美誉度的活动。这种公关方式公益性强、影响力大，但成本较高。企业的赞助活动可以是独家赞助，也可以是联合赞助。

## 第四节 直复营销和互联网营销

### 一、直复营销

直复营销（direct marketing）是指销售者为了从潜在顾客或消费者那里得到电话、邮件或亲自拜访的反应，使用一种或多种媒体（直销、直邮、电话营销、直接行动广告、目录销售、有线电视销售等）对目标群体施加直接影响以促进产品和服务交易的所有活动的总称。直复营销是企业与目标顾客之间直接沟通以产生反应或交易的一种营销形式，是一种不通过中间环节而使用顾客直接渠道来接触顾客并向顾客传递产品或服务的营销方式。

传统的直复营销形式主要包括直邮营销、目录营销、电话营销、直接响应电视营销、购物亭营销等。随着数据库技术和新营销媒体的快速发展，尤其是互联网和移动电话的迅速发展，直复营销也发生了巨大的变化。

#### （一）直邮营销

直邮营销即直接邮寄营销（direct-mail marketing），是指营销人员把信函、样品或者广告直接寄给目标顾客的营销活动。

直接邮寄非常适合直接的、一对一的沟通。它可以实现对目标市场更高效的选择，更加个性化、灵活，并且结果容易测量。尽管每千人接触成本高于电视或者杂志等大众媒介，但是直接邮寄能更好地接触潜在顾客。直邮营销在图书、音乐、保险、礼品、服装、精选食品和工业产品等产品促销方面是非常成功的。

随着营销人员转向使用电子邮件和移动营销这些新型数字营销形式，传统的直接邮寄的使用正在减少。然而，就像通过传统渠道发送邮件一样，如果将邮件发送到那些不感兴趣的人手中，这样的垃圾邮件就会让他们反感。出于这个原因，聪明的营销人员会精心挑选直接邮寄的目标顾客，以免浪费自己的钱和收件人的时间。

### (二) 目录营销

目录营销（catalog marketing）是指营销人员给目标顾客邮寄目录或者备有目录随时供顾客索取。

随着互联网的普及，越来越多的目录营销正在走向数字化。各种类型的数字编目员也不断出现，并且大多数印刷编目员在营销组合中增加了数字目录。数字目录与印刷目录相比有很多优点，它们节约了生产、印刷和邮寄成本。印刷目录版面空间有限，但是数字目录版面几乎可以提供无限数量的商品。数字目录还能提供实时的商品更新，其中的商品和功能可以根据需要增加或删除，价格也可以根据需求即时调整。此外，数字目录可以与互动娱乐和促销活动结合在一起，如游戏、竞赛、每日特别节目等。

然而，数字目录也面临着挑战。印刷目录以其侵入性强行引起消费者的关注，而数字目录则相对比较被动，它需要很好地营销才能引起消费者关注。相比印刷目录，数字目录很难吸引新的消费者。因此，即使是在线销售的编目员也不可能放弃他们的印刷目录。

### (三) 电话营销

电话营销（telemarketing）是指营销人员通过电话向目标顾客进行营销活动。

电话的普及尤其是 800 免费电话的开通使消费者更愿意接受这一形式。通常营销人员使用外部电话向消费者和企业顾客直接进行销售，而内部免费电话用来接收来自电视、印刷广告、直接邮寄或者目录营销的订单。

设计合理、目标明确的电话营销有很多好处，包括购物便利、产品和服务信息等。然而，未经许可的电话营销呈现爆炸性增长，这样的骚扰电话可能会惹恼消费者，有消费者会将营销电话拉入黑名单，以拒绝此类骚扰电话。

### (四) 直接响应电视营销

直接响应电视营销（direct-response television marketing，DRTV marketing）是指营销人员通过在电视上介绍产品或赞助某个推销商品的专题节目开展营销活动。

直接响应电视营销主要有两种形式。

第一种形式是直接响应电视广告，营销商买下 60 秒或 120 秒的电视广告时段，在广告里对产品进行有说服力的描述，并且给顾客提供一个免费的电话号码或者订购网站。电视观众常会遇到 30 分钟或更长的广告类节目或者专题商业片，这些广告是专门为了宣传一个产品而做的。

第二种形式是家庭购物广告，它是一个电视节目或整个电视频道，专门用于销售商品或服务的。节目主持人通过手机与观众交流，提供的产品有珠宝、灯具、收藏玩偶、服装、电动工具和电子消费品等。电视观众可以通过拨打免费电话订购或者在线订购商品。

（五）购物亭营销

随着消费者对计算机和数字技术越来越熟悉，很多企业开始在商店、机场和其他地方安置一些信息和购物机器——购物亭。购物亭随处可见，从自助服务酒店、航空登记设备到店内的订购亭，你都可以订购到商店里没有的商品。

商店内的照相亭可以让消费者把图片从手机和其他数字设备中传输出来，并支持图片编辑和制作高质量的彩色打印品。消费者可以通过希尔顿酒店内的购物亭查看预订的房间、取房间钥匙、查看提前到达的信息、办理登记入住和退房手续，甚至更换航班座位和打印其他几个航班的登机牌。

由于大量新数字技术的出现，直复营销人员可以随时随地地与消费者进行接触和互动。新型数字直复营销技术不断涌现，如移动营销、在线营销、社交媒体营销等。

## 二、互联网营销

互联网是直复营销的重要载体，更是互联网时代企业与顾客互动的重要载体。互联网具有跨时空、交互式、个性化、信息多样化（文字、声音、图像）等特征，而且其成本较低，这使得互联网营销（亦称网络营销、网上营销或在线营销）客观地存在一种与顾客的高效率的互动关系。互联网特别是移动网络技术的广泛应用能够更好地满足顾客的时间碎片化的便利性需求，为营销者和顾客提供了更好的互动和个性化交流的机会。

大数据技术变革了需求发现机制，提升了企业发现需求的能力。它通过记录顾客或客户的消费历史、网页浏览路径、市场供需变动情况甚至客户画像（个人客户画像包括人口统计学特征、消费能力数据、兴趣数据、风险偏好等；企业客户画像包括企业的生产流通、运营、财务、销售和客户数据、相关产业链上下游等数据）等，让企业的营销活动能够更加精准，更有针对性。

可以说，大数据技术是互联网营销的技术保障，互联网特别是移动互联网的发展助推了互联网营销的快速发展。

互联网营销的做法非常多，而且随着软硬件技术的不断进步，新型的互联网营销模式不断出现。以下仅对微博营销、微信营销、搜索引擎营销、视频营销进行简要介绍。

(一)微博营销

作为一种新兴媒体,微博进入门槛较低。它融传统媒体、网络媒体、手机媒体的功能于一身,具有强劲的传播优势:便携,即时,快速,互动性强,传播具有"裂变性",有价值的信息会在短时间内受到关注,并迅速传开来。

微博营销是指通过微博平台为商家、个人创造价值而推行的一种营销方式。微博营销以微博作为营销平台,每一个受众(粉丝)都是潜在的营销对象,企业通过更新自己的微博向网友传播企业信息、产品信息,树立良好的企业形象、产品形象和品牌形象。

微博基于公开平台架构,允许用户创作和发布信息并附加多媒体内容,还可以帮助用户获得大量的内生和第三方开发的应用。加之成本投入少、互动性强、传播速度快等特点,微博已成为企业特别是中小企业产品发布、促销信息传播、活动公告宣传、危机公关处理的首选平台,最终发展成企业的自媒体。

(二)微信营销

微信营销是指企业借助微信功能,通过提供用户需要的信息推广自己的产品,从而实现点对点的营销。

在移动互联网时代,微信在用户的使用频率和用户黏性方面远高于其他社交平台,毫不夸张地说,微信的出现在很大程度上改变了人们的生活方式。相比微博而言,微信是个相对封闭的环境,将用户置于熟人关系中,对微信信息的关注度比对微博信息的关注度要高得多,尤其是在朋友圈被大量转发的文章,往往能实现非常高的阅读量。因此,企业也有必要选择并利用这样的工具实现有效的传播。

1. 微信营销的优势

(1)潜在客户数量多。微信因快速的技术迭代,其功能越来越强大,给用户带来越来越多的便利和实用性,使其成为众多商家和企业潜在客户的聚集地,且用户数量还在不断地攀升。微信月活跃用户数统计是从2011年开始的,截至2022年6月30日,我国微信及WeChat月活跃用户为12.99亿人,同比增长3.8%,持续保持增长态势,令人瞩目。显然,微信已成为中国用户量最大的App,是第一大移动平台。近13亿微信用户的背后蕴藏着巨大潜在客户,市场容量巨大。

(2)营销成本低廉。微信是一种软件,且使用是免费的。也就是说,微信从注册、开通到使用各种功能都不收取费用,只在使用微信产生上网流量时由网络运营商收取比较低廉的流量费。因此,企业通过微信开展的微信营销活动的成

本自然也是非常低的。

（3）营销信息到达率高。在微博上发布信息，发布者无从知晓他的粉丝是否真正收到、阅读了他的信息。微信则不同。由于每一条信息都以推送通知的形式发出，企业所发布的每一条信息都会送达订阅用户手中，到达率几乎是100%，信息传播到达率高于微博。

（4）精准营销。微信公众号能够通过后台的用户分组和地域控制等手段对用户进行多样化分类，有利于准确发现用户（顾客）需求，进而实现精准的信息推送，包括推送信息的方式、推送信息的内容等。

（5）营销方式多元化。微信不仅支持文字，还支持语音以及混合文本编辑，普通的微信公众号就可以群发文字、图片、语音三个类别的内容。而经过认证的微信公众号会有更高的权限，能推送更漂亮、更能体现企业意愿的图文组合信息。图文并茂，辅以有特色的语音和视频，比较容易拉近企业与用户（顾客）的距离，使营销活动变得更生动、更有趣、更有效。

（6）营销方式人性化。微信的功能可以实现用户许可式选择和接受，由此，微信公众号的内容既可以由企业主动推送，也可以把接收信息的权力交给用户，让用户自己选择自己感兴趣的内容，如回复某个关键词可以看到相关的内容等。这种亲民而不扰民的设计使得企业的微信营销过程更具有人性化。

2. 微信公众平台营销

微信营销的方式有很多，有以建立并维系客户关系为目的，利用漂流瓶、查看附近的人、二维码扫描等微信功能的微信营销，也有利用开放平台、语音信息等功能进行内容推送、创意执行的微信营销，还有直接在公众平台上营造品牌及产品信息传递生态链的微信营销。在此主要介绍微信公众号营销。

必须提及的是，微信的公众平台功能较好地弥补了微信封闭交流的不足，也让微信不只停留在社交的层面，还可以作为一个有效的传播工具。对于公众平台来说，信息主要以推送的形式传达，是一种一点对多点的传播，且传播广泛。

目前，腾讯分别提供了4种类型的微信公众平台，分别是订阅号、服务号、企业微信、小程序，它们的具体功能如表9-4所示。

表9-4 微信公众平台的四种形态

| 账号类型 | 功能及适用情况 |
| --- | --- |
| 订阅号 | 主要为用户传达资讯（类似于报纸、杂志），每天只可以群发一条消息。适用于个人和组织 |

续表

| 账号类型 | 功能及适用情况 |
| --- | --- |
| 服务号 | 主要提供服务交互（类似银行、114提供的服务查询），每个月可群发4条消息。不适用于个人 |
| 企业微信 | 是一个专门提供给企业级市场的独立App，是一个好用的基础办公沟通工具，拥有最基础和最适用的功能服务，是专门提供给企业使用的IM产品。适用于企业、政府、事业单位或其他组织 |
| 小程序 | 是一种新的开放能力，开发者可以快速地开发一个小程序。小程序的内容可以在微信内被便捷地获取和传播，同样拥有出色的使用体验 |

根据业务属性，企业可以选择申请不同种类的微信公众平台。如果选择与运营得当，可以很好地发挥传播与沟通的渠道效应。

**（三）搜索引擎营销**

搜索引擎营销（search engine marketing，SEM）就是根据用户或顾客使用搜索引擎的方式，利用用户或顾客检索信息的机会尽可能将营销信息传递给目标用户或顾客的过程。搜索引擎营销就是一种互联网营销手段，是通过抓住用户或顾客对搜索引擎的使用习惯和依赖性，把用户或顾客最终需要搜索的信息精准地推送给用户或顾客的过程。

搜索引擎营销的意义表现在顾客和企业两个方面。一方面，用户（顾客）可以非常便捷地进行精准的搜索，即用户（顾客）可通过搜索引擎中的关键词精准找到自己需要的信息；另一方面，企业能够以最小的成本精准寻找用户（顾客），并借以创造最大的互联网价值。也就是说，企业可以通过锁定不同关键词得到有效的用户（顾客），并根据用户（顾客）的搜索习惯、爱好和需求，向其推送精准的广告。

1. 不付费搜索

不付费搜索即自然搜索，指的是搜索引擎优化（SEO）的结果。搜索引擎优化是一种利用搜索引擎的搜索规则来提高目前网站在有关搜索引擎内的自然排名的方式。而搜索引擎营销的基本原理是让用户发现信息，提供进入网站/网页、让其进一步了解他所需要信息的渠道，可以为企业引入流量。企业通过对抓取网页、索引、最终排名方式的了解，采取适合自身的方法，最终使该网站信息在搜索引擎的展示结果中处于靠前的位置。

2. 付费搜索

付费搜索的种类大致可分为目录免费登录、品牌专区、竞价排名广告、网盟

推广、移动推广以及部分增效工具，其中竞价排名广告成为众多企业比较常用的付费搜索方式。竞价排名广告指的是主要由搜索引擎出价高低决定排名顺序，比如百度竞价。要对同时购买同一关键词的网站排名的话，竞价的高低起了关键性的作用。

（四）视频营销

不可否认，视频尤其是移动视频已经成为人们获取信息的主要方式之一。视频营销是指企业在视频平台上通过网络视频宣传企业品牌、产品及服务的一种传播手段。

YouTube 首创为网友提供上传视频的互动模式平台。后来优酷、土豆等国内很多视频网站也快速成长。网络视频 24 小时全天候可视的特点使网络视频广告更加多元和灵活，比如网络视频前的贴片广告、视频中的植入式广告以及企业创作的供网友传播的病毒式视频等，都为企业的视频营销提供了广阔的空间。

实践中，在优酷、爱奇艺、搜狐视频、腾讯视频、网易视频等平台上有很多企业制作的微电影及广告片。视频营销特别是移动视频的广泛应用在品牌及产品传播的过程中越来越具有现实意义。

### 小资料

#### 支付宝——"安全支付，天下无贼"

相信看过电影《天下无贼》的人都还记得：一个纯朴青年傻根（王宝强饰）不相信天下有贼，刘德华和刘若英扮演的贼最初想对他下手，后来却被他的纯朴打动，决定保护傻根，圆他一个天下无贼的梦想，并由此与另一个以葛优扮演的黎叔为首的扒窃团伙引发了一系列的明争暗斗的故事，最终刘德华扮演的贼以自己的生命维护了傻根天下无贼的想法。

华谊兄弟公司以此片在 2004 年收获了 1.2 亿元的票房（据说投资 4 500 万元）。受淘宝、支付宝的委托，华谊公司借其东风，为《天下无贼》续拍一部广告片，并且由原班人马葛优、王宝强、范伟、冯远征出演。在广告片《天下无贼》中，傻根的 6 万元钱最终也完好无损，也没有人为之牺牲，因为在这部广告片中的傻根根本不傻，相反早就掌握了网络支付的最新事物——"支付宝"。他提早通过"支付宝"将其 6 万元钱打回了家，而且也免掉了邮局"可以买一头驴"的手续费。正如片中台词所说"有支付宝，没贼"。

"支付宝"作为一种针对网上交易推出的安全付款服务，可在买家确认收到货前替买卖双方暂时保管货款。作为国内首创的网上支付工具，支付宝一开始的口号和目标就是"安全支付，天下无贼"。此次视频营销活动利用《天下无贼》的知名度、美誉度吸引用户关注，同时用故事情节表现出来，使网上安全支付的概念更加平民化，进而引领更多人使用这一工具。

(资料来源：根据互联网资料整理)

互联网营销的形式不仅包括上述的微博、微信、搜索引擎、视频（指短视频，包括抖音、快手、头条、小红书、哔哩哔哩、西瓜视频等）等形式，还包括值得提及的网络直播。

网络直播作为"线上引流+实体消费"的数字经济新模式，已成为发展新热点。数据显示，截至2022年6月，我国网络直播用户规模达7.16亿人，占网民总数的68.1%，其中，电商直播用户规模为4.69亿人，占网民总数的44.6%，直播电商用户渗透率为65.5%，在直播分类中用户规模占第一位[1]。据商务部消息，2022年重点监测电商平台累计直播场次超1.2亿场，累计观看超1.1万亿人次，直播商品超9 500万个，活跃主播近110万人。

2023年1月8日，在2021—2022中国网络表演（直播）行业发展论坛上，《中国网络表演（直播）行业发展报告（2021—2022）》《网络直播文艺生态报告》同时发布。报告数据显示，2021年我国网络表演（直播）行业市场规模达1 844.42亿元，行业内共11家上市主体，中、头部平台约20家。截至2021年12月，主播账号累计近1.4亿个，2022年上半年新增开播账号826万个。网络表演经纪机构超过24 000家，为直播产业提供内容生产、分发、商业变现等支持。其中，快手、哔哩哔哩、欢聚集团、挚文集团和虎牙等直播企业收入规模均超百亿元，分别为810.8亿元、193.8亿元、169.02亿元、145.8亿元、113.5亿元。随着中央到地方对直播行业的监管政策逐步完善，直播行业逐渐走入正轨，但行业尚面临着存量竞争加剧、商业模式藩篱、内容创造固化等结构性困境。未来，"直播+"将成为行业破局关键。

## 第五节 整合营销传播

### 一、整合营销传播的概念

在过去的几十年里，市场营销人员已经掌握了大众化营销的精髓，向消费者

---

[1] 中国互联网络信息中心（CNNIC）发布的第50次《中国互联网络发展状况统计报告》。

群体销售高度标准化的产品。在这个过程中，他们开发出了有效的大众媒体传播技术来支持其大众营销战略。大企业通常会在电视、杂志和其他大众媒体广告上投入数百万甚至数十亿美元，通过一条广告就可以将信息传给数千万的消费者。然而，如今的营销人员面临新的营销传播模式，也许没有哪个市场营销领域像营销传播那样发生如此深刻的变化，令市场营销传播者既兴奋又焦虑。

（一）新营销传播模型

两个因素正在改变营销传播的面貌。首先，消费者正在发生改变。数字化、无线化等技术使得消费者掌握了更多的控制权，能更好地获取信息。他们利用互联网和社交媒体寻求信息，很容易与其他消费者交流品牌相关信息，甚至创造自己的品牌信息和体验。其次，营销策略正在改变。由于大众市场已经出现分化，营销人员正在转变大众营销策略。越来越多的企业正在开发有针对性的营销计划，以便同更狭窄的细分市场的顾客建立更紧密的联系。

数字技术为企业和顾客之间的交流创造了新的机会。数字时代产生了大量的信息传播工具——从智能手机、平板电脑到博客、微信和在线社区等社交媒体。这些工具的发展都对营销传播产生了巨大的影响。这种新媒体形式能够让营销人员以更良好的互动、更吸引人的方式接触到规模较小的细分顾客群体。消费者可以随时随地观看节目，越来越多的广告只通过互联网播放。

随着营销传播环境的变化，营销传播者的角色也在发生变化。营销人员将自己视为内容管理者，通过付费的、自有的、赢得的和共享的传播渠道，创建、激励和与顾客分享品牌信息。这些渠道包括传统媒体和新媒体、受控媒体和非受控媒体。

### 小资料

**不要称之为广告：这是内容营销**

在过去市场行情好的日子里，广告商的工作似乎很简单。当品牌需要广告宣传时，每个人都知道这意味着什么。品牌团队和广告公司想出创意策略，制订媒体计划，制作并投放一系列电视广告和杂志、报纸广告，并有可能发布一份新闻稿来制造一些新闻。但在如今这个数字时代，把"广告"放在定义明确的"媒体"中、精心管理的"广告活动"框架内的旧做法已经行不通了。

相反，传统广告与新数字、社交媒体和移动内容之间的界限迅速变得模糊。如今的品牌信息必须是社交的、移动的、交互式的、多平台的。"如今的媒体格局越来越多样化，包括广播、有线电视和流媒体。它是平板电脑和智能手机等可移动的终端，同时也是视频、富媒体、社交媒体、品牌内容、横幅、App、App内广告和互动技术产品。"

新的数字领域对广告的定义提出了质疑。"广告到底是什么？"，这是一个充满挑衅的标题。根据当今许多营销人员的说法，这是"内容营销"，即创造和传播各种引人注目的内容，吸引顾客并建立关系，使他们行动起来。为了满足当今数字媒体和社交媒体的需求，并维持与"持续在线"的消费者对话，品牌需要在传统和数字平台上不断提供新鲜的内容。

现在许多广告商和营销人员广泛地认为自己是内容营销者，他们创造、激励、分享和策划营销内容，包括他们自己的内容以及消费者和其他人创造的内容。他们没有使用传统的媒体细分，而是创建了一个新的框架，这个框架建立在营销内容创建、控制和发布方式以及由谁来控制的基础上。新分类确定了4种主要的媒体类型，分别为：付费媒体——由营销人员支付的付费媒体促销渠道，包括传统媒体（如电视、广播、印刷品或户外广告）和在线数字媒体（付费搜索广告、网络和社交媒体展示广告、移动广告或电子邮件营销广告）；自有媒体——由企业拥有和控制的媒体促销渠道，包括企业网站、企业博客、企业拥有的社交媒体页面、专有品牌社区、销售人员和销售活动；赢得的媒体——公共关系媒体渠道，如电视、报纸、博客、在线视频网站和其他媒体，这些媒体不是由营销人员直接付费或控制的，而是根据观众、读者或用户的兴趣产生内容；共享媒体——消费者共享的媒体，如社交媒体、博客、移动媒体、病毒式传播渠道以及口碑。

过去，广告商专注于传统付费（电视、广播或印刷品等）或赢得的（公共关系）媒体。如今，内容营销人员正在迅速增加新一代的数字产品，即自有的（网站、博客、品牌社区）和共享的（在线社交、移动、电子邮件）媒体。虽然一个成功的付费广告本身就是目的，但市场营销人员现在正在开发综合营销内容，充分利用所有渠道的综合力量。因此，许多电视广告不再仅仅是电视广告，而是你可能在电视屏幕上、平板电脑或手机上都能看到的"视频内容"。其他视频内容看起来很像电视广告，但从未打算投放在电视上，比如发布在网站或社交媒体上的在线视频。同样，印刷品的品牌信息和图片不再只出现在精心制作的杂志广告或目录中。这些由各种来源创造的内容从正式的广告和在线品牌页面到移动和社交媒体再到独立的博客，随处可见。

新的"内容营销"广告与以前的"广告"系列有很大不同。例如，为了摆脱长期存在的传统"Intel Inside"广告模式，英特尔与电脑制造商东芝合作了一

部社交媒体电影，名为 Inside。这部引人入胜的电影通过好莱坞导演和演员的才华，模糊了广告、社交媒体和娱乐之间的界限。另一部名为 The Power Inside 的喜剧/科幻冒险片讲述了 Scooby-Doo 小队的一群 20 多岁的年轻人为了挫败外星人的计划所做的努力，他们打算把自己伪装成小胡子和秃眉人，掌管世界。采用英特尔处理器的东芝超极本发挥了核心作用，但这种微妙的产品布局并不像广告。

The Power Inside 在 YouTube 上发布了 6 集，通过 Facebook 和 Twitter（共享媒体）、专用微站点（自有媒体）以及 Skype 与 Spotify（付费媒体）上投放广告。独立博客和媒体文章提升了该电影系列的知名度与受欢迎程度。The Power Inside 获得了更多的关注，它的上映恰逢艾美奖和戛纳国际电影节颁奖典礼。此前，英特尔和东芝联合制作的《奇幻心旅》获得了奖项。总之，整合、多元化平台内容营销活动为这两个品牌提高了消费者品牌参与度。

如今，瞬息万变、鱼龙混杂的营销传播环境要求的不仅仅是在明确界定和控制的媒体空间创建与投放广告。相反，今天的营销传播者必须是营销内容战略家、创造者、连接器和催化剂，他们管理着与顾客之间的对话信息并促使这些对话信息通过流动的渠道引起顾客的共鸣。这是一个艰巨的任务，但在今天的新思维下，任何事情都是有可能的！

（资料来源：科特勒. 市场营销原理：亚洲版第 4 版 [M]. 北京：机械工业出版社，2022：311-312）

（二）整合营销传播的内涵

今天的消费者被各种不同来源的信息轰炸，但是消费者并不会像营销人员那样去辨别信息来源，在消费者的心目中，所有来自不同媒体和促销手段的广告信息都整合在一起形成关于企业的信息。不同来源的相互矛盾的信息可能会导致企业形象、品牌定位和顾客关系的混乱。

在大多数情况下，企业无法整合它们的传播渠道，结果消费者面临的是传播信息的大杂烩。大众媒体广告说的是一回事，价格促销却传递了另一个信号，而产品标签又在传递另一种信息，企业的销售说明书说的又是完全不同的事，至于企业的网站、电子邮件、Facebook 或 YouTube 上的视频似乎也与其他渠道传播的内容不一致。

问题是这些信息通常来自企业的不同部门。广告信息是由广告部门或广告代理机构策划和实施的。人员销售传播是由销售管理部门开展的。其他如公共关系、销售促进、网络营销等其他形式的营销传播都是由各种专家负责的。

尽管这些企业区分了不同的传播工具，但是消费者没有。来自这些传播工具的混合内容导致消费者对品牌的认知是模糊的。

在线、移动和社交媒体营销给企业带来了机遇与挑战。虽然它们提供了与顾客接触的机会，对消费者偏好有了新见解，提供了更有创意的方案，但传播环境变得更加分散和复杂。

因此，越来越多的企业开始采用整合营销传播（integrated marketing communications，IMC）的概念。在这个概念的指导下，企业会谨慎地整合和协调它的沟通渠道，来传递关于企业及其产品的清晰一致、令人信服的信息（如图9-5所示）。

图 9-5 整合营销传播

整合营销传播要求识别顾客可能接触到企业及其品牌的所有场景。每一次品牌接触都会传递一种信息，无论该信息是好是坏还是无关紧要。企业必须尽一切努力在每一次接触顾客时都传递一致且积极的信息。整合营销传播通过展示企业及其产品如何帮助顾客解决问题形成了一套完整的营销传播策略，从而建立牢固的顾客关系。整合营销传播过程如图9-6所示。

可见，整合营销传播理论的内涵是以消费者为核心，综合、协调使用各种传播方式，以统一的目标和统一的传播形象传递一致的信息，实现与消费者沟通，迅速树立品牌在消费者心中的地位，建立长期的关系，更有效地达到品牌传播和产品销售的营销目标。

整合营销传播是将与企业市场营销有关的一切传播活动一元化的过程。整合营销传播一方面把广告、促销、公关、直销、CI（组织形象识别）、包装、新闻媒体等一切传播活动都涵盖于营销活动的范围之内；另一方面则使企业将统一的

```
整合营销传播         识别目标顾客
  （IMC）     ↓
            找出顾客可能接触到企业及其品牌的所有场景
            ↓
            评估这些接触点在不同购买阶段的影响
            ↓
            将企业所有信息、形象捆绑在一起（同样的信息、外观和感觉）
            ↓
            传播关于企业及其品牌的清晰、一致、令人信服的信息
```

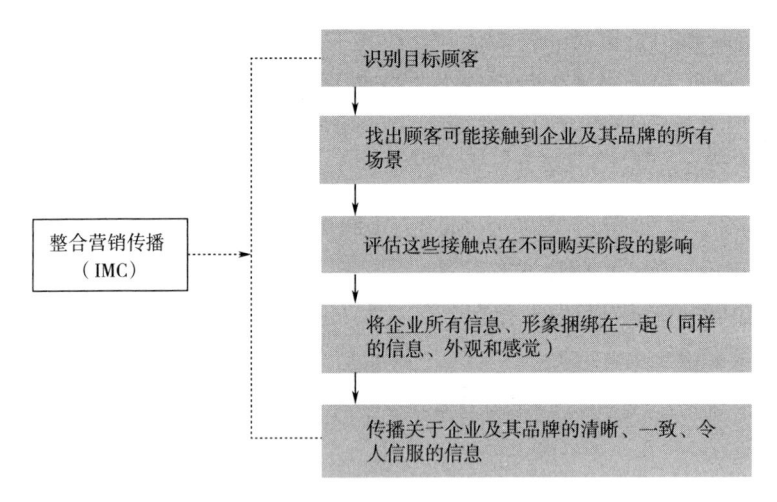

图 9-6　整合营销传播过程模型

传播资讯传达给顾客。其中心思想是以通过企业与顾客的沟通满足顾客需要的价值为取向，确定企业统一的促销策略，协调使用各种不同的传播手段，发挥不同传播工具的优势，从而使企业实现促销宣传的低成本化，以强大冲击力形成促销高潮。

整合营销传播的内涵具体表现在以下方面。

第一，以消费者资料库为运作基础。

第二，整合各种传播手段塑造一致性"形象"。

第三，以关系营销为目的。

第四，以循环为本质。

第五，营销手段具有关联性。

### 二、整合营销传播的目标

实施 IMC 的目的在于使企业所有的营销活动在市场上针对不同的消费者进行"一对一"的传播，形成一个总体的、综合的印象和情感认同，这种将消费者细分并建立相对稳定、统一的印象的过程就是塑造品牌的过程，即建立品牌影响力和提高品牌忠诚度的过程。

企业通过实施整合营销传播具体来说要达到三个目标。

第一，以消费者为中心，研究和实施如何抓住消费者、打动消费者，与消费者建立一种"一对一"的互动式的营销关系，不断了解客户和顾客，不断改进产品和服务，满足他们的需要。

第二，建立消费者对品牌的忠诚。

第三，将各种营销工具与手段进行整合。信息时代的传播手段越来越多，传播本身开始分化和组合。这就要求企业在营销传播过程中注意整合使用各种载体，实现最大化的传播影响力。

而整合营销传播的一个关键因素是营销企业必须了解各类沟通或促销工具，并知晓如何使用它们来传递公司或品牌信息。这就客观要求营销企业必须明晰每种消费者能够接触到的促销工具与目标受众沟通时的价值所在以及它们如何能够形成一个有效的整合营销传播方案。图9-7展示了各种消费者能够接触一个公司或品牌的若干种方式或途径。

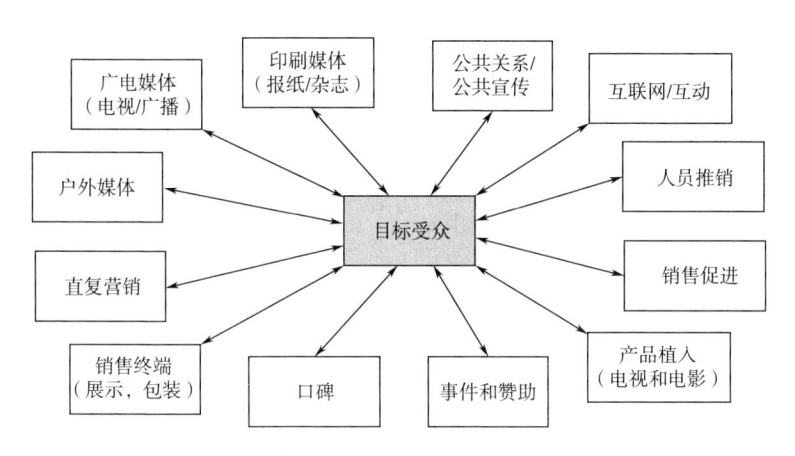

**图9-7 整合营销传播受众接触的促销工具**

### 三、整合营销传播计划过程

在制定整合营销传播策略的过程中，营销企业需要结合各种促销组合要素，平衡每一个要素的优势和劣势以产生最有效的传播计划。可以说，整合营销传播管理实际上就是与目标受众进行有效传播的过程，包括策划、执行、评估和控制各种促销组合要素。

整合营销传播方案的制定者必须熟悉促销组合中各要素的角色和功能，为每种要素制定正确的策略，确定它们如何进行整合，策划具体实施步骤和过程，考虑如何评估所取得的成果，并进行必要的调整。营销传播只是整体营销计划和方案的一部分，因此必须能够融合其中。图9-8列出了一个整合营销传播计划过程的模式。

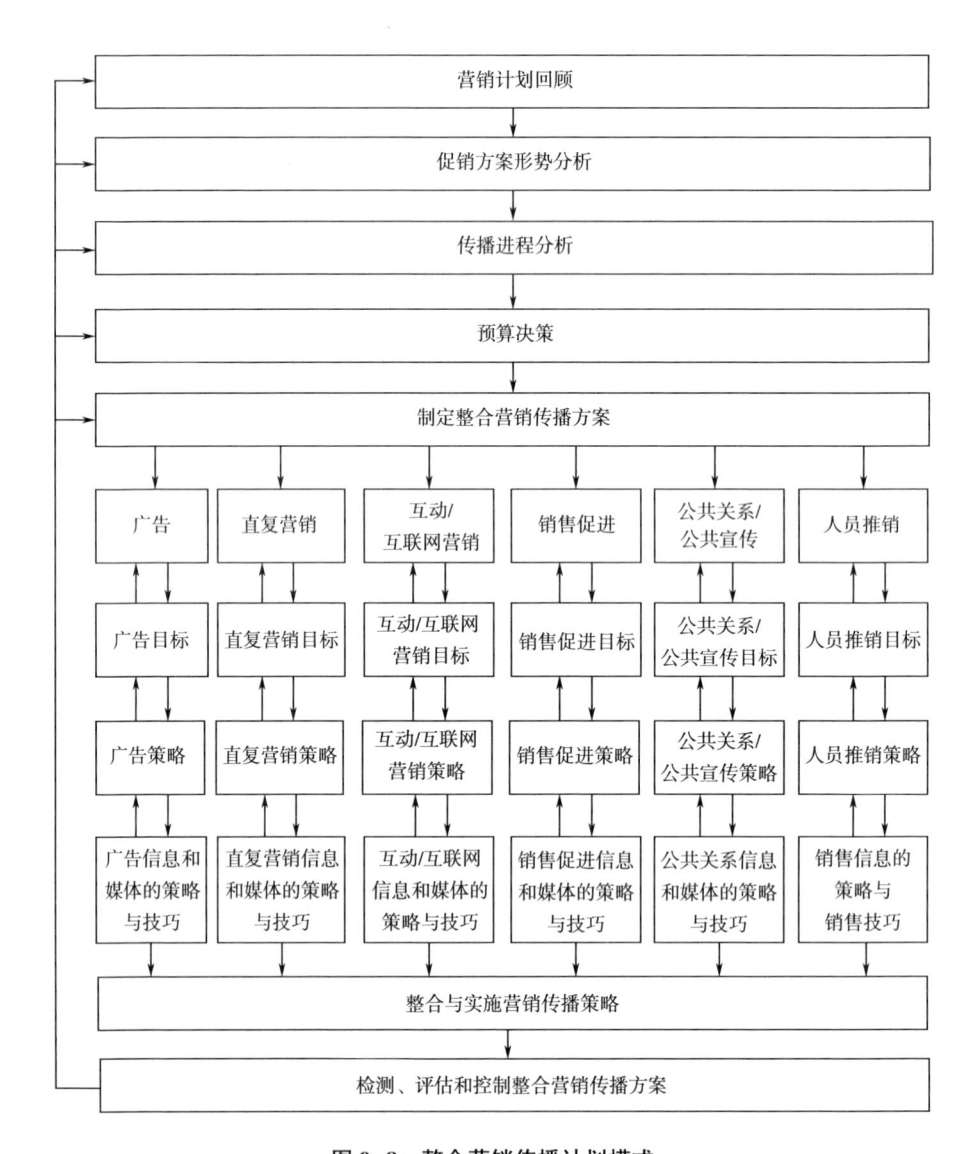

**图9-8  整合营销传播计划模式**

（资料来源：乔治·贝尔奇，迈克尔·贝尔奇. 广告与促销：整合营销传播视角［M］. 9版. 郑苏晖，林薇，陈宇，译. 北京：中国人民大学出版社，2014：27）

## 要点索引

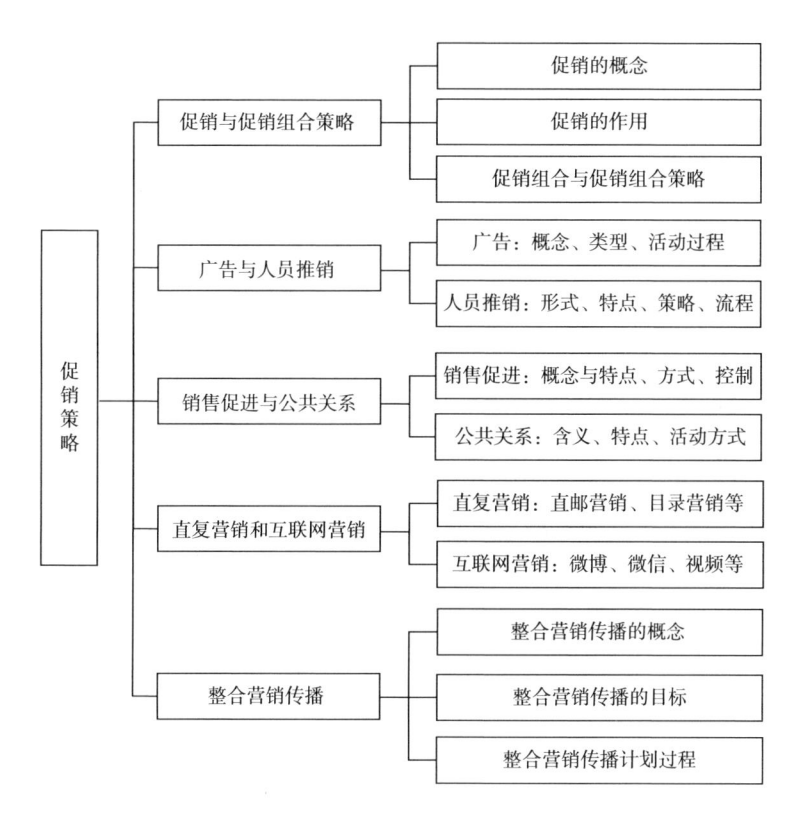

```
                          ┌─ 促销的概念
            ┌─ 促销与促销组合策略 ─┼─ 促销的作用
            │                └─ 促销组合与促销组合策略
            │
            │                ┌─ 广告：概念、类型、活动过程
            ├─ 广告与人员推销 ─┤
            │                └─ 人员推销：形式、特点、策略、流程
            │
  促销      │                   ┌─ 销售促进：概念与特点、方式、控制
  策略  ────┼─ 销售促进与公共关系 ─┤
            │                   └─ 公共关系：含义、特点、活动方式
            │
            │                    ┌─ 直复营销：直邮营销、目录营销等
            ├─ 直复营销和互联网营销 ─┤
            │                    └─ 互联网营销：微博、微信、视频等
            │
            │                ┌─ 整合营销传播的概念
            └─ 整合营销传播 ──┼─ 整合营销传播的目标
                             └─ 整合营销传播计划过程
```

## 知识巩固

（一）名词解释

1. 促销与促销组合　　2. 广告　　3. 公共关系　　4. 直复营销

5. 整合营销传播

（二）单项选择题

1. 以下关于促销与营销的关系说法正确的是（　　）。

　A. 促销就是营销　　　　　　　　B. 促销是营销策略中的一个部分

　C. 促销是营销的发展　　　　　　D. 营销的重点是促销

2. 促销的实质是（　　）。

　A. 促进销售　　　　　　　　　　B. 转让商品的所有权

　C. 信息沟通　　　　　　　　　　D. 促使消费者做出购买决策

3. 以下关于推式策略和拉式策略的说法正确的是（　　）。

A. 拉式策略是指企业以促销组合中的人员销售的方式进行的促销活动

B. 推式策略是指企业以促销组合中的非人员销售的方式进行的促销活动

C. 二者信息流动的方向不同

D. 二者信息流动的方向大致相同

4. 人员推销最重要的任务是（　　）。

A. 销售产品　　　B. 传递信息　　　C. 提供服务　　　D. 寻找客户

5. 能够迅速刺激需求，鼓励购买，短期效果明显的促销方式是（　　）。

A. 公共关系　　　B. 宣传报道　　　C. 商业广告　　　D. 销售促进

6. 诸如 CT、核磁共振仪等大型医疗设备在进行促销时，比较适合采用（　　）方式。

A. 销售促进　　　B. 人员推销　　　C. 公共关系　　　D. 广告

7. 宝洁公司在贵阳举办了"汰渍"洗衣粉派送活动，具体做法是，营销人员将"汰渍"试用装洗衣粉派送到每个普通家庭。这属于（　　）。

A. 广告促销　　　B. 人员推销　　　C. 公共关系　　　D. 销售促进

8. 儿童智力玩具一般宜选择（　　）作为广告媒介。

A. 报纸　　　　　B. 广播　　　　　C. 电视　　　　　D. 杂志

9. 公共关系（　　）。

A. 是一种短期促销战略　　　　　B. 直接推销产品

C. 树立企业形象　　　　　　　　D. 需要大量的费用

10. 以下不属于直复营销工具的是（　　）。

A. 商品目录　　　B. 电话营销　　　C. 网络营销　　　D. 销售研讨会议

（三）多项选择题

1. 促销的具体方式包括（　　）。

A. 市场细分　　　B. 人员推销　　　C. 广告　　　　　D. 公共关系

E. 销售促进

2. 人员推销的基本形式包括（　　）。

A. 上门推销　　　B. 柜台推销　　　C. 会议推销　　　D. 洽谈推销

E. 约见推销

3. 人员推销的三个基本要素分别是（　　）。

A. 需求　　　　　B. 购买力　　　　C. 销售人员　　　D. 销售对象

E. 销售商品

4. 公共关系的活动方式可分为（　　）。
   A. 宣传性公关　　B. 征询性公关　　C. 交际性公关　　D. 服务性公关
   E. 社会性公关

5. 以下关于直复营销的说法正确的是（　　）。
   A. 直复营销降低了整体顾客成本
   B. 直复营销顺应了顾客个性化需求的趋势
   C. 直复营销有利于企业规模化生产
   D. 网络通信技术的推广促进了直复营销的发展
   E. 直复营销是一种不通过中间环节直接与顾客接触，向顾客传递产品或服务的一种营销方式

6. 以下属于网络营销方式的有（　　）。
   A. 微博营销　　B. 微信营销　　C. 搜索引擎营销　　D. 视频营销
   E. 网络直播营销

（四）判断题

1. 促销的目的是与顾客建立优秀的关系。（　　）
2. 从事销售工作的人统统被称为推销员。（　　）
3. 拉式策略一般适合单位价值较高、性能复杂、需要做示范的产品。（　　）
4. "刺激—反应"策略是在不认识顾客的状况下，销售者运用刺激手段引起顾客产生购买行为的策略。（　　）
5. 销售促进是一种经常、持续使用的企业促销方式。（　　）
6. 在对促销策略的运用中，消费品偏重人员推销与公共关系，而工业品则偏向于广告和销售促进。（　　）
7. 广告是一种具有双向信息交流的信息沟通。（　　）
8. 直复营销就是企业利用各种媒体与目标消费者直接联系的一种营销方式。（　　）

（五）简答题

1. 何谓促销？促销有哪些作用？
2. 促销组合应该考虑哪些因素？
3. 广告活动都包括哪些环节？
4. 公共关系活动方式有哪些？
5. 什么是直复营销？直复营销有哪些形式？

6. 什么是整合营销传播？企业如何制定整合营销传播方案？

## 能力培养

### 思维训练

#### 选择冰箱

某日，顾客王先生来到市内一家大型家电商场，打算购买一台冰箱。他在琳琅满目的众多品牌中经过一番仔细挑选，最终在某品牌冰箱柜台前，对其中的两款冰箱产生了兴趣，但他却对到底该选哪一款冰箱而犹豫不决，因为他发现两款冰箱中一款是无氟的冰箱，上面注明"2022年消费者协会推荐产品"，而另一款则是有氟的，上面也注明"2022年消费者协会推荐产品"。于是他向营业员提出了这样的疑问：

"你们的产品到底是无氟冰箱好，还是有氟冰箱好？"

"我听人说，有氟冰箱不是不让生产销售了吗？"

"你说我到底应该选择有氟冰箱还是无氟冰箱呢？"

**问题讨论**：假如你是该营业员，将如何就该顾客的疑问进行解释，并让其买到称心如意的冰箱呢？

**温馨提示**：销售产品是市场营销活动的中心任务，信息传递是产品顺利销售的保证。在现代市场经济社会里，面对琳琅满目的商品，消费者往往会不知所措。他们非常希望进一步获得有关商品的详细信息，以帮助自己进行购买决策。促销正是通过人员和非人员的方式进行信息的单向或双向沟通，增进消费者对企业及其商品的了解，扩大企业的社会影响。从这一点上说，销售不是卖，而是和客户一起买。当你真正关心或关注消费者如何进行采购并且让消费者感觉你是在帮他的时候，你会发现，客户把你当成了他们采购组织中的一员。

### 实战演练

你正在经营的一家奶制品企业，目前计划进入一个新的区域市场，请结合目标市场实际情况，为你的奶制品市场导入设计促销组合方案，并组织实施。

### 案例分析

#### 亚马逊：创造直接和满意的在线顾客体验

当你考虑网购时，你可能首先会想到亚马逊。1995年，这家在线销售的先驱创建了第一家虚拟书店，创始人杰夫·贝索斯在其位于西雅图郊区的车库里经营网络的书籍销售业务。现在亚马逊则扩及了范围相当广的其他产品，已成为全球商品品种最多的网上零售商和全球第二大互联网企业，在公司名下有 Alexa Internet、a9、lab126 和互联网电影数据库（Internet Movie Database，IMDb）等子公司。

亚马逊及其他销售商为客户提供数百万种独特的全新、翻新及二手商品，如图书、影视、音乐和游戏、数码下载、电脑、家居园艺用品、玩具、婴幼儿用品、食品、服饰、鞋类和珠宝、健康和个人护理用品、体育及户外用品、玩具、汽车及工业产品等。2022 年亚马逊实现营收 5 140 亿美元。一些分析师把亚马逊视为数字时代直接营销的典型代表。

一、亚马逊成功的秘诀

是什么让亚马逊成为世界首屈一指的直销商？企业的核心是极致地追求顾客导向。贝索斯说道："驱动一切的是持续为顾客创造真正的价值。企业是以顾客为起点逆向工作的，与其问我们擅长什么，我们能用这些技能做什么，不如问谁是我们的顾客，他们需要什么。然后，我们去学习这些技能。"

例如，当亚马逊看到有机会通过电子书和其他电子内容更好地服务购买图书的顾客时，首次开发了自己的电子阅读器产品——亚马逊 Kindle（阅读器）和 Kindle Fire（平板电脑），这类无线阅读设备可以下载图书、博客、杂志、报纸和其他内容。种类丰富的 Kindle 应用程序可以让用户在黑莓手机、摩托罗拉 Droid 手机、iPhone 和 iPad 等设备上享受电子书所带来的体验。

二、顾客体验

也许更重要的不是亚马逊卖什么，而是它如何卖。它想做的远不止销售图书、DVD 或者数码相机，亚马逊想向每一位顾客传递一种特殊的体验。贝索斯说道："顾客体验真的很重要，我们关注的是如何成为一家更好的商店，在这里顾客可以更便捷地购物、了解更多的产品信息、有更多的可选择性，以及价格更便宜。把这些所有的东西结合起来，才能真正了解顾客需求。"

顾客也同样感受到了这一点。大多数亚马逊网站的常客有很强的黏性，以至于这些顾客自己都感到惊讶。尤其对于那些完全缺乏人际关系互动的顾客来说，亚马逊热衷于为每位顾客提供独特的个性化体验。例如，亚马逊网站的主页为顾客提供了个性化的欢迎界面，"为你推荐"功能提供了个性化的产品推荐。亚马逊是第一个使用"协同过滤"技术的企业，它根据顾客的购买历史和购买类型筛选相似的产品信息，然后以个性化的网页目录推荐给顾客。贝索斯说道："我

们希望亚马逊成为适合你的独特的商店,如果我们拥有 8 800 万名顾客,我们就应当有 8 800 万个商店。"

亚马逊网站的访问者可以获得一系列独有的好处:海量的选择、高价值和便利性。它的"发现"功能能够带来非常特殊的购买体验,一旦你登录网站,你就会不由自主地停留一会儿,浏览、学习和发现一些信息。亚马逊网站已经成为一种在线社区,顾客可以在线浏览产品、研究购物替代品、与其他访问者分享看法和评价,并与作者、专家进行在线交流。通过这种方式,亚马逊不仅在网上销售商品,还创造了一种直接的、个性化的顾客关系,满足了在线体验的需求。一直以来,不管行业发展如何,亚马逊一直位居美国顾客满意指数的第一名或第二名。

为了给顾客创造更多选择和发现的机会,亚马逊允许有竞争力的零售商(从夫妻店到玛莎百货)在亚马逊网站上销售商品,从而形成了一个大规模的虚拟购物商城。亚马逊甚至鼓励顾客在网站上销售二手物品。更广泛的选择吸引了更多的顾客,使得买卖双方都从中受益。亚马逊的一位营销主管说:"我们在顾客的生活中变得越来越重要。"

三、展望未来

基于亚马逊强劲的增长势头,很多人猜测亚马逊将成为网络领域的沃尔玛。一些人认为,亚马逊事实上已经实现了这一目标。随着亚马逊在线销售业务的快速增长,一些人认为,现在沃尔玛的在线销售业务正在追赶亚马逊。换句话说,是沃尔玛想成为在线销售领域的亚马逊,而不是反过来。尽管沃尔玛的规模庞大,但是想要追赶亚马逊的在线业务,沃尔玛的顾客体验必须与亚马逊卓越的顾客体验相当,这并非易事。

无论最终结果如何,亚马逊已经彻底改变了在线营销的行业面貌。更重要的是,这家创新型的直接营销零售商为在线顾客体验设置了一个很高的门槛。贝索斯说:"我之所以如此关注顾客体验,主要是我相信我们的成功完全是由顾客体验驱动的。我们不是伟大的广告商,我们只是从顾客体验开始,找到了他们想要的产品,以及明白如何提供他们想要的产品。"

(资料来源:科特勒. 市场营销原理:亚洲版第 4 版 [M]. 北京:机械工业出版社,2022:391)

**案例思考:**

1. 简要分析亚马逊的营销环境,并分析促进亚马逊发展的因素有哪些。

2. 讨论亚马逊的商业模式,说明它为买家和卖家带来了什么好处。在亚马逊为买家和卖家创造的价值中,哪些是最主要的?

3. 讨论亚马逊如何成功地进入亚洲市场,哪些因素会影响它的成败,这在不同的国家有何不同。

4. 针对亚马逊未来的增长,你有哪些建议?

# 第十章 市场营销计划、组织和控制

## 学习目标

知识目标：(1) 掌握营销计划制订的基本内容。
(2) 掌握营销组织设计的原则和营销组织结构的形式。
(3) 明确营销控制的方法。
能力目标：(1) 认识一项完整市场营销计划的知识内容。
(2) 运用市场营销计划执行与控制的基本方式。

## 先导案例

### 吉利收购沃尔沃

2010年3月28日，浙江吉利控股集团有限公司（以下简称"吉利集团"）宣布已与福特汽车签署最终股权收购协议，获得沃尔沃轿车公司（以下简称"沃尔沃轿车"）100%的股权以及相关资产（包括知识产权）。吉利集团将以18亿美元收购沃尔沃轿车。

吉利集团董事长李书福表示："中国这一全球最大的汽车市场将成为沃尔沃轿车的第二个本土市场。作为国际知名的顶级豪华汽车品牌，沃尔沃轿车将在发展迅速的中国释放出巨大的市场潜力。"李书福董事长另外表示："我们为和福特达成最终协议感到高兴，作为新股东，吉利集团将继续巩固和加强沃尔沃在安全、环保领域的全球领先地位。沃尔沃轿车的用户可以放心，这个著名的瑞典豪华汽车品牌将继续保持其安全、高品质、环保以及现代北欧设计的核心价值。"作为此交易的组成部分，吉利集团将继续保持沃尔沃与其员工、工会、供应商、经销商，特别是与用户建立的良好关系。

根据计划，吉利集团在完成对沃尔沃轿车的收购之后，将把后者的品牌及运营（包括沃尔沃总部、生产基地及研发中心）继续保留在瑞典本土。沃尔沃轿车的总部仍然设在瑞典哥德堡，在新的董事会指导下，沃尔沃轿车的管理团队将全权负责沃尔沃轿车的日常运营，继续保持沃尔沃轿车在安全环保技术上的领先地位，拓展沃尔沃轿车作为顶级豪华品牌在全球100多个市场的业务，并推动沃尔沃轿车在高速增长的中国市场的发展。吉利董事长李书福正在考虑在北京建立一家沃尔沃工厂的方案。据悉，该工厂的年产能将达到30万辆，而这一数字将使在中国市场销售的沃尔沃轿车数量与目前在海外销售的规模持平。"吉利集团承诺沃尔沃瑞典总部和研发工作不变，工厂不裁员。吉利集团为沃尔沃轿车制订了全新的复兴计划，每年都会有新产品在瑞典工厂下线，并大加中国元素。"

2013年3月，吉利集团旗下的吉利汽车集团与沃尔沃共同成立了吉利汽车欧洲研发中心（China Europe Vehicle Technology AB，简称CEVT），它是吉利汽车集团全球四大研发中心之一，有许多资深技术专家和管理专家，这对汽车研发技术起着支撑作用，充分发挥了吉利汽车集团和沃尔沃的优势与资源。

2023年10月26日，沃尔沃轿车公布的数据显示，2023年第三季度，其营收从去年同期的790亿瑞典克朗上涨至920亿瑞典克朗；营业利润增长至45亿瑞典克朗（约合4.0275亿美元），2023年前9个月沃尔沃汽车全球销量同比增长19%，达到509 158辆。随着时间的推移，吉利集团不管在技术层面、设计层面还是管理层面都发展势头强劲，开拓了国际市场，为中国汽车的同行们提供了一个良好的走向高端和国际化的思路。

（资料来源：http://auto.sina.com.cn，内容有增减）

企业市场营销是一个复杂的过程，需要许多人和机构去完成。要使企业的市场营销活动顺利展开并达到预期目的，必须设置科学合理的营销组织结构，并在计划的实行过程中采取有效的控制措施。

## 第一节　市场营销计划的制订

市场营销计划是企业从事市场营销活动的指导和依据，对营销活动效果有着直接的决定作用。"计划不是万能的，但没有计划却是万万不能的"，营销计划是企业在市场风浪里航行的基本路线图，是企业抵达成功彼岸的金色桥梁。因

此，企业为了避免营销活动中的盲目性和提高营销效率，必须制订切实可行的市场营销计划。

## 一、市场营销计划及其重要性

市场营销计划是有关某一具体产品、品牌或市场如何进行市场营销活动的总体安排和要求，通常以正式文件形式出现。广义的营销计划是指营销管理者制订计划、执行计划和检查计划情况的全过程；狭义的营销计划是指营销管理者事先对未来营销活动中所采取的行动所作的谋划和安排。

一般来说，市场营销计划的重要性体现在以下四个方面。

（1）营销计划是企业实施营销活动的依据。企业开展营销活动之前必须进行科学的筹划和周密的安排，营销计划已成为营销管理者进行指挥、实施营销管理的依据。

（2）营销计划有利于企业规避风险，减少损失。企业管理者在市场营销计划中规定了计划期内的经营目标，明确了经营方向，从而减少或避免经营上的盲目性，使企业的市场营销活动能够更加顺利地开展。

（3）营销计划有利于企业在明确的营销目标下统一员工思想行动。通过营销计划制定出整个营销活动中全体员工的共同行动目标与方案，将从思想和行动上使全体员工协调一致，增强凝聚力，发挥集体优势。

（4）营销计划有利于企业合理配置资源，取得最佳经济效益。市场营销计划规定了计划期内经营所需资源，企业可以预先测算成本和费用开支，从而有利于节约使用资源和取得较好的经济效益。

## 二、市场营销计划的内容

制订市场营销计划是企业组织进行营销活动的正式起点，也是营销管理的最重要任务之一。但是随着市场环境的变化和市场竞争的加剧，企业不再为其总类产品笼统地制订一个单一的营销计划，而是为每一类独立产品制订一个完整可行的营销计划，尤其是开发新产品，以实现企业预期的营销目标。因此，我们所说的市场营销计划往往是指企业的具体产品营销计划。

一份完整的市场营销计划一般包括描述计划概要、分析营销市场现状、评估机会与问题、确定营销目标、确定营销战略、策划行动方案、制定损益预算表和进行营销控制八个内容，如表10-1所示。

表 10-1　市场营销计划的基本内容

| 计划项目 | 目的与任务 |
| --- | --- |
| 描述计划概要 | 对本计划的主要目标和内容作一个扼要的概述，可以让上一级的管理部门很快掌握计划的核心内容 |
| 分析营销市场现状 | 负责提供与市场、产品、竞争、分销和宏观环境相关的背景资料 |
| 评估机会与问题 | 找出主要的机会与威胁、优势与劣势以及整个计划期内企业在该产品上面临的问题 |
| 确定营销目标 | 确定该项计划需要实现的关于销售量、市场份额、利润等基本指标 |
| 确定营销战略 | 提供用于实现计划目标的营销总体思路与措施 |
| 策划行动方案 | 明确阐述每个市场营销策略的具体实施问题，具体包括是否做、什么时候做、谁去做、将花费的成本是多少 |
| 制定损益预算表 | 预测计划中的财务收支状况 |
| 进行营销控制 | 说明如何检测与控制计划执行 |

资料来源：科特勒. 营销管理［M］. 上海：上海人民出版社，2006.

（一）描述计划概要

市场营销计划的概要是向管理者提供计划简要的核心内容和主要目标。该项内容不用过于细致复杂，因为具体目标与内容在计划的其他部分会有更加具体的描述。

（二）分析营销市场现状

分析营销市场现状主要包括有关市场、产品、竞争、分销及宏观环境等多方面的背景数据资料。

（1）市场情况：市场的规模与增长（由过去几年的总额和按市场细分与地区细分来分别列出）、顾客需求、观念、购买行为的趋势等内容。

（2）产品情况：过去几年来产品线中各主要产品的销售量、价格、差异额和纯利润等资料。

（3）竞争情况：主要的竞争者的规模、目标、市场占有率、产品质量、市场营销战略和策略等内容。

（4）分销情况：在各个分销渠道上销售的主要产品销售量和各渠道重要地位的变化。

（5）宏观环境情况：影响企业主要产品需求状况的宏观环境趋势（人口统计的、经济的、技术的、政治和法律的、社会文化的趋势）。

### (三）评估机会与问题

在描述市场营销现状资料的基础上，分析产品线面临的主要机会与威胁、优势与劣势、产品线面临的所有问题。

（1）机会与威胁分析：外部可以左右企业未来的因素。应把机会与威胁分出轻重缓急，以便使更重要的机会和威胁能受到特别的关注。

（2）优势与劣势分析：优劣势是企业的内在因素。企业的优势是指企业的长处，企业制定策略可以利用这些长处，企业的劣势则是指公司弱点，企业制定策略时要尽量回避。

（3）问题分析：利用机会与威胁和优势与劣势分析的研究结果，来确定在市场营销计划中必须强调的主要问题。因为这些问题将影响随后的目标、战略和战术的确定。

### （四）确定营销目标

营销目标是指制定对相应的营销策略和行动方案产生指导作用的目标，主要包括财务目标和市场营销目标。

（1）财务目标：企业必须确定其长期投资收益率，并保证当期利润的实现，主要包括即期利润指标、长期的投资收益率、年度现金流量等。

（2）市场营销目标：企业应取得的产品销售量、所占市场份额、产品知晓度、产品的分销范围等。

### （五）确定营销战略

营销战略包括目标市场的选择、准确的产品定位、有效的组合策略、预计的市场营销费用等。在制定营销策略时，各个部门往往会从部门利益出发要求制定相应的策略并支付相应的营销费用。因此，在实践中有必要对各个部门执行市场营销计划的工作进行协调，以便保证计划的顺利实施。

### （六）策划行动方案

行动方案则是开展营销行动的具体手段与途径，是实现营销目标的根本保证。

简单地说，营销计划中的行动方案要解决以下问题：将要做什么？什么时候去做？由谁去做？将会有多少成本产生？行动方案的具体内容是什么？

### （七）制定损益预算表

企业决策者可以在行动方案的指导下制定一个支持该方案的预算，即制定一项预计的盈亏报表。其中，在收入方一栏，可列出按实物单位计的预计销售量和实际平均价格。在支出方一栏，可列出生产、实体分配和市场营销的费用，并按细目列出。收入与支出之差就是预计利润，上级管理部门有权对该项预算加以审核、修改。应该强调的是，该预算一经核定，就会成为制订计划和安排材料采购、生产进度、劳动人员招聘和其他方面市场营销作业的基础。

（八）进行营销控制

市场营销计划的最后一部分就是控制，用来监控整个计划的进程。一般情况下，目标和预算都是按月或按季来制定的。这样做的目的是便于上级管理部门检查计划的进度和完成情况。需要指出的是，有些计划的控制部分还包括意外应急计划。意外应急计划扼要列出可能发生的某些不利情况和管理部门应对时应采取的步骤。

### 三、市场营销计划的实施程序和应注意的问题

（一）市场营销计划的实施程序

市场营销计划的程序包括分析营销机会，设计营销战略，选择目标市场，制定营销组合策略，组织、执行与控制措施等几个步骤。

（1）分析营销机会。分析营销机会包括环境分析、市场分析、竞争者分析等内容。要通过对环境的分析识别机会和威胁、制定正确的市场营销战略。市场营销环境指影响企业市场营销活动的不可控制的参与者和影响力，参与者由企业、供应商、中间商、顾客、竞争者和公众构成，影响力指影响市场环境参与者的各种社会力量，如人口环境、经济环境、自然环境、技术环境、政治法律环境和社会文化环境等。市场分析的主要内容包括购买者、购买对象、购买组织、购买目的、购买过程、购买时机、购买地点和影响购买的因素等。竞争者分析的主要内容包括谁是竞争者、竞争者的战略、竞争者的目标、竞争者的优势与劣势、竞争者的反应模式等。

（2）设计营销战略。营销机会分析是企业营销战略制定的依据。营销战略是企业在营销活动系统中根据企业条件、外部市场机会和限制因素，在企业发展目标、业务范围、竞争方式和资源分配等关系全局的重大问题上采取的决策，对企业选择目标市场和制定营销组合策略具有指导作用。其内容包括：①明确企业的任务或目的；②制定企业市场营销战略目标；③确定战略性业务单位；④评估目前的业务投资组合；⑤确定企业的新业务计划。

（3）选择目标市场。目标市场是企业决定进入的市场，是企业决定为之服务的顾客群体。企业要根据自身资源和市场环境条件确定目标市场，充分发挥优

势，增强竞争力，在充分满足目标市场需求的条件下实现最大利润。

（4）制定营销组合策略。企业确定了目标市场以后，必须运用一切能够运用的因素去占领它。市场营销因素是企业在市场营销活动中可以控制的因素，分为产品（product）因素、价格（price）因素、分销渠道（place）因素和促销销售（promotion）因素四大类。企业通过综合协调地运用营销因素吸引顾客、赢得竞争。

（5）组织、执行和控制营销努力。由于企业内部各部门往往强调各自业务的重要性并独立开展活动，降低了整体市场营销的效率，因此，必须建立一个能够有效执行市场营销计划的组织，实现各部门之间的协调统一。营销部门和营销人员必须有效地执行营销计划，计划任务应层层分解，落实到人，并应有人监督实施、检查完成情况。对内要注意营销部门和其他部门之间的整体配合，要动员经销商、零售商、广告代理商等给予有力的支持。营销执行是将营销计划转化为具体行动和任务部署，保证这些行动有效实施和完成以实现营销目标的过程。一个好的营销计划如果执行不当，就不可能收到预期效果。有效的营销执行要求将资源集中在对营销计划实现起关键作用的活动上，制定相关的营销政策，建立完善的运作程序和有效的监控评估和改善体系，确保市场营销目标实现。

（二）市场营销计划实施中应注意的问题

在市场营销计划的实施过程中，不可避免会出现各种各样的问题，这些问题会在某种程度上影响企业的总体营销效果。因此，需要我们认真分析和总结产生问题的原因，以便更好地实现整体营销目标。影响企业营销业绩的原因是多方面的，主要有以下几种。

（1）计划不切合实际。市场营销计划通常由上层的专业计划人员制订，而实施则主要靠基层的操作人员和销售人员。专业计划人员在制订计划时考虑的是方案的整体性和原则性要求，因此容易忽视计划在实施过程中的细节问题，使计划过于笼统和流于形式；专业计划人员不了解计划实施中的具体问题，难免使计划脱离实际；专业计划人员与基层操作人员之间缺乏交流和沟通，使基层操作人员不能完全理解即将由他们贯彻落实的计划，在实施中经常遇到问题；计划脱离实际，导致专业计划人员和基层操作人员对立和互不信任。因此，在制订计划时，要吸纳基层操作人员参加，因为他们比专业计划人员更了解实际，这将更有利于市场营销计划的实施。

（2）长期目标和短期目标矛盾。虽然市场营销计划常常涉及企业的长期目标，但对具体实施计划的营销人员，企业又常常按照其短期的工作绩效，如销售量、市场占有率或利润率等指标进行评估和奖励。这就必然导致市场营销人员重视短期行为。要克服长期与短期目标之间的矛盾，就要设法求得两者之间的协调。

（3）缺少创新意识。企业当前的经营活动往往是为了实现既定的目标，如果新的战略、新的计划不符合传统和习惯，就容易遭到抵制。因此，在计划的实施过程中应树立创新意识，必要时可以果断采取措施打破传统的组织结构和运行流程，组建一个符合新的战略、新的计划要求的新的机构。

（4）缺乏具体、明确的行动方案。对于计划的实施而言，明确具体的行动方案非常重要。很多计划之所以失败，就在于没有一个明确、具体的指导计划实施的行动方案，这必然导致企业内部各有关部门、各个相关环节之间的脱节。

## 第二节　市场营销组织设计

### 一、环境变化对企业组织的新要求

企业必须以更适应的组织结构和营销计划来面对营销环境的变化。彼得·道盖尔等人将跨世纪的营销环境的变化归纳为十大趋势。营销环境的发展趋势主要表现如下。

（一）流行化

消费者的口味变化极快，越来越追求产品的新颖性，忠诚的品牌使用者越来越少。一些新颖性的产品借助某些抽象化的题材迎合人们的心理，可能成为时尚而风行一时，但它们犹如昙花一般，旋即淹没在变化的海洋之中。变化如此迅速，致使预测变得十分困难。

（二）个性化

随着经济的快速发展，人们的收入水平和消费水平同步上升，消费需求也向高级阶段发展，消费者已从原有的数量消费、质量消费向个性消费转变。消费个性化不仅使得统一的单一需求的大市场不复存在，无差异化目标市场战略彻底失效，而且也使得一般程度的市场细分战略收效甚微。

（三）预期上升

企业间的竞争使得企业提供的产品质量和服务质量不断提高，消费者对所购产品及服务的期望也随之上升，顾客变得更加挑剔。企业将发现要使顾客满意已

变得越来越困难，但这并非是因为企业降低了产品和服务的标准，而往往是跟不上别的企业的标准提高的步伐以及没能及时缩短售后服务与消费者的预期差距所致。

**（四）竞争加剧**

随着应用技术能力的提高和市场信息的实时化，市场障碍不断弱化，行业渗透性越来越强，竞争在愈来愈多的企业中变得异常激烈。竞争加剧使得企业利润率降低，企业面临更大的压力。因此，在强化主业的基础上与上下游企业形成互惠的伙伴关系成为企业营销的一项基本工作。

**（五）商品大众化**

营利性产品很快会被模仿，今日的特殊产品明日就成了大众产品，今日的特殊服务明日就成了标准化的服务。模仿能力强、模仿速度快使得原来想通过新产品开拓市场吸引新顾客的企业感到难度变大，他们意识到老顾客才是企业丰厚利润的稳定来源。企业将把顾客置于组织结构的中心，通过向顾客提升服务价值来与顾客建立中长期的伙伴关系。同时，商品的大众化还使得企业的产品创新侧重于产品微小的变化和延伸，而不倾向于投巨资追求技术上的突破，企业尽量使有新鲜感的产品尽快推向市场。

另外，技术变化、全球化、以服务获得差异性优势的软性化、因制造商品牌作用的降低而出现的品牌弱化及政治经济和社会变化带来新的制约等一系列营销环境变化的新趋势，也将对企业营销战略和策略的制定产生不可忽视的影响。

## 二、营销组织设计的基本原则

面对新环境的挑战，许多企业的组织必须整合或再造，以实现以下两个目标：第一，通过满足消费者需求而非通过促使消费者接受产品来为企业创造利润；第二，在企业内部协调各种市场营销工作，让所有部门树立顾客导向的观念，以全员营销的方式创造企业全新的运作机制。

市场营销组织（marketing organizations）是企业组织体系的有机组成部分，它是企业充分发挥销售能力、实现盈利的前线组织。营销组织的设计同其他组织部门一样，除遵循组织设计的一些基本原则外，还需要遵循与企业战略目标和企业实际情况相符合的原则。

**（一）专业分工原则**

一般来说，企业规模越大，专业要求越高，分工越细。营销组织也是如此。

市场调研、产品研发、广告和促销、公共关系和销售等基本营销职能也应分属不同的专业部门，由专业人员担当相应职责。按此原则，营销组织进行工作分工的主要任务是进行岗位分析和岗位描述。任何岗位要根据其基本活动而设定，并给予明确的对等责权。

（二）市场与顾客导向原则

市场与顾客导向原则是营销组织设计的最重要原则。如果组织真正能够以顾客需求和市场为驱动力，那么，在这样的组织体系和运行机制下，各部门及其人员真正能够时时处处以市场为导向，高度关注和重视顾客关系，提高顾客满意度，构建企业的竞争优势，才是企业生存发展的根本保证。

（三）动态适应性原则

动态适应性是理想营销组织应该具备的基本特点之一。营销组织的设计首先应该能够适应当前的外界环境，尤其是市场的瞬息变化，另外还应该与企业的总体战略发展相适应。

（四）权责对等原则

权责对等原则是组织设计的一个基本原则，但在营销组织设计中尤为重要。营销人员是企业的一线员工，直接接触顾客，顾客对企业产品与服务的评价因素很多来源于营销人员。如果营销人员有责无权或权力范围狭小，不仅影响营销人员的工作积极性和创造性，而且会使营销人员面对顾客的特定要求无法及时满足，从而造成顾客抱怨甚至顾客流失。如果营销人员有权无责，就会造成权力滥用，造成营销组织内部的无序与混乱。对营销组织而言，更重要的是与权责对等的利益。比如，销售人员的主要收入来源于业务提成，销售人员的被激励程度如何主要看组织是否有效地贯彻了该原则。

（五）管理跨度与管理层级原则

管理跨度又称管理宽度或管理幅度，指领导者能够有效地直接指挥的部门或员工的数量，这是一个"横向"的概念。

管理层级又称管理梯度，指一个组织属下不同层级的数目，是一个"纵向"的概念。

在管理职能、范围不变的条件下，一般来说，管理跨度与管理层级是互为反比关系的。管理的跨度越大，层级过少，组织结构扁平；反之，跨度越小，则管理层次越多。通常情况下，管理层级过多，容易造成信息失真与传递速度过慢，可能影响决策的及时性和正确性；如果管理跨度过大，超出领导者能够管辖的限

度，又会造成整个机构内部的不协调、不平衡。因此，必须选择合适的管理跨度和管理层级。

### 📋 小资料

#### 科龙营销组织整合

科龙是我国著名的家电企业，主要生产制冷产品，以冰箱和空调为主。科龙是国内家电中唯一实行多品牌战略的企业，旗下有"科龙""容声""华宝""三洋科龙"四个品牌，均为我国知名品牌。格林柯尔入主科龙后成功地进行了营销组织结构再造。原先，各品牌有自己的组织机构，不仅信息传播混乱，而且造成资源浪费，每个品牌一年的宣传和维护费用就达几千万元。营销组织结构整合能够更好地实现信息传播，形成统一、高效的整体形象，提高运作效率，不仅传达科龙作为高科技企业的定位，也体现产品营销导向向品牌营销导向的转变。

除冰箱和空调两个营销本部（独立的销售部门）外，科龙将广告、公关、促销、新闻、CI等传播手段进行整合。整合营销传播部设置的各科室分工明确，实现了营销工程的专业化分工。品牌管理科负责对科龙、容声两个品牌及企业形象的综合管理工作；科龙、容声两个传播科负责对科龙品牌（含科龙冰箱、科龙空调和华宝空调）、容声品牌（容声冰箱）的传播策略管理；零售推广科负责区域销售促进和管理；公共关系科负责对外公关新闻传播；各部门形成互为紧密联系的整体。科龙、容声传播科根据冰箱、空调两个营销本部的营销计划制定传播策略和计划，包括公关和零售推广；公关和零售推广科也可提出专业性意见，以便更好地配合。在具体工作中，采用工作偏重谁谁就牵头负责的原则，其他科室协同共进。

科龙采用扁平化结构进行营销管理，总部将财务、物流等责权下移至分公司，减少管理层和管理部门，这使工作效果、管理操作性都大大提升了。

科龙冰箱定位为高端消费品，只生产高档冰箱，目标是与西门子、伊莱克斯、GE等国际冰箱品牌抗衡；容声冰箱定位为中高消费品，生产质量高、性价比高、具有高品质竞争力的升级换代冰箱；全新品牌康恩冰箱则采取低价定位，生产经济型冰箱，面向注重经济实用的城市消费者及农村家庭，并以超低价格发起价格对抗战，加速冰箱市场洗牌进程；华宝作为空调的中低端品牌占领中低收入消费者市场。这种策略达到了预期的理想效果。那么，企业组织结构趋于扁平化有何优势呢？我们知道，组织结构趋于扁平化，即减少管理层次、增加管理幅度，有利于节约成本、企业内信息沟通、提高企业管理效率。科龙集团对原有组织结构进行整合，节约了企业资源、保证了企业内部信息的有效流通，更对各品牌进行了清晰定位。

（资料来源：复旦大学出版社　何佳讯）

### 三、营销组织的演变

市场营销组织是为了实现企业的营销目标而制订和实施营销计划的职能部门。近几年来，企业市场营销活动内容已经从单一的销售功能演变成为复杂的功能群体，市场观念也从生产观念演变为营销观念、社会营销观念。伴随着这个过程，企业的市场营销组织也经历了由低级向高级、由功能单一向功能复杂、由市场反应迟钝向市场反应灵敏的发展。

纵观市场营销部门的发展与变化，其演变进程大致分为6个阶段：简单的销售部门、销售部门兼具营销功能、独立的营销部门、现代营销部门、现代市场营销公司、以过程和结果为基础的企业。

（一）简单的销售部门

20 世纪 30 年代，占主导地位的经营思想是生产观念，企业的市场营销组织也与这种观念相适应。企业只有财务、生产、销售和会计等四个职能部门，财务部门负责资金筹措和管理，生产部门负责产品制造或提供劳务，会计部门管理往来账务和计算成本，销售部门负责出售产品。销售工作主要由少数几位推销人员承担，销售主管往往也兼有销售人员的角色。企业仅仅设置简单的销售部门，如果需要进行市场调查、广告或公关等其他营销活动，往往需要聘请外部力量协助完成。

这是最初级的营销部门形式，现阶段的许多小公司仍然保持着这种组织形式，如图 10-1 所示。

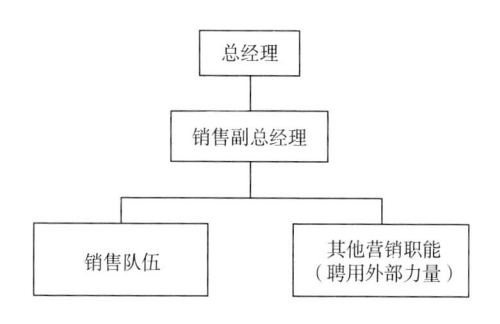

图 10-1　简单的销售部门

## （二）销售部门兼具营销职能

20世纪30年代以后，随着社会商品供应增多和市场竞争压力增大，企业的经营指导思想演变为销售观念，以强化销售为中心，经常性地开展推销、广告、促销和营销研究活动。这些工作逐渐演变成为销售部门的专门职能，当这些工作在量上达到一定程度时，销售主管已不能有效地直接承担，一般委派专门负责人统一规划和管理营销部门，如图10-2所示。

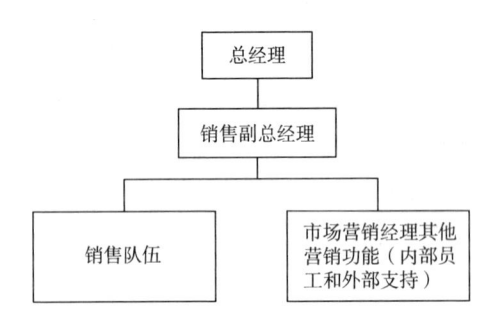

图 10-2　销售部门兼具营销职能

## （三）独立的营销部门

随着市场竞争日趋激烈和企业业务扩大，市场营销调研、广告和顾客服务等市场营销工作大量增加且重要性日益增强。原先从属于销售部门执行附属营销职能的营销部门已经难以履行职责，主管销售的副总经理也没有足够的精力管好此项工作，设立一个独立于销售部门外的市场营销部门已势在必行。因此，公司将营销部门独立，与销售部门地位平等，归属不同的上级领导，如图10-3所示。

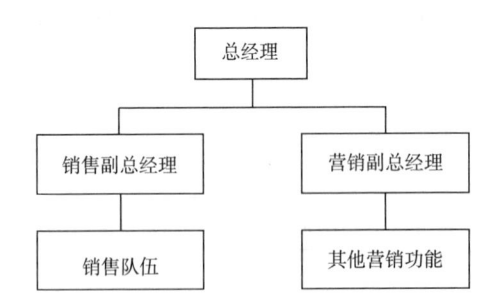

图 10-3　独立的营销部门

## （四）现代营销部门

虽然销售部门和营销部门需要密切配合，但是，由于其职能不同和看问题角度不同,常常形成一种相互竞争和不信任的关系。销售副总经理会更强调本部的重要性,而营销副总经理则往往寻求增加非销售人员、强化营销职能及扩大营销队伍。在这种情况下,必须树立一个权威才能解决矛盾冲突。由于整体市场营销的重要性远远大于单纯的产品销售,所以绝大多数公司选择了提高市场营销部门的级别,树立市场营销部门的权威,导致现代市场营销部门的产生。现代市场营销部门由市场营销副总经理全面负责,管辖包括销售在内的全部市场营销工作,如图10-4所示。

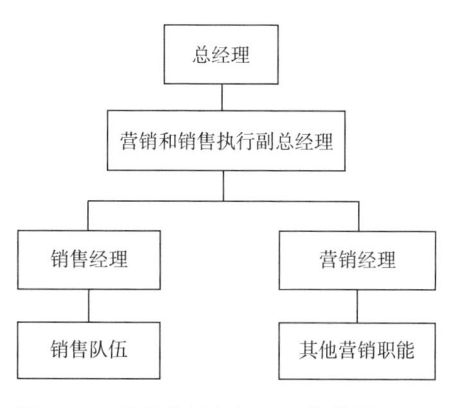

**图10-4 现代营销部门(现代营销公司)**

（五）现代市场营销公司

现代市场营销公司是独立和专门从事市场营销工作的机构。当然,这不仅是名称的改变,而且要改变经营观念,即树立"以顾客需求为中心"的观念,坚持把顾客需求放在第一位。

现代市场营销公司应该是一个全员营销型的组织,营销观念不再局限于营销部门,而是作为企业整体的经营哲学指导每一个员工的工作。这并不意味着赋予营销部门更多的权力,而是让企业的员工认识到,营销不只是营销部门的职责,而是每一个员工都应当参与的工作。此时企业营销部门一方面从事日常的营销活动,处理好营销部门内部各职能部门之间的关系,另一方面协调营销部门与企业其他部门的关系,促进营销观念在企业整体范围内的建立,如图10-4所示。

（六）以过程和结果为基础的企业

传统的职能型的组织结构被许多人看成企业成功经营的障碍,越来越多的企业将它们的组织结构重新定位于关键管理而非部门管理。它们在企业内部建立了跨职能小组,负责从产品开发到售后服务的整个过程,营销人员是这一小组的重

要成员，他们参与小组的活动并直接对小组领导负责，每个小组定期发出对营销人员的成绩评价。营销部门负责对营销人员进行训练及调配，并对他们的总成绩进行评价，如图 10-5 所示。

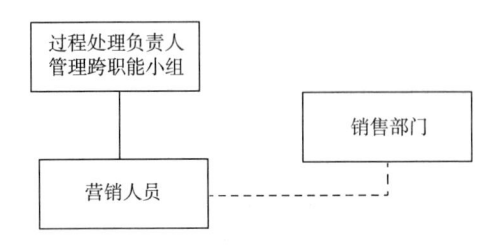

图 10-5　以过程和结果为基础的企业

## 四、营销部门的组织形式

现代企业的营销部门有多种组织形式，可以按照职能、地域、产品或品牌、市场或行业等来设置。各种不同的组织形式都有各自的特点，企业应当根据自身的实际情况进行选择，不仅应注意到组织的协调性和有效性，而且必须贯彻以顾客为中心的指导思想，充分了解顾客的需求。

（一）职能型组织

职能型组织是根据市场营销职能分工而建立的营销组织形式，营销职能包括市场研究、产品管理、广告与促销和营销行政等。与此相适应，企业在营销机构中设有市场研究经理、产品管理经理、广告与促销经理和营销行政经理，他们分别对营销副总经理负责，如图 10-6 所示。

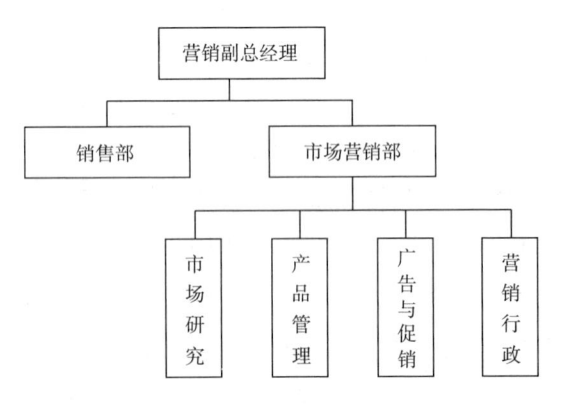

图 10-6　职能型组织

该组织形式的主要优点是分工明确，易于管理。但也有市场容易出现不均衡现象、未受到有关职能部门偏爱的产品可能被冷落、各部门之间相互协调难度较大等一些突出问题。

该组织形式比较适用于企业只有一种或少数几种产品，或者企业不同品类产品的营销方式、渠道等大体相同的情况，是最常见的营销组织形式。

（二）地域型组织

地域型组织是按照地理区域范围安排销售队伍和其他营销职能的营销组织形式，如图10-7所示。

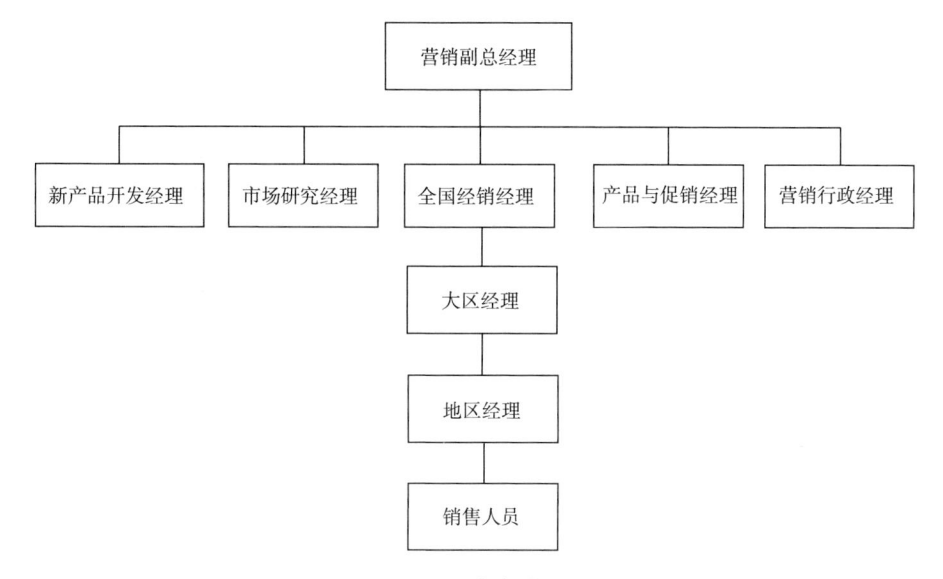

图 10-7 地域型组织

该组织形式也是营销组织经常采用的一种组织形式，在全国或更大范围内销售产品的企业常采用这种组织形式。比如某公司设立华东、华南、华北、西北、西南、东北等大区市场经理，在每个大区下设地区市场经理。有些企业还增设地区营销专家来支持销量很大的区域市场中的销售工作。地区营销专家对该地区市场了如指掌，他们帮助总部的营销经理调节该地区的营销组合力量，以便能最大限度地利用市场机会。地区营销专家还要制订年度计划和长期计划，帮助本地销售人员制定新的销售方案等。

（三）产品或品牌管理组织

产品或品牌管理组织按照产品或品牌建立市场营销组织，如图10-8所示。

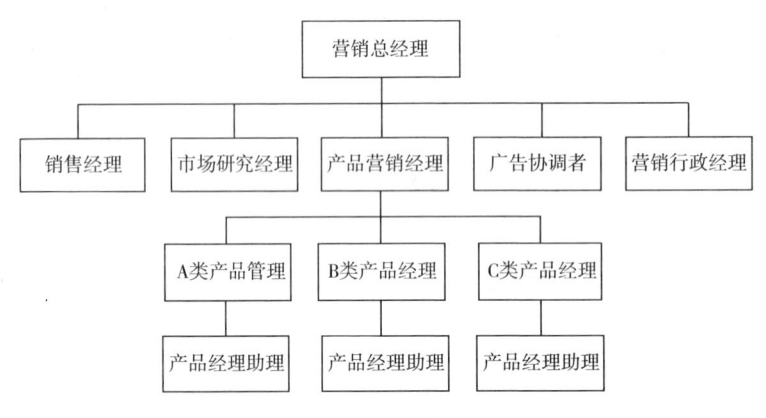

```
                    营销总经理
    ┌───────┬───────┬───────┬───────┬───────┐
  销售经理  市场研究经理  产品营销经理  广告协调者  营销行政经理
                    ┌───────┼───────┐
                A类产品管理  B类产品经理  C类产品经理
                    │       │       │
                产品经理助理 产品经理助理 产品经理助理
```

图 10-8　产品或品牌管理组织

其基本形式是产品管理部门由一名产品营销经理负责，下设几个产品大类经理。当企业所生产的各种产品差异性很大或产品品种太多致使职能型营销组织没有足够的能力来管理时，设立产品管理组织是适宜的。

各产品经理对各自分管的产品负责，其职责涉及特定产品的计划、组织和控制的整个营销管理过程。具体地说，这一责任可细分为六项任务。

（1）制定产品的长期经营和竞争战略。

（2）编制年度营销计划和进行销售预测。

（3）与广告代理商和经销商一起共同策划广告活动。

（4）在经营产品方面，取得销售人员和经销商的支持，并激发他们的兴趣。

（5）收集有关产品性能、顾客及经销商的态度以及新的问题及新的机会的信息。

（6）组织产品改进，以适应不断变化的市场需求。

该组织形式的主要优点是：产品经理能够将营销组合的各要素协调一致地加以运用；产品经理能够迅速地对市场问题作出反应；由于有产品经理专管，主要的和次要的产品都不会受到忽视。但缺点同样不可忽视：产品经理的组织设置会增加企业组织内部的冲突或摩擦；产品经理要对产品营销的全过程加以管理，涉及营销的各项职能，但是又不可能在各项营销职能如广告、市场研究等方面都成为专家，从而影响营销活动的效率；由于产品种类较多，需要安排许多人负责，同时公司其他的职能性专业人员也会随之增加，导致经营成本的增加；产品经理的职责是在全国或更大范围内开展该产品的营销，但是由于各地区市场需求特点不同造成市场分割，产品经理实际上难以制定全国性的营销战略而要更多地研究地区市场。

该组织形式适用于规模较大、采用多元化战略的企业。目前，宝洁、福特和通用等世界知名企业采用了产品管理组织体系。

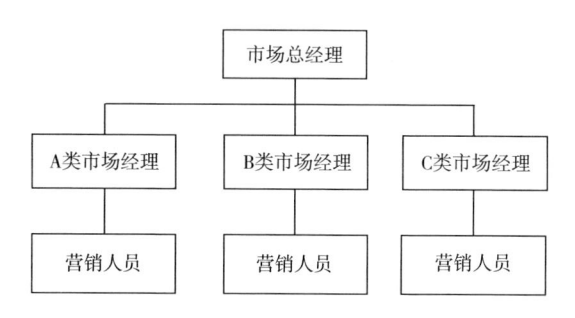

（四）市场或行业管理组织

市场或行业管理组织是按照一定标准将顾客分为若干类别，为不同类别的顾客分别设立营销管理的组织形式，如图10-9所示。

**图 10-9　市场或行业管理组织**

当企业将产品销售给差异性很大的不同类型的市场时，就要求营销人员必须深入了解各市场的特征，这样，设立市场管理组织就很有必要了。市场管理组织负责本市场的营销活动，协调各种营销职能，保持和提高市场占有率。在这一组织形式下，一名市场总经理管理几名市场经理。市场经理开展工作所需要的职能服务由其他职能部门提供。分管重要市场的市场经理甚至还可以有几名职能专家直接对他负责。

市场经理的职责与产品经理相类似。市场经理要制订其所主管市场的长期计划和年度计划。

因此，他们需分析主管市场的动向，分析公司应向该市场提供什么新产品，他们的工作成绩常通过市场份额的增加状况来衡量，而不是其市场现有的盈利状况。这个系统与产品管理系统的优缺点相同。

该组织形式的主要优点是：市场营销活动是按照各类不同顾客的需求来统一组织的，而不集中于营销职能、销售区域或产品本身。

公司的产品往往卖给不同的顾客，比如，食品的购买者有商场、饭店、工厂和各类机关团体。当顾客可以按照一定标准如购买行为、产品偏好等因素分为不同类别时，市场管理组织就是一种理想的形式。

### (五)事业部组织

事业部组织是把产品管理部门升格为独立的事业部，下设若干职能部门和服务部门，如图10-10所示。

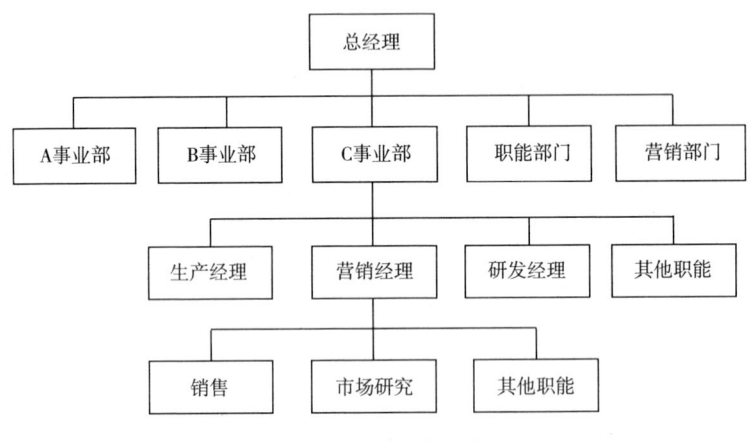

```
                        总经理
         ┌────────┬────────┼────────┬────────┐
       A事业部  B事业部  C事业部  职能部门  营销部门
                  ┌────────┼────────┬────────┐
                生产经理  营销经理  研发经理  其他职能
                          ┌────────┼────────┐
                         销售   市场研究   其他职能
```

图10-10　事业部组织

在这种情况下，根据企业是否再设立企业级的营销部门，可将该类组织划分为三种模式。

（1）公司一级不设营销部门。持有这种观点的人认为，在各事业部设立营销部门后，公司一级的营销部门没有什么实际作用。

（2）公司一级保持规模较小的营销部门。这类部门主要承担的职能是：协助公司最高管理部门全面评价营销机会；向事业部提供咨询；帮助营销力量不足或没有设立营销部门的事业部解决营销方案问题；促进公司其他部门树立市场营销观念。

（3）公司一级建立强大的营销部门。这类营销部门除承担前述的各项职能外，还向各事业部提供各种营销服务，如专门的广告服务、销售促进服务、营销研究服务、销售队伍建设与培训服务和其他杂项服务等。

总之，一个公司要想取得理想的市场成绩，不仅需要出色的营销部门，还需要企业确定真正以顾客和市场驱动的营销理念，构建顾客导向与竞争导向的企业组织形式，公司的所有部门和员工都要高度重视顾客关系，承担一定的营销责任。

## 第三节 市场营销控制

市场营销组织的任务是规划、实施和控制市场营销活动。在执行计划过程中难免遇到各种意外事件,所以要不断对市场营销活动进行监督、评价,控制其发展动向。

### 一、市场营销控制的含义

控制是一个管理过程,其目的是确保企业按照管理意图或预期目标运行。

市场营销控制是指市场营销经理经常检查市场营销计划执行情况,以确保市场营销计划全面落实。

### 二、市场营销控制的类型

市场营销控制一般包括四种类型:年度计划控制、盈利能力控制、效率控制和战略控制。四种控制的实施部门、目的和方法有所不同,如表10-2所示。

表10-2 市场营销控制的类型

| 控制类型 | 主要负责人 | 控制目的 | 方法 |
| --- | --- | --- | --- |
| 年度计划控制 | 高层管理部门<br>中层管理部门 | 检查计划目标能否实现 | 销售分析、市场占有率分析、市场营销费用率分析、财务分析、评分卡分析 |
| 盈利能力控制 | 营销审计人员 | 检查公司在哪些地方获利,在哪些地方亏损 | 从产品、地区、顾客群、分销渠道和订单规模等方面,分别衡量公司的获利能力 |
| 效率控制 | 直线和职能管理层<br>营销审计人员 | 评价和提高经费开支的效率 | 评价销售队伍、广告、促销、分销效率 |
| 战略控制 | 高层管理者<br>营销审计人员 | 检查公司是否在市场、产品和渠道等方面找到最佳机会 | 营销效益等级评价、营销审计、营销杰出表现、公司道德与社会责任评价 |

(资料来源:吴建安. 市场营销学 [M]. 4版. 北京:高等教育出版社,2011)

#### (一)年度计划控制

年度计划控制是对公司在年度计划中制定的销售、利润和其他目标的实现情况加以控制。年度计划控制的目的在于保证企业实现它在年度计划中所制定的销

售、利润以及其他目标。年度计划控制的中心是目标管理，包括以下四个步骤。

第一，管理部门必须在年度计划中确定月度或季度目标。

第二，管理部门必须对市场上的执行情况进行监控。

第三，管理部门找出造成严重绩效偏差的原因。

第四，管理部门必须采取正确的行动来缩小目标和实际之间的距离。这就需要改变行动方案，甚至改变目标本身。

年度计划的控制过程如图 10-11 所示。

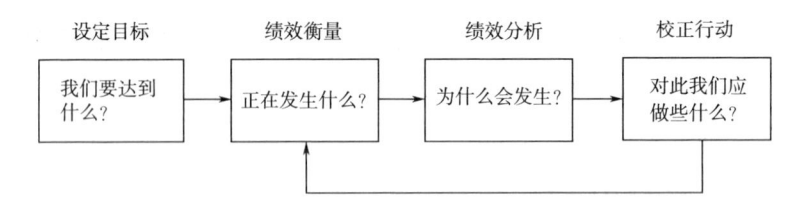

```
设定目标          绩效衡量         绩效分析          校正行动
我们要达到    →   正在发生什么？  →  为什么会发生？  →  对此我们应
什么？                                               做些什么？
```

图 10-11　年度计划的控制过程

年度计划控制包括五项主要内容：销售分析、市场占有率分析、市场营销费用率分析、财务分析和以市场为基础的评分卡分析。

1. 销售分析

销售分析是指衡量并评估实际销售额与计划销售额的差距。具体方法有两种。

（1）总量差额分析，即分析实际销售总量与计划销售总量差额出现的原因。例如，假定某企业年度计划第一季度完成销售额 12 万元，但实际只完成了 10 万元。是什么原因造成的呢？通过总量差额分析得知，1/2 差额是由商品降价出售造成的，另外 1/2 差额是由没有达到预期销售量造成的。对此，企业需要认真寻找未达到预期销售量的原因。

（2）个别销售分析，即分析具体产品或地区实际销售量与计划销售差额出现的原因。例如假定上述公司经营三类产品，计划要求的月销售量分别是 2 000 单位、1 500 单位和 1 000 单位，而实际销售量分别是 1 200 单位、1 300 单位和 1 100 单位，通过个别销售分析发现问题主要出在第一类产品上。对此，营销主管必须重点寻找第一类产品销量与计划明显不符的原因。

2. 市场占有率分析

市场占有率分析用来揭示企业同竞争者之间的相对关系。正常情况下，市场占有率上升表示市场营销绩效提高，在竞争中处于优势；反之说明在竞争中失利。市场占有率分析有以下三种方法。

（1）总体市场占有率分析。总体市场占有率是指本企业销售额占整个行业销售额的百分比。分析总体市场占有率后要进行两个方面的决策：一是要决定使用销售量还是使用销售额；二是要确定行业界限，如一家生产微型面包车的企业如果将自己所属行业范围扩大到所有的汽车，则其市场占有率自然很低。

（2）有限地区市场占有率分析。有限地区市场占有率是指企业在某一有限区域内的销售额占全行业在该地区市场销售额的百分比。例如一家企业在有限地区的市场占有率最高可达100%，但其总体市场占有率却可能很低。

（3）相对市场占有率分析。相对市场占有率是指本企业销售额占行业内领先的竞争对手销售额的百分比。相对市场占有率大于1，表示本公司是行业的领先者；等于1，表示本公司与最大竞争对手平分秋色；小于1，表示本公司在行业内不处于领先地位。

一般来说，市场占有率比销售额更能反映企业在市场竞争中的地位，但也要注意有时市场占有率下降并不一定就意味着公司竞争地位下降。例如，新企业加入本行业、企业放弃某些获利较低的产品等都会造成产品市场占有率下降。

3. 市场营销费用率分析

年度计划控制要确保企业在达到计划指标时市场营销费用没有超支，因此需要对各项费用率加以分析，并控制在一定限度。如果费用率的变化不大，在安全范围内可不采取任何措施；如果变化幅度过大、上升速度过快，接近或超出上限，就必须采取措施。

4. 财务分析

费用与销售额之比应放在一个总体财务构架中进行分析，以便决定公司如何赚钱、在什么地方赚钱。营销者越来越倾向于利用财务分析来寻找提高利润的战略，而不仅限于扩大销售的战略。

5. 以市场为基础的评分卡分析

大多数公司的衡量系统准备了财务业绩的评分卡，但这牺牲了质量标准。因此，公司应准备两张以市场为基础的评分卡，以反映公司业绩和提供可能的预警信号。第一张是顾客绩效评分卡，用来记录公司历年来以顾客为基础的工作衡量。第二张是利益方绩效评分卡，用来记录公司追踪各种对公司业绩有重要利益关系和影响的组成人员（员工、供应商、银行、分销商、股东）的满意度，这再一次为各个群体建立标准，当某一或更多群体的不满意增加时，管理层应该采取行动。

通过上述分析发现，市场营销实绩与年度计划指标差距太大，就要采取相应措施：或调整市场营销计划指标，使之更切合实际；或调整市场营销战略和战术，以利于计划指标的实现。如果指标和战略、战术都没有问题，就要在计划实施过程中查找原因。

（二）盈利能力控制

企业要从产品、地区、顾客群、分销渠道和订单规模等方面分别衡量企业的获利能力。获利能力的大小对市场营销组合决策有着重要和直接的影响。这种分析将帮助企业决定哪些产品或市场应该扩展、哪些应该缩减以至放弃等，从而极具实用价值。

例如，假定某企业分别在A、B、C三个城市销售产品，根据资料可编出下述各城市经营情况的损益平衡表，如表10-3所示。

表10-3　某企业各城市经营损益表　　　　　　　单位：万元

| 项目 | A城 | B城 | C城 | 总额 |
| --- | --- | --- | --- | --- |
| 销售收入 | 3 000 | 2 500 | 2 000 | 7 500 |
| 销售成本 | 2 000 | 1 700 | 1 400 | 5 100 |
| 毛利 | 1 000 | 800 | 600 | 2 400 |
| 推销费用 | 100 | 250 | 250 | 600 |
| 广告费用 | 500 | 400 | 100 | 1 000 |
| 运输费用 | 100 | 300 | 150 | 550 |
| 总费用 | 700 | 950 | 500 | 2 150 |
| 净利 | 300 | -150 | 100 | 250 |

从表10-3可知，A城不仅销量最大，而且为企业贡献利润最多；C城虽然总销售收入低于B城，但由于费用低，特别是广告费和运输费大大低于B城，故也为企业贡献了可观的利润；B城的运输费用和人员推销费用较高，前者可能是由距离较远或交通不便引起的，后者则说明促销效率低，或者B城市场潜力客观上较C城小，或者企业在B城的促销策略有问题，或者负责B城销售工作的人员不得力，等等。

（三）效率控制

效率控制是指企业使用一系列指标对营销各方面的工作进行日常监督和检

查。一般来说，企业应从以下几个方面对营销效率进行控制。

1. 销售队伍的效率

企业各个地区的销售经理要记录本地区内销售人员效率的几项主要指标，这些指标包括每个销售人员每天平均的销售访问次数、每次会晤的平均访问时间、每次销售访问的平均收益、每次销售访问的平均成本、每次销售访问的招待成本、每百次销售访问实现订购的百分比、每期的新顾客数、每期丧失的顾客数、销售成本对销售额的百分比。企业可以从以上分析中发现一些非常重要的问题。例如，销售代表每天的访问次数是否太少，每次访问所花费的时间是否太多，是否在招待费上花费太多，每百次访问中是否签订了足够的订单，是否增加了足够的新客户并且保留住原有的客户。当企业开始正视销售人员效率的提升后，通常会取得实质性的改进。

2. 广告效率

广告效率可以通过以下几个方面来衡量。

（1）每种媒体和工具触及 1 000 人次所花费的广告成本是多少。

（2）各种工具引起人们注意、联想和欣喜的程度。

（3）顾客对广告的内容和效果的意见。

（4）广告前后顾客对产品态度。

（5）受广告刺激而询问的次数。

企业高层管理可以采用若干步骤来提升广告效率，包括进行较好的市场定位工作、确定广告目标、利用电脑来指导广告媒体的选择、寻找较佳的媒体、进行广告后效果测定等。

3. 促销效率

为了提升销售促进的效率，企业管理阶层应该记录每一销售促进手段的成本和效果，注意做好以下统计。

（1）由于优惠而销售的百分比。

（2）每一销售额的陈列成本。

（3）赠券收回的百分比。

（4）因示范而引起询问的次数。

企业还应该观察不同销售促进手段的效果，并使用最优效果的促销手段。促销效率包括各种激发顾客兴趣和试用的方式、方法及其效果，每次促销活动的成本，对整个市场营销活动的影响。

4. 分销效率

管理部门应该调查研究分销渠道，提高存货控制、仓库位置和运输方式的效

率。一个经常发生的问题是,当企业遇到很快的销售增长时,分销的效率可能会下降。例如,急剧增加的销售使公司来不及实现约定的交货时间,这导致顾客对公司有意见并最终使销售下降。因此,对企业来说,一个很重要的问题是,管理部门必须认识到当分销出现问题时真正的瓶颈在哪里,并向生产和分销能力做更大的投资。

分销效率包括:分销网点的市场覆盖面,销售渠道各级、各类成员(经销商、制造商代表、经纪人和代理商)的作用和潜力,分销系统的结构、布局以及改进方案,存货控制,仓库位置和运输方式的效果,等等。

(四)战略控制

战略控制是指市场营销管理者采取一系列行动,使实际市场营销工作与原规划尽可能一致,控制中通过不断评审和信息反馈,对战略不断修正。其目的是确保企业的目标、政策、战略和措施与市场营销环境相适应。主要的考核工具有营销效益考核、营销审计、营销杰出企业考核和道德与社会责任考核。

1. 营销效益考核

企业的营销效益可以从营销导向的五种主要属性上反映出来:顾客满意度、整合营销组织、足够的营销信息、战略导向和工作效率。营销效益考核可以这五种属性为基础设计营销效益等级考核表,由营销经理和有关部门经理填写,然后将得分相加,就得到考核结果。

2. 营销审计考核

1959年,美国哥伦比亚大学教授艾贝·肖克曼首次提出市场营销审计概念。营销审计是通过对一个企业市场营销环境、目标、战略、组织、方法、程序和业务等进行综合、系统、独立和定期的审查,以确定问题和发现机会,并提出行动计划的建议,以便改进市场营销的管理效果。

3. 营销杰出企业考核

营销杰出企业考核是对营销实践最佳的优秀企业进行评价,考核的主要指标有经营导向、产品质量、市场细分状况、产品对顾客需要的满足程度、营销组织对市场环境的适应程度、竞争战略、企业在竞争中的地位、分销渠道的建立、与分销渠道的关系、利益相关者的满足状况等。

4. 道德与社会责任考核

企业在市场营销活动中不能仅考虑自身的利益,还要遵守社会道德准则和承担社会责任。公司应当采用和发布书面的道德准则,建立道德行为规范,完全遵守国家法律和社会公认的道德准则。

## 要点索引

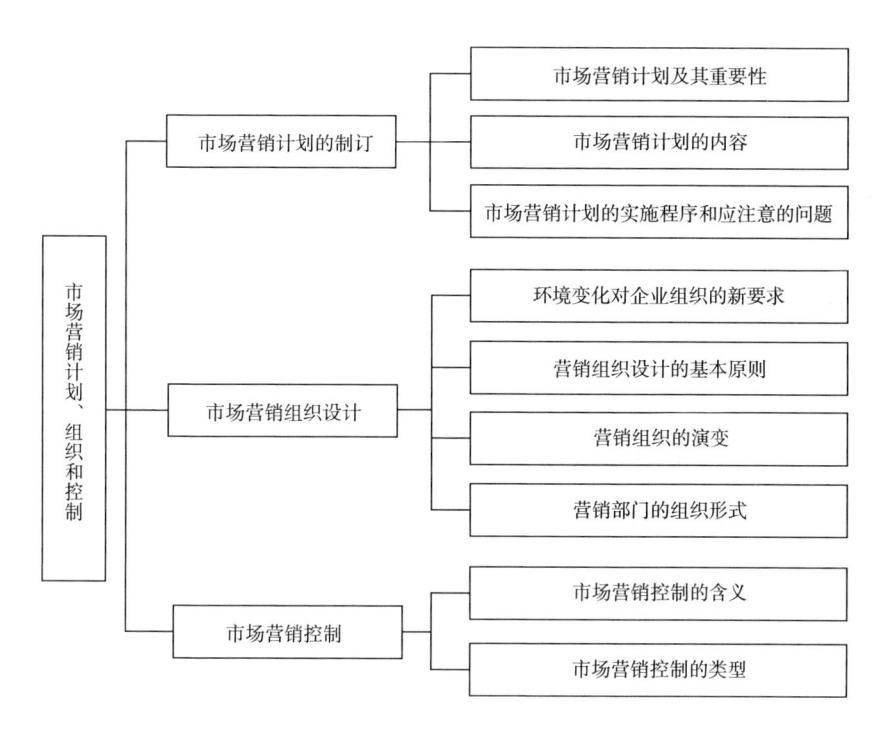

```
市场营销计划、组织和控制
├─ 市场营销计划的制订
│   ├─ 市场营销计划及其重要性
│   ├─ 市场营销计划的内容
│   └─ 市场营销计划的实施程序和应注意的问题
├─ 市场营销组织设计
│   ├─ 环境变化对企业组织的新要求
│   ├─ 营销组织设计的基本原则
│   ├─ 营销组织的演变
│   └─ 营销部门的组织形式
└─ 市场营销控制
    ├─ 市场营销控制的含义
    └─ 市场营销控制的类型
```

## 知识巩固

（一）单项选择题

1.（　　）组织就是在一名总产品经理领导下，再按每个品种分别设一名产品经理，实行分层管理的组织形式。

A. 职能型　　　B. 地域型　　　C. 产品管理　　　D. 市场管理

2. 当组织规模一定时，管理幅度和管理层次（　　）。

A. 成正比　　　B. 成反比　　　C. 不成比例　　　D. 关系不一定

（二）多项选择题

1. 年度营销计划控制的内容包括（　　）分析。

A. 销售　　　B. 市场占有率　　　C. 营销费用率　　　D. 财务

2. 市场营销审计具有（　　）等特征。

A. 全面性　　　B. 系统性　　　C. 独立性　　　D. 内在性

### (三) 简答题

1. 一份完整的市场营销计划一般包括哪些内容？
2. 市场营销计划的程序包括哪些？
3. 营销部门的组织形式有哪些？
4. 年度营销计划控制的内容是什么？

## 能力培养

### 思维训练

#### 营销目标的制定

乔森家具由乔森先生创建于20世纪末，主产卧室和会客室家具并获得成功，从90年代起进一步经营餐桌和儿童家具。2000年，其儿子约翰继承父业，拓展卧室家具业务，增加市场占有率，产品广受欢迎。2005年，乔森家具卧室家具销售量比1995年增两倍，但餐桌和儿童家具销售困难。

乔森家具每年12月份召开一次中、高层管理人员会议，研究企业未来五年内的战略政策。乔森家具2005年12月14日开例会，约翰提出当前企业存在的主要问题是员工思想懒散、生产率不高，并制定五年发展目标：①卧室及会客室家具销售增20%；②餐桌和儿童家具销售增100%；③总生产费用降低10%；④减少补缺职工人数3%；⑤建立一条庭院金属桌椅生产线，年售额达到500万美元。

**问题讨论**：乔森家具的营销目标是否合理？

**温馨提示**：一套目标应该具有一定的标准。第一，每一个目标应该有一个既明确又能测量的形式，并且有一个应该完成的规定限期；第二，各个目标应该具有内部统一性；第三，各类目标应该有层次性，如果有可能，目标应该从高到低非常清楚地排列；第四，这些目标是可以达到的，但是又具有足够的挑战性，能激发员工做出最大努力。而约翰为乔森家具未来五年制定的目标有些是难以完成的，应该根据企业需要适当进行修改。

### 实战演练

以一家商业零售企业为例，为其编制一份完整的市场营销计划书。

## 案例分析

### 美的事业部制组织结构改造

美的事业部制始建于1997年，适逢美的在市场中遭遇败绩，经营业绩大幅滑坡。在此前的1994年、1995年美的空调全国销售排名在第三或第四名，到1996年却落至第七位，1997年空调销售台数和销售收入还要低于1996年。当时，中国早期的空调大王华宝由于业绩下滑和顺德市产业整合等原因被科龙收购，空调行业内和顺德企业界则风传美的也要被科龙收购的消息。此前一直保持强劲增长势头的美的危机重重。这一阶段美的和中国其他企业一样采用直线式管理方式。对于所有的产品，总裁既抓销售又抓生产。在公司发展早期，这种集权式管理曾对公司发展起了推动作用。

随着企业规模的扩大，美的生产和销售范围发展到包括空调、风扇、电饭煲在内的五大类1 000多种产品。这些产品仍然由总部统一销售、统一生产。各个产品的特点很不一样，而销售人员同时在区域中负责多项产品，总部各职能部门也同时对应各个产品，这样在工作上容易造成专业性不够、工作重点不明确等问题。当时的销售公司只负责产品销售业务，而集团专门成立了广告公司负责市场推广，服务公司负责售后服务工作，产销计划则由经营管理部负责，这样在很大程度上形成了销研产的脱节。以董事长、总裁何享健为首的美的高层经过调研和反复论证，最终决定建立事业部制组织结构。

1997年1月，空调从总体业务中分离，美的成立了空调事业部。7月份，风扇事业部应运而生，后来又将电饭煲业务划给风扇事业部。此后新上马饮水机、微波炉和风扇、电饭煲，相应部门一起组建家庭电器事业部。到了2002年，家庭电器事业部下设电风扇、电饭煲、微波炉等6个分公司，销售额由最初的不到10亿元上升至2002年的40多亿元。随着公司业务的发展，厨具、电机、压缩机等其他几个事业部也纷纷成立。

2001年，美的集团正式分拆为两个集团公司（美的股份和威尚集团）和一个投资公司（美的技术投资公司），美的股份下设六大事业部：空调、家庭电器、厨具、电机、压缩机和磁控管，这部分为原美的集团公司主要部分资产，约占集团公司资产的70%。新设立的威尚集团下设9个公司：电子、物流、房产、电工、家用电器、管理咨询、钢铁配送、环境设备、工业设计，主要包括集团中非上市公司资产及一些新的产业。

2002年7月，美的将家庭电器事业部按产品一分为四：风扇、饮水设备、微

波炉和电饭煲事业部。对于这次分拆，美的一位中层干部认为，在全球化市场的大背景下，随着美的小家电业务越做越大，产品策略分工不清晰及对市场的反应速度不够快的缺点正越来越突出，因此必须改革小家电的经营策略和经营模式，改革的方式之一就是集中优势资源，按产品组建组织简单、反应迅速的事业部，实现研产销一体化，即进行分拆。

2002年10月10日，冰箱事业部也从空调事业部分拆出来，原空调事业部副总经理金培耕担任冰箱事业部总经理。美的冰箱事业部的建立延续了美的事业部制度建立起来的一贯管理逻辑：以产品为主线成立事业部，专业化运作；对事业部充分授权，明确权责利，独立经营和核算，调动释放经营者活力。冰箱与空调之间有很多共性，因此拆分前的冰箱业务寄身于空调事业部。美的意欲在统一的平台上使冰箱的运作在采购、生产、营销、品牌建设、促销、物流等各个环节都与空调有最大程度的资源共享。比如在销售业务上，许多区域由原来各个区域的空调销售人员负责销售，冰箱渠道基本与空调渠道重合。然而，尽管冰箱产品投放市场后销售网点迅速扩张到1 000多个，但业绩并未达到原定目标，其市场预期也因此一再调低。冰箱的销售特点如销售季节、渠道也并未如人们想象的与空调基本一样。此外，销售人员业绩考核中，空调仍然占有大部分的比例，冰箱销售的完成情况对业务员的绩效考核影响并不大。这样销售人员用于冰箱销售中的精力有限，这不可避免地影响到冰箱销售。同时，在其他方面实现资源共享的初衷也并未实现。因此，美的最终还是决定将冰箱业务从空调事业部中分拆出来。

这样，美的按照产品逐步建立了事业部体系。各个事业部在集团统一领导下拥有自己的产品和独立的市场，拥有很大的经营自主权，实行独立经营、独立核算，既是受公司控制的利润中心，又是产品责任单位或市场责任单位，对研产销以及行政、人事等管理负有统一领导的职能。此外，各事业部内部的销售部门基本上设立了市场、计划、服务、财务、经营管理等五大模块，以上职能交给销售部门，形成了以市场为导向的组织架构。

事业部制的建立使美的集团总部脱身于日常琐事管理，将主要精力集中在总体战略决策、控制规模和投资额度、各事业部核心管理层任免的人事权以及市场的统一协调工作等方面。

以集团总部的国内市场部（现已划归上市公司广东美的集团股份有限公司）为例，它并不参与各个产品的具体销售，只负责美的整体形象的推广和全国各地销售网的协调。在分公司，国内市场部只派出商务代表，负责当地政府公关以及协调各省销售工作。

事业部制改造被美的认为是近年来异军突起的主要原因。2001年美的集团的销售收入突破140亿元,是1997年的四倍多。空调销量连续五年跻身国内市场前三名,牢牢占据着第一阵营的位置。压缩机、电机、风扇、电饭煲、微波炉等产品也在国内市场拥有很大的话语权。

(资料来源:http://www.glzy8.com)

**案例思考:**
1. 简单结构为什么不适用于大型组织?
2. 实行事业部制组织结构时如何合理授权?

# 参考文献

[1] 科特勒. 市场营销原理:亚洲版第 4 版 [M]. 北京:机械工业出版社,2022.

[2] 吴健安,聂元昆. 市场营销学 [M]. 7 版. 北京:高等教育出版社,2022.

[3] 夏德森. 市场营销学 [M]. 北京:北京理工大学出版社,2016.

[4] 乔治·贝尔奇,迈克尔·贝尔奇. 广告与促销:整合营销传播视角 [M]. 9 版. 北京:中国人民大学出版社,2014.

[5] 杨耀丽,杨秀丽. 市场营销学 [M]. 上海:上海财经大学出版社,2013.

[6] 彭代武. 市场营销学 [M]. 武汉:武汉大学出版社,2009.

[7] 黎开莉,徐大佑. 市场营销学 [M]. 大连:东北财经大学出版社,2009.

[8] 钱旭潮,王龙,韩翔. 市场营销管理 [M]. 2 版. 北京:机械工业出版社,2008.

[9] 波特. 竞争优势 [M]. 陈小悦,译. 北京:华夏出版社,2005.

[10] 劳伦斯,詹宁斯,雷诺兹. 电子分销:电子商务环境下的分销模式与工具 [M]. 胡勇,译. 北京:电子工业出版社,2005.

[11] 郭国庆. 市场营销学通论 [M]. 北京:中国人民大学出版社,2020.

[12] 甘必群. 市场营销学 [M]. 武汉:武汉大学出版社,2004.

[13] 周立功. 市场营销学 [M]. 上海:上海财经大学出版社,2008.

[14] 何永祺. 市场营销学 [M]. 大连:东北财经大学出版社,2008.

[15] 冯丽云. 分销渠道管理 [M]. 北京:经济管理出版社,2002.

[16] 卜妙金. 分销渠道决策与管理 [M]. 大连:东北财经大学出版社,2001.

[17] 邹树金. 渠道八段分销渠道管理 [M]. 广州:广东经济出版社,2000.

[18] 张圣亮. 市场营销原理与实务 [M]. 合肥:中国科学技术大学出版社,2003.

［19］张欣瑞．市场营销管理［M］．北京：清华大学出版社，2007．

［20］车慈慧．市场营销［M］．北京：高等教育出版社，2018．

［21］毕思勇．市场营销［M］．北京：高等教育出版社，2014．

［22］吴勇，燕艳．市场营销［M］．北京：高等教育出版社，2020．

［23］范云峰．市场营销实战［M］．北京：中国经济出版社，2002．

［24］符国群．消费者行为学［M］．北京：高等教育出版社，2015．

［25］中国就业培训技术指导中心．营销师国家职业资格培训教程［M］．北京：中央广播电视大学出版社，2015．

［26］万后芬，汤定娜，杨智．市场营销教程［M］．北京：高等教育出版社，2013．

［27］翟建华，刘超．价格理论与实务［M］．大连：东北财经大学出版社，2019．

［28］苗新月．市场营销学：理论与实务［M］．北京：清华大学出版社，2008．

［29］李怀斌．市场营销学［M］．北京：清华大学出版社，2012．

［30］何佳讯．战略品牌管理 企业与顾客协同战略［M］．北京：中国人民大学出版社，2021．